Ik zou je het liefste in een doosje willen doen
Omdat ik zoveel van je hou

JACQUES KLÖTERS & KICK VAN DER VEER

Ik zou je het liefste
in een doosje willen doen

Omdat ik zoveel van je hou

Nederlandse chansons en cabaretliederen 1895-1988

Nijgh & Van Ditmar
Amsterdam 1998

Ik zou je het liefste in een doosje willen doen
Eerste druk 1989
Achtste druk 1998

Omdat ik zoveel van je hou
Eerste druk 1991
Vijfde druk 1998

INHOUD

INLEIDING

Wat wil het lied? Dat de luisteraar gelukkig wordt. Hem iets toezingen wat hij ook zo voelt of vindt, maar niet zo mooi kan uiten, dat is wat de zanger wil. Geluk brengen. Het verlangen naar geluk wordt een enkele keer rechtstreeks uitgesproken:

> 'Ik wil gelukkig zijn
> Ik wil dansen tot ik niet meer kan
> Ook al word ik er draaierig van
> Dat hindert niet, dat hindert niet'

Maar vaker geven liederen geluksrecepten zonder het woord zelf te noemen. Je moet dansen, uitgaan, boemelen, uit je dak gaan, op vakantie gaan, in snelle auto's rijden en vooral veel liefhebben. De liefde is het bekendste en ook goedkoopste recept voor geluk. Veel liedjes gaan daarover.

Maar de mensen sterven en zijn niet gelukkig. Aanwezig geluk wordt voortdurend bedreigd. Dood, ziekte, armoe, onveiligheid, angst, jaloezie, gebrek aan liefde en respect, eenzaamheid en oude wonden die niet willen helen, beletten de mens gelukkig te zijn – allemaal zaken waar men gaarne over zingt. Het lied is de psychiater van de gewone man. Het laat hem zijn leed en verlangens onder woorden brengen. Alles wat tussen echtgenoten niet uitgesproken wordt, wat bij de psychotherapeut voor veel geld verborgen wordt gehouden en wat zelfs de gerechtspsychiater niet boven water krijgt, wordt zonder gêne voorgezongen, toegejuicht en meegezongen. Hoe geremd de Nederlander vaak ook is, in het lied durft hij alles te zeggen. Van een simpele aansporing tot drankmisbruik – *en datte we drinke drinke drinke totte we zinke zinke zinke* – tot existentiële vraagstukken als *Ik zou wel eens willen weten*.

Een lied bevat meestal maar één enkele gedachte en duurt slechts een minuut of drie. Je kunt zeggen dat de chaos en het drama van het menselijk bestaan erin gereduceerd worden tot kleine, overzichtelijke, licht te verteren brokjes. Juist omdat het lied zich niet gewichtig voordoet, durft men de zwaarste problemen en de intiemste gevoelens erin aan de orde te stellen. Het sublieme durft zich soms alleen in iets triviaals te vertonen.

Welke strategieën gebruikt de schrijver van het lied om de afwezigheid van geluk minder erg te maken? Door te troosten met wijze opmerkingen en redelijke raad misschien? In dat geval doet het lied een beroep op verstandelijke uitspraken, meestal gezongen dooddoeners als:

> 'Als je voor een dubbeltje geboren bent
> bereik je nooit een kwartje'

een geestig bedoelde overdrijving als:

> 'Ik hoef geen bungalow
> Geen huis met patio.
> Het hele huwelijksleven krijg je zo van mij cadeau.
> Maar d'r is één ding wat ik nooit zou willen missen:
> VISSEN!'

of zeer aanvechtbare waarheden als:

> 'Liever in Mokum zonder poen
> Dan in Parijs met een miljoen'

Als het geluk niet in het hier en het nu te vinden is, dan ligt het misschien wel ergens anders. Misschien bezat je het in het verleden:

> 'Op een mooie Pinksterdag,
> Als het even kon,
> Liep ik met mijn dochter aan het handje in het parrekie
> te kuieren in de zon,'

Of misschien komt het geluk wel in de toekomst:

> 'Als op het Leidseplein
> De lichtjes weer eens branden gaan'

Ligt het geluk ergens ver weg op je te wachten:

> 'Zonnig Madeira
> Land van liefde en zon'

Is het in handen van een ander:

> 'Annabel, het wordt niets zonder jou, Annabel'

Of is het verscholen, diep in jezelf:

> 'Ik heb een hart van goud
> Maar de buitenkant is fout
> Te lelijk en te oud'

Wat je niet hebt kun je fantaseren:

> 'Ik zou je het liefste in een doosje willen doen
> En je bewaren, heel goed bewaren.'

En met de rest moet je maar tevreden zijn:

> 'Al heb j' een ongeschoren apesnoet
> Waar j' als fatsoenlijk mens aan wennen moet

8

Ik wil je met geen ander ruilen
Omdat ik zoveel van je hou'

Een psychiater zei eens tegen Hans Dorrestijn: 'Meneer, als er oorlog was geweest, had u al deze problemen niet gehad.' That's the spirit! Maak het ergens anders erger. Een goede smartlap geeft de luisteraar onwillekeurig het gevoel dat het bij hem allemaal nog wel meevalt.

Wat ook opluchting geeft is het spotten met andermans leed:

'O, Japie is getrouwd
Hij zit in de misère
't Is z'n eigen fout'

Of het belachelijk maken van nieuwigheden:

'Stikkend in de zalm
En pâté met malaga
En de diepvries à la crème
En de paprika
Wij arme misdeelden
Ik walg van de weelde
Ik walg van de wijn en de kaasfondue
En ik walg van Wina Born in de Avenue'

Men kan zich gelukkig voelen door zich verbonden te weten met anderen. Door de warmte van de solidariteit, het besef dat anderen hetzelfde verlangen als jij hebben naar een betere wereld.

'Dat is het land waar mensen willen wonen
Het land waar saamhorigheid bestaat'

En soms is er helemaal geen tekst nodig, dan wordt er simpel gelachen en gehost en is er het domweg gelukkig zijn in de roes van:

'Tararaboemdiejee
De dikke dominee
Die heeft z'n gat verbrand
Al aan de kachelrand'

Lodewijk van Deyssel noteerde op 18 november 1938 in zijn schrijfcassette: 'Terwijl het eigenlijke geluk maar voor weinigen ervaarbaar is, is vrolijkheid het geluk in zijn algemeen-menselijke alledaagse verschijningsvorm.' Vrolijkheid is gewoon te koop, de grondstof ervoor wordt door liedjesschrijvers vervaardigd.

Hoewel de pretentie van het lied, de mensen kortstondig gelukkig te maken, niet veranderd is, zijn de mensen om wie het gaat wel veranderd. Veel van de liedjes in deze bundel kunnen herkend worden als oude liedjes. Ze vertellen van een ander plezier dan hedendaags plezier en ze verhalen van oud leed dat stamt uit een tijd waarin de sociale voorzieningen en de welvaartsstaat nog niet in zicht waren. Die oude liedjes werden geschreven voor mensen die in een andere sociale ordening leefden. Ze waren zich meer bewust van de sociale klasse waartoe ze behoorden en hielden zich vanzelfsprekend aan de conventies van hun tijd. Er werd in het lied wel eens afgeweken van die conventies, maar dan volgde er wel in het laatste couplet een levensles. Jopie, het verkoopstertje van peren aan de militairen, had een nogal losse levenswandel en dus had dat consequenties:

> 'En ze zat met de gebakken peren
> Van het hele bataljon!'

De mensen spraken anders dan nu, vormelijker, en haast iedereen leefde in het stamverband van de levensbeschouwing die hij bij zijn geboorte had meegekregen. Je was iets, katholiek, hervormd, gereformeerd, liberaal, socialist of communist – in ieder geval behoorde je tot een zuil die weinig waardering had voor de anderen. Vandaar dat er veel mensen waren die weinig ophadden met het lichte lied, dat juist niet verzuild wilde zijn. Zij hadden geen boodschap aan het schijngeluk van het lied, maar wisten het ware geluk ergens anders te liggen. Veel gelovige mensen deden hun best het populaire lied te ontlopen door niet naar cafés en theaters te gaan, geen grammofoons te kopen en niet naar de radio te luisteren.

Een groot gedeelte van de twintigste eeuw stond onder invloed van een 'beschavingsoffensief' en wie door en door beschaafd was, hield zich voortaan liever op in de wereld van de literatuur of de klassieke muziek. Wie per ongeluk de dienstbode Lou Bandy's lied hoorde zingen van 'Yes, ik heb geen bananen' wist dat er nog veel beschavingsarbeid te verrichten was.

Weerstand tegen het populaire lied kwam ook van links. Veel linkse mensen probeerden een dam op te werpen tegen wat ze 'uitingen van burgerlijk vermaak' noemden en ze ergerden zich aan de industrie van het geluk. De grootste doorn in het oog van links was wel de smartlap, die in linkse kring zoveel mogelijk geweerd en bespot werd. Een verklaring van deze gebetenheid op dit droevige genre ligt wellicht in het feit dat in de smartlap het noodlot woest tekeergaat en men daar kennelijk in berust. Waarschijnlijk strookte de machteloosheid van de mens tegenover allerlei rampen die in dat soort liederen schering en inslag waren, niet met het rechtvaardigheids- en vooruitgangsgeloof dat het socialisme zijn kracht gaf. Het lijkt erop dat het succes van het genre smartlap omgekeerd evenredig is met het succes van links.

De liedjes in deze bundel komen uit het tijdvak 1895-1988. Ze zijn geschiedenis geworden. 1895 was het jaar waarin het Nederlandse cabaret ontstond. Eduard Jacobs zong zijn Montmartre-voorbeelden na in een buitenwijk van Amsterdam. Duitse 'Überbrettl-gezelschappen', bestaande uit acteurs, zangers en dichters, gaven rond 1900 avondjes waar de culturele elite zich kon amuseren met literaire voordrachten, grappige eenakters, onbedorven volksliederen en erotische chansons. Rotterdamse acteurs gingen het nadoen en engageerden een jonge schilder die zo aardig liedjes kon zingen, J.H. Speenhoff. Hij werd binnen een paar maanden beroemd. Zelfs literatoren van naam prezen zijn liedjes. Het cabaretartistique was in heel Europa een beweging die het amusement wilde veredelen. Het amusement diende een fusie met de kunst aan te gaan. De kunst moest in dienst komen van het amusement, zoals alle kunsten moesten samenwerken. Algauw bleek dat Nederland te klein was voor de droom van het cabaret, opgevat als een eigen theater voor literair-muzikale kleinkunst. Het cabaret ging op in het bestaande amusementsbedrijf, werd niet veel meer dan een streven naar betere humor en een beter soort liedjes.

Omstreeks 1912 woedde er in de kranten een 'zedelijkheidsoffensief', vooral gericht tegen de revue en de film. Maar ook de liedjes van het cabaret veranderden erdoor. De hogere literair-artistieke ambitie werd vervangen door een hogere norm van fatsoen. Vanaf die tijd kon men in elke recensie van amusement in de kranten het criterium 'beschaafd' lezen. Of het gebodene wel beschaafd was, bleef tot in de jaren zestig de norm waar alles aan getoetst werd. Het rauwe realisme van Eduard Jacobs werd natuurlijk gesmoord en ook de goedgeluimde schuinheden van Louis Contran, Nap de la Mar en

Maurice Dumas waren in één klap uit de gratie. Zelfs een grootheid als Speenhoff ging braaf zijn teksten kuisen en riep voor alle zekerheid dat hij katholiek was. Zijn navolger Dumont, die hardnekkig sociaal bewogen liedjes bleef schrijven, verruilde het verburgerlijkte amusement voor vakbondsavonden. De nette Clinge Doorenbos werd populairder dan Speenhoff, die toch te veel een ongrijpbare bohémien bleef. Ieders grote voorbeeld was de internationaal georiënteerde Jean-Louis Pisuisse met in zijn voetspoor een hele generatie beschaafde jongelui: Alex de Haas, Willy Corsari, Charles Heynen, Dirk Witte, Eduard Coenraads, Manna de Wijs-Mouton, Meyer Hamel, Henri Wallig en ten slotte nog Chiel de Boer, die het ideaal van het cabaret-artistique pas in de jaren vijftig opgaf.

Realisme maakte plaats voor fatsoen. De beschaafde burgerij verwarde 'niveau' met 'chic'.

Tijdens de Eerste Wereldoorlog vernieuwde het wat morsig geworden café-chantant zich tot cabaret-dansant. Er kwamen nieuwe amusementsgelegenheden waar men niet alleen kon 'afternoon tea'en', cocktails drinken en artiesten horen maar ook een dansje kon maken. De naoorlogse muziek is ritmisch en mammie wil dansen. Jonge, opgewekte artiesten in smoking of in zomerkleren met een strohoed op, zingen opgewekte schlagers en soms wordt het licht rood en dan klinkt er een smartelijk lied. Professionele artiesten als Louis Davids, Lou Bandy, Willy Derby, Kees Pruis, Fientje de la Mar, Tholen en Van Lier, Stella Fontaine en Bob Scholte verdringen de zingende journalisten, de artistieke barden met hun flambards en de kwijnende Pierrot-zangers. Ze brengen ander repertoire waarin andere omgangsvormen heersen en een andere taal te beluisteren is. Hoorde men vroeger liedjes met woorden als 'modern, koket, boudoir, subtiel, parfum, heer met lorgnet, gemaskerd bal', omstreeks 1925 waren de trefwoorden in de populaire liedjes nieuw-zakelijk: 'foxtrot, charleston, pagekop, vakantieflirt, hbs'er, jockeypet, lamme benzinegeur'.

De variété-theaters werden in deze jaren veelal bioscopen, maar daarin zou nog lang opgetreden worden door variété- en revueartiesten en elke bioscoop had een manier gevonden om ook muziek te laten horen. In de kleinste zaaltjes stond altijd wel een piano met een behendige begeleider en een explicateur die de film vertelde, in de grootste zalen zaten grote orkesten en klonken er grootse bioscooporgels die op zich al een attractie waren.

Revue, in het buitenland vooral met blote buiken geassocieerd, is in Nederland het domein van de komieken. Maar iedere revue-producent probeert ook zangers te engageren. Soms is de zanger de komiek. Louis Davids, Heintje Davids en Lou Bandy, later Snip en Snap, weten van een aantal revue-liedjes hits te maken. In Engeland en Amerika experimenteert men met nieuwe vormen van muziektheater waaruit de musical zal ontstaan. Het Nederlandse publiek houdt voorlopig vast aan de vertrouwde operettes. Baanbrekend is het werk van Herman Bouber die zijn eigen genre schept: 'volkstoneel'. Het dankt zijn populariteit mede aan de liedjes van Louis Davids en Margie Morris. De volksstukken worden in de jaren dertig verfilmd en de liedjes raken voor de tweede keer populair. Na de oorlog worden Jordaanliedjes een rage en dan beleven de liedjes uit het Bouber-repertoire een derde jeugd.

De geschiedenis van het lied in de twintigste eeuw is ook de geschiedenis van de reproductiemiddelen, de media. Bladmuziek was lang het belangrijkste middel voor mechanische reproductie. Gespecialiseerde uitgeverijen brachten reeksen liedjes uit, die vaak met aantrekkelijke omslagen in de winkel hingen en die bestemd waren om thuis aan de piano gezongen te worden. Aanvankelijk verdienden tekstschrijvers daar weinig aan; want hoe kwamen artiesten vroeger aan hun repertoire? Ze schreven zelf liedjes of ze gingen op maandag naar de artiestenbeurs op het Rembrandtplein om ze daar te kopen van gespecialiseerde liedjesschrijvers.

Voor 1913 bestond het auteursrecht nog niet, want Nederland had de internationale auteursrechtverdragen nog niet ondertekend. De schrijver en de componist moesten dus hun slag slaan op het moment van aflevering en daarna hoefden zij nooit meer geld te verwachten, niet bij optredens, niet bij grammofoonplaten, niet bij muziekuitgaven. Om het verkoopbedrag zo hoog mogelijk te maken, kozen veel auteurs voor verkoop inclusief alle rechten. Aanvankelijk betekende dat alleen dat de artiest zijn eigen naam onder het lied mocht schrijven en doen alsof hij het zelf gemaakt had. Later, toen het auteursrecht in werking trad en diverse organisaties het geld ook voor de rechthebbenden gingen innen, betekende het dat de auteur-componist afzag van latere uitkeringen voor een flink bedrag ineens. Het gebeurt nog wel, al is het verboden. Voor deze bloemlezing betekent dit dat in zeer veel gevallen de auteur van een tekst niet bekend is, maar dat de tekst alleen wordt toegeschreven aan de naam die erbij vermeld wordt. De echte beroepsliedjesschrijvers, mensen als Sam Trip, Tony Schmitz, Paoli, Otto Zeegers, Ferry, Jack Bess en Jacques van Tol zijn waarschijnlijk met meer teksten vertegenwoordigd dan die onder hun naam vermeld staan.

De verkoop van bladmuziek stelt tegenwoordig niet zoveel meer voor. Andere reproductietechnieken hebben dit medium achterhaald. De muziekuitgevers gaat het echter beter dan ooit. Zij proberen het werk van schrijvers en componisten op de markt te brengen in de vorm van geluidsregistraties, tv-programma's, films, videoclips of boeken in ruil voor een aandeel in het auteursrecht. Het auteursrecht is tegenwoordig een zeer grote bedrijfstak waar enorme bedragen in omgaan. Doel van de meeste muziekuitgeverijen is niet langer het uitgeven van muziek, maar 'het verkrijgen van intellectuele eigendomsrechten'.

De opgang van de mechanische reproductie van muziek begint in januari 1900 als de eerste grammofoonplaten in Nederland worden opgenomen door de Gramophone Company. Praktisch alle genoemde artiesten in deze bloemlezing hebben ooit platen of cd's gemaakt. Van Speenhoff, Davids, Dumas en Derby zijn honderden opnamen bekend, maar echt belangrijk is dit medium pas na de oorlog geworden.

Film bleef ook jarenlang een incident in Nederland. Experimenten met 'gezongen films', vroege muziekclips, werden al sinds het begin van de eeuw gedaan en toen de geluidsfilm zijn intree deed, waren de liedjeszangers present.

Belangrijker was de opkomst van de radio in de jaren twintig en dertig. Voor het eerst kon men overal liedjes horen, zelfs in gehuchten die tot dan toe van modern amusement verstoken waren geweest. Voor het eerst kreeg een liedjeszanger een miljoenenpubliek, voor het eerst kon het publiek z'n locale artiesten vergelijken met de vaderlandse of zelfs wereldtop. De vroegste radioprogramma's volgden bestaande amusementsformules: concerten, revues, cabaret. De artiesten en kunstenaars die voor de radio verschenen konden in korte tijd grote populariteit verwerven. De omroepen organiseerden tournees door het land met bekende artiesten om de band met de leden te versterken.

Na de oorlog introduceerde men nieuwe vormen van radio-maken zoals men die in Amerika had leren kennen. Wim Ibo produceerde de populaire serie *De Familie Doorsnee* van Annie M.G. Schmidt en een hele generatie auteurs in deze bundel, Alexander Pola, Jan de Cler, Jelle de Vries, Eli Asser, Jules de Corte en Tony van Verre, is bekend geworden door de radio. In de jaren zestig veranderde de radio echter sterk, het aantal luisteraars liep terug en het geld ging vooral naar de televisie; de radio kon daarom steeds minder eigen programma's produceren en ging steeds meer platen uitzenden. Het aandeel van buitenlandse producten werd steeds groter, de hitparade werd van verkoopindicatie tot bepalende programmaformule. Er kwamen commerciële stations die weinig meer wilden zijn dan etalage van grote platenmaatschappijen en internationale muziekuitgeverijen en winstgevende distributiepunten van reclameboodschappen van anderen.

De televisie nam geleidelijk de functie die de radio vroeger had gehad over en werd zelfs bepalender voor het culturele leven dan de radio ooit geweest was. Er kwamen shows en liedjesprogramma's en vrijwel alle artiesten dankten hun bekendheid aan de televisie. Grote namen die jarenlang in de theaters voor een betrekkelijk klein publiek hadden gewerkt als Wim Kan, Wim Sonneveld en Toon Hermans werden nationale figuren toen zij hun liedjes en conferences op de televisie vertoonden. Sommige liedjesschrijvende artiesten als Tom Manders (Dorus), Rudi Carrell en Alexander Pola specialiseerden zich in dit medium en anderen als Jelle de Vries, Henk Elsink en Jaap van de Merwe kregen er grote kansen. Ervaren schrijvers als Annie M.G. Schmidt en Eli Asser leverden voor de televisie schitterend werk. Maar hoewel de televisie een grote concurrent werd voor het uitgaansleven, ondervond het cabaret er weinig nadeel van. Het stelde zich te weer tegen de vervlakking van het amusement en blies de oude idealen van literair-muzikale aard nieuw leven in. Toen Sieto Hoving in 1957 zijn cabaret Tingel Tangel begon, werd dat geïnterpreteerd als een terugkeer naar de wortels van het cabaret. In zijn kunstkroeg kon het cabaret scherp, actueel en onafhankelijk zijn. Hij werd nagevolgd door Jaap van de Merwe en cabaret Lurelei, dat door zijn begaafde tekstschrijver Guus Vleugel en de briljante cabaretière Jasperina de Jong en haar man Eric Herfst snel toonaangevend werd. Er bleek een generatiekloof te bestaan tussen de mensen die voor de oorlog opgegroeid waren en de naoorlogse generatie. Dat werd vooral in de vrije-tijdscultuur duidelijk. De jeugd keerde zich af van het gezin en zocht haar eigen vertier. Ze vond het bij een nieuw soort muziek, jazz, en later rock and roll en pop dat op een nieuw soort plaatjes te horen was, singeltjes.

Tezelfdertijd begonnen er, onder invloed van het Franse chanson dat een grote bloeiperiode meemaakte, ook in Neder-land een aantal liedjeszangers bij de gitaar te zingen in klein-kunstkeldertjes. De echte Franse sfeer werd soms opgewekt door visnetten aan het plafond, Franse kaas en wijn en Ernst van Altena vertaalde het woord chanson met 'luisterlied'. Jules de Corte, die al jarenlang zijn eigen gang ging met schitteren-de Nederlandse chansons die vaak in dienst van de radio geschreven waren, werd voor de jonge zangers het lichtend voorbeeld. De Leidse student Jaap Fischer bracht een fris, cynisch, nieuw geluid en mensen als Hans van Deventer, Peter Blanker en Dimitri van Toren gaven ook de muziek meer gewicht en probeerden aan te sluiten bij de nieuwe folkbewe-ging die op dat moment wereldwijd opgang maakte.

Rond cabaret Lurelei hing een hele groep talentvolle men-sen als Sylvia de Leur, Adèle Bloemendaal, Marjan Berk en Leen Jongewaard, die graag zongen en voor een deel ook zelf liedjes schreven, zoals Ben Rowold, Gerard Cox en Frans Halsema. Uit de studentenwereld kwamen nieuwe geluiden van Seth Gaaikema en Paul van Vliet, die een eigen cabaret-theatertje opende, Pepijn, en het leek er even op dat het cabaret in een eigen theater zou lukken. In allerlei steden ont-stonden speciale kleinkunsttheaters en -kelders waar een hele generatie opstandige jongeren haar debuut maakte. Wat deze jongeren gemeen hadden, was dat ze zich in hun liedjes afzet-ten tegen de burgermaatschappij. Ramses Shaffy, Boudewijn de Groot met Lennaert Nijgh, Elly Nieman en Rikkert Zuiderveld, Cornelis Vreeswijk, Joost Nuissl, Liselore Ger-ritsen, Peter Schaap en Herman van Veen. Scherp satirisch cabaret kwam van Freek de Jonge en Bram Vermeulen, die zich Neerlands Hoop noemden, van Kabaret Ivo de Wijs en Don Quishocking. Rond deze laatste groep ontstond een kring van schrijvers als Hans Dorrestijn, Jan Boerstoel en Willem Wilmink – allen afkomstig uit de Amsterdamse neerlandistiek en schrijvers van kwalitatief hoogstaande liedjes. Willem

Wilmink zou, naast Rob Chrispijn, de belangrijkste tekstleverancier van Herman van Veen worden. Hun liedjes werden door de internationaal doorgebroken Van Veen in diverse landen bekendgemaakt. Jan Boerstoel zorgde ervoor dat Adèle Bloemendaal, Martine Bijl, Jasperina de Jong en Jenny Arean hoogwaardige cabaretliedjes zongen. Hans Dorrestijn, niet tevreden met een succesvol maar anoniem tekstschrijversbestaan voor succesvolle televisieprogramma's als de *Stratemakeropzeeshow*, besloot zijn repertoire zelf te gaan zingen en had er groot succes mee. Een andere tekstschrijver/componist die niet voorbestemd leek voor een zangcarrière maar er toch een had, was Drs. P – hij werd een voorbeeld voor iedereen die waarde hechtte aan een mooie literaire vorm. Met Ivo de Wijs voerde hij een hele school van 'plezierdichters' aan.

Door de populariteit van het cabaret en door de aanhoudende pressie van producers als Wim Ibo raakten de platenmaatschappijen geïnteresseerd in het genre. In de jaren zestig en zeventig kwam er een niet aflatende stroom platen met Nederlandse chansons en cabaretliederen uit. Harry Bannink en Annie M.G. Schmidt begonnen in de jaren zestig met een succesvolle serie musicals. Veel van de liedjes die daarin zaten, bleven ook buiten het theater in leven en werden door andere artiesten 'gecoverd'. Ook de liedjes die Michel van der Plas en Friso Wiegersma geschreven hadden voor Wim Sonneveld en anderen werden alom bekend. Fons Jansen, Jaap van de Merwe, Frits Lambrechts, Ischa Meijer en Robert Long verwoordden linkse idealen en fel-geestige maatschappijkritiek die zonder mankeren door de grote muziekmultinationals op de plaat werd uitgebracht. Het Nederlandse lied droeg opinies uit, vertelde levensverhalen en nam stelling. Het schokte, vermaakte en ontroerde. Het cabaret werd in die tijd zeer populair. Omdat wij Nederlanders grote woorden, gevoelens en gebaren schijnen te schuwen, hebben we van de kleinkunst onze grootste theaterprestatie gemaakt.

Toen de jaren zeventig voorbij waren, veranderde er veel. De uitvinding van de cassetterecorder en later de walkman had ervoor gezorgd dat iedereen zijn eigen muziek overal mee naartoe kon nemen. Het lied werd nu gehoord op plekken waar het nog nooit gehoord was. Het was een uiting van een toenemende individualisering van de cultuur die het 'ik-tijdperk' werd gedoopt. Liedjes werden persoonlijker en er werd veel meer over particuliere gevoelens gezongen. Het maatschappelijk protest werd minder algemeen en meer doelgericht. Er trad nog wel een nieuwe generatie felle spotters aan met Youp van 't Hek, Jack Spijkerman, Jeroen van Merwijk, Harrie Jekkers, Justus van Oel en Erik van Muiswinkel. Bram Vermeulen ontplooide zich als een gevoelige liedjesschrijver, maar het cabaret werd toch niet meer zo gedomineerd door het lied als daarvoor. Hoewel een groep als Purper met schrijver Frans Mulder veel succes had met elegant cabaret, was het opmerkelijk dat in het ik-tijdperk steeds meer groepjes verdwenen en steeds meer solisten verschenen.

Als reactie op het politieke cabaret dat volgens velen uitgewerkt was, werd de ironie, de onzin en de 'lulligheid' omarmd. Brigitte Kaandorp, Marijke Boon en Herman Finkers waren er de belangrijkste exponenten van. In de loop van de jaren tachtig was er een ernstige economische crisis merkbaar. De fonografische industrie had het moeilijk en de relatief dure en riskante investeringen in het Nederlandse lied werden steeds kleiner. In het cabaret waren op dat moment vooral solo-cabaretiers te horen die lange, komische monologen hielden. De plaatverkoop van de gevestigde namen liep sterk terug. Het cabaret putte, op een enkele uitzondering als componist Martin van Dijk na, weinig inspiratie uit eigentijdse muziekstromingen. De Nederlandse musical bleek financieel een risicovol genre te zijn en er kwamen voortaan meer producten uit het buitenland die enkel nog ingestudeerd hoefden te worden, maar waarvan de kwaliteit al vaststond.

De cd, die in 1983 geïntroduceerd werd, haalde de fonografische industrie weer uit het slop. Maar die had ondertussen het contact met het cabaret grotendeels verloren. De maatschappijen hadden zich namelijk aaneengesloten tot een aantal grote conglomeraten dat vooral investeerde in goedverkopende internationale acts en weinig interesse toonde voor het nationaal product dat niet zulke grote winsten opleverde. Daarbij kwam dat de cd vrij goedkoop zelf geproduceerd kon worden, zodat veel cabaretiers besloten hun werk in eigen beheer of op kleine labels uit te geven en de gebrekkige distributie voor lief te nemen. Al met al beleefde het cabaretlied in die jaren noch in het theater, noch op cd, radio of tv een bloeiperiode. In de jaren negentig zou dit gaan veranderen, maar dat valt buiten het bestek van deze bloemlezing, die ophoudt in 1988.

Waarom eigenlijk? Dit boek is gebaseerd op de bloemlezing *Omdat ik zoveel van je hou*, die de periode 1895 – begin van het cabaret – tot 1958 omvat, en *Ik zou je het liefste in een doosje willen doen*, die de periode 1958 tot 1988 behandelt. Het laatste lied van die bundel heet 'Perestrojka' en daarin werd al voorspeld dat het ijzeren gordijn als een gulp zou opensplijten, wat het jaar daarop ook gebeurde. Volgens sommige historici eindigde in 1989 de twintigste eeuw. De liedjes die daarna verschenen, komen in een nieuwe bloemlezing die we aan het voorbereiden zijn.

De indeling van deze bloemlezing is niet thematisch of chronologisch en ook staan niet alle liedjes van een schrijver bij elkaar. We hebben een indeling gemaakt die lijkt op wat inrichters van een tentoonstelling doen met schilderijen: hier de portretten, daar de landschappen. Zo zijn we gekomen tot een merkwaardige indeling die teksten bij elkaar brengt die iets gemeenschappelijks hebben maar die toch allemaal een andere toon aanslaan en verschillend van sfeer en onderwerp zijn.

Ons criterium van opname was niet de bekendheid of geliefdheid. Er zijn zelfs naar ons idee veel mooiere liedjes te vinden dan die wij verzamelden; vaak is dat omdat de muziek iets toevoegt aan de tekst en dat valt er niet zomaar aan af te lezen. Daarbij worden liedjes vaak bekend door de vertolking of door de manier van produceren en het was ons alleen te doen om goede teksten die ook op papier bleven werken. Vooral bij oude liedjes die soms nogal lang waren, hebben we de vrijheid genomen om een of meer mindere coupletten weg te laten. Bloemlezen is kiezen wat je mooi vindt en verwerpen wat je niet bevalt, als het moet zelfs binnen een tekst. Soms moesten we mooie teksten weglaten omdat ze deel uit hadden gemaakt van een groter geheel, bijvoorbeeld een musical, en buiten dat kader niet begrepen zouden worden.

We wilden alleen oorspronkelijk Nederlands repertoire opnemen. Dat betekent dat de Belgen afvallen en dat vertalingen niet opgenomen zijn, al beseffen we dat ze heel vaak geheel losstaan van het origineel. Ook het kinderlied hebben we niet opgenomen.

Komische liedjes hebben het moeilijk op papier, het komische is sterk aan plaats, tijd en sfeer gebonden. Vandaar dat in onze bloemlezing relatief minder actuele, tijdskritische, satirische en parodistische liedjes voorkomen en verhoudingsgewijs een groot aantal liedjes over tijdloze onderwerpen als dood, liefde, ouderdom en dergelijke.

Er wordt ons geregeld gevraagd waarom we de muziek niet hebben afgedrukt. Dat is omdat die vaak nooit is opgeschreven, of omdat de rechten daarvoor berusten bij muziekuitgevers die zoveel geld vragen voor het afdrukken dat het praktisch niet mogelijk is de muziek uit te geven. Maar we blijven het proberen. Er werd ons ook gevraagd of er geen cd's konden verschijnen met dit materiaal. Dat is uiteindelijk gelukt dankzij de firma Quintessence, waarvoor wij een doos met 21 cd's samenstelden onder de titel *Ik zou je het liefste in een doosje willen doen*. Daarin is veel van dit materiaal te vinden.

Deze bloemlezing gaat uit van de auteur. We geven zoveel mogelijk de tekst zoals de auteur die geschreven heeft. Vaak veranderen de uitvoerenden de tekst en wordt de veranderde versie bekend, maar dat hebben we genegeerd. We hebben de oude spelling veranderd in de voorkeurspelling (van vóór 1995), behalve wanneer de auteur kennelijk speciale bedoelingen had met zijn spelling of bezwaar maakte tegen een verandering. Het gebruik van hoofdletters en de opmaak van de tekst zijn genormaliseerd. Het refrein hebben we zoveel mogelijk in zijn geheel afgedrukt, want zo werkt een lied nu eenmaal. Gesproken zinnen zijn cursief gedrukt. De leestekens zijn teruggebracht tot het hoogst noodzakelijke. Dat is rustiger.

Wie wil weten hoe we aan een tekst gekomen zijn, vindt een aanwijzing in de bronnenlijst. Met de jaartallen die we bij sommige liedjes geven, moet u voorzichtig zijn. Het is een indicatie. Meestal is niet bekend wanneer een liedje geschreven is, maar wel wanneer het uitgevoerd werd of op de plaat werd gezet. Vrijwel alle liedjes hebben we gevonden op het Theater Instituut Nederland. Daar staan de tientallen boekuitgaven van liedjes en daar liggen de duizenden stuks bladmuziek en manuscripten van de artiesten in de archieven.

Wij danken onze oud-collega's op het TIN voor de toegang, de raad en de kritiek die ze gaven, in het bijzonder Maarten Eilander en Irma Ootes. Dank ook aan verzamelaar Freddy Pille en aan Dick Welsink. De meeste dank zijn we natuurlijk verschuldigd aan de rechthebbenden die toestemming gaven en aan de auteurs. Zij hebben geschreven, wij slechts opgeraapt.

JACQUES KLÖTERS
KICK VAN DER VEER

Het hondje van de rijken

EENENTWINTIG AANKLACHTEN

EDUARD JACOBS
Zij had hem lief   ca 1900

Zij had hem lief met hart en ziel
Zij wist niet dat ze van hem beviel
Zij wist niet wat haar was overkommen
God zal hem verdommen!

Zij schreef hem toen een grote brief
Gewaagde van haar ongerief
Maar de smeerlap wou niet kommen
God zal hem verdommen!

Zij heeft het aan zijn Pa verteld
Die noemde hem slecht en stuurde hem geld
Om het zaakie te voorkommen
God zal hem verdommen!

Zij werd naar de kraamkamer gebracht
Daar stierf zij nog dezelfde nacht
De smeerlap stuurde haar nog blommen
God zal hem verdommen!

MUZIEK: EDUARD JACOBS
REPERTOIRE: EDUARD JACOBS

OTTO ZEEGERS EN LOUIS DAVIDS
Liedje bij de wieg   ca 1917

Mijn lieve vent, als ik jou zo zie slapen
Zo heerlijk rustig op jouw peluwtje van dons
Dan moet ik dikwijls denken aan de stakkers
Die het zo veel minder hebben, schat, dan jij bij ons
Dan zie ik ze voor me, met hun bleke snuitjes
Dan zie ik ze voor me, met een ingevallen mond
En ook hun bedje zie ik in gedachten
Wat vuile lompen op een koude harde grond

Ze dragen nooit, als jij, een wit hansopje
Ze hebben menigmaal geen hempje aan hun lijf
Ze horen nooit een vriendelijk wiegeliedje
Hun oogjes sluiten bij gemor en bij gekijf

En als ze dromen is het van de slagen
En van de snauwen die ze kregen overdag
En o zo zelden speelt er om hun lippen
Wanneer ze slapen, eens een glimpje van een lach

Ze komen 's morgens uit de nauwe sloppen
Waar nooit een sprankje van een zonnestraaltje valt
Ze kijken angstig om naar het gore krotje
Waar vader dreigend achter hen zijn vuisten balt
En op hun zwakke krom gegroeide beentjes
Gaan ze de hele dag weer schuren langs de straat
En in hun lege, hongerige maagjes
Komt het afval, dat een hond nog liggen laat

Mijn lieve vent, als ik jou zo zie slapen
Zo heerlijk rustig, in je mollig warme bed
Dan wordt er dikwijls naast jouw blozend snuitje
Opeens een beeldje van zo'n schooiertje gezet
En dan voel ik het opeens zo heftig
Dat er een onrecht is in onze maatschappij
Want is zo'n arme, kleine bleke schooier
Niet ook een mensenkind, onschuldig zoals jij?

En ben je later eenmaal man geworden
Kijk dan maar nooit minachtend op een schooier neer
Maar vind in het steunen en het troosten der misdeelden
Je mooiste levensdoel, mijn schat, je grootste eer
En wil een schooier je zijn hand soms reiken
Let op zijn hart, kind en kijk niet naar zijn kledij
Want dikwijls vind je in de fijnste kleren
De grootste schooiers juist in onze maatschappij

MUZIEK: LOUIS DAVIDS
REPERTOIRE: LOUIS DAVIDS

E. PAOLI
Het hondje van de rijken   1929

In een salon bij 't warme haardvuur
Ligt Fifi in zijn zijden mand
Hij laat zich lekk're hapjes voeren
En strelen door een dameshand

En om de hoek in 't nauwe steegje
Zit in een krot een weduwvrouw
Bij d' harde strozak van haar kind'ren
Schreiend ontwakend van de kou

    Het hondje van de rijken
    Dat leeft in overvloed
    Terwijl het kind der armen
    Zoveel ontberen moet
    Het hondje van de rijken
    Krijgt alles even fijn
    En menig kind der armen
    Zou graag zo'n hondje zijn

Als Fifi 't vlees niet mals genoeg vindt
Haalt hij de neus op en bromt kwaad
Dan komt de dienstmeid die het eten
Achter een boom werpt op de straat
En is de dienstmeid weer naar binnen
Komt 'n kindje, haveloos gekleed
Dat smult ervan en Fifi ziet het
En gromt voor 't raam: foei, wat 'n proleet

    Het hondje van de rijken
    Dat leeft in overvloed
    Terwijl het kind der armen
    Zoveel ontberen moet
    Het hondje van de rijken
    Krijgt alles even fijn
    En menig kind der armen
    Zou graag zo'n hondje zijn

Als Fifi dood is, liggen bloemen
En mooie rozen op zijn mand
Hij krijgt een eigen graf met 'n grafsteen
Daar heeft hij recht op door zijn stand
Als 't kind der armen wordt begraven
Daalt 't ruwe kistj' in 't grote graf
En snikkend zegt de moeder: 'Liev'ling
Een bloempje? heus, 't kon er niet van af!'

Het hondje van de rijken
Dat leeft in overvloed
Terwijl het kind der armen
Zoveel ontberen moet
Het hondje van de rijken
Krijgt alles even fijn
En menig kind der armen
Zou graag zo'n hondje zijn

MUZIEK: WILLEM CIERE
REPERTOIRE: KEES PRUIS

LOUIS DAVIDS, RIDO EN JACQUES VAN TOL
De kleine man   1929

Het is op ons kleine wereldje
Een beetje raar gesteld
Want de ene mens neemt veel te grote happen
Ja de een woont in een villa en de ander bij de belt
En die moet zich op z'n teentjes laten trappen
De een die slaat zijn slag
Doet soms wat ie niet mag
De andere, dat is een feit,
Betaalt steeds het gelag

   Dat is de kleine man
   De kleine burgerman
   Zo'n doodgewone man
   Met een confectiepakkie an
   Zo'n man die niks verdragen kan
   Blijft altijd onder Jan
   Zo'n hongerlijer, zenuwlijer
   Van een kleine man

Wij verzorgen onze medeburgers
Tegenwoordig best
Als je niet werkt krijg je achttien gulden premie
En nou zijn er veel slampampers die zijn liever lui dan moe
Want die denken: nou, die achttien pop, die neem ie
Ze schelden allemaal
Op patroon en kapitaal

En wie is weer de dupe
Van dat vrijheidsideaal?

Dat is de kleine man
De kleine burgerman
Zo'n doodgewone man
Met een confectiepakkie an
Zo'n man met zo'n achttien gulden C&A-tje an
Zo'n hongerlijer, zenuwlijer
Van een kleine man

De verkiezingen in Holland
Zijn altijd een grote pret
Want dan hoor je onze heren kandidaten
Elkaar uitschelden voor leugenaar, voor schoffie enzovoorts
Zoeken gaatjes om hun gifgas uit te laten
En zitten z' op de stoel
Hoe veilig zo'n gevoel
Wie moet de rekening betalen
Voor hun grote... mond?

Dat is de kleine man
De kleine burgerman
Zo'n doodgewone man
Met een confectiepakkie an
Zo'n man met van die doodgewone Bata schoenen an
Zo'n hongerlijer, zenuwlijer
Van een kleine man

Dempsey gaat weer aan het boksen
En krijgt weer 'n kwart miljoen
Om zich 'n kwartiertje suf te laten stompen
En zijn tegenstanders, als ie wint, een kwart miljoentje meer
Want die kereltjes die laten zich niet lompen!
Wie snakt er naar zo'n baan, zou,
Kreeg ie het gedaan,
Voor 'n tientje al zijn kiezen
Uit zijn kaken laten slaan?

Dat is de kleine man
De kleine burgerman

Zo'n doodgewone man
Met een confectiepakkie an
Zo'n man met zo een afgesneden linnen frontje an
Zo'n hongerlijer, zenuwlijer
Van een kleine man

De minister van defensie
Vraagt weer onderzeeërs aan
Mocht een vreemdeling zich met de Oost bemoeien
En als wij die vloot dan hebben
En er komt 'n beetje mot
Kunnen wij er in de Amstel mee gaan roeien
Dat heet voor 't ideaal
Voor Neerlands grond en taal
Maar wie betaalt het pakkie
Van de vice-admiraal?

Dat is de kleine man
De kleine burgerman
Zo'n doodgewone man
Met een confectiepakkie an
Een met zo'n imitatie-jaeger onderbroekie an
Zo'n hongerlijer, zenuwlijer
Van een kleine man

MUZIEK: LOUIS DAVIDS
REPERTOIRE: LOUIS DAVIDS

KEES PRUIS
De kleine vrouw 1930

Louis Davids zong terecht van zorgen van de kleine man
Maar toch heeft ie volgens mij nog iets vergeten!
Want de vrouw dier kleine man is in het lied geen sprake van
En die heeft het toch nog zwaarder, zal je weten
Want 't is de kleine man
Die 't huis uit lopen kan
Maar wie blijft in haar huis met heel de zorgen rataplan?

Dat is de kleine vrouw, die hele kleine vrouw
Zij krijgt van al de zorgen toch de allergrootste knauw

27

Zo'n vrouw die voor haar kinderen d'r leven geven zou
Zo'n kousenbreister, zenuwlijdster van een kleine vrouw!

Als er van haar pover weekgeld nog een deel belasting moet
Die besteed wordt om er kruisers voor te kopen
Ziet de man alleen de kosten en het smijten met het geld
Maar voor 't vrouwtje staat er nog iets anders open!
Het dieper leed is haar
Want zij denkt altijd maar:
Waar kruisers en kanonnen zijn, daar is altijd gevaar!

Het is de kleine vrouw, die hele kleine vrouw
Zij komt in tijd van oorlog nog het meeste in de knauw
Haar man en zonen scheurt men weg en zij loopt in de rouw
De grootste smart in 't moederhart van die kleine vrouw!

Als de kleine man een kwartje heeft, dan gaat ie naar de kroeg
Koopt een biertje en vergeet een poos zijn zorgen!
Maar zijn vrouw, die zonder centen brood moet hebben voor
                         haar kroost
Kent het leed dat er verbonden is aan borgen
Des kleinen mans verdriet
Is wat de wereld ziet
Maar slapeloze nachten aan een ziekbed ziet men niet!

Het is de kleine vrouw, die hele kleine vrouw,
Die aan het kind'ren ziekbed hele nachten is in touw
Nooit eens een sprankje zonneschijn, 't is altijd droef en grauw
Zo'n ziekbedsloofje in 't alkoofje is de kleine vrouw!

Als het vrouwtje van een rijke man wat kleding nodig heeft
Gaat ze naar Parijs of koopt bij Hirsch toiletten
Maar zo'n hongerlijdster, die haar kind'ren ook graag netjes ziet
Moet op uitverkoop bij Brenninkmeier letten
Voor 'n jurkje met een scheur
Of wat verbleekt van kleur
Ligt z' als een hond te wachten, 's morgens zes uur voor de deur

Dat is de kleine vrouw, die hele kleine vrouw
Die ploetert als slavin voor haar gezin voor dag en dauw
Z' is altijd moe en ziekelijk van honger en van kou
Zo'n prullenkoopster, lommerdloopster van een kleine vrouw!

Mooie vrouwen die van grote heren vreugdobjecten zijn
Gaan heel chic gekleed bij five-o'clock tea steppen
Maar een eerlijk, arme zwoegster moet bij alles wat ze koopt
Zich, omdat het zo goedkoop is, laten neppen
Dat liefdevrouwenras
Koopt alles eerste klas
Dat slaapt in zij en d'and're hoogstens op een stromatras!

Het is de kleine vrouw, die hele kleine vrouw
Die met doorvoede kind'ren al gelukkig wezen zou!
De vrouw die rust eerst vinden zal in maag're Hein zijn klauw
Zo'n maximum lijdster, zenuwlijdster van een kleine vrouw!

MUZIEK: LOUIS DAVIDS
REPERTOIRE: KEES PRUIS

FREEK VAN LEEUWEN
De begrafenis 1932

Godverdomme!
Wat een blomme!
Me moeder die sjouwde zich rot
Na veertig jaar slaven
Toen werd ze begraven
Toen was ze kapot

Na jaren en jaren
Van kinderen baren
Haar lijf was verkromd en verzakt
Een kuil in de smurrie,
In razende hurrie
Weer dichtgesmakt

Een graf zonder zerken
Geen mis in de kerken
Berust in uw lot:
Beneden de pijnen
Maar boven daar zijne
We kind'ren van god

MUZIEK: FREEK VAN LEEUWEN
REPERTOIRE: FREEK VAN LEEUWEN

DIRK WITTE
Het wijnglas   1918

's Avonds lezen w' in de kranten
Hoe het ging die dag aan 't front
Zoveel honderd weer gevallen
Zoveel duizend weer gewond
Zoveel kind'ren zonder vader
Zoveel moeders zonder kind…
En we vragen wanneer eens toch
Dat gemoord een einde vindt…

Maar des morgens welk een vreugde!
Lezen w' in het ochtendblad
Dat er een banket geweest is
In de een of and're stad
Waar Lloyd George heeft gedronken
Op het welzijn van z'n land
Waar de oorlog werd gewonnen
Met het wijnglas in de hand!

's Avonds lezen w' in de kranten:
Weer een boot getorpedeerd
Zoveel mensen uitgevaren
Zoveel maar teruggekeerd
Zoveel tonnen graan verloren
Zoveel monden zonder brood…
Zoveel vrouwen, zoveel kind'ren
Dichter bij de hongerdood…

Maar des morgens welk een vreugde!
Lezen w' in het ochtendblad
Van een rijk en deftig feestmaal
In de een of and're stad
Waar de 'Kaiser' heeft gedronken
Op z'n uitgehongerd land
En de 'Alten Gott' geprezen
Met het wijnglas in de hand!

Elke dag brengt nieuwe ellende
Nieuwe armoe, nieuwe rouw

Elke dag krijgt ons vertrouwen
In de mensheid weer een knauw
Angstig vragen we hoelang nog
Deze oorlogswaanzin duurt
Welke afgezant des duivels
Deze wereld toch bestuurt...

Ernstig gaan de diplomaten
Naar hun feestmaal en banket
Satan heeft aan 't hoofd der tafel
Zich als schenker neergezet
En hij vult daar met een grijnslach
Telkenmale tot de rand
Met het rode bloed der volk'ren
't Willig wijnglas in hun hand!

MUZIEK: DIRK WITTE
REPERTOIRE: JEAN-LOUIS PISUISSE; GERARD COX

DUMONT
Stille nacht, vreetzame nacht   1926

Wees welkom, o Kerstmis
O Heilige Nacht!
Er zijn weer konijnen
En ganzen geslacht
De mensen geloven
Dat als je niet smult
Je nimmer je plichten
Als Christen vervult
Stille Nacht
Oh vree(t)dzame Nacht!

We spreken van liefde
En vrede op aard
Bij warme saucijsjes
En knappende haard
We sieren de kerstboom
Met glinsterend goud
We doen 't voor de jongens
Want ons laat het koud

Stille Nacht
Oh heilige Nacht!

We lezen couranten
Vol kerstromantiek
Dat stemt ons zoetsappig
En melancholiek
We tooien de kamer
Met hulst en rood lint
En doen, of de heilstaat
Der rooien begint
Stille Nacht
Oh zalige Nacht!

MUZIEK: DUMONT
REPERTOIRE: DUMONT

WIM KAN
*Fragmenten uit het leven van de heer en
mevrouw Jansen*   1938

Hij: Ik ben Jansen met zijn einddiploma van de HBS
Ik ben Jansen en ik zoek een baan
'k Heb geen geld en ik heb geen humor
Verder gaat het mij heel best
'k Zal me toch wel door het leven slaan
Als ik later eens zou trouwen
Leg ik beslist een loper op m'n trap
'k Draag een puntboord en slobkousen
Als bewijs van Nederlanderschap

Zij: Ik ben Tine met haar einddiploma van de HBS
Als een man mij aanziet word ik rood
'k Heb geen geld en ik heb geen humor
Verder gaat het mij heel best
Ik wil werken voor mijn eigen brood
Als ik later eens zou trouwen
Leg ik beslist een loper op de trap
'k Draag op reis een rieten mandje
Als bewijs van Nederlanderschap

En zo leven er dan twee mensen, die als vanzelfsprekend voorbestemd
zijn elkander in het leven te vergezellen

Hij:	Wij huren een huisje met een tuintje
	Voor de ramen de gordijntjes
	Anders zien ze ons aan tafel gaan misschien
Zij:	Wij hangen in ons achtertuintje
	Voor de was een rijtje lijntjes
	Opdat iedereen de zindelijkheid kan zien
Hij:	Tine, als wij samen trouwen
	Leggen wij een loper op de trap
	'k Zal de kinderwagen douwen
	Als bewijs van Nederlanderschap

Overal heerst onrust in de landen
Nergens gaat het meer zoals het moet
Landen waap'nen zich tot aan de tanden
Heel de wereld staat voor een bankroet
Mensen zijn elkander aan 't vermoorden
Revolutie staat al op de stoep
Niemand durft het einde te voorspellen
Maar de Jansens eten soep...

De Jansens:	Wij zijn de Jansens en wij eten soep
	Wij eten soep, omdat wij daarvan groeien
	Al staat de revolutie op de stoep
	Daar kunnen wij ons immers toch niet mee bemoeien
Hij:	Zo weten wij met ere
	Ons goed te conserveren
	Wat geeft het of de wereld sterft
	Als 't ons maar niet bederft
Zij:	Door niets worden wij meer geraakt
	Want wij zijn levend ingemaakt
	Conserven die bederven niet
	Zoals u ziet
Samen:	Hier zitten de Jansens en zij eten soep
	Zij konden moss'len zijn, dat is om het even
	Maar het zijn Jansens, en zij eten soep
	Als enig teken dat zij allebei nog leven

En als dan eindelijk de tijd zover gekomen is dat de Jansens het
tijdelijke met het eeuwige hebben verwisseld, dan vindt u ergens in een
stoffige kast een foto-album

De tijd gaat snel: zag u zoëven
De Jansens nog geheel in leven
Thans zijn de Jansens reeds abstract
En in dit album opgeplakt
En toch is tussen toen en thans
't Verschil niet eens zo groot
Toen leefden deze Jansens nog
En tegenwoordig zijn ze dood

MUZIEK: HAN BEUKER
REPERTOIRE: ABC-CABARET

WIM IBO
Het lied der oppervlakkigheid   1941

Men zit in de zaal voor de voorstelling klaar
Betaalde z'n geld en wacht dus op 'de waar'
't Orkest zet al in en de lichten gaan uit
't Gordijn gaat omhoog en met 'n vrolijke snuit
Verschijnt voor het voetlicht: de conférencier!
Hij lanceert met bravoure een oorspronk'lijk idee:
Een zouteloos lied met een lekker refrein
Waarbij het publiek hem behulpzaam moet zijn
Hij improviseert als een man van het vak
En roept uit: 'Zingt u mee in de engelenbak?'

Zing een opgewekte refreintje
Trek je van de zaak niks aan!
Heb geen zorgen meer voor morgen
Dan zal alles beter gaan!
Laat de hele boel maar waaien
Neem de dingen niet zo zwaar!
Niet zo zeuren, niet meer treuren
Dan komt alles voor elkaar!

't Publiek kent de tekst niet en zingt dus maar iets
De conférencier zegt: 'Nou, dat lijkt wel op niets
U bent vast van slag af, want 't klinkt allergekst'

34

Dan zakt er een doek met volledige tekst
Zo wordt heel gezellig het refrein gerep'teerd
Eerst zingt men nog vals, maar 't is gauw geleerd
Nog 'n kleine herhaling voor 'de vrouwen' apart
Dan zingen 'de mannen!!' weer dubbel zo hard
En daverend dreunt nu het lied door de zaal
De conférencier straalt en schreeuwt: 'Allemaal!'

Zing een opgewekt refreintje
Trek je van de zaak niks aan!
Heb geen zorgen meer voor morgen
Dan zal alles beter gaan!
Laat de hele boel maar waaien
Neem de dingen niet zo zwaar!
Niet zo zeuren, niet meer treuren
Dan komt alles voor elkaar!

'Daar gaat-ie voor 't laatst,' zegt de conférencier
En iedereen zingt het refrein nóg eens mee
Ze klappen er bij op de maat der muziek
Dit wordt vast dé schlager bij 't grote publiek!
Dan – plotseling – verheft zich een man in de zaal
Hij is mager en bleek en z'n kleren zijn kaal
Maar dwingende ogen staan fél in z'n kop
Z'n houding is fier en z'n stem dondert: 'Stop!'
't Klinkt zwaar op de hand, dus geen mens die zich stoort
Aan de macht'loze roep, door het zaalkoor vermoord

Nu wordt het heel stil, want hij staat op 't toneel
't Zweet op z'n voorhoofd, hij grijpt naar z'n keel
Z'n bevende lippen zoeken eerst naar een woord
Maar dan wordt z'n bijtende aanklacht gehoord:
'Dit was dus het lied waar de wereld op wacht
De tekst voor je neus en in massa gebracht
Het wordt tot uw lijflied dat de leus propageert:
Laat alles maar waaien en de zaak gaat gesmeerd
De tolk van uw denken in uw daag'lijks bestaan:
Laat alles maar waaien en 't zal beter gaan…

Zing een opgewekt refreintje
Als je van de honger beeft
Heb geen zorgen meer voor morgen

Als je in ellende leeft
Laat de hele boel maar waaien
Al is de wereld rot en slecht
Maar met struisvogel-refreintjes
Komt er nooit iets van terecht!'

MUZIEK: CAS RUS
REPERTOIRE: WIM IBO

DIRK WITTE
Mens, durf te leven! 1918

Je leeft maar heel kort, maar een enkele keer
En als je straks ánders wilt, kun je niet meer!
Mens, durf te leven!
Vraag niet elke dag van je korte bestaan:
Hoe hebben m'n pa en m'n grootpa gedaan?
Hoe doet er m'n neef en hoe doet er m'n vrind?
En wie weet, hoe of dat nou m'n buurman weer vindt
En – wat heeft 'het fatsoen' voorgeschreven!
Mens, durf te leven!

De mensen bepalen de kleur van je das
De vorm van je hoed, en de snit van je jas
En van je leven!
Ze wijzen de paadjes, waarlangs je mag gaan
En roepen 'o foei!' als je even blijft staan
Ze kiezen je toekomst en kiezen je werk
Ze zoeken een kroeg voor je uit en een kerk
En wat j' aan de armen moet geven
Mens, is dat leven?

De mensen – ze schrijven je leefregels voor
Ze geven je raad en ze roepen in koor:
Zó moet je leven!
Met die mag je omgaan, maar die is te min
Met die moet je trouwen, al heb je geen zin
En dáár moet je wonen, dat eist je fatsoen
En je wordt genegeerd als je 't anders zou doen
Alsof je iets ergs had misdreven
Mens, is dat leven?

Het leven is heerlijk, het leven is mooi
Maar – vlieg uit in de lucht en kruip niet in een kooi!
Mens, durf te leven!
Je kop in de hoogte, je neus in de wind
En lap aan je laars hoe een ander het vindt!
Hou een hart vol van warmte en van liefde in je borst
Maar wees op je vierkante meter een vorst!
Wat je zoekt kan geen ander je geven!
Mens, durf te leven!

MUZIEK: DIRK WITTE
REPERTOIRE: JEAN-LOUISE PISUISSE; HERMAN THOLEN; RAMSES SHAFFY; THE
   AMAZING STROOPWAFELS

TONY SCHMITZ
In het chique cabaret ca 1918

In het chique cabaret
Kom je om de tijd te doden
En om je te laten zien
Lachen is er streng verboden
Al moet je er ook om veinzen
Hoogstens mag je even grijnzen
Hier zijn z' allemaal blasé
Want het kost een riks entree

In het chique cabaret
Heet een zangeres 'chanteuse'
Heeft ze helemaal geen stem
Dan staat op 't program 'diseuse'
En wie, waar het niet zo chic is
Humorist of wel komiek is
Die heet hier 'conférencier'!
Want het kost een pop entree!

In het chique cabaret
Dwepen ze met buitenlanders
Hollands, jakkes, dat's vulgair!
Neen maar, Frans! dat's heel iets anders!
Een echt Hollands danserspaartje
Met de namen: Piet en Saartje
Heet hier: 'Les Sarah-Pierré's'
Want het kost een pop entree!

In het chique cabaret
Mag je schuine moppen tappen
Als 't maar in 't Frans gebeurt
Zodat maar de helft ze snappen.
Wie ze snapt – die grinnikt even –
Wie 't een raadsel is gebleven
Grinnikt voor 't fatsoen maar mee
Want het kost een pop entree!

In het chique cabaret
Drink je dranken door een rietje
En wat vroeger ''n moppie' was
Heet daar nou: 'een levensliedje'!
't Repertoire wordt immer rijker
Elk wordt 'levensliederlijker'
Ik doe zelf er ook aan mee
Want het kost een pop entree!

MUZIEK: JOOP DE LEEUWE
REPERTOIRE: CHRIS DE LA MAR

LOUIS DAVIDS
Moeder wil dansen   1924

Baby huil je om je moeder
Baby huil maar niet
Moeder heeft haar daag'lijks pretje
Vadertje zingt bij je bedje
Pappie zal je liedjes zingen
Voor zijn kleine zoon
Mammie houdt meer van de banjo
En de saxofoon

 Mammie is dansen, baby wees maar stil
 Mammie is naar 'de Gaité' (o jé)
 Mammie is aan haar twintigste blues
 Pappie geeft je droge ponnen
 Mammie is aan 't charlestonnen
 Mammie flirt met de jongens van de band
 Pappie blijft thuis bij vent
 Als zij thuiskomt in de afternoon

Krijg je 'n fijne cocktailzoen
Mammie is dansen mijn kind

Duitsland heeft zijn republiek
Moeder is dansen
En zijn Hohenzollern-kliek
Moeder is dansen
Europa door de Yank geplukt
Kalmpjes uit elkaar gerukt
Volk'renbond wordt doodgedrukt
Moeder is dansen

Mammie is dansen, baby wees maar stil
Mammie is naar 'de Gaité' (o jé)
Mammie is aan haar twintigste blues
Pappie geeft je droge ponnen
Mammie is aan 't charlestonnen
Mammie flirt met de jongens van de band
Pappie blijft thuis bij vent
Als ze thuiskomt in de afternoon
Krijg je 'n fijne cocktailzoen
Mammie is dansen mijn kind

Als je groot bent lieve jongen
Mag je ook eens mee
Als je 'n lange broek gaat vragen
Mag je moeders smoking dragen
Als je 'n knappe dokter wordt
Je zit in een congres
Dan zit mammie bij Paul Whiteman
Ondergaat de jazz

Mammie is dansen, baby wees maar stil
Mammie is naar 'de Gaité' (o wee)
Mammie d'r jurk weegt zeventien gram
Mammie laat zich stucadoren
En d'r hals is uitgeschoren
Mammie is dansen
Pa is mammie nou
Lieveling slaap maar gauw
Anders krijgt ma straks nog kift

En gooit met d'r lippenstift
Mammie is dansen lief kind

Werkloosheid en honger schrijnt
Moeder is dansen
Handel, industrie verkwijnt
Moeder is dansen
Russen en Chinezen gaan
Kalmpjes op Europa aan
Listig lacht reeds de Javaan
Moeder is dansen

Mammie is dansen, baby huil maar niet
Moeder is naar 'La Réserve' (vol verf)
Pappie zit zonder cent in zijn zak
Pappie mag er niet om tobben
Moeder moest zich laten bobben
Mammie is dansen
Moedertje heeft pret
Pa heeft geen sigaret
Ma zorgt voor de slanke lijn
Pa moet kinderjuffrouw zijn
Moeder is dansen mijn kind

MUZIEK: LOUIS DAVIDS
REPERTOIRE: LOUIS DAVIDS

DUMONT
Kunstbeschermers   ca 1925

Jansen was een van die heren
Die artiesten protegeren
En dan overal poseren
Als beschermer van de kunst

Jansen deed in margarine
Tufte in een limousine
Droomde 's nachts van stearine
En relaties door de kunst

Jansens vrouwtje heette Klaasse
Was een echte Overmaasse

Of misschien wel een Jutfaasse
Priesteres der hoge kunst

't Was een alleraardigst vrouwtje
Pagekoppig schatteboutje
Ze droeg blouses zonder mouwtje
Maar dat deed ze voor de kunst

Jansen kocht veel schilderstukken
Om z'n woning op te smukken
En hij liet zich dikwijls plukken
Door confraters in de kunst

Mevrouw Jansen speelde tennis
Met een hele goede kennis
En ze pleegde heiligschennis
Maar dat hoorde bij haar kunst

Ook de dienstmeid was kunstzinnig
Want al deed ze dikwijls vinnig
In 't geheim was ze aanminnig
Jegens mensen van de kunst

Jansen noemde haar z'n schatje
Gaf een ditje en een datje
En het sluwe kamerkatje
Profiteerde van haar kunst

Van de dakgoot tot de drempel
Leek het huis een ware tempel
Elke kamer droeg de stempel
Van de liefde tot de kunst

Totdat Jansen plots failleerde
Met de nachttrein eclipseerde
En een massa lui dupeerde
Maar dat was z'n grootste kunst

MUZIEK: DUMONT
REPERTOIRE: DUMONT

Zij die niet slapen 1916

Aan 't einde der dag ligt de arbeid terneer
De rust komt der donkere nacht
't Is overal stil en het mensdom in rust
Vindt slapend hernieuwende kracht
Zelfs moeder natuur schijnt in sluim'rende rust
Wanneer zij het zonlicht niet zag
En toch slaapt niet alles, er zijn er nog veel
Wier nacht is gemaakt tot een dag

 Want zij die niet slapen is 't liefdevol mens
 Verpleegster in 't ziekengesticht
 En de moeder die biddend in tranen verstikt
 Aan 't ziekbed van 't kindje om beterschap snikt
 En ook hij de werker der donkere mijn
 Die niet weet of hij er nog morgen zal zijn
 Die afdaalt door honderd gevaren omringd
 In donkere schacht zijn 'glück auf'-liedje zingt!

Het rijke gezin heeft de kreeftensalaad'
Verorberd aan 't kost'lijk souper
Ze zijn dol op vis en mevrouw ordonneert
Garnalen voor het dejeuner
En morgen trakteert ze op heerlijke tong
Ze maakt heel 't gezin reeds belust
Ze dromen des nachts van de heerlijkste vis
Te midden van zalige rust

 Maar zij die niet slapen is 't moedige volk
 Die bonkige kerels op zee
 Die stormen trotseren terwille van 't brood
 Op vele manieren beloerd door de dood
 En wie als het stormt ook niet slaapt is de vrouw
 Die neerknielt en bidt, vol van droefheid en rouw
 Voor 't lichaamsbehoud van haar man en haar zoon
 Haar moeilijk bestaan heeft het rouwkleed tot loon!

In zacht' rode kussens der spoorwegcoupé
Daar zit een gezelschap bijeen

Ze schimpen en schelden op 't mindere volk
'Dat werkvolk is intens gemeen!
Ze vragen steeds maar hoger loon voor hun werk
D'r is niks die proleten naar 't zin'
Ze schelden nog verder maar dan komt de slaap
En 't deftig gezelschap slaapt in

Maar hij die niet slaapt is die ruige proleet
Daar vóór op de locomotief
Die 't leven van honderden heeft in zijn hand
Hij wordt door geen moeheid of slaap overmand
Met één been in 't graf en het and'r in de cel
Gij eerste klas slapers bedenkt gij het wel?
Zijn handen zijn vuil en al stinkt ie naar zweet
Die man waakt voor u, hij, gesmade proleet!

MUZIEK: WILLEM CIĘRE
REPERTOIRE: KEES PRUIS

JOHNNY & JONES
Mijnheer Dinges weet niet wat swing is   1938

Mijnheer Dinges weet niet wat swing is
Hij weet niet wat 'n saxofoon voor 'n ding is
Omdat zijn radio kapot is
Wat voor de buren een genot is
Weet die Dinges niet wat swing of hot is

Mijnheer Dinges die is dol op componeren
Hij zit eeuwig met zijn neus in de muziek
Jonge lieden die bij hem piano leren
Houden zich na de eerste les een tijdje ziek
Want hun leraar heeft een kwaal:
Hij vindt jazzmuziek banaal

Mijnheer Dinges weet niet wat swing is
Hij weet niet wat 'n saxofoon voor 'n ding is
Omdat zijn radio kapot is
Wat voor de buren een genot is
Weet die Dinges niet wat swing of hot is

Op een dag belde aan Dinges' deur de wasman
Zeg meneer, er staat muziek op uw manchet
Hou 'm hier of stuur hem Theo Uden Masman
Maar mijnheer Dinges antwoordde toen zeer ontzet:
Man ga uit mijn trapportaal
In mijn huis geen jazzschandaal!

Mijnheer Dinges weet niet wat swing is
Hij weet niet wat 'n saxofoon voor 'n ding is
Omdat zijn radio kapot is
Wat voor de buren een genot is
Weet die Dinges niet wat swing of hot is

Mijnheer Dinges maakte 'n grote ouverture
Met een slotkoor, de finale stond in moll
Toen het klaar was swingde Pietje van de buren
De compositie dreunde in hotstijl door zijn bol
Hij viel flauw op een crapaud
En toen speelde de radio:

Mijnheer Dinges weet niet wat swing is
Hij weet niet wat 'n saxofoon voor 'n ding is
Omdat zijn radio kapot is
Wat voor de buren een genot is
Weet die Dinges niet wat swing of hot is

MUZIEK: JOOP DE LEUR
REPERTOIRE: JOHNNY AND JONES

LOU BANDY
Louise, zit niet op je nagels te bijten   ca 1946

Louise was een leuke meid
Van nauwelijks twintig jaar
Zij was een petit peu nerveus
Maar dat was geen bezwaar
Maar zij beet op haar nageltjes
Dat vond haar moe een straf
En telkens als zij weer begon
Riep maman: Blijf toch af!

Louise, zit niet op je nagels te bijten
Bah! Wat vies, Louise
Je zult met dat bijten
Je nagels verslijten
Bah! Wat vies, Louise
Hou met dat bijten op
Anders heb je een strop
Je kleine vingertjes
Zijn toch geen lollies, lieve pop!
Louise, zit niet op je nagels te bijten
Bah! Wat vies, Louise!

Men heeft haar kleine nageltjes
Met mosterd vol gesmeerd
Maar zij heeft trots die mosterdkuur
Het nog niet afgeleerd
Zij likt er nu de mosterd af
En smult nog eens zo fijn
Alsof haar kleine vingertjes
Van vleeskroketjes zijn

Louise, zit niet op je nagels te bijten
Bah! Wat vies, Louise
Je zult met dat bijten
Je nagels verslijten
Bah! Wat vies, Louise
Hou met dat bijten op
Anders heb je een strop
Je kleine vingertjes
Zijn toch geen lollies, lieve pop!
Louise, zit niet op je nagels te bijten
Bah! Wat vies, Louise!

Louise kreeg verkering
Met een leuke jongeman
Haar nageltjes zijn aangegroeid
Je ziet er niets meer van
En als je vraagt: hoe komt dat nu?
Dan antwoordt zij vol pret:
Mijn jongen houdt mijn handen vast
En steeds mijn mond bezet!

Louise, zit niet op je nagels te bijten
Bah! Wat vies, Louise
Je zult met dat bijten
Je nagels verslijten
Bah! Wat vies, Louise
Hou met dat bijten op
Anders heb je een strop
Je kleine vingertjes
Zijn toch geen lollies, lieve pop!
Louise, zit niet op je nagels te bijten
Bah! Wat vies, Louise!

MUZIEK: LOU BANDY
REPERTOIRE: LOU BANDY

BER HULSING
Van jou heb ik niets meer gehoord   ca 1946

Soms als het niet was te dragen
Die zorgen, die angst en die strijd
Dacht ik maar weer dat de oorlog een keer
Toch voorbij zou zijn
Droomde ik dan in die dagen
Van een nieuwe, gelukkiger tijd
Die komen zou, dacht ik aan jou
Want ik meende dat jij er weer bij zou zijn

Nu zijn gevaren en oorlog voorbij
Maar het wordt nimmer meer vrede voor mij
Van jou heb ik niets meer gehoord
Sinds ze jou hebben gegrepen die nacht
Heb ik vergeefs op je thuiskomst gewacht
Van jou heb ik niets meer gehoord
Dat het je leven kon kosten
Wist je en toch ging je door
Nu heb ik spijt, dat ik in die tijd
Jou angstig gevraagd heb: waar doe je dat voor
Jij werd gevangen, ik weet nu waarom
Duizenden keerden uit Duitsland weerom
Van jou heb ik niets meer gehoord

Anderen zijn in ons land weergekeerd
Sommigen worden als helden vereerd
Van jou heb ik niets meer gehoord
Waar ik ook rondzie staan zij weer vooraan
Die niet zoveel deden als jij hebt gedaan
Van jou heb ik niets meer gehoord
Jij was maar een van de velen
Maar wij die je hebben gekend
Gaan zij aan zij, naamloos als jij
Naar het doel waarvoor jij toen gevallen bent
Wij moeten samen, wat men ook gebiedt
Zorgen dat het niet tevergeefs is geschied
Dat duizenden werden vermoord

MUZIEK: BER HULSING
REPERTOIRE: UUT HULSING

MARTIE VERDENIUS
Het is erger dan bij de moffen 1947

Waar je 't oor te luisteren legt
Het gaat ons allemaal even slecht
Mevrouw alleen met zeven kamers
In Amsterdam-Zuid op goeden stand
Wordt opgebeld: 'Zeg heb je 't gelezen?
Er staat vanavond in de krant
Ze willen woonruimte gaan vord'ren
Nee, vind je 't geen intens schandaal?
Dat is zeker weer iets van de communisten
Die mensen kennen geen moraal'

Het is waarachtig nog erger dan bij de moffen
Toen stond het je tenminste nog vrij
Om wat ze wilden te ontduiken
Maar dat is er nou ook niet meer bij
Ze mengen zich in al je zaken
Daar motten we een end aan maken
Die regering kent er niets van
En wat je ook over opbouw leest
Ze kunnen mij nog meer vertellen
Het is nog nooit zo slecht geweest

Meneer Bezit lucht ook zijn haat eens
In zijn café op 't borreluur
Bij het aroma van zijn Camel
En zijn vierde whisky-puur:
'Ik stik van de geblokkeerde fondsen
Wat heb ik aan mijn kapitaal?
En wat ik dan nog los kan peuteren
Gaat met de fiscus aan de haal'

    Het is goddome nog erger dan bij de moffen
    Toen stond het je tenminste nog vrij
    Om wat ze wilden te ontduiken
    Maar dat is er nou ook niet meer bij
    Ze mengen zich in al je zaken
    Daar motten we een end an maken
    Die regering kent er niets van
    En wat je ook over opbouw leest
    Ze kunnen mij nog meer vertellen
    Het is nog nooit zo slecht geweest

Ook Elly, vierde op het lyceum
die ratelt onder 't eerste uur:
'Zeg moet je nou es even horen
Ik sloeg gewoon een rotfiguur
Ik was gaan dansen met… nou ja… je-weet-wel
Maar om tien uur was het stopsignaal
Is dat nou vrijheid na de oorlog?
Gek zijn ze, zeg ik, allemaal'

    Het is heus erger dan bij de moffen
    Toen stond het je tenminste nog vrij
    Om wat ze wilden te ontduiken
    Maar dat is er nou niet meer bij
    Ze mengen zich in al je zaken
    Daar motten we een end an maken
    Die regering kent er niets van
    En wat je ook over opbouw leest
    Ze kunnen mij nog meer vertellen
    Het is nog nooit zo slecht geweest

Ook zwarte Willem op zijn barkruk
Zo somber als een open graf

Die zegt: 'Sal ik je es wat vertellen?
Voor mijn is al de lol er af
Er is al weer veel te veel zo te krijgen
Saakies met winst bestaan niet meer
En as ze je te pakken krijgen
Dan helpt er ook geen steekgeld meer'

Het is goddome erger dan bij de moffen
Toen stond het je tenminste nog vrij
Om wat ze wilden te ontduiken
Maar dat is er nou niet meer bij
Ze mengen zich in al je zaken
Daar motten we een end an maken
Die regering kent er niets van
En wat je ook over opbouw leest
Ze kunnen mij nog meer vertellen
Het is nog nooit zo slecht geweest

Waar je 't oor te luisteren legt
Het gaat ons allemaal even slecht
Ik heb nog steeds geen nieuwe auto
En waar blijft nou mijn nieuwe fiets
Zeg, wanneer kunnen we weer wintersporten
Och man ze zorgen toch voor niets
We hebben dit niet, we hebben dat niet
Dat is het eeuwige refrein
En wie zich dit realiseren
Die schamen zich Hollander te zijn.

Het is erger, waarachtig, dan bij de moffen
Dat klagen en die kankergeest
Toen was het zaak je mond te houden
Omdat je er anders was geweest
Maar nou je niks meer kan gebeuren
En je van harte door kunt zeuren
Weet dan, dat Holland met heel de wereld
Nog ziek is van een groot tekort
En help je land met smoel te houden
En hoop dan maar dat 't beter wordt

MUZIEK: WIM DE VRIES
REPERTOIRE: CABARET WIM SONNEVELD

49

ANNIE M.G. SCHMIDT
Laarzen 1948

Ik had ze an... da's nou twaalf jaar geleden,
't Was mei en zonnig met een blauwe lucht.
Het was in veertig. Ik had paardgereden,
En met die laarzen aan ben ik gevlucht,
En met die laarzen aan heb ik gezeten.
't Is nou voorbij en alles bij elkaar
Zijn we de oorlog al weer lang vergeten,
Maar af en toe dan kijk ik er eens naar:
Zo'n ding is op zichzelf niet zoiets raars,
Gewoon... een laars.
Nee, laarzen op zichzelf, daar is niets tegen,
Maar kijk, wanneer het er miljoenen zijn,
Miljoenen laarzen, dreunend op de wegen,
En met daarachter één krankzinnig brein...
Weet u nog wel, die laarzen, die marcheren,
De laarzen, die marcheren op de maat,
En die geen sterveling kan tegenhouden,
Met geen geweld en met geen goede wil...
En weet u nog 't geluid, dat zo benauwde:
'Die laarzen houden bij mijn voordeur stil.'
Nou goed, wij hier vanavond met zijn allen,
We zijn er aan ontsprongen, aan die dans,
En al die anderen, die zijn gevallen,
Die hebben nu een – nogal dorre – krans.

    's Kijken, waren het er dertig miljoen,
    Of waren het er soms nog meer?
    Laten we bedenken, een volgende keer,
    't Zijn de laarzen, die het hem doen.

Wij zeggen: 'Kijk, hoe gaat het, mevrouw Karels!'
Ze zegt: 'O dank u, werkelijk heel goed.'
Dat zal ook wel, ze heeft weer zulke parels,
Ze is weer dik, ze heeft alweer zo'n hoed.
Soms wordt de vraag: 'Hoe gaat het?' wel eens pijnlijk,
Soms is die vraag; 'Hoe gaat het?' wel eens mis.
'Wat zegt u, mijn familie? Dood, waarschijnlijk,
Ik ben de enige die over is.'

En wij, wij leven door, we zijn 't vergeten,
We hebben alles weer wat opgelapt,
Maar laarzen hebben veel op hun geweten,
Ze hebben heel Europa platgetrapt.
En als we alles eens preciezer wisten,
Van al die kind'ren zonder onderdak,
Van al die zwervelingen en vermisten,
Dan zaten we niet zó op ons gemak.

's Kijken, waren het er veertig miljoen,
Of zijn het er soms nog meer?
Laten we bedenken, een volgende keer,
't Zijn de laarzen, die het hem doen.

Een laars is schoeisel, vervaardigd uit rundleder,
Dat zegt het woordenboek, meer zegt het er niet van.
En mannen zoals Rauter en Schreieder,
Die hadden dat rundleder schoeisel an.
En daarmee trapten ze op onze mensen,
Ze trapten op het hart en op de geest.
Wij zitten nu nog ernstig te bedenken,
Of zij wel écht misdadig zijn geweest.
Díe laarzen kunnen ons nu niet meer deren,
Maar in de verte dreunt een nieuw refrein:
Er zullen nieuwe laarzen opmarcheren
Zolang er zoveel runderen zijn.

's Kijken, wordt het dan weer net als toen?
Och, hoe het dan ook mag zijn:
't Is niet dat ene krankzinnige brein,
't Zijn de laarzen, die het hem doen.

MUZIEK: PETER KELLENBACH
REPERTOIRE: CABARET WIM SONNEVELD

JAAP MOLENAAR
Zeven kikkertjes   ca 1958

Er zaten zeven kikkertjes al in een boerensloot
Die waren vrij tevreden met hetgeen die sloot ze bood
Ze hadden er wat vrinden – ze kwaakten, ze beminden

Gelijk natuur dat wil
De vaders vingen vliegjes – de moeders maakten wiegjes
Voor hun prille dril.

Toen bouwden zeven mannetjes een huisje aan de sloot
Die hadden hersenpannetjes vol plannetjes, zó groot
Die brouwden daar hun stroopjes – ze bouwden isotoopjes
Ze speelden er met vuur
En mengden in hun potjes – als minuscule godjes
Geheimpjes der natuur

Er waren zeven mannetjes, die speelden leentjebuur
Ze leenden kleine kooltjes uit de kachel der natuur
Maar toen ze erin pookten – een fikkie ervan stookten
Werd gauw de vlam te groot
En ondanks hun getover – kookten de potjes over
En 't schuim liep in de sloot.

Er zwommen scheve kikkertjes al in een boerensloot
Hun paatjes keken droevig naar hun kromgegroeide poot
'Ik denk,' sprak een resolute, 'dat ik, pro juventute,
Dit slootje maar ontruim
U ziet hier, mijne heren – de jeugd degenereren
Door d'invloed van het schuim!'

Wij zijn met heel veel kikkertjes in onze wereldsloot
Tot dusver vrij tevreden met hetgeen de sloot ons bood
We hadden er wat vrinden, we kwaakten en beminden
We leefden er vrij ruim
Maar wordt óns dril geboren – met één poot en drie oren
Is dat de schuld... van 't schuim...

MUZIEK: JAAP MOLENAAR
REPERTOIRE: JAAP MOLENAAR

De mummie van de Pharao

DERTIEN GEKKIGHEDEN

ALEX DE HAAS
Dadaïstische wijzang   ca 1923

ZieDend zInGen De sTerren : „a-QUAdRAat pLus b-QuAdRaat".
LilA maAgDeBoezEms deinEn

PrikkEIDrAdErig

iN ZaNg-zUre tHeeLepEltJeS

hUn cOsmiscH vErlAngEn uit.

O! wAanZiNniGe wAerEld!

iK hEb mIJn kIndErEn GedOod

eN hEt bIEekBIAuwe dAk vAn dE hOoiSchUur!

hA! Ha! pHt! pHt!

ZiEt, wEenEnd Danst wAlMend bLoEd

UiT LiLIeNde fiETsIAntAaRnEn,

ZiG-zAg-ziG-ZaG!

gElijk dE rUbbErHaK dEr cAbinEtPudDing

ZicH OffErT

iN uiTgeRekt FluiDe . . .

VecHt, vRieNdeN, vEcht!

WaNt dE dAg zAl rlJ'n,

dAt zUUrkOol mEt zEbrAkaCheIGIAnS

UiT LieIItEnde vErTen

zAl zIJN wEgGevrEtEN

eN uiTgEstOomDe KinDeRhooFdeN

vrAgEn zuLLen, VrAgEn . . .

hOOrt hEt lOlgElAch dEr ZeeZieKe wiNde,

iN rUischHenDe sChoOLjuFFrouWen

En ziLveRig pAArIEndE kiEspijNwAtjEs.
DrEinDrenZeNDe drEmpeLinGen

BIAnkEn sAäm

ToT loOdWit nOodLoTsbEgeeReN

O! O! diE vErMillOen-lOnkenDe LokKenGIAns
VaN WAnhOopS-weeE ReuZel . . .
KrlJscHenDe roOkKoLomMen,

ZoeMenDe zOldErZinKinGen,

DanSt! dAnst dAn tOch!
En wIJd zAl mIJn pOpEleNdE hArt giErGiLLen
ToT drEigEnDe dAad
En jUbeLenD

DEliRIum!

MUZIEK: ALEX DE HAAS
REPERTOIRE: ALEX DE HAAS

HUGO EN EDUARD
Ontboezeming   ca 1903

Wanneer ik in mijn koestal tree
En 'k zie hoe 't redeloze vee
Op mangelwortels zich vergast
Zwelt 't boerenhart mij in mijn bast!

Ai! welk een aantal, tweemaal elven
Ziet 't schone stro waarop elk leit
Ziet hunne dikke buiken welven
Langs lijnen van geleid'lijkheid!

Ziet hunne tweeëntwintig staarten
Vast opgebonden met een touw
Veel hechter dan de band des harten
De nooit volprezen huw'lijkstrouw!

O Heer, wat gij mij ook wilt geven
Neem vrouw en kindren tot U op
Doch laat mijn runderen in leven
Ze kosten me elk tweehonderd pop!

MUZIEK: ?
REPERTOIRE: LEIDS STUDENTEN CORPS

MOESTAFA
Tusse de tijger en de leeuw   ca 1956

Daar staat in groot Mokum al honderd jaar
Een hele versameling beeste klaar
Die wete van niks, hoe 'et mot of 'et hoort
Die stane te staan en die vrete ma voort
Te wete de olefant en 'et kameel
De grote en kleine beer en de makreel
De bokkies, de wurrempies en de bison
Die legge daar ingeterneerd op de bon
Die stane te kijk in 'et openbaar
Voor iedere leeftijd 'et hele jaar
Die winkel die legt daar nou al een eeuw
Tusse de tijger en de leeuw *(bis)*

De apies die wone in 'et apehuis
Geef mijn voor de gijn so'n paar knape thuis
Dat bruine gevaarte dat kijk' na' je toe
As of-t-ie 'et mier heb an al dat gedoe
Een héél kleine kriele, dat noemt sich óók aap
De vlooie die bijte se-n-in d'r lui' raap
De toestand die is daar staatkundig niet mooi
De minderheid aap en de meerderheid vlooi
En o, wat een sénuwebeest die mandril
Die kan haast nie' sitte vanwege de tril
Die krabbe d'r eige met veel geschreeuw
Tusse de tijger en de leeuw *(bis)*

De drijfsijssies drijve in ploege voorbij,
Alleen groene swane sijn d'r niet bij.
En honderde vogeltjes in d'r lui kooi,
Die fladdere daar as medalies so mooi.
Die vinkies die sijn van d'r eige so schuw,
Die motte niks hebbe van mijn of van uw
Alleenig oppassers magge se wel
Die lui die dressere dat swevende stel
Maar één is-t-er thuis door se vrouw haast gekraakt
Omdat ie de oievaar tam had gemaakt
En vrij in 'et rond vliege mus en spreeuw
Tusse de tijger en de leeuw (bis)

En dan dat aquarium, o wat een pracht
Daar is 'et geregeld stikdonkere nacht
Daar lope de hengelaars vlak langs de wand
En drome hardop van luilekkertjesland
Een snoek van een meter, een baars van tien pond
En paling als heipale swemme daar rond
Maar wat ik daar in de versameling mis
Dat is nog een bakkie met wallevis
En wáárom geen daglicht, dat moet volgens mijn
Geen vis, maar getekende kleurfillem sijn
Daar dróóm je voorbij en je gaapt een geeuw
Tusse de tijger en de leeuw (bis)

Die beessies die hebbe een váste baan
Die gane da' nooit nie' so gauw vandaan

D'r komme d'r sommige pas later bij
Maar méestal beginne se dáár al as ei
Dan worre se lekkertjes uitgebroeid
Dan vréte se totte se sijne gegroeid
Dan worre se oud en se peigere af
So gane se mee van de wieg tot 'et graf
As lijk sijnde worre se gauw opgezet
En se spele nog mee as model of skelet
Se staan in de kast van siraf tot meeuw
Tusse de tijger en de leeuw (bis)

MUZIEK: MOESTAFA
REPERTOIRE: MOESTAFA

HENVO
De garnalenpelster ca 1940
(Grote garnalen)

Ik pak ze bij kop en staart
En trek ze gewoon door tweeën
En zie ik ze helemaal bloot
Dan ben ik pas tevreeën
Al zijn ze nog zo groot
Ik weet 't er af te halen
Ik doe 't voor mijn brood
Want ik pel alle dagen garnalen

Ik ben een ronde meid
Hou van alles op z'n tijd
De liefde heb ik beschouwd
Als een tijdelijke fout
't Is allemaal niks voor mij
En daarom ben ik nog vrij
Maar wie mij een kunsie flikt
Daar hou ik het op gemikt

Ik pak ze bij kop en staart
En trek ze gewoon door tweeën
En zie ik ze helemaal bloot
Dan ben ik pas tevreeën
Al zijn ze nog zo groot

57

Ik weet 't er af te halen
Ik doe 't voor mijn brood
Want ik pel alle dagen garnalen

Ze hebben al in de buurt
Vaak wat op mijn dak gestuurd
Een man met een pensioen
En een knul op slof en schoen
Ook een oude weduwnaar
Van zijn snuit werd ik al naar
Ik zei 'Ga jij maar heen
Anders kom ik naar beneen'

Ik pak ze bij kop en staart
En trek ze gewoon door tweeën
En zie ik ze helemaal bloot
Dan ben ik pas tevreeën
Al zijn ze nog zo groot
Ik weet 't er af te halen
Ik doe 't voor mijn brood
Want ik pel alle dagen garnalen

Ik woon in de Jordaan
Dat ziet u mij toch wel aan
Ik heb geen kapitaal
Alleen een ideaal
En dat is een oude dag
Als ik er nog wezen mag
Gezond gelukkig en blij
In een eerlijke maatschappij

Ik pak ze bij kop en staart
En trek ze gewoon door tweeën
En zie ik ze helemaal bloot
Dan ben ik pas tevreeën
Al zijn ze nog zo groot
Ik weet 't er af te halen
Ik doe 't voor mijn brood
Want ik pel alle dagen garnalen

MUZIEK: L.J. TOSCANI
REPERTOIRE: TRUCE SPEYCK

JAN PALUDANUS
Het sportieve vrouwtje 1917

Mejuffrouw Van der Velde
Gaf les in gymnastiek
Zij lette altijd zeer correct
Op maat en op ritmiek
Moest zij een les beginnen
Ging ze in de houding staan
Nu, kinderen, attentie!
Let op! Wij vangen aan

    Bij de eerste stoot op mijne fluit
    Het rechterbeen vooruit
    Dan links, dan rechts, zo steeds op maat
    Totdat gij voor elkander staat
    Sla de linkerarm om d' ander heen
    Dan achteruit het rechterbeen
    Nu twee pas terug, fluks tot elkaar
    En het figuur is klaar

Haar minnaar was een schilder
Hij had talent naar 't scheen
De man was ongelukkig
Hij had een houten been
Ging hij haar 's middags halen
Als 't lesuur was gedaan
Zei zij nog in gedachten:
Let op! Wij vangen aan!

    Bij de eerste stoot op mijne fluit
    Het rechterbeen vooruit
    Dan links, dan rechts, zo steeds op maat
    Totdat gij voor elkander staat
    Sla de linkerarm om d' ander heen
    Dan achteruit het rechterbeen
    Nu twee pas terug, fluks tot elkaar
    En het figuur is klaar

Ondanks dat zij getrouwd was
Gaf zij geregeld les

En manlief werkte vlijtig
Dus dubbel sneed 't mes
En wilde hij dan 's avonds
Vermoeid ter ruste gaan
Sprak zij soms in haar dromen:
Let op! Wij vangen aan!

Bij de eerste stoot op mijne fluit
Het rechterbeen vooruit
Dan links, dan rechts, zo steeds op maat
Totdat gij voor elkander staat
Sla de linkerarm om d' ander heen
Dan achteruit het rechterbeen
Nu twee pas terug, fluks tot elkaar
En het figuur is klaar

Toen na een tweetal jaren
't Gezin vermeerd'ren zou
Was manlief zenuwachtig
Kordaat bleef toen de vrouw
Toen dokter was gekomen
Haar man verbleekt vond staan
Sprak zij als in gedachten:
Let op! Wij vangen aan!

Bij de eerste stoot op mijne fluit
Het rechterbeen vooruit
Dan links, dan rechts, zo steeds op maat
Totdat gij voor elkander staat
Sla de linkerarm om d' ander heen
Dan achteruit het rechterbeen
Nu twee pas terug, fluks tot elkaar
En het figuur is klaar

MUZIEK: AUG. LA RONDELLE
REPERTOIRE: ?

ALEX DE HAAS

Johanna   ca 1935
De noodlottige geschiedenis van een maagd
en een boze schoenlapper

Johanna was een meisje van zeventien jaren
Dat was een aardig ding
Maar had op het gebied van de liefde
Totaal geen ervaring
Zij was een aardig meisje
Bedrijvig als een hen
Zij diende bij gegoede familie
Als meisje voor halve dagen

   Johanna, Johanna, als meisje voor halve dagen
   Johanna, Johanna, als meisje voor halve dagen

Toen is in haar leven de liefde gekomen
Van heinde en van ver
Het was een arreme schoenlappersjongen
Die stonk naar jenever
Hij had zijn laatste centen
Aan borreltjes neergeteld
En eiste om de rest te betalen
Van 't meisje haar spaargeld

   Johanna, Johanna, van 't meisje haar spaargeld
   Johanna, Johanna, van 't meisje haar spaargeld

Toen zij hem dit niet wilde geven
Bedreigd' hij haar met z'n els
En stal uit de kast der gegoede familie
Zes zilveren eetlepels
Maar toen de misdaad uitkwam
Verdacht men het arreme wicht
Met schande beladen werd zij ontslagen
Toch was zij onschuldig!

   Johanna, Johanna, toch was zij onschuldig!
   Johanna, Johanna, toch was zij onschuldig!

Zij kon de schande niet langer verdragen
Zette 't scheermes in haar vel
En sneed zich compleet in twee halleve delen
Het bloed spoot ten hemel
Daar lagen nu twee delen
Te zamen slechts één lijk
De vrijer die naar het lichaam kwam kijken
Die bibberde vreselijk!

Johanna, Johanna, die bibberde vreselijk!
Johanna, Johanna, die bibberde vreselijk!

Hij kon z'n misdaad niet langer verhelen
Men sloot hem in een hok
En daar de galleg toevallig bezet was
Stierf hij op het hakblok
En wat nu de moraal is
Al van dit schone vers:
Ga braaf en deugdzaam steeds door het leven
Maar hoedt u voor schoenlappers!

Johanna, Johanna, maar hoedt u voor schoenlappers!
Johanna, Johanna, maar hoedt u voor schoenlappers!

MUZIEK: ALEX DE HAAS
REPERTOIRE: ALEX DE HAAS; RIJK DE GOOIJER

ELI ASSER
Liedje van de zee   1953/1954
Een zielige legende uit het scheepvaartbedrijf

Kent u 't verhaal van die jeugdige zeeman
Die met zijn schip is vergaan bij Ceylon?
Toen in de golven zijn schuit was verdwenen
Zwom hij maar door tot hij haast niet meer kon

Niets dan de kokende zee om hem henen
Hij bidt en hij smeekt, maar geen mens, die hem hoort
Pas in de nacht is er redding verschenen
Een schip komt nabij en men hijst hem aan boord

Als hij ontwaakt zit er naast hem een schipper
Wit zijn zijn haren en kil is zijn hand
'Nooit,' zegt de schipper, 'zul jij hier vandaan gaan'
Dan staat hij op en loopt dwars door de wand

Er vaart een schip al meer dan honderd jaren
Met nooit een haven in het zicht
Wie eenmaal daarop heeft gevaren
Die kent voorgoed zijn dure plicht

Alleen des nachts kan het verschijnen
Dan vaart het dwars door schepen heen
Om weer des morgens te verdwijnen
Alleen waarheen... dat weet geen een

Vreeslijke dingen zag hij daar gebeuren
Telkens als 's nachts weer het spookuur begon
Zweefden de mannen door muren en deuren
Hij was de enige, die het niet kon

Roergangers namen hun hoofd in de handen
Wierpen het schaterend ver in de zee
Visten 't weer op en met knarsende tanden
Dansten zij rond en de schipper deed mee

Dertig jaar lang is die zeeman gebleven
Dertig jaar lang vond hij nergens meer rust
Toen riep hij: 'Als ik dan toch niet kan zweven
Dan maar in zee!' – en hij zwom naar de kust

Weg voer het schip voor minstens duizend jaren
Met nooit een haven in het zicht
Wie eenmaal daarop heeft gevaren
Die kent voorgoed zijn dure plicht

Alleen des nachts kan het verschijnen
Dan vaart het dwars door schepen heen
Om weer des morgens te verdwijnen
Alleen waarheen... dat weet geen een

Toen onze zeeman aan land was gekomen
Grijnsde het Noodlot en zond hem de dood:
Net toen hij midden op straat liep te dromen
Smeet hem een taxi terneer in de goot

Alles werd licht, en het wonder geschiedde:
'Ik kan het ook,' sprak hij blij, met een zucht
En voor de ogen van honderden lieden
Zweefde hij weg, en verdween in de lucht

Dit is het laatst wat van hem is vernomen
Ergens op zee vaart hij nu in de nacht
En als om twaalf uur zijn tijd is gekomen
Neemt hij zijn hoofd van de schouders, en lacht

   Nu loopt hij door deuren en door wanden
   Nu doet hij met de schipper mee
   Hij neemt zijn benen in zijn handen
   En smijt ze allebei in zee

   Hij kan in twee helften verschijnen
   – Er is niet één, die 't beter doet –
   Om dan weer doodleuk te verdwijnen
   Hij weet nu eindelijk hoe het moet!

MUZIEK: KEES BRUYN
REPERTOIRE: CONNY STUART

WOUTER LOEB
Zeer goed, dokter!   ca 1925

De dokter bekeek mijn urine
En mompelde goedkeurend: 'Ach
Dit is wel het mooiste elixer
Dat ik sinds mijn vestiging zag

Die kleur van citroenlimonade
Dat heldere, zuivere geel
Een droom voor des medicus ogen
Het blijve voor altijd uw deel!

Het wijst op een zondenvrij leven
Een matig gebruik van de drank
Gij oogst, in uw verdere leven
In goede gezondheid, de dank

Het wijst op genoegzame nachtrust
Het wijst op inwendige kracht
Gij hebt, vrij van eiwit en suiker
Volkomen uzelf in uw macht!

Nog meer sprak de jeugdige dokter
Nog meer leidde, schrander, hij af
Uit bovenomschrevene vloeistof
Die ik, eerst zo schuchter, hem gaf

Bewonderend hoorde ik hem spreken
Zo rustig betogend, met klem
Daarna zei ik, dankbaar en vrolijk
De volgende woorden tot hem:

'Hoe ziet Gij, in 't licht van ons afval,
Het leven, o dokter, háárfijn
Zoals ook, vol vuil en vol lelijks
Bij tijden het leven kan zijn!'

MUZIEK: ?
REPERTOIRE: ?

MOESTAFA
De mummie van de Pharao   ca 1935

Hier is nou de mummie van de Pharao
Vindt u hem soms griezelig of zo?
Hier is nou de mummie van de Pharao

Vroeger toen Egypte nog in stijl was
Toen de hele wereld aan de Nijl was
Leefde de Pharao die hier nu dood leit
Daar in al zijn Koninklijke grootheid
En hij bouwde tempels voor Osiris
En de Apis die een heilig dier is

Niemand zou hem tegenspreken willen
Want dan was je voor de krokodillen

    Lang zal ie leven onze Pharao
    Grote Geest van Ammon Ra bewaar 'm zo
    Lang zal ie leven onze Pharao!

Maar helaas, ook Pharao's zijn sterfelijk
Anders was hun grootheid ook niet erfelijk
U begrijpt wel dat de droefheid groot was
Toen de Pharao tenslotte dood was
Zijn familie stopte hem solide
Midden in een stenen piramide
Eerst de zandwoestijn in, op een wagen
Toen werd hij de trappen opgedragen

    Houd 'm dan toch stevig vast die Pharao
    Is me dat een mummie, wat een zware! Ho!
    Houd 'm dan toch stevig vast die Pharao!

Pharao voor iedereen verborgen
Lag daar van de avond tot de morgen
Apis, Ammon Ra, Osiris, Isis
Vielen in een grote hemelcrisis
Oud Egypte werd tot een legende
Die men nog maar oppervlakkig kende
Maar de piramide stond te stoven
In het zand en met de zon erboven

    En in de piramide lag de Pharao
    Die lag daar zes- of zevenduizend jaren zo
    En in de piramide lag de Pharao

In de schaduw zaten een paar boeren
Bij de piramide te pandoeren
Tot er een naar boven keek en schrikte
Omdat daar een rotsblok zich verzwikte
Dat was juist de sluitsteen van het praalgraf
Die ging stuk en viel er helemaal af
Met een vaartje klommen zij naar boven
Om de piramide leeg te roven

En toen gapten ze die ouwe Pharao
Zo'n dooie vent vertrouwden ze nog maar zo zo
En toen gapten ze die ouwe Pharao

Jacob Slim, een koopman die er zijn mocht
Kwam daar juist voorbij op een woestijntocht
Nauwelijks zag hij die dooie stakker
Of de antiquair werd in hem wakker
Onder de Arabisch blauwe hemel
Gleed hij heel voorzichtig van zijn kemel
Onderhandelde een ogenblikje
En hij kreeg de mummie voor een prikje

    Och waar moet ik heen met één zo'n Pharao
    Ik verhandel altijd zulke waar 'en gros'
    Och waar moet ik heen met één zo'n Pharao

Nu begon de Pharao te zwerven
Eindeloos want hij kon nooit bederven
't Was een aardig mooi interessant ding
Dat voor heel veel geld van hand tot hand ging
Maar een rijke kunstmaecenas dee 'm
't Vaderland ter eer in een museum
Vele vaders gingen aan hun zonen
's Zondagmiddags daar de mummie tonen

    Paatje, wat een pruik heeft deze Pharao
    Is dat zwarte ding daar in zijn haar een vlo?
    Paatje, wat een pruik heeft deze Pharao

Pharao doorstond nog wel een macht raars
Maar dit lied gaat uit gelijk een nachtkaars
't Heel verhaal van al zijn avonturen
Zou nog wel tot morgenmiddag duren
Maar onthoudt, gij allen die hierbij zijt
Deze bloem van ervaringswijsheid
Wie niet na zijn dood op stap wil raken
Moet geen mummie van zich laten maken

    U ziet 't allemaal aan deze Pharao
    Geen mens kan immers z'n geduld bewaren zo

Maar dit is nu toch werkelijk het eind
Van het lied van de mummie van de Pharao!

MUZIEK: MOESTAFA
REPERTOIRE: MOESTAFA

J.M.W. SCHELTEMA
Hongaarse rhapsodie ca 1946
(Rika Csardas)

Aszich vamme werc komcseggic
Szunne menou
Rika, rika,
Laane menou.
Evve nochwa tetegec kerd
Toenoula melos
Mal legec, mal legec
Toenoula melos.

Em ma proppe, etep proppe
Em ma szèchela melos
Tottic nedde crantep emme
Leckurre segret, danszeg tse
Kanapee, kanapee
Toenoutyn ustoe.

Aszick csavus im melyche mostap
Seggictoe
Rika, rika.
Laane menou.
Evva nochwa pittetyn us
Toenoula melos
Szotterick, szotterick,
Toenoula melos.

Em ma pitte, maffup pitte
Em ma szèchela melos,
Tottic evvelec kursellef
Noggetuc kydoe, danszeg tse
Szoe menou, szoe menou,
Toenoutyn ustoe.

WIJZE: *RITKA BUZA, RITKA ARPA*
REPERTOIRE: GRONINGSE STUDENTEN

68

J.P.J.H. CLINGE DOORENBOS
Sissie 1923

Sissie was een aardig meisje, in de buurt van achttien jaar
Up to date in doen en laten, al wat man was keek naar haar
Sissie had héél veel bekoorlijks, Sissie had maar één gebrek
Als ze sprak, hoorde je daad'lijk: Sissie zei de S zo gek...

Als Sissie ging praten
Dan kon ze 't niet laten
Ofschoon ze het zelf heel goed wist
Ondanks heel veel lessen,
Ze SliSte haar eS-Sen
Die Sissie die SliSte beSliSt

Sitze was een knappe jongen met een scheiding in zijn haar
Up to date in doen en laten, in de buurt van twintig jaar
Sitze was student geworden, kersvers van de HBS.
Sitze had maar één gebrekje: Sitze zei zo'n rare S...

Als Sitze ging praten
Dan kon hij 't niet laten
Ofschoon hij het zelf heel goed wist
Ondanks heel veel lessen
Hij SliSte Zijn eS-Sen
Die SitZe die SliSte beSliSt

Sitze zag op zeek're middag Sissie op de tennisbaan:
Sitze knoopte daar met Sissie gauw een amouretje aan
Sitze zei: Mijn naam is SitZe. Zeg mij hoe uw vóórnaam iS?
Sissie dacht: Die lamme eS-Sen en ze zei: Mijn naam iS SiS.

SitZe dacht Sissie
Een Schattebout iS-Sie
Maar jammer, dat SitZe Zoo SliSt:
Die SiSSie dacht Sitze
Wat 'n Schatje! Daar Zit Ze
Maar SliSSen doet SiSSie beSliSt

't Maantje scheen zo extra helder, toen kwam zijn bekentenis:
SiS, 'k kan Zonder jou niet leven, word mijn vrouw hoewel ik
        SliS

69

Sissie zei: Mijn lieve SitZe, 'k weet niet of je het al wiSt
Ik Spreek ook SomS wel wat SliSSig, 'k heb al levenSlang
     geSliSt

En Sitze Zei: SiSSie
Toe, geef me permiSSie
Toe, Zeg me maar, dat het zo iS!
In't licht van het maantje
Blonk even een traantje
Toen kwam de beslissende SliS

De S-en moeten worden geslist

MUZIEK: W. CLINGE DOORENBOS-DE BLÉCOURT
REPERTOIRE: J.P.J.H. CLINGE DOORENBOS

ALEX DE HAAS
In de petoet 1935

Daar is voor een soldaat geen beter leventje te bedenken
Dan in de petoet, dan in de petoet, dan in de petoet!
Ze vliegen er als gekken op de minste van zijn wenken
Al in de petoet, al in de petoet, al in de petoet!
De wanden zijn bekleed met prima handgedrukt velours
Een kostbaar Perzisch kleed ligt op de pas gewreven vloer
En iedereen vertroetelt hem als was 't een eigen broer
Al in de petoet, al in de petoet, al in de petoet!

Des morgens komt het meisje van de overste hem wekken
Al in de petoet, al in de petoet, al in de petoet!
Ze vraagt hem waar hij wenst dat men 't ontbijt voor hem zal
         dekken
Al in de petoet, al in de petoet, al in de petoet!
Ze kookt zijn bordje pap en maakt zijn bad alvast gereed
Precies de goede warmte, niet te koud en niet te heet
Een mens vat soms al kou wanneer hij zo'n klein pietsie zweet
Al in de petoet, al in de petoet, al in de petoet!

Hij nuttigt, in pyjama nog, een sandwich en een sherry
Al in de petoet, al in de petoet, al in de petoet!
Het ochtendblad negeert hij, dat meldt toch alleen maar herrie

Al in de petoet, al in de petoet, al in de petoet!
Van oproer en van staking, op het nippertje gesust
Van brandjes, goed verzekerd maar helaas bijtijds geblust
Wat heeft ie aan die soesa? Hij zit louter voor zijn rust
Al in de petoet, al in de petoet, al in de petoet!

Hij neemt de telefoon en belt een dame van zijn kennis
Al in de petoet, al in de petoet, al in de petoet!
Zeg pop, heb jij ambitie in een klein partijtje tennis?
Hier in de petoet, hier in de petoet, hier in de petoet!
Of weet je wat je doet zeg, breng gerust wat luitjes mee
'k Bestel dan bij de wacht wel wat gebakjes en wat thee
Dan maken we een dansje tot de bel gaat voor 't diner
Al in de petoet, al in de petoet, al in de petoet!

En 's avonds na het eten drinkt hij eerst zijn pousse-cafeetje
Al in de petoet, al in de petoet, al in de petoet!
Dan wordt er wat gepokerd of ze keuvelen een beetje
Al in de petoet, al in de petoet, al in de petoet!
En meldt de klok het einde van het dagelijks gedoe
Dan gaan ze naar hun bed, een beetje hangerig en moe
De vrouw van de sergeant dekt met een zoen haar jongens toe
Al in de petoet, al in de petoet, al in de petoet!

Het is natuurlijk niet zo, maar het hoorde zo te wezen
Al in de petoet, al in de petoet, al in de petoet!
Alleen… er was waarschijnlijk spoedig plaatsgebrek te vrezen
Al in de petoet, al in de petoet, al in de petoet!
De rust die 't daar zo prettig maakt was stellig gauw er af
Want binnen veertien dagen zat voor d' een of and're straf
Het héle Hollands leger met zijn Generale staf
Al in de petoet, al in de petoet, al in de petoet!

MUZIEK: MAX TAK
REPERTOIRE: LOU BANDY

HEINZ POLZER
De commensaal   1953

We hebben nou al sinds een maand of zeven
Een man die in de achterkamer woont
Je kunt met commensalen veel beleven
Maar zoiets is beslist nog nooit vertoond:

  Er ligt alweer een juffrouw in het trapportaal
  Die onnatuurlijk om het leven is gekomen
  Mijn vader zegt: Dat heb je van die commensaal
  Had jij die stiekemerd maar nooit in huis genomen
  Mijn moeder zegt: Maar Jan
  Het is zo'n keurig nette man
  Zo rustig en beleefd
  En die nooit dát beschadigd heeft
  Maar ja, daar ligt die juffrouw in het trapportaal
  Nou kun je zeggen wat je wil, maar zoiets is toch niet normaal

De huur betaalt hij steevast alle weken
Toch hadden wij hem liever niet gehad
Bij ons wordt anders niet zo nauw gekeken
Met commensalen heb je altijd wat

  Nou ligt er weer een juffrouw in het trapportaal
  Die op afschuw'lijke manier is overleden
  Mijn moeder zegt: Maak jullie nou niet zo'n schandaal
  Want iedereen heeft toch zijn eigenaardigheden
  Maar vader neemt het niet
  Hij zegt: Dat is de vijfde griet
  Wat heb ik aan die gein?
  Dat kost maar zeep en terpentijn
  't Is geen gezicht, zo'n juffrouw in het trapportaal
  En vrijheid blijheid, daar niet van, maar zoiets is niet meer
            normaal

Als iemand eens een dame wil ontvangen
Dan is er in principe geen bezwaar
Maar niemand kan het uiterste verlangen
We maken van ons huis geen abattoir

Er ligt weer net zo'n juffrouw in het trapportaal
En alle mensen komen thuis met rode schoenen
En Coba moppert want de loper wordt zo schraal
Als zij hem elke keer maar weer opnieuw moet boenen
Er wordt in onze buurt
Al veel gegiecheld en gegluurd
Dat krijg je met zo'n vent
Al sta je nog zo goed bekend
Hij moet maar weg, al is 't een goeie commensaal
Zo'n juffrouw hoort in het kanaal, maar niet bij ons in
       't trapportaal

MUZIEK: HEINZ POLZER
REPERTOIRE: DRS P

73

Ik zou wel eens willen weten

TWEEËNTWINTIG BESPIEGELINGEN

J.H. SPEENHOFF
't Broekie van Jantje   1904

Er was eens 'n haveloos ventje
Die vroeg an z'n moeder 'n broek
Maar moeder verdiende geen centje
En vader was wekenlang zoek
Ach, moedertje, geef me geen standje
Er zit in m'n broekie 'n scheur!
De jongens op school roepen: 'Jantje,
Jouw billen die zien we d'r deur!'

De moeder werd ziek van de zorgen
Lag stil en bedrukt in een hoek
Geen mens die haar centen wou borgen
En Jantje vroeg toch om z'n broek
Toen heeft ze haar rok uitgetrokken
De enigste die ze bezat
En ze maakte van stukken en brokken
Een broek voor haar enigste schat

Nou konden ze Jantje niet plagen
Nou waren zijn billen niet bloot
Maar voor hij zijn broekie kon dragen
Ging moeder van narigheid dood
Ze stierf van 't sjouwen en slaven
Vervloekt en verwenst door haar man
Toen Jantje haar mee ging begraven
Toen had ie zijn broekie pas an

MUZIEK: J.H. SPEENHOFF
REPERTOIRE: MEVR. C. SPEENHOFF-PRINZ

JAMES COHEN VAN ELBURG
Izak Meyers wiegelied   ca 1919

Sluit je kijkertjes
M'n allerliefste kleine
Slaap jij maar gerust en blij
Kleine kinderen voelen niets
Van levenspijnen

Hebben nog geen zorg als wij
Slaap maar lekker, kleine Ies
Droom maar van de Sjabbestisch
Trek je er maar niets van aan
Hoe de sinaasapp'len staan
Wees jij nog maar niet verschteerd
Hoe je vader concurreert
Met die vrotte Uiekruier
Doe maar stil wat in je luier!

    Tralalalalala, tralalalala...
    Slaap maar zacht
    Mijn kleine Izak Meyer

Wat je ook worden zal
Ik wens je altijd brooche
Altijd mazzel, lieve schmoel
Als je dertien bent
Ga jij met de misjpooche
Voor barmitswe naar de Sjoel
En daar zing je Sjem-borchoe
Onze mooiste zangen toe...
Later trouw je ook m'n schat
Ben je van het boem'len zat
Krijg je zelf een kindje weer
En misschien krijg j' er wel meer
Waar je heel hard voor moet sapp'len
Doe maar niet in sinaasapp'len

    Tralalalalala, tralalalala...
    Slaap maar zacht
    Mijn kleine Izak Meyer

Lieve kleine schatzie
Om j' in slaap te wiegen
Zingt je nu je ettele wat voor
Als je straks student bent
Zal je zelf ook zingen
Goy-deamus-Isidoor!...
Want als jij goed leren gaat
Wor' je deftig advocaat

'Meester' Meyer wor' je dan
Wat ik schmoes 'n fijne man!
Schelden ze jou soms voor Jood
Zeg dan niks… en hou je groot…
Anders moet je duelleren
Kan zo'n goj je nog bezeren!

   Tralalalalala, tralalalala…
   Slaap maar zacht
   Mijn kleine Izak Meyer

Als je goochem bent
Zal jij 'r heus wel komme
En als jij dan trouwen gaat
Neem je dan 'n vrouw
Met dik-en-dik mezomme
Die krijg jij als advocaat
… Nou m'n schatzie, jij wordt moe
Doe maar gauw je oogjes toe
Droom maar van 'n groot paleis
Van 'n bole en wat ijs
Profiteer maar, kleine Ies
Later wordt je alles mies
Als daarstraks de zorgen komen
Kan je nebbisch niet meer dromen!

   Tralalalalala, tralalalala…
   Slaap maar zacht
   Mijn kleine Izak Meyer

verschteerd – geschokt, bedroefd
brooche – zegen
misjpooche – familie
Sjem-borchoe – de naam geloofd zij hij
ette – vader
goj – niet-jood
mezomme – veel geld
bole – soort gebak
mies – lastig

MUZIEK: JAMES COHEN VAN ELBURG
REPERTOIRE: FIEN DE LA MAR; MAX TAILLEUR; SYLVAIN POONS

WIM KAN
't Konijn is dood   1936

't Konijn is dood
't Lag vanmorgen zo ineens dood in z'n hok
't Beest was zelfs al koud geworden
Gek, dat ik toch effe schrok
Wat zou dat nou eigenlijk zijn?
Morgen koop ik een nieuw konijn

't Konijn is dood
Ja, met konijnen loop je steeds dezelfde kans
't Zijn per slot geen sterke dieren
Mot zo'n dier nou ook een krans?
't Zou een soort aandenken zijn
Morgen koop ik een nieuw konijn

Zo'n konijn heeft niks geen waarde
'k Weet ze voor twee kwartjes al
In een winkeltje te koop
Ach, zo'n beest kost niemendal
Omdatte d'r zoveel van zijn
Morgen koop ik een nieuw konijn

Mijn konijn had groene ogen
Eén witte voorpoot, verder bruin
Lekker ordinair gezichie
't Liep vaak los, zo in de tuin...
Reuze sprongen en een gein!
Morgen koop ik een nieuw konijn

Stel je voor, je sting te grienen
Om zo'n beest, wat heb je d'r an?
Honderden, zo in de duinen!
Ja 'k zal janken, ik als man!
Ik ken d'r het beste blij om zijn...
Morgen... koop ik... een nieuw konijn...

REPERTOIRE: CORRY VONK

TONY SCHMITZ
De kus in de vier jaargetijden   ca 1912

Zij vijftien, hij zestien, de jaartjes van dromen
Onschuldig, rein
Twee hartjes, door Amor te zamen gekomen
Omdat 't móest zijn
Kort is nog het rokje en kort is het broekje
Van haar of hem
Toch zoeken ze samen een rustig stil hoekje
Dan zegt hij met bevende stem:

   Toe geef me een zoen
   Doch zij fluistert ontdaan:
   Foei, dat mag je niet doen
   Doch, zij laat hem begaan
   Kust hij – d' eerste keer
   Doet ze net of 't haar griefde
   Doch dra kust ze hem weer
   Da's de lente der liefde

En vaak blijven zij die zo jong reeds begonnen
Hun liefde trouw
Dan heeft hij na jaren geheel haar gewonnen
Zij wordt zijn vrouw
Hun liefde, tot nu toe in banden gekluisterd
Viert hooggetij
Hij neemt zijn jong vrouwtje in d' armen en fluistert:
Eerst nu ben je werk'lijk van mij!

   Zij kussen elkaar
   Met een vrolijke lach
   Dat doen ze zowat
   Honderd malen per dag
   't Zij laat, het zij vroeg
   Zoentjes moeten ze geven
   En nooit heeft men genoeg
   In de zomer van 't leven!

Dan komen de kleintjes, en daarmee de zorgen
Voor 't bestaan
Eén kusje des avonds en één in de morgen
Daarmee gedaan
Wanneer ze des avonds om elf uur gaan slapen
Dan zijn ze moe
Hij ligt met een mond als een hooischuur te gapen
En dan draait hij zijn rug naar haar toe

 Dan zegt hij: nacht vrouw
 En zij mompelt: nacht man
 Eén nachtzoen – hij slaapt
 En weet nergens meer van!
 Dra rust ook de vrouw
 Maar eerst zucht ze nog even:
 Vroeger sliep j' niet zo gauw!
 Da's de herfst van het leven!

Zij zijn in de winter van 't leven getreden
Vergrijsd is 't haar
Dat zij elkaar kusten, is lang reeds geleden
Voor 't gouden paar
Doch op deze dag komt d' herinnering weder
Bij 't gouden feest
Zij lacht wat verlegen en hij zegt heel teder:
Ja vrouw – wij zijn óók jong geweest

 Dan spitst hij de mond
 Met geen tand meer erin
 En zij drukt een kus
 Op zijn stopp'lige kin
 Dan zegt hij: Och Heer
 Zó een zoentje gegeven
 Hebb'n w' in lang niet meer…
 Da's de winter van 't leven

MUZIEK: ?
REPERTOIRE: LOUISE FLEURON

DIRK WITTE
De peren 1915

Als 't bataljon ging uit marcheren
Marcheerde Jopie mee
Ze droeg een mandje vol met peren
Ze droeg er soms wel twee
Zodra de jongens rusten mochten
Was Jopie al present
En al de landweermannen kochten
Een peertje voor een cent

Ze sleet ze aan het luitenantje
En aan de korporaal
De ziekendrager, het sergeantje
Ze kochten allemaal
Ze bleef maar altijd mee marcheren
Al brandde ook de zon
En Jopie die verkocht maar peren
Aan het hele bataljon

De jongens mochten Jopie lijen
Want Jopie mocht er zijn
De meeste vroegen tussenbeien
'Zeg Jopie ga met mijn!'
En Jopie liet zich gauw bepraten
Ze had een week gemoed
En vaak kwam een van de soldaten
Haar 's avonds tegemoet

Dan liep ze met het luitenantje
Dan met de korporaal
De ziekendrager, het sergeantje
Ze liep met allemaal
Ze mochten allen concurreren
En niemand die het won
Want ze sleet haar liefde als haar peren
Aan het hele bataljon

Maar toen vertrokken de soldaten
En Jopie had verdriet

Met een had zij nog iets te praten
Maar wie… dat wist zij niet
Ze zag de toekomst donker dreigen
Daar floot, daar ging de trein
Ze overlegde bij d'r eigen
Wie of het toch kon zijn

Ze dacht eens aan het luitenantje
De knappe korporaal?
De ziekendrager? Het sergeantje?
Ze dacht aan allemaal!
Ze stond nog lang te prakkizeren
Aan 't einde van 't perron
Maar ze zat met de gebakken peren
Van het hele bataljon

MUZIEK: DIRK WITTE
REPERTOIRE: JEAN-LOUIS PISUISSE; HERMAN THOLEN

DORUS
Met zulke roze…   ca 1955

Met zulke roze
As op jouw wange
Zou ik me kamer
Wille behange
Dat gaf wat kleurigs
En wat fleurigs an me leve
Voor zo'n patroon
Zou ik me weekloon wille geve
Met zulke roze
As op jouw wange
Zou ik me kamer wille behange
Het deed me niks
Al had 'k geen riks meer voor 'n gordijn
Want het behang zou dan te zoene zijn

Ik hou niet van 'n strepie
Of een ruitje op de muur
En ook niet van 'n stippel
Al staat 't nog zo duur

83

Ik krijg gewoon de kriebel
Van een bloemmotief...
Alleen dat ene patroontje, dat heb ik toch zo lief

MUZIEK: DORUS
REPERTOIRE: DORUS

WILLY CORSARI
Liedje in de schemering   ca 1923

Mijn man zingt een oud liefdesliedje
In de schemering na het diner
Mijn vriendin leunt tegen de vleugel
En zingt zachtjes met hem mee
En ik zit in een hoekje gedoken
Mijn hart is zo zwaar van verdriet
Hun stemmen klinken zo aardig saam
't Is al een heel oud lied

Veel lange jaren geleden
Toen heb ik dat nog eens gehoord
Toen heeft het mijn hart gestolen
En m'n meisjesrust verstoord
Hij was ook zo knap en innemend
Hij zong, 't was op een soiree
Ik leunde tegen de vleugel aan
En zong zachtjes met hem mee

Toen kruisten zijn blikken de mijne
En hij zag me zo smekend aan
Dat ik werelden van zaligheid
Voor me open voelde gaan

En al wat een vrouw heeft te geven
Dat gaf ik aan hem maar alleen
Maar sedert die avond vervlogen er
Zo heel vele jaren heen

En ik heb in die jaren ervaren
Dat de liefde gaat snel voorbij

Waarom zingt hij het liedje nu
Dat hij eenmaal zong voor mij
Wat zit je daar, er wordt gesproken
Mijn vriendin lachte luid, te luid
Het licht vlamt op en de schemer is heen
En het liedje is uit, is uit

MUZIEK: WILLY CORSARI
REPERTOIRE: WILLY CORSARI

JULES DE CORTE
Koninginnedag 1958

Die morgen liep mijn dochtertje op straat
Met twee oranje strikken in het haar
En in haar hand een vlaggetje van feest
Zij zong een liedje op de mirliton
De zon wou niet echt schijnen
Maar de wind blies zacht en mild omdat het lente was
En boven de geluiden van de straat
Zong zij haar liedje, zo ontroerend blij
Dat buurvrouw vroeg: 'Moet je een snoepje schat?'

Want buurvrouw is wel goed en buurman ook
En ik denk wel alle mensen die ik ken
En ik denk wel alle mensen in dit land
En op de grote wijde wereldbol
Is niemand die de kinderen drijven wil
Van bergen leed naar dalen vol verdriet
Niemand is er die zijn nageslacht
Van ganser harte zou willen zien verminkt
Toch zijn er met de vinger aan de knop
Aan deze en ook aan de andere kant

Die morgen liep mijn dochtertje op straat
Met twee oranje strikken in het haar
En in haar hand een vlaggetje van feest
Sta op en zeg het heel de wereld rond
Dat niemand ooit zal drukken op de knop
Dat niemand onze kinderen doden zal
Want heeft er één een hart van echt beton?

Of is ook een dictator ergens klein?
Laat hem dan tussen ons in gaan staan
En zeggen dat ook hij de dood niet wil
Maar leven in een goed en veilig land
Met ons tot aan het einde van de tijd
Niet een die weet hoe moe en bang we zijn
Niet een die weet waarheen de mensheid gaat
Naar nieuwe bloei of naar de vuilnisbelt

MUZIEK: JULES DE CORTE
REPERTOIRE: JULES DE CORTE

HERRE DE VOS
Strooiavond op 't atelier   ca 1917

Morgen is het Sint-Niklaas –
Speculaas!
Tussen wind en hagelbuien
Klokken luien
Och, helaas:
Morgen is het Sint-Niklaas

't Kachie trekt niet, 'k zie van kou
Bont en blauw!
Niemand wil me meer iets borgen
Niets dan zorgen
Grauw en rauw:
Ook de huis-ploert jaagt m' in 't nauw!

'k Heb geen cent meer voor de luns
Ook geen puns
Om het vege lijf te warme
Och, ik-arme!
Ik vervuns
Van de kou en zonder luns

'k Zit te rillen naast m'n bed –
Geen banket! –
M' op wat slappe thee te fuiven
Anderen gnuiven
Van de pret…
Bloemen staan op mijn palet

86

Liep op aard' nog Sint-Niklaas –
Speculaas! –
Hij zou dan voor mij wat eten
Niet vergeten:
Brood en kaas
Voor m'n hond en voor d'n baas

En... hij bracht me 't lieve kind
Dat mij mint
Maar, te moe van mijn misere
Voor wat klere
En een lint
Buiten loopt door weer en wind...

MUZIEK: HERRE DE VOS
REPERTOIRE: HERRE DE VOS

JULES DE CORTE
De hobby   ca 1957

De hobby is een zoete troost
In menig druk arbeidzaam leven
Zij kan er kleur en fleur aan geven
Jaar in jaar uit, schier onverpoosd
Zij kan de naarste zwaarste plichten
Tot bijna portable verlichten
Zodat je midden in de business
Kunt bellen naar je gemalin
En vragen hoe het met de vissen is
O ja de hobby geeft aan het leven zin

Van Dijk vergaart zoveel hij kan
Diversen soorten klei en stenen
In tegenstelling tot Verdenen
Die zoekt het op een ander plan
Die stelt zijn dagen in het teken
Van allerhande vogels kweken
Zodat hij geeuwend van vermoeienis
Kan gnuiven onder het zwaarst karwei
Omdat zijn tijgervink aan het broeien is
O ja een hobby maakt het leven blij

De bromfiets van meneer de Wit
Staat praktisch altijd op de helling
Het is daarmee als met een vertelling
Die elke dag opnieuw begint
Hetzij ge timmert, plakt of tekent
Dat blijft gelijk, vanzelfsprekend
Maar zie uw hobby nooit als kleinigheid
Bewaar haar zuinig als uw bril
Niet zeuren over veel te weinig tijd
Maar zet de klok desnoods een uur lang stil

MUZIEK: JULES DE CORTE
REPERTOIRE: JULES DE CORTE

ALBERT VAN LEUVEN
Den Haag... 1953

Vindt u 't ook zo enig in Den Haag?
Die stad vol trage trammen
Die heel voorzichtig remmen
Met mooie conducteuren
Die stijf met kaartjes leuren
Die fel naar fooien dreggen
En zacht 'Tournooiveld' zeggen
En die zich haast vermoorden
Met nauwe gummiboorden
Onder hun rechtopstaande kraag
Vindt u 't ook zo enig in Den Haag?

Vindt u 't ook zo lollig in Den Haag?
Waar zelfs de meeuwen gapen
Waar crêpegezoolde knapen
Die op 't lyceum tobben
Maar mieters kunnen bobben
Met languissante vrouwen
Die veel van cocktails houen
Wel zes of zeven keren
De Spuistraat door flaneren
Met 'n Gamba sorbet in hun maag
Vindt u 't ook zo lollig in Den Haag?

Bent u ook zo dood'lijk van Den Haag?
Die stad vol generalen
Compleet met leverkwalen
Met oude jichtmeneren
Die veel en goed dineren
Die als belegen helden
Zo bloemrijk kunnen schelden
'Zeg, bij de lintjesregen
Heeft hij de Leeuw gekregen.
Op grond waarvan dat is mijn vraag'
Bent u ook zo dood'lijk van Den Haag?

Vindt u 't ook zo enig in Den Haag?
Waar vele ambtenaren
In veel papieren staren
Waar meer of minder chique
Maar altijd politieke
Depart'mentale heren
Ons eindeloos regeren
Tot 't einde is gekomen
Door hoge Zorgvliet-bomen
Klinkt zacht en lispelend de vraag
Vond u 't ook zo enig in Den Haag?

MUZIEK: ALBERT VAN LEUVEN
REPERTOIRE: HAAGS STUDENTEN CABARET

TOON HERMANS
Zo'n zomeravond op het Leidseplein   1946

Op 'n zomeravond in augustus
Zat ik met m'n ome Justus
Op 'n terrasje, heel gerust dus
Waar een knul een blonde zus kust
Dat is allemaal heel knusjes
Op 't Leidseplein

Drijf je op filosofieën
Grote grutten! mens dan zie je:
Jonge paartjes vis-à-viën
Bakvissen met blote knieën

89

Strijkjes spelen melodieën
't Kan gezellig zijn

Als tante zit te theeën
Dan geeft oompje gauw een rondje
Hij zit te j'attendraien
Op een flirtje met een blondje

 Zo'n zomeravond op het Leidseplein
 Dan zie je mensen in de maneschijn
 Want om een uur of tien
 Kan je er heel wat zien
 Op een terrasje van het Leidseplein

Ik zat er in m'n dunne jasje
Met m'n dure hassebasje
Op dat mieterse terrasje
Naast 'n grietje met een tasje
En d'r hondje deed een dingetje…
't Kan gebeuren zeg

Bij een koffie en een zoetje
Zat ze met d'r leuke snoetje
Hier en daar een zomersproetje
Ze gaf me nonchalant een groetje
Ik likte aan m'n laatste vloetje
En toen ging ze weg

Had ik nog virginia
Dan was ze blijven plakken
Maar 'k had alleen nog maar
Rhodesiaatjes in mijn zakken

 Zo'n zomeravond op het Leidseplein
 Dan zie je mensen in de maneschijn
 Want om een uur of tien
 Kan je er heel wat zien
 Op een terrasje van het Leidseplein

MUZIEK: TOON HERMANS
REPERTOIRE: TOON HERMANS

JAN DE CLER
Maar in de winter   ca 1952

't Is mooi in Nederland, wanneer de peppels ruisen
En als de zon op korenvelden brandt
Als ranke jachten over 't vlakke water kruisen
En als er kind'ren spelen aan het strand
't Is mooi in Nederland als helderblauwe luchten
Getooid met wolken zijn, nog witter dan een lam
En als de braamstruik buigt van donkerblauwe vruchten
Maar in de winter is 't het mooist in Amsterdam

't Is mooi in Nederland, wanneer de groene bomen
In sloot en vaart zich stil te spieg'len staan
Als in de wijde velden korenbloemen dromen
En als de stadslui weer naar buiten gaan
't Is mooi in Nederland, wanneer de zonnestralen
Weer nieuwe loten trekken uit de oudste stam
En alles groenen doen op heuvels en in dalen
Maar in de winter is 't het mooist in Amsterdam

Want als de nevel deint en grachten zich versmallen
En als de Munt de schemertrams begluurt
Dan staat het silhouet als fijne ijskristallen
Met ranke torens kunstig geborduurd
Dan hebben carillons de klank van vorst gekregen
Dan kijkt een droompaleis omlaag naar 'n sprookjesdam
Want als 't Centraalstation zich spiegelt in de regen
Dan is het winter en het mooist in Amsterdam

MUZIEK: JAN DE CLER
REPERTOIRE: JAN DE CLER

ALEXANDER POLA
Zo'n klein pension   ca 1950

Een tafel met versleten kleed
Een leunstoel, waar de mot van vreet
Een buste van Napoleon:
Een kamer in een klein pension
De hospita, in wit satijn
Hangt in een lijst, bij het gordijn

(Een foto van haar eerste stap
Op weg naar 't huidig weduw-schap)

Zo'n klein pension
Waar van die kleine mensen leven
Met weinig zon
Om aan hun dagen kleur te geven
Met kamers vol van eenzaamheid
En waar de wandspreuk: BEIDT UW TIJD
Hangt, als een goudomkruld vermaan
Met houten bloemetjes ertussen…
GOEMORGEN staat er bij de kraan
En WELTERUSTEN op het kussen…

Dáár, achter elke kamerdeur
Wordt er een leven tot een sleur
Daar woont een 'beet're' heer of vrouw
Die liever elders wonen zou
De hospita, in fletse zij
Brengt het ontbijt en 't zachte ei
En heel het leven zelve smaakt
Naar kliekjes, die zijn warm gemaakt…

Zo'n klein pension
Waar van die kleine mensen leven
Met weinig zon
Om aan hun dagen kleur te geven…
En waar je in je eenzaamheid
Je dagen slijt met BEIDT UW TIJD
En heel het verveloos bestaan
Zich afspeelt in een wereld tussen
Het GOEDEMORGEN bij de kraan
En 't WELTERUSTEN op het kussen

En af en toe vertrekt er weer
Zo'n smalle juf, zo'n vale heer
Een ánder krijgt het zachte ei
Met ééns per maand een brief erbij
Tot HIJ weer gaat… etcetera…
Alleen de Alma Hospita
Blijft achter en serveert haar pap
In onpersoonlijk moederschap

En 't groot pension
Waar álle kleine mensen leven
Draait om de zon
En kan ons niet veel beters geven
Want we beoef'nen 't BEIDT UW TIJD
In collectieve eenzaamheid
Met buren, die we niet verstaan
En die we eigenlijk niet lusten...
De wereld... waar we komen, gáán...
Tussen GOEMORGEN en WELTERUSTEN

MUZIEK: ADRI KAAN
REPERTOIRE: ADRI KAAN

JACQUES VAN TOL EN LOUIS DAVIDS
Als je voor een dubbeltje geboren bent 1935

Er zijn mensen die geloven nimmer aan hun lot
Ploeteren en sappelen en sjouwen zich kapot
Ik zeg: 'Mensen denk toch steeds bij alles wat je doet
Het komt altijd zoals het komen moet'

Als je voor een dubbeltje geboren bent
Bereik je nooit een kwartje
Of je Grieks, Latijn of twintig talen kent
Gerust, het leven tart je
Je verbeeldt je dat je aan de touwtjes trekt
Maar och, het leven smijt je heen en weer
Als je voor een dubbeltje geboren bent
Bereik je nooit een stuiver meer

Zelden vind je iemand die de zin van het leven kent
Je kunt zo gelukkig zijn als je tevreden bent
Waarom zoek je het geluk steeds in een ver verschiet?
Het ligt vlak bij je en je ziet het niet

Als je voor een dubbeltje geboren bent
Bereik je nooit een kwartje
Of je Grieks, Latijn of twintig talen kent
Gerust, het leven tart je
Je verbeeldt je dat je aan de touwtjes trekt

Maar och, het leven smijt je heen en weer
Als je voor een dubbeltje geboren bent
Bereik je nooit een stuiver meer

Ja, en zo is het. En al ga je nou op je hoofd staan, zo blijft het. Als je
voor een demi-tje in de wieg bent gelegd, zal je nooit een pels dragen.
Dat is gek. En als je nou roggebroodkind bent, dan zal je je nooit in
kaviaar verslikken. En doe nou maar geen moeite meer, wees
verstandig, want het blijft zo. Zo is het.

Als je voor een dubbeltje geboren bent
Bereik je nooit een stuiver meer

MUZIEK: MARGIE MORRIS
REPERTOIRE: LOUIS DAVIDS; SYLVAIN POONS; JENNY AREAN

JULES DE CORTE
Ik zou wel eens willen weten   1955

Ik zou wel eens willen weten
Waarom zijn de bergen zo hoog?
Misschien om de sneeuw te vergaren
Of het dal voor de kou te bewaren
Of misschien als een veilige stut voor de hemelboog
Daarom zijn de bergen zo hoog

Ik zou wel eens willen weten
Waarom zijn de zeeën zo diep?
Misschien tot geluk van de vissen
Die het water zo slecht kunnen missen
En tot meerdere glorie van God, die de wereld schiep
Daarom zijn de zeeën zo diep

Ik zou wel eens willen weten
Waarom zijn de wolken zo snel?
Misschien dat 't een les aan de mens is
Die hem leert hoe fictief een grens is
En misschien is het ook maar eenvoudig een engelenspel
Daarom zijn de wolken zo snel

Ik zou wel eens willen weten
Waarom zijn de mensen zo moe?
Misschien door hun jachten en jagen
Of misschien door hun tienduizend vragen
En ze zijn al zo lang onderweg naar de vrede toe
Daarom zijn de mensen zo moe

MUZIEK: JULES DE CORTE
REPERTOIRE: JULES DE CORTE; FRITS LAMBRECHTS

MARTIE VERDENIUS
De angst om oud te worden 1942

Voor ieder komt dat afscheidslied
Je weet het wel, maar je wilt nog niet
Je wilt je jeugd maar zo niet kwijt
Je houdt niet van verleden tijd
Je staat nog altijd aan de kant
Waaraan je wenst te staan
Je bent nog steeds niet tot de rand
Van je succes gegaan
Maar als je in de spiegel kijkt
Dan is het soms of je niet lijkt
Op wat je zo graag zoudt gelooven
En dan komt steeds die angst weer boven

Die angst om oud te worden
En het eens af te moeten leggen
Om telkens weer opnieuw
'Ik ben nog jong' te moeten zeggen
De angst van elke doorsnee vrouw
Die zo maar wat heeft voortgeleefd
En nu met lege handen staat
Omdat ze niets meer over heeft

Het komt zo ongemerkt en stil
Zodat je 't niet geloven wil
Zodat je steeds jezelf bedriegt
En tien jaar op je leeftijd liegt
Je zoekt genot – amusement
Maar word je 's morgens wakker

Dan lijk je plotseling wat je bent:
Een arme ouwe stakker
Die tegen de natuur op vecht,
En 't bijna al heeft afgelegd
Maar het toch steeds nog niet wil weten
En het toch geen ogenblik kan vergeten:

Die angst om oud te worden
't Klemt als een monster in je gedachten
De angst gedaan te hebben
Dringt in je slapeloze nachten
De angst van een normale vrouw
Die midden in het leven staat
En waarvoor men uit achteloosheid
De laatste kliekjes overlaat

Je houdt je nog wat langer groot
Met poeder, crêmes en lippenrood
Met Mensendieck, schoonheidssalon
Met maskers, baden, hoogtezon
Je worstelt met een streng dieet
Je laat je steeds masseren
Je redt wat er te redden valt
Met raffinement van kleren
Je doet aan alle soorten sport
En komt dagelijks dik tijd tekort
En je jaagt maar door, tot je verliezen
Uiteindelijk je rust doen kiezen:

De rust om oud te worden
En niet meer door te hoeven racen
De rust om oud te mogen zijn
En niet meer jong te hoeven wezen
De rust die elke wijze vrouw
Diep in haar hart bewaart
Die met gevoel en met verstand
Het leven heeft aanvaard

MUZIEK: WIM DE VRIES
REPERTOIRE: RIE GILHUYS; SOPHIE STEIN

ANNIE M.G. SCHMIDT
Cocktailparty   ca 1950

Daar zit de vrouw van de fabrikant
Met veel briljanten van voren
En ook briljanten aan haar hand
En in haar oren.

En om haar hals een parelcollier
En om haar mond verdriet.
Hij zal wel weer op reis zijn want
Hij is er niet.

En al die echte stenen zijn
De schuldgevoelens van haar man,
Allemaal stukjes schuldgevoel
Heeft zij an.

En als hij thuiskomt, krijgt ze weer
Een bloedrobijn, of iets van bont,
Nog meer briljanten om haar hals,
Meer verdriet om haar mond.

BRAMMETJE
Als je later stil gaat wonen...   ca 1940

Als je later stil gaat wonen
In een huisje op de hei
En je wordt een doodgewone
En vergeten zij of hij
Dan begin je pas te leven
Ook al woon je nog zo klein,
Als je daar ten langen leste
Helemaal jezelf mag zijn

Als je later stil gaat wonen
En je schrijft geen brieven meer
Met 'gebeurlijk' en met 'nopens'
en met steeds 'ik heb de eer'
Maar je schrijft weer doodeenvoudig

Dan besef en voel je pas
Hoe 'n verwaand stuk eigenwijsheid
Je, al taalverknoeiend, was

Als je later stil gaat wonen
Ongenoemd en onbekend
En je mag daar in dat huisje
Zijn en blijven wat je bent
En je leest dan in je krantje
Van dat vroegere gedoe
Zie, dan ga je zielstevreden
's Avonds naar je bedje toe

Als je later stil gaat wonen
In een huisje met een hond
En je loopt dan met een gieter
Door je bloemenperkjes rond
En je rookt je ochtendpijpje
In de zachte zonneschijn
Dan begrijp je pas de weelde
Van jezelf te mogen zijn

MUZIEK: HAN BEUKER
REPERTOIRE: COR RUYS

RIDO
Omdat ik zoveel van je hou   1934

Je bent niet mooi, je bent geen knappe vrouw
Je nagels zijn voortdurend in de rouw
Toch wil ik van geen ander weten
Omdat ik zoveel van je hou

Al ben je ook een beetje vreemd van ras
Toch ben ik danig met jou in m'n sas
'k Wil van een ander nooit iets weten
Omdat ik zoveel van je hou

Wat verdriet, mooi ben je niet
Vooral wanneer je kijft

Al ben 'k geen plaat
Schoonheid vergaat
Maar weet de lelijkheid die blijft
Daar moet je maar aan wennen

Al zijn je kleren ook niet van satijn
En doe je niet mee aan de slanke lijn
Toch wil ik van geen ander weten
Omdat ik zoveel van je hou

Al zijn je haren niet gepermanent
En is 't gebruik van zeep je onbekend
Toch zou ik jou niet willen ruilen
Voor zo een maag're modeprent

Al heb j' een ongeschoren apesnoet
Waar j' als fatsoenlijk mens aan wennen moet
Ik wil je met geen ander ruilen
Omdat ik zoveel van je hou

Lief en leed, zoals je weet
Tezamen deelden wij
't Lief o vrouw
Dat was voor jou
En al het leed dat was voor mij
Dat heb je toch geweten

Maar al liet jij me dikwijls in de kou
Al sloeg je mij ook dikwijls bont en blauw
Toch kan slechts Maag're Hein ons scheiden
Omdat ik zoveel van je hou

MUZIEK: J. BROOKHOUSE/MC.CARTNEY
UIT DE FILM 'DE JANTJES'
REPERTOIRE: HENRIËTTE DAVIDS; SYLVAIN POONS; WILLY EN
WILLEKE ALBERTI

MARTIE VERDENIUS
Voorbij...   ca 1937

Je leeft zo fel
Je leeft zo snel
Je vreet het leven op!
Je leeft je uit
Niets dat je stuit
Want nergens staat er 'stop'
Maar brengt dan toevallig je eens iets tot staan
Dan grijnst je het levensgroot spiegelbeeld aan
Van alles, waaraan je voorbij bent gegaan
Je stelt je te weer
Je wilt het niet weten
Je lacht er wat om
En probeert te vergeten...
En je klampt je weer vast aan je ouwe bravour!
Maar 't sluipt in je hersens en ligt op de loer:
Je hebt zoveel goeds voorbij laten gaan...
Je hebt zoveel moois voorbij laten gaan...
Je hele leven voorbij laten gaan...
En wat nu?

Je leeft zo wijs
Je leeft zo goed
Een mens zonder bedrog
Je bent oprecht
Je wilt nooit slecht
Ja goed... en wat dan nog!
Dan wou je maar, dat je eens dwaas had gedaan
Of iets dat heel erg was, zo domweg spontaan...
Wat praat ik toch onzin, hoe kom ik er aan!
Dan ga je naar huis
Dan maak je wat eten
Dan ga je naar bed
Slapen... alles vergeten...
Dan lig je te woelen, in 't donker, alleen
En plotseling gaat 't als 'n steek door je heen:
Je hebt zoveel goeds voorbij laten gaan...
En zoveel moois voorbij laten gaan...
En wat nu?

De brede weg?
De smalle weg?
Of 't wegje tussen-in?
Je bent te goed
Je bent te slecht...
Och, 't heeft zo weinig zin
We komen toch allen op 't zelfde punt aan
Waar we ons bezinnen, en stil moeten staan
En kijken naar wat ons voorbij is gegaan
Dan zit je maar wat
En je kijkt voor je heen
En je hart is zo moe
En je bent zo alleen...
En 't helpt niets, of je ertegenin gaat
Omdat 't nu eenmaal in elk leven staat:
Je hebt zoveel goeds voorbij laten gaan
En zoveel moois voorbij laten gaan...
Je hele leven voorbij laten gaan...
Voorbij...

MUZIEK: COR LEMAIRE
REPERTOIRE: FIEN DE LA MAR

J.H. SPEENHOFF
Opoe   ca 1905

Opoe had d'r hele leven
Voor d'r kinderen gesjouwd
Al d'r jongens en d'r meisjes
Waren na elkaar getrouwd
Toen is opoe in gaan wonen
Bij d'r jongste lieveling
En daar wachtte ze geduldig
Tot ze naar 't kerkhof ging

In 't begin was opoe alles
Ieder was haar aangenaam
't Warmste hoekje naast de kachel
't Mooiste plaatsje voor 't raam

Maar toen opoes spaarbankboekje
Helemaal was afgezet
En toen opoe lam ging worden
Moest ze 's middags vroeg naar bed

Eerst moest opoe naar de keuken
Had d'r lieveling gezeid
Toen moest opoe naar de zolder
In de bedstee van de meid
Maanden lag ze daar te suffen
Niemand had meer medelij
Tot de kleine meid kwam zeggen
Dat d'r opoe niks meer zei

MUZIEK: J.H. SPEENHOFF
REPERTOIRE: J.H. SPEENHOFF

Geachte cliënten, 't wordt lente!

TWINTIG BRIEVEN

J.H. SPEENHOFF

Moeders brief

(Brief van een ouwe moeder aan haar jongen
die in de nor zit)

Mijn lieve zoon, je moeder laat je weten
Als dat ze jou geheel niet kan vergeten
't Is negen uur, je vader is naar bed
En in mijn handen heb ik jouw portret
't Is stil in huis maar voor dat ik ga leggen
O jongenlief, mot ik je nog wat zeggen
Dat ik van narigheid geen raad meer weet
Dat ik geen rustig stukkie brood meer eet

Ik lig soms heel de nacht van jou te dromen
Totdat de tranen in mijn ogen komen
Ik ben al oud, 't maakt me zo kapot
't Is toch hard dat ik jou missen mot
En vader wil jouw naam in huis niet horen
Dat heeft ie mij daarnet nog zo bezworen
Wanneer ik soms maar even van jou praat
Vloekt hij mij stijf, je weet wel hoe dat gaat

En op je meisje mot je ook niet hopen
Die zag 'k 'n zondag met een ander lopen
Ze had die hoed die jij haar gaf nog op
Die met die veer, die droeg ze op haar kop
Van al jouw centen speelt ze nou de dame
Die kakmadam, ze moest zich liever schame'
Nou jij voor haar de nor ben ingegaan
Nou loopt ze als een sloerie op de baan

Maar hou' je stil, dat zal haar wel berouwen
Laat ze gerust met heel de buurt gaan sjouwen
't Was niks voor jou, jij mot 'n ander wijf
Jij mot er een met voortgang in haar lijf
Zoals Marie, je weet wel met die tanden
daar zul je heel wat beter mee belanden
Die mag jou graag, dat weet ik al 'n tijd
Als ze maar durfde had ze 't jou gezeid

Ze zorgt toch o zo goed voor 't werk en 't eten
Ze breit je kousen als ze zijn versleten
Door haar zal jij geen smerigheid meer doen
En ook geen messen trekken zoals toen
Wanneer ik daaraan denk dan moet 'k grienen
Jij kan met verven toch je brood verdienen
En als je heel je straf hebt afgedaan
Mot jij weer naar je ouwe baas toe gaan

Al scheldt de buurt, daar moet je niet om malen
We komen samen om je af te halen
Marie en ik we wachten bij de poort
Met 'n schoon halfhempie en een staande boord
Dan koop ik voor een dubbeltje sigaren
Je houten pijpie zal ik trouw bewaren
En als je thuiskomt is je potje gaar
Dan staat er spek met kroten voor jou klaar

Ik voel de slaap al in mijn ogen komen
Je moeder gaat nou zeker van je dromen
Want als ik jou niet overdag mag zien
Zie ik je in mijn droom vannacht misschien
Dan zie ik jou in 't hoekie zitten roken
En sta ik bij 't fornuis de pot te koken
Vergeet je moeder niet, o jongenlief
De lamp gaat uit, ik eindig nu mijn brief

MUZIEK: J.H. SPEENHOFF
REPERTOIRE: J.H. SPEENHOFF; JASPERINA DE JONG

LOUIS CONTRAN
*Brief van een moeder aan haar zoon, die in de
gevangenis zit*   ca 1910

Me Sammie lieb, je moeder laat je weten
As dat ze zo groot makke heit gegeten
As dat je – nebbisch – in de bajes zit
Voor zo een gazzerte mit eem vals gebit
Je vader, nebbisch, wil je naam niet horen
Dat heit ie mijn zoëven nog bezworen
De grootste klolus gooit ie naar me kop
As ik je naam noem heb ik al een sjtrop

Ik leef de hele dag van jou in golum
Ich hab' kaan menoege, kaan minuutje scholum
Ik knies me door, ik ga nog half kapot
Ik planjer dag en nacht maar kwijl en sjnot
't Is stil in huis, maar voordat ik ga leggen
Me Sammie lieb, mot ik je nog wat zeggen
Ik zit hier op het randje van je bed
En in m'n jedajiem heb ik je schein portret

En op je kalle mot je maar niet hopen
Die zag ik sjabbes met een ander lopen
Ze ging met Fijs het Markesgrachie op
Ze had die hoed van jou nog op haar kop
Van jouw mezomme speelt ze nou de dame
Zo een nekeiwe mag zich liever schamen
Nou je voor haar de bajes bent ingegaan
Nou loopt ze als een sloerie op de baan

Maar je mot er maar geen poosjet meer om geven
Je zal aan haar nekome nog beleven
Zo een stuk zeibel was toch niks voor jou
Jij mot een stuk geschjiewes van een vrouw
Zoals die Naatje met haar mooie sjnajim
D'r vader die brengt bij de mensen majem
Ze is mesjogge met je al een tijd
Ze heit geen lef, anders had ze je 't wel gezeid

Ze zorgt toch o zo goed al voor het aggelen
Ze breit, ze stopt, ze geeft je goed te schjnaggelen
Voor haar zal jij geen narrischjkat meer doen
En zo een heibel maken zo as toen
Ik planjer nog as ik er an mot denken
Hoe ze – bekaug – met jou begon te sjtenken
Door zo een falderappes van een meid
Ben jij – bewaunus – ook je baas nog kwijt

Al sjmoest heel Marken, daar mot je niet om malen
Daar zal schjemberogoe ze ook wel voor betalen
En kom je thuis, mijn Sam dan wacht ik jou
Met een arrewekansef, helder as de dauw
En Beilierots heit, zal je mij me leven

Een paar sigaren voor je meegegeven
En kom je thuis dan is je potje gaar
Dan staat er schjnert met poonse voor je klaar

Bij mijn gezond, de slaap komt in mijn ogen
Met 't galledek mot ik mijn tranen drogen
Ik stop nou an je vaders sok een hiel
En denk an jou, arreme schjlemiel
Ik zie je zitten gunter in een hoekie
Mit een kommetje zoger in je onderbroekie
Dag Sammelieb, ik eindig nou me brief
Heb mazzeltof, je moeder heit je lief

zo groot makke – geen kruimel
gazzerte – lelijkerd, mormel
klolus (kelole) – vloek
golum – roes, droom
schjkorem – leugen
jedajiem – handen
schein (schön) – mooi
kalle – bruid
mezomme – geld
nekeiwe – vrouw. Hier bedoeld: hoer
poosjet – cent
nekome – leedvermaak, voldoening
zeibel – stuk niemendal
geschjiewes – goedzak
sjnajim (sjienajiem) – gebit
majem – drank
aggelen – eten
schnjaggelen (naschen) – snoepen
narrischjkat – flauwekul
planjene – huilen
bekaug – moedwillig
sjtenken – ruzie maken
falderappes – haaibaai
bewaunus – helaas
Marken: voormalige jodenbuurt
schjemberoge (sjem-borchoe) – Onze Lieve Heer
arbekansef (arrewekansef) – gebedskleed, dat op borst en rug gedragen
    wordt.

Beilierots – is bijnaam, afgeleid van beilie (naam) en rots (neusvuil)
poonse (poons) – koeienmaag
galledek – kleed waarmee de galles (broden) op vrijdagavond worden
afgedekt.
zoger – soort soep

MUZIEK: J.H. SPEENHOFF
REPERTOIRE: LOUIS CONTRAN

EDUARD JACOBS
Brief van een dienstmeisje aan haar moeder 1903

Lieve Moeder!

'k Zal eind'lijk, moeder, u eens melden
Hoe ik het schik hier in de stad
'k Heb lang gewacht, omdat zo zelden
Ik eens een rustig uurtje had
Nu zijn de dames uitgereden
In 'n open koets, heel chic gekleed
Daar hebben ze een bedoeling mede...
    Maar 'k ben vergeten hoe dat heet

Ik zal het hier wel kunnen rooien
Al is de dienst 'n beetje zwaar
Mevrouw is heel goed voor d'r booien
En ook de dames, dat is waar
Eerst dacht ik dat 't 'r dochters waren
Maar geen zegt moeder, naar 'k weet
Ik hoorde laatst dat wel verklaren...
    Maar 'k ben vergeten hoe dat heet

Het schijnen rijke lui te wezen
Me dunkt dat kan niet anders zijn
Zij eten soep, ook wel twee vleezen
Een pudding, bier en ook soms wijn!
En dan voor 't raam na het dineren
Blijven zij saam in d'r ochtendkleed...
Dat noemen ze ... laat 'k eens practiseren...
    Maar 'k ben vergeten hoe dat heet

Somwijlen gaat 'n juffie henen –
'n Nieuwe komt dan daad'lijk weer
Nog deze week kwam een uit Wenen
Ze werd gebracht door 'n meneer
Die noemen ze: 'Meseu Antointje'
't Is 'n fransoos, als ik 't wel weet...
Hij heeft daar zeker ook 'n baantje
    Maar 'k ben vergeten hoe dat heet

Wat schrok ik toen voor 'n paar weken
Politie opeens naar binnen kwam
Ze moesten juffrouw Elsa spreken
Waarop men 't meisje medenam
Ik hoor haar ouwelui in Laren
Zijn niet gesticht met wat ze deed
Zij is ook nog pas zestien jaren...
    Maar 'k ben vergeten hoe dat heet...

Mevrouw riep gister me beneden
Er zat een heer in de salon
Ze zei: ''k Ben over je tevreden
Drink maar eens mee met de baron!
Ik ga intussen even horen
Hoe laat de meisjes zijn gereed...'
Toen vroeg die heer iets aan mijn oren
    Maar 'k ben vergeten hoe dat heet

Als ik mevrouw goed blijf bedienen
Heeft ze laatst tegen me gezeid
Dan kan ik heel veel geld verdienen
En dan neemt zij een tweede meid
Ik hoef me dan niet in te spannen
En ik ga óók als juf gekleed
En daarbij schold ze op de mannen...
    Maar 'k ben vergeten hoe dat heet!

MUZIEK: EDUARD JACOBS
REPERTOIRE: EDUARD JACOBS; JASPERINA DE JONG

MAURICE DUMAS
Je ouwe tante houdt er ook wel van   ca 1912

Mijn lieve nicht, ik zou wel kunnen grienen
Van vreugde, want ik hoor het gaat je goed
Ze zeggen dat je niet meer hoeft te dienen
Je leeft nou zellef op je grote voet
In plaats van Jaantje heet je nou Jeannette
Ik snap het niet, hoe kom ie daar zo an?
Daar zou 'k nou ook m'n zin op kunnen zetten
Je ouwe tante houdt er ook wel van

Je handen zijn niet ruw meer van het werken
Ze binne nou zoo zacht als zij fleweel
J' had altijd van die rooie harde vlerken
Maar door het niksdoen zijn ze zacht en heel
Ze zeggen je houdt nu zelf een massa booien,
Woont in een prachtig huis, nou kijk 's an...
As jij me nou is bij je thuis wou nooien
Je ouwe tante houdt er ook wel van

Ik hoor je zit gezaaid met diamanten
Onder de dames val jij 't meeste op
Je draagt de duurste kleren, zij en kanten
De mooiste pleures boven op je kop
Je hebt een kamer vol met dooieletten
Drie maal per dag trek ie wat anders an
As jij voor mijn nou wat opzij kan zetten
Je ouwe tante houdt er ook wel van

Met eigen auto of met ekepazie
Rij j' alle dagen deftig door de stad
Dan leun je in de kussens achterover
Alsof ie zeggen wil: wie doet me wat?
Je drinkt sepanje en rookt zuigeretjes
Op bals en opera's ben je stees vooran
Ze zeggen wat je uitvoert is niet netjes
Maar j' ouwe tante houdt er ook wel van

Ze zien je tellekens met and're heren
En 's avonds ga je nooit alleen naar bed

Ze zeggen dat je je laat marioneren
Dat hebben ze van jou zo opgelet
Kan jij van al die vreemde heren houen?
Ik hield, toen 'k meisie was, van ene man
Maar as je 'r nou somwijlen één kan missen
Je ouwe tante houdt er ook wel van

pleures (pleureuses) – veren

MUZIEK: JACQ. BRUSKE
REPERTOIRE: MAURICE DUMAS

J.H. SPEENHOFF
Afscheidsbrief van een lelijk meisje aan haar vrijer 1905

Ik heb jou heel de avond nagelopen
Maar jij doet net alsof je mij niet ken
En als je omkeek ben ik weggekropen
Omdat ik weet dat ik zo lelijk ben

Voor je me zei, dat jij me graag mocht lij'en
Had ik nog maling aan m'n scheve nek
Ik dacht dat toch geen mens met mij wou vrijen
Want mooie meisjes zijn 't meest in trek

Voor jou had ik mijn bloesie angetrokken
Droeg ik m'n hoedje van de modeplaat
Maar voor 'n winkelruit ben ik geschrokken
Toen 'k zag hoe lelijk mij die rommel staat

Al rook ik niet zo lekker als 'n dame
Je hebt me helemaal niet aangeraakt
Je zat je voor mijn lelijkheid te schamen
Je hebt me dronken in een kroeg gemaakt

En toen ik niks kon zien en niks kon horen
Ben jij 'm stiekem met m'n geld gesmeerd
En met de gouwe bellen uit mijn oren
Moest ik betalen wat je had verteerd

Al droeg ik grove keukenmeidenkleren
Al was je vies van zo'n mismaakte meid

Mijn arme centjes wou je wel verteren
Mijn hele spaarbankboekje ben ik kwijt

En toen je vroeg om kermis te gaan hou'en
Had ik feducie in je slappe hoed
Ik dacht, dat ik jouw smoesie kon vertrouwen
Maar ik had geen erg in jouw gemene snoet

Ik ben te lelijk om me te verkopen
Ik ben te dom om zo gemeen te doen
Daarom ben ik 't water ingelopen
Adieu, vaarwel, ik eindig met 'n zoen

MUZIEK: J.H. SPEENHOFF; RUUD BOS
REPERTOIRE: J.H. SPEENHOFF; ADÈLE BLOEMENDAAL

LOUIS DAVIDS
Brief van een landbouwer aan zijn zoon 1910

Mijn lieve zoon, j'hebt me geschreven
Nu j'achttien jaar geworden bent
Of ik j'een goede raad wou geven
Wat je moet worden beste vent
Dat 's voor je vader ongelogen
Een zware taak, een lastig ding
Illusies zijn zo gauw vervlogen
Het leven is zo zonderling
Als je gedwee je hoofd kunt bukken
Zal 't jou misschien nog wel eens lukken
Want o, de mensen zijn zo slecht
Die het hardst bedriegt heeft 't meeste recht
Jij moest de boerderij maar drijven
Daar kan je minstens eerlijk blijven
J'hebt een goed huis en lekker voer
Dus jongenlief, blijf jij maar boer

Mocht je de politiek soms lijen
Je krachten geven aan het land
Die taak is lang niet te benijen
Daartoe hoort sluwheid en verstand
De politiek is slechts een leugen

Z' is als een maalstroom, als een kolk
Want onder 't mom van 's lands belangen
Bedriegt men 't arme burgervolk
Terwille van een Kamerzetel
Doet ze zo vurig en vermetel
En zitten z'eenmaal op de stoel
Is 't volk veel verder van het doel
Om steeds te huich'len en te liegen
Om met een glimlach te bedriegen
Dat 's voor een eerlijk mens een toer
Nee jongenlief, blijf jij maar boer

Of wil je geuren, wil je glimmen
Trekt jou misschien het leger aan
Dan zal je als je op wil klimmen
Beslist naar Indië moeten gaan
Jij kan je daar wel onderscheiden
Jij krijgt er vast het ridderkruis
Maar ik zie mijn kind na lange tijden
Misschien wel zonder armen thuis
Zou jij wel bloed kunnen vergieten
Zou jij een medemens neerschieten
Zou jij, trots alle deugd en moed
Je handen dompelen in bloed
Zou jij een mens de doodsteek geven
Die wellicht nooit iets heeft misdreven
Omdat je 't bij het vaandel zwoer?
Nee jongenlief, blijf jij maar boer

'k Heb je mijn mening laten horen
'k Heb jou, mijn zoon, advies verleend
Je hoeft j' er heus niet aan te storen
Maar 'k ben je Vader, die het meent
Als alle vaders aandacht schonken
Om hunne zonen bij te staan
Waren er velen niet gezonken
Zag je geen stumper barrevoets gaan
Laat Amsterdam je nooit verlokken
Mijdt grote steden als de pokken
Ik weet, de lichtstroom trekt ons aan
Ofschoon w' erin ten onder gaan

Hoevelen zijn niet door dat leven
Vernietigd, in het slijk gebleven
't Gevaar ligt oov'ral op de loer
Nee jongenlief, blijf jij maar boer

MUZIEK: LOUIS DAVIDS
REPERTOIRE: LOUIS DAVIDS

JEAN LOUIS PISUISSE
*Brief van een ongehuwde moeder aan Koningin
Wilhelmina* 1909

Wil mij vergeven Majesteit
Dat 'k van uw koninklijke tijd
'n Ogenblikkie durf te vragen
Ik weet 't geeft voor mij geen pas
Maar 'k docht – nou U ook moeder was –
Dat ik 't wel zou mogen wagen

De buurvrouw naast me heeft gezeid
Dat U als vorstin, majesteit
Geen tijd hebt om 'n brief te lezen
Dat dat uw secretaris doet…
Maar leest U deze zelf als U zo goed
Voor mij als moeder zijnd' zoudt willen wezen

U moet niet kijken asjeblief
Dat ik met potlood deze brief
Op d'achterkant van 'n traktaatje heb geschreven
Er is geen mens die 't voor me haalt
En niemand die 't voor me betaalt
En buurvrouw kon niks beters geven

Terwijl ik leg hier in bed
Kan 'k buiten in de straat de pret
En herrie van de mensen horen
Buurvrouw zeit alles is versierd
En dat er druk wordt feest gevierd
Omdat Uw kindje is geboren

'k Heb ook 'n kindje, Majesteit
Dat nou ik schrijf hier naast me leit

't Is ook 'n meissie, maar 'n daggie ouwer
Dan 't uwe. Morgen ben 'k weer op de been
Voor U gaat daar meer tijd mee heen
Voor ons slag mensen gaat dat gauwer

Maar ben ik morgen overeind
Dan weet 'k, als ongehuwde moeder zijnd'
Waarachtig niet waar of ik heen moet
M'n dienst, die is me opgezeid
M'n laatste spaargeld ben ik kwijt
Aan kostgeld, vroedvrouw en an doopgoed

U is fatsoendelijk getrouwd
U heeft 'n man, die van U houdt...
Och, wil in Uw geluk eens denken
Aan arme vrouwen zoals ik
Die in 'n dronken ogenblik
'n Schooier haar vertrouwen schenken

'k Vraag voor mezelf geen hulp of geld
Ik weet het is met mij gesteld
Zoals met honderd stomme meiden
Die voor 'n vent z'n mooie smoel
Niet door verstand, maar door gevoel
Zich in d'ellende lieten leiden

Maar voor m'n meisje schrijf 'k deez' brief...
Och God, ik heb 't even lief
Als Uwe Majesteit d'r eigen kindje
Moet nou dat schaap de weg op gaan
Waar nou d'r moeder op moet staan –
Geen mens troost, hellept of bemint je –

Daarom als U weer beter ben
En weer geregeld werken ken
Laat uw ministers dan eens wetten geven
Waardoor 'n kind zoals 't mijne
Als uw kind en als andere kleine –
Niet als onwettig hoeft te leven

't Is makk'lijk om te zeggen: trouw
Maar God, je bent toch mens, toch vrouw

En trouwen moet je erger soms bezuren
Laat 't door U zijn, Majesteit-bemind
Dat nooit 'n onbezonnen meid haar kind
Als hoerekind de wereld in moet sturen

MUZIEK: MAX BLOKZIJL
REPERTOIRE: FIE CARELSEN

DUMONT
Brief van een bedrogen meisje   1907

Juffrouw, ofschoon u me niet kent
Feliciteer ik u van harte
En 'k hoop dat nooit uw huwelijksdag
Versomberd wordt door leed of smarte
Ik heb ook eenmaal liefgehad
En dacht ook eens te zullen trouwen
Totdat m'n jongen niet meer kwam
En van een ander scheen te houden

   Maar nu is alles weer voorbij
   'k Zag hem gister met u lopen
   Ik zag hem rozen voor u kopen
   Dat deed hij vroeger ook voor mij

'k Geloof niet dat verschil van stand
Uw huw'lijksvreugde zal verstoren
Zijn pa heeft geld, de uwe ook
Dat schijnt bij liefde zo te horen
Hij kent de wereld door en door
Hij las verbazend mooie boeken
En zei me steeds dat echt geluk
Niet bij kapitalen is te zoeken

   Maar nu is alles weer voorbij
   'k Zag hem gister met u lopen
   Ik zag hem rozen voor u kopen
   Dat deed hij vroeger ook voor mij

Op uw verjaardag zal die man
U overladen met geschenken

Dan zal hij uitgelaten doen
Dan zal hij vliegen op uw wenken
Misschien krijgt u hetzelfde vers
Dat hij voor mij ook heeft geschreven
En draagt hij dan de zijden das
Die ik hem onlangs heb gegeven

Maar nu is alles weer voorbij
'k Zag hem gister met u lopen
Ik zag hem rozen voor u kopen
Dat deed hij vroeger ook voor mij

Ik schrijf dit niet om scherp te zijn
Noch om te kuipen of te stoken
Al heeft de man die met u trouwt
Mijn jonge leven ruw gebroken
Toch blijf ik dankbaar voor de troost
Die me zijn liefde heeft gegeven
Ik bid u dankbaar: houd van hem
Vergeet dat ik u heb geschreven

Want nu is alles weer voorbij
'k Zag hem gister met u lopen
Ik zag hem rozen voor u kopen
Dat deed hij vroeger ook voor mij

MUZIEK: DUMONT
REPERTOIRE: DUMONT

EDUARD JACOBS
Brief van een trouwlustige juffrouw
naar aanleiding der volgende advertentie: ca 1910

Huwelijk,
Flink man, goed postuur, middelbare leeftijd, zoekt kranig wijf, recht door
zee met een flinke spaarpot en een vrolijk humeur. Brieven franco… enz.
enz.

Waarde Mijnheer,

Omdat ik in mijn hele leven
Op geen annonce schrijven wou

Ben ik steeds ongetrouwd gebleven
Hoewel ik heel graag trouwen zou
Dat ik er nu toe ben gekomen
Strekt u zelf het meest tot eer...
Ik schrijf dit briefje zonder schromen
U leek mij een fatsoenlijk heer

U vraagt niet in uw advertentie
Zoals gewoonlijk een portret
Dat trok bijzonder mijn attentie
Ik vond dat delicaat en net
Ik moet daar zeker uit besluiten
Dat schoonheid het bij u niet doet...
U oordeelt niet alleen van buiten
U kijkt dus ook naar het gemoed

U bent een man van rijpe jaren
Ik ben omstreeks precies zo oud
En dat kan u mijn broer verklaren
Ik heb daarbij een hart van goud
Ik hield wel vroeger van 'n geintje
Toch wist ik mij steeds te ontzien...
Ik bleef zo rein als 'n begijntje
Enfin, dat zal u zelf wel zien

Houdt u soms van een huis'lijk leven
Van rust en van gezelligheid
Dat kan ik u hier volop geven
Mijn huis dat is mijn zaligheid
Ik hou er niet van uit te lopen
Ik ga eens per jaar naar stad
Om enkele dingen bij te kopen
Maar dan lig ik drie weken plat

Geloof niet dat wij ons hier vervelen
Dat is voor ons iets ongewoon
Mijn broer kan heel mooi orgel spelen
We hebben ook 'n grammofoon
O, vroeger was ik dol op lezen
Maar 'k kan nu 's avonds slecht meer zien
Of 't moeten grote cijfers wezen...
Daarom spelen we dikwijls kien

Ik heb 'n hond, 'n aap, twee sijsjes
'n Leeuw'rik en 'n papegaai
Die fluit van allerhande wijsjes
Daarin hebt u bepaald uw draai
'k Heb ook 'n toetje van een poesje
Dat beest dat is mijn grootste pret...
O gunst, meneer, 't is zo'n snoesje
Hij slaapt altijd bij me op bed

Ik kan stil leven van mijn renten
Maar als mijn broer soms sterft vóór mij
Krijg ik nog 'n paar losse centen
Hij is de vijftig al voorbij
Het moet toch zeker iets betekenen
Dat hij sinds lang zo weinig eet...
Je mag op iemands dood niet rekenen
Maar 't is toch goed dat u 't weet

Iets wat u ook wel zal bevallen
We krijgen eens per week bezoek
Dan zingen we psalmen met z'n allen
Bij 'n kopje thee met peperkoek
U moet dus gauw eens komen kijken
't Is niet zo ver naar hier per spoor...
En als we elkander zouden lijken
Dan moet de kogel er gauw door!

MUZIEK: EDUARD JACOBS
REPERTOIRE: EDUARD JACOBS

EDUARD JACOBS
*Antwoord van de steller der advertentie (een zeekapitein) aan
de trouwlustige dame*   ca 1910

Jongejuffrouw,

Toen ik uw brief straks had gelezen
Kreeg ik 'n krieb'ling in mijn lijf
Je moet er maar niet kwaad om wezen
Dat ik dat zo royaal-weg schrijf
Ik dacht bepaald dat ik zou stikken
Ik lachte me haast uit de naad...

Maar mij zul je aan de haak niet pikken
Al viel je broer ook van de graat

Je bent misschien 'n heel goed vrouwtje
Maar toch niet voor 'n zeekap'tein
Die houdt wel van een hartig boutje
Jij schijnt me 'n droge schar te zijn
't Verwonderde u dat in mijn schrijven
Ik om geen portretten vroeg...
Da's niet nodig bij de wijven
Hun brief is al portret genoeg

Me dunkt, ik zie u in gedachten
Met 'n warme stoof daar bij de schouw
Je broer zit al met smart te wachten
Dat je de kiendoos krijgen zou
De sijsies zitten in d'r kooien
Het hondje kwispelstaart van pret
Lorre zit de aap te vlooien
En poeslief warmt alvast je bed!

U ziet, ik kan heel aardig teek'nen
Die huis'lijke gezelligheid
Als je op mij maar niet wilt reek'nen
Ik hou niet van die aardigheid
Ik zie me al met de visite
Aan 't zingen van psalm twee...
Mens, ik zit nou al te genieten
Van je peperkoek en je koppie thee!

Je bent geen schip om zee te bouwen
Al heb je nog zo'n braaf gemoed
Ik ben niet dol op dikke vrouwen
'n Slank fregat is wel zo goed
Wanneer ik in jouw zog moest varen
Kwam ik nooit weer aan de wal...
De duivel zal me ervoor bewaren
Dat 'k jouw barkas ooit praaien zal!

Me dunkt u hebt nu wel begrepen
'k Ben een te goed bevaren gast

Om op een wrak me in te schepen
'k Waag niet zo licht mijn ribbekast
Toch hoop ik niet dat je gaat grienen
Wanneer mijn brief je soms verdriet...
Ik kom heel graag eens met je kienen
Maar met je trouwen? ...lekker niet!

MUZIEK: EDUARD JACOBS
REPERTOIRE: EDUARD JACOBS

DIRK WITTE
't Portretje   1915

Je zult misschien verwonderd wezen
Dat je van mij nog weer eens hoor
Maar 't is een heel gewone kwestie
Stel je er heus maar niks van voor
Je hebt, dat zul je heel goed weten
Het helemaal bij mij verbruid
Al schrijf ik nou ook nog een briefje
Met ons is 't uit

Toen ik van jou ben weggelopen
Omdat je zo jaloersig dee
Nam ik, maar dat was heus bij ong'luk
Zo'n klein portretje van je mee
Het zou verloren kunnen raken
Als ik het in dit briefje sluit
Maar 'k wil het toch niet langer houen
Met ons is 't uit

Je hebt, zoals ik zelf gezien heb
Je met een ander al getroost
Je leek je wel voor haar te schamen
Want anders had je niet gebloosd
Nou als ik ook oprecht moet wezen
Je zocht ze vroeger mooier uit
Afijn, 't kan mij geen ziertje schelen
Met ons is 't uit

'k Heb kennis in die tijd gekregen
Aan m' overbuurman de student

Hij had allang op me gelopen
En 't is een echte knappe vent
Maar nou de een en dan de ander
Dat heeft me altijd al gestuit
Ik kon niet aardig voor hem wezen
Nou is 't weer uit

Als je 't portret terug wil hebben
Ik heb er netjes op gepast
Ik zit er dikwijls naar te kijken
't Staat in een lijstje op m'n kast
Kom het dan deze week maar halen
Je weet hoe laat de winkel sluit
Maar kom het liefst op woensdagavond
Dan mag ik uit!

MUZIEK: DIRK WITTE
REPERTOIRE: JASPERINA DE JONG

ALEX DE HAAS
Ik denk alleen aan jou! ca 1922

Men zegt dat ik je ontrouw ben
Maar kind, het is niet waar!
Al zit ik nog zo ver van huis
Vrees toch maar geen gevaar
Want waar ik ga, of waar ik sta
Ik zweer je eeuwig trouw,
En wát ik zeg, of wát ik doe...
Ik dènk alleen aan jou! *(bis)*

Al kom ik ook als varensgast
Aan menig' vreemde kust
Mijn lieveling, maak jij je heus
Maar nimmer ongerust
Nou ja! Ik ga natuurlijk wel
Eens af en toe op sjouw
Doch, 'k denk bij alle pret en jool
Toch altijd door aan jou! *(bis)*

Wanneer ik passagieren ga
Op één of and're rêe
Dan neem ik voor gezelligheid
Een vrouwtje met me mee
En geef ik soms een zoentje, aan
Zo'n hele vreemde vrouw
Hou ik daarbij mijn ogen dicht,
En denk terwijl aan jou! *(bis)*

We waren laatst in zeker oord
– Het doet er niet toe, waar –
Daar liep een meisje langs de kant
Van amper achttien jaar
Dat kind had een paar ogen, als
Een korenbloem zo blauw
Daar keek ze mee tot in mijn ziel…
Ik dacht direkt aan jou! *(bis)*

We lagen daar een week of drie
Ach mens, dat was een feest!
'k Ben alle dagen met dat lie-
ve kind op stap geweest
Ik zei: 'Als jij nou weten wil
Waarom ik van je hou:
Ik heb in Holland nòg zo'n "Schatz"
Die lijkt precies op jou!' *(bis)*

Ik eindig deze schone brief
En wens hem: 'Goeie reis!'
Wanneer ik je nog meer vertel
Dan wor'-je veel te wijs
We zijn op weg naar Nederland
Je ziet me dus weer gauw
De liefde die ik over heb
Bewaar ik wel voor jou! *(bis)*

MUZIEK: ALEX DE HAAS
REPERTOIRE: ALEX DE HAAS

Brief van een bakvis aan een bakvis over inkwartiering 1916

Lieve Lien je zult wel denken waar of deze brief toch bleef
Ja 't is waar, 't is lang geleden sinds ik jou voor 't laatste schreef
Stel je voor Lien, wat verrukk'lijk, wat een knusse zaligheid!
W' hebben hier sinds 1 augustus dol leuk inkwartieringstijd

J' had ze moeten zien marcheren, onze troepen door de straat
't Is of ieder meisjeshartje en elk raam wijd open gaat
Dat geschitter en geflikker, dat gekletter en geblink
Sabels, ransels, bajonetten, o wat is ons leger flink

Ma keek door de suiteramen, Pa door 't raam van zijn kantoor
Ik wou door 't portaalraam kijken, maar daar stond Marie al voor
Kee de meid zat in de dakgoot, voor het kelderraam zat Jet
Toen bleef mij nog maar één raampje – maar dat was – helaas
            bezet

Ik ben dol op militairen, 'k ben een eindje meegegaan
Naar gelang z' er meer van weten, kleden ze zich mooier aan
Zo'n gewoon keukensoldaatje vin 'k niet leuk, die is banaal
Loopt er 'n grote grove streep door – z'n mouw – dan is 't een
            korporaal

Als die gele strepen goud zijn, dan is 't een sergeantje, hoor
Als die gouden ééns zo groot zijn, dan heet het sergeant-majoor
Dan een met zo'n blikken plaatje, dat heet vaandrig of cornet
Iets te klein voor tafellaken, en te groot voor een servet

Dán kom j' in de sterrenhemel, dán komt eindelijk je dàt
't Is de trots van 't hele leger, decoratief van dorp en stad
Lange sabels, haakse snorren, oog van staal voor 't heil van 't
            land
't Is en blijft de ware pisang: 't sterrenbeeld: De Luitenant!

Sterretjes lachen je tegen op een hoge stijve kraag
Zo een heeft een boel te zeggen, 'n goed figuur en 'n goeie
            maag

Och, ze zijn zo edelmoedig, 'n hart van goud en groot gewis
Pa zegt dat zo'n luit'nantshart vaak groter dan 'n kazerne is

Drie sterren, dat is weer hoger, dan heet het een Kapitein
En dán komen gouden kragen, 'k weet niet hoe die namen zijn
Och, die vin 'k ook niet zo leuk meer, ook al zijn die kragen goud
Als ze te veel sterren hebben, zijn ze soms zelfs al getrouwd

'k Heb er hier ook een zien lopen met een wieltje op zijn jas
Pa zei dat dat er nou eentje van de tuf-ofcieren was
Met hun mooie groene kragen zijn die lui beroemd, berucht
'k Zou nooit met ze willen trouwen, jasses, die benzinelucht

Dan de militaire dokter, waar 'n soldaat zo veel van houdt
Die heeft 'n kraag met een paar slangen, klimmend in een eindje
        hout
Hij helpt ze van elke kwaal af en geneest ze vlug en net
Zelden geeft hij ze kwartierziek – meestal geeft hij z' een tablet

Onze luit is 'n knappe jongen met een scheiding in zijn haar
Meestal rookt hij sigaretten, maar soms ook wel een sigaar
Ma zegt dat hij een corset draagt, maar och Lien, dát g'loof ik
        niet
Soms kijkt hij me in mijn ogen... nee hoor, méér vertel 'k nog
        niet

Hij heeft g'zegd, dat ik gezegd had, dat jij g'zegd hebt dat ik zei
Toen ik zei wat jij gezegd hebt, wat jij zei zei hij van mij
'k Heb gezegd ik zal niet zeggen wat jij zei of hebt gezegd
Maar ik zeg ik zal je zeggen, 'k heb 't hem lekker toch gezegd

Vaak heeft hij zo'n lange cape om, dat hoort ook nog bij zijn rang
Maar mij dunkt om g'armd te lopen, is zo'n ding toch wel wat
        lang
Hij heeft 't grijsgroen uniform aan met die plat vergulde knoop
Toen hij kwam riep kleine Jantje: 'Kijk, 'n portier van de
        bioscoop'

Nou zeg Lien, ik schei er uit hoor, 'k ga eens kijken of 'k hem zie
Vier uur is zijn dienst geëindigd en 't is nou al kwart voor drie
Kom maar gauw bij ons logeren, 'k hoop de oorlog duurt nog
          'n poos
Als 'k verloofd ben zal 'k je schrijven – mondje dicht – dàààààg –
      je Toos

MUZIEK: MEVR. W. CLINGE DOORENBOS DE BLÉCOURT
REPERTOIRE: J.P.J.H. CLINGE DOORENBOS

HERRE DE VOS
Dát... ca 1916

Dat jou mijn teerheid tegenstond
'k Weet nóg niet hoe dat is gekomen!
Da 'k werd behandeld als een hond –
Dat had ik reeds voor lief genomen
Dat j' in 't geheel niet om me gaf
Daar kon mijn liefde niet voor baten...
Dát echter is mijn zwaarste straf:
Dat je voorgoed mij hebt verlaten!

Dat je de kind'ren onverzorgd
Voor galg en rad hebt laten lopen
De hele buurt hebt uitgeborgd
Om maar een mooie hoed te kopen
Dat onze jongen als een dief
Nu loopt te schooien langs de straten...
Dát echter is mijn ergste grief:
Dat je voorgoed me hebt verlaten

Dat je klein Lizzy wel eens sloeg
En nooit 'es lette op m'n sokken
Dat ik dat alles stil verdroeg
En jij toch dagenlang bleef mokken
Dat j'n gezicht trok als azijn –
Ik duldde 't rustig en gelaten
Dát echter is mijn felste pijn:
Dat je voorgoed me hebt verlaten!

Dat je met and'ren mij bedroog
En thuis de preutse uit bleef hangen
Dat je me liederlijk beloog
Met vreemde kussen op je wangen
Dat was een folt'ring voor m'n hart...
Maar ach, ik kan je 'r niet om haten!
Dát echter is mijn grootste smart:
Dat je voorgoed mij hebt verlaten!

Dat ik soms uren heb gewacht
En als je kwam niets heb verweten
Al had ik ook de halve nacht
Mijn smart in 't kussensloop verbeten...
Hoeveel verdriet het mij ook deed
Als koel wij bij elkander zaten –
Dát echter is mijn schrijnendst leed:
Dat je voorgoed mij hebt verlaten!

Dat je een miezerige sul
Te misselijk om nog aan te raken
Een laffe, stom-beroerde knul
Door ál dat leed van mij kon maken –
Dat heb 'k verdiend, dat was m'n loon!
En 'k zal er dus niet over praten...
Dát echter is mijn diepste hoon:
Dat je voorgoed mij hebt verlaten.

MUZIEK: HERRE DE VOS
REPERTOIRE: HENRI WALLIG

HERRE DE VOS
Haar antwoord   ca 1916

Zeg, arme vent, je hebt me straks geschreven
Dat je zo suft en treurt
Omdat ik uit je pieterige leven
Opééns ben weggescheurd
Maar 'k kon het werk'lijk langer niet verdragen
In jouw gevangenis –
Had ik je 'r soms verlof voor moeten vragen?
Zeg, dacht je dat...?
Dan heb je 't mis!

127

Ik had genoeg van 't luiernaadjes rijgen
En 't uitzicht door je raam
Mijn hoofd liep óm van àl dat kind'ren-krijgen
En heel je santekraam
Ik was 'et beu maar steeds te zitten gluren
Naar jouw bezopen snuit
Wéé van je zoenen en je daze kuren
Dacht jij van niet...?
Ik moest er uit!

Ik weet dat ik de kind'ren niet verzorgde
En héél je pàn liet staan
Dat 'k bij de bakker en de grutter borgde
Om goed gekleed te gaan...
Maar dacht je dat 'k 'et langer kon verkroppen
Dat ik voor huissloof dien?
Ik heb geen zin jouw jaeger-broek te stoppen!
Dacht jij van wel...?
Laat naar je zien!

Verwacht maar niet dat 'k ooit terug zal komen:
Ik geef om jou geen zier
Je stil humeur en je zwaartillend bomen
Zat me al lang tot hier!
Ook kom ik niet ter wille van de kleinen –
Hoeveel 'k ook van ze hou:
Sóms voel ik haat voor z' in mijn denken schrijnen,
Ze zijn van mij
Maar... óók van jou!

En... mocht de kleine meid weer 's naar me vragen –
Die lieve harte-schat! –
Zeg haar dan dat 'k op reis ben voor 'n paar dagen
En licht vergeet ze 't wat...
En dat jij nou alleen zo zit te tobben,
Geloof me, 't doet me zéér,
Maar ik werd náár van 't piek'ren, boenen, schrobben –
't Was niks voor mij...
Ik kón niet meer!

MUZIEK: HERRE DE VOS
REPERTOIRE: HERRE DE VOS

EDUARD COENRAADS
Stijn de matroos   1924

Na een reis van zeven weken
Kwam Madeira in het zicht
Iedereen ging brieven schrijven
Op dit heugelijk bericht
Stijn, de stoerste der matrozen
Sprak me aan, tikt' aan z'n pet –
En zei: 'Dokter, ik wou schrijven
An me meissie, Annebet

Maar één ding is zo bedonderd
'k Ben 't gekrabbel zo verleerd!'
…'k Heb papier en pen genomen
En 't adres werd gedicteerd
'Ja,' zei Stijn, 'wat zal d'r in staan?
't Is een kanjer van een vrouw!
Maar dat ken j' er zo niet schrijven –
Zet maar – dat ik van d'r hou!'

Ik schreef: 'Lieve Annebetje
Dit 's een brief uit naam van Stijn
Die je meldt, dat z'n gevoelens
Nog precies dezelfde zijn'
Maar daarmee had Stijn geen vrede
Hij zei: 'Bah, wat klinkt dat flauw
Ken ze daar nou wel uit lezen
Dat ik – dat ik van d'r hou?'

'k Heb 't nog duidelijker geschreven
Toen zei Stijn: 'Verdraaid nog toe
Wat zal ik er meer van maken?
'k Wil wel – maar ik weet niet hóe!
'k Sta me gek te prakkizeren
Maar u doet het ook zo gauw…
Dokter, staat er nou ordent'lijk
Dat ik – dat ik van d'r hou?'

'k Heb 't hem nog eens voorgelezen
Toen zei Stijn: 'Zo is 't allright'

En hij keek door de patrijspoort
Naar een wolkj' in 't verre wijd
Na een diepe stilte zei hij:
''k Schud het zo niet uit m'n mouw…
Maar wil u nog één keer zetten –
Dat ik… dat ik van d'r hou?'

MUZIEK: DIRK WITTE
REPERTOIRE: EDUARD COENRAADS

KEES PRUIS
Kindjes laatste wens   ca 1921

Je zult verwonderd zijn als j' in dit schrijven
Het handschrift van je vroeg're vrouw herkent
't Is nu zes jaar na d'uitgesproken scheiding
Je bent natuurlijk aan mijn schrift ontwend!
Ik schrijf niet voor mijzelve
Ik doe een plicht als moeder en als mens
Als 'k je nog eens aan mijn bestaan herinner
Vervul 'k ons beider kind zijn laatste wens!

Zo is 't gebeurd: hij is uit school gekomen
En klaagde: 'Ma, 'k heb hoofdpijn, 'k ben zo moe!'
'k Was ongerust, hij was nooit sterk, dat weet je
En 'k bracht hem daad'lijk naar z'n bedje toe
'k Heb wekenlang de dood z'n prooi bestreden
En handenwringend voor mijn kind gestaan
'k Heb meer dan ik verdragen kon geleden
Helaas! Hij is toch van mij heengegaan!

Hij kon zo dikwijls droevig zitten peinzen
Wanneer de jongens uit dezelfde klas
Hem zoveel liefs vertelden van hun vaders
Hij vroeg mij dan waar of zijn vader was
'k Heb jouwentwil dan altijd maar gelogen
Hem zeggen dat jij slecht was vond ik wreed
Ik schaamde mij dan voor mijn eigen jongen
En zei hem dat jij verre reizen deed!

Als ik hem van z'n vader moest vertellen
Heb ik, al deed ik dan mijzelf geweld

Om niet te doden 't kind z'n mooi' illusies
Jou als een brave vader voorgesteld
Zo hield ie dus z'n mooi' herinneringen
En op z'n sterfbed vroeg mijn kleine schat
Of ik je in een lange brief wou schrijven
Dat hij je altijd zo heeft liefgehad!

Hij zei me nog dat hij voor jou zou bidden
Wanneer hij kwam bij Onze Lieve Heer
Toen heeft ie zacht je naam nog uitgesproken
Toen nog een kus… en 't kindje was niet meer
Ik stuur je hierbij nog z'n laatste portretje
En nog een lokje van z'n blonde haar
Ik deed m'n plicht en heb 'k je leed berokkend
't Was toch ons kind, vergeef het mij dan maar!

MUZIEK: WILLEM CIERE
REPERTOIRE: KEES PRUIS

WILLEM VAN IEPENDAAL
Een brief   ca 1932

Ze hebben vader vrijdagavond
Op een handkar thuisgebracht
Hij zonk ineen bij 't werkschooien:
Hij zoekt al maanden, dag en nacht!
Er kwam een dokter effe kijken
Die adviseerde melk en bief
Maar dat 's geen kost voor ons soort mensen:
M'n beste Hein, ben jij maar dief!

De huisbaas is weer komen dreigen
Dat-ie ons op de keien zet
Hij zei, als ik niet kon betalen
Dat zus 't verdienen kon in bed!
Wat zeg-ie van zo'n ouwe smeerlap?!
Eer 't zover kwam… 'k stierf net zo lief!
Trouw jij maar nooit en word geen vader:
M'n beste Hein, ben jij maar dief!

Meintje de Geus is gek geworden
Omdat d'r oudste jongen, Kris

131

Bij de meneuvers in z'n ogen
Met buskruid blindgeschoten is!
Jij mag niet bij de wapes dienen...
Wat was 't me vroeger toch een grief!
Maar 'k ben nou wijzerder geworden:
M'n beste Hein, ben jij maar dief!

'k Heb nou een werkhuis voor drie dagen
Arstokrasie, wat ik je smoes!!
De jongeheer is bang voor muizen
Schrijft versies op de maan en poes!
Dan denk ik aan jouw lef en branie
Je bolle snuit, je loop zo vief...
Voor jou heit heel de buurt de bever:
Dag Hein van mijn! Dag jongelief!

MUZIEK: WILLEM VAN IEPENDAAL
REPERTOIRE: WILLEM VAN IEPENDAAL

JAN HAHN
De brief van een onbestorven weduwnaar aan
z'n vrouw 1932

Allerliefste Carolina, jij zit heerlijk aan de zee
Ik sta thuis de gang te witten en geniet stil met je mee
Want omdat jij ligt te dromen aan 't Scheveningse strand
Voel ik me zo in-gelukkig met de witkwast in m'n hand
Niets hoeft je te verontrusten! Alles gaat z'n ouwe gang
'k Had alleen een keukenbrandje en wat pech met 't behang
't Staat een tikkie ongezellig, maar geloof me, het is niets!
Ik was bezig 'Flit' te spuiten, en 't bleek olie van de fiets

Lieve schat! Wat zul je zwemmen, nou ik zwom vanmorgen ook
'k Moest uit bed mijn muilen vissen met 't puntje van de pook
Want de buren zijn naar Londen, well, dat is natuurlijk zot
Maar nou staat hun badkraan open en mijn slaapstee is m'n vlot
Kind, ik was op m'n qui-vive, 'k leende 'n slang van Jan de Bruin
En nou loopt het water lekker bij de Jansens in de tuin
Jansen was natuurlijk giftig... (wat is drift 'n ongeluk)
Voor zo'n beetje helder water sloeg hij onze voordeur stuk

Ben je al eens wezen fuiven? – O, de poes is naar 't asiel!
Omdat hier en daar zo'n hoopje op de grond me niet beviel
't Karpet ging bij de vodden, want er hing zo'n vreemde lucht
Ik ben gister zeker viermaal effe in de tuin gevlucht
't Eten koken gaat geweldig! Watergruwel vind ik fijn
Maar ik kan geen kast meer vinden, waar nog schone borden zijn
En je zult me niet geloven, maar zówáár wat ik vertel:
'k Heb al emmers roet verzameld van één vierpits-oliestel!

Roet dat is een reuze middel, dat vertelde juffrouw Stroet
Om m'n trouwpak op te verven. Dan krijgt 't weer nieuwe gloed
Voor de kippen is 't enig, want ze krijgen krachtig bloed
Als ze stevig kunnen wroeten in 'n hoopje verse roet...
Dus ik laat m'n stel flink walmen – 't is 'n aardig goed dat roet
's Avonds vind ik hele dotjes, zo maar in m'n ondergoed
Ik wil wedden om 'n zoentje, als je thuiskomt – lieve Toet
Dan ben jij wat bruin gebakken, maar ik ben zo zwart als roet

Allerliefste Carolina, 'k voel me een gelukkig man
Dat ik zonder jou te vragen me in alles redden kan
Gister moest ik effe lachen, want toen kwam de schillenman
Ik zei: 'Ik eet gort met krenten, en daar zijn geen schillen van'
Maar nou van die gort gesproken: 'k kookte één pond in een pan
'k Heb nog negen schalen vol staan en ik eet er daag'lijks van
't Is me eigenlijk wat 'gortig' ook omdat het slecht verteert
Maar 't kan me heus niet schelen, als jij je maar amuseert

Nu nog een paar kleinigheden: gister was hier een meneer
Die vernielde al mijn tanden, 't buffet en nog wat meer
Ik begon de boel te ruimen juist toen ie 'm was gesmeerd
Maar toen kwam ie effe zeggen: "'t Spijt me man, 'k was
                verkeerd'
't Is dus nog goed afgelopen, van je ligstoel brak een poot
In 't salon is wat gebarsten en de clivia is dood
Verder alles bij het ouwe, als ik op m'n vlotje drijf
Dan droom ik van roet met gortjes en van Carolien mijn wijf!

MUZIEK: JAN HAHN
REPERTOIRE: PETER PECH

ANNIE M.G. SCHMIDT

Geachte cliënten, 't wordt lente!   ca 1953

'Ingevolge de gewijzigde tarieven
Zenden wij u ingesloten, dubbele punt...'
O wat zijn dat toch een akelige brieven.
'Als u omgaand uw beslissing melden kunt...'
Hè, wat schrijven al die zakenmannen toch een nare taal.
Waarom schrijven ze niet allemaal:

   Geachte cliënten, 't wordt lente,
   Wat zullen we nou 's voor prettigs gaan doen.
   Geachte cliënten, 't wordt lente,
   De merel zingt aria's in het plantsoen.
   Hij heeft z'n tarief niet gewijzigd dit jaar,
   Dus wij doen het ook niet, we laten het maar.
   Wat kan het ons schelen, die centen.
   Hoogachtend, komma, 't wordt lente!

'Mijne heren, in vervolge op ons schrijven
Van de zeventiende hebben wij de eer...
En inmiddels mijne heren wij verblijven...'
Waar zit nou die lamme komma ook alweer.
Hè, wat hebben al die zakenmannen toch een nare toon.
Waarom schrijven ze niet heel gewoon:

   Geachte cliënten, 't wordt lente,
   We hebben al drie madeliefjes gezien.
   Geachte cliënten, 't wordt lente,
   En morgen dan bloeien de tulpen misschien.
   We gaan dus gezellig op stap met de fiets
   En al onze goederen krijgt u voor niets.
   Wat kan het ons schelen, die centen.
   Hoogachtend, komma, 't wordt lente!

'U zoudt echter onze firma zeer verplichten
Als u...' kijk nou toch, nou zit die wagen klem.
'Als u ons per omgaand even wilt berichten...'
En nou tik ik weer berichten met een m.
Waarom moet je in die brieven altijd zo gewichtig doen?
Waarom niet: met vele groeten en een zoen.

Geachte cliënten, 't wordt lente,
wat zullen we nou 's voor prettigs gaan doen.
Geachte cliënten, 't wordt lente,
de merel zingt aria's in het plantsoen.
Hij heeft z'n tarief niet gewijzigd dit jaar,
dus wij doen het ook niet, we laten het maar.
Wat kan het ons schelen, die centen.
Hoogachtend, komma, 't wordt lente!

MUZIEK: COR LEMAIRE
REPERTOIRE: LIA DORANA

Onze Indische gasten

NEGEN TEKENS VAN LEVEN

Poëzie en proza in de thee 1909

Langs de Papadaänhelling vlieden langzaam regenwolken, grauwe donkere regenwolken, strelende de groene bergwand, 'lijk bij 't blije minnekozen tedere gelieven vlijen hoofd aan hoofd en wang aan wang. Sarina staat thee te plukken. Helder kleurt haar rank figuurtje tussen de teer groene struikjes, buigend, rekkend weder, guitig 't helle blauw van 't baadje, tegen 't bruin van 't blote borstje, dat maar even, schuchter even, welving van heur maagdeboezem toont in 't soepel dun katoentje. Nijver plukt ze blad bij blaadje van de tankalan, de volle kopstruik, die bij 't vingerstrelen heim'lijk lijkt te weelderillen. Ziet, de kleine handjes buigen gracelijk de twijgjes weg, die spelend vast hun blaadjes houden, zó dat bij het feller rukken munten aan Sarina's geulang rink'len om haar slanke polsjes. En, als ze het schuchter tink'len hoort van het vergulde koper, heft ze plots'ling hoger 't lichaam uit de regelmaat'ge rijen van de boompjes, schut ze d'ogen met heur donkerrode slendang, tuurt en tuurt ze, naar waar ginder, Doeroek Assi, poot'ge Soenda, patjal heft en patjal neerslaat bij 't bewerken van zijn sawah... Doeroek Assi, die de geulang, de zwaar koper gouden armring voor haar kocht op Slamattan... Ziet, de zon schijnt op 't ijzer van z'n patjol, dat 't 'n bijl lijkt, toverbijl van enkel zilver! Hoei! Hoe ranselt hij de sawah! 't Water spettert tot z'n schouders, doet zijn borst en lenden glimmen... Mooi en sterk is Doeroek Assi! Mooi en sterk en in zijn armen moet het zalig zijn, te rusten... Sarina glimlacht en zucht. En ze buigt zich weer tot plukken, ijveriger dan zo even... Want met elke handvol theeblad, die ze neerwerpt in haar mandje, vordert zij aan haar Geluk: komt de Blijde Dag haar nader... Sarina plukt voor haar bruidsschat!

En die thee die drinkt m'n Tante, die niet wagen zou,
Holland te laten varen voor den Oost.
Ja, die thee is voor m'n Tante
In haar zure larmoyante ouwevrijsterslevenstroost.

Als m'n Tante uit haar maagd'lijk
Ledikant is opgestaan
Trekt zij eerst haar négligeetje
Over haar geraamte aan
Met haar facie ongewassen
Elke krul 'n papillot
Gaat ze dan met Duncan-passen
Linea recta naar de pot

Naar de theepot, welbegrepen
Waar van gisteravond laat
Nog 'n restje vierde treksel
Op Verkades nachtlicht staat
En m'n Tante slurpt 'n koppie
En dat doet m'n Tante goed
Beter dan 't z'n eerste proppie
'n Gewoontedrinker doet

Dan gaat Tante zich verkleden
Nel, de poes, loopt met haar mee
Dan gaat Tante naar beneden
En daar drinkt m'n Tante thee
Bij haar boot'ram met 'n sneetje
Zoete koek er bovenop
Drinkt m'n Tante dan haar theetje
Derde, vierde en vijfde kop

Later bij het koppieswassen
Schenkt m'n Tante nog eens bij...
'Al die thee maar weg te gooien
Is verkwisterij,' zeit zij
Als de thee is afgeschonken
En geen kleur of geur meer het
Dan gebruikt ze nog de blaren
Voor 't borst'len van 't karpet

Even moet de thee van tafel
Want de koffie komt eran
Grootpapa komt uit z'n kamer
Die geen thee verdragen kan
Maar des middags, zo ná drieën
Gaten stoppend in Opa's sok
Drinkt ze thee – poes op d'r knieën...
En dat noemt ze 'r 'fijveklok'

En des avonds na het eten
Nauw'lijks is de tafel 'schoon'
Is mijn Tante neergezeten
Achter 't theeblad op haar troon
En dan komen de vriendinnen
Lieve Truus en lieve Kee

Een voor een de kamer binnen
Drinken met m'n Tante thee

En de thee, die met haar geuren
't Ouwevrijstershart verrukt:
't Is de thee, die door Sarina
Voor haar bruidsschat werd geplukt!

MUZIEK: MAX BLOKZIJL
RÉPERTOIRE: JEAN LOUIS PISUISSE; PAUL DEEN

DUMONT
Kerstnacht in Indië   ca 1910

Kerstnacht zonder witte vlokken
Zonder bevriende klokken
Orgeltoon en vredepsalm
Oorverdovend pijnt het snorren
Van myriaden grote torren
In en om plataan en palm

In 't hotel te Sindangglaja
Lig 'k in slaapbroek en kabaja
Lui op stoel der galerij
En 'k vergeet, al is 't maar even
Heel m'n drukke zakenleven
Bij de Handelmaatschappij

In m'n eentje lig ik te denken
Aan de boom met de geschenken
En z'n kleurrijke pracht
Aan de liedjes die ik als jongen
Vroeger thuis heb meegezongen
En ik neurie: 'Stille Nacht'

'k Laat dan de revue passeren
Ook het dwaze adoreren
Van Cato, dat blonde ding
Die me met haar mooie ogen
Maandenlang heeft voorgelogen
Dat ze nooit met and'ren ging

140

'k Hoor opnieuw haar wrede woorden
Die m'n jonge hart doorboorden
Toen ze me voorgoed verliet
Voor een ander met veel duiten
Met een mooie villa buiten
En een onbeperkt krediet

Weer zie 'k moeder zachtjes snikken
Vader quasi luchtig knikken
Op de kade bij 't vertrek
Weer zie 'k de IJmuider lichten
Scheren langs de huilgezichten
Van de passagiers aan dek

Kerstnacht zonder dennebomen
Ik lig goddelijk te dromen
Van m'n enig mooie stad
Totdat Ali, m'n bediende,
Heeft gezien dat toewan griende
En zich uitstrekt op z'n mat

MUZIEK: DUMONT
REPERTOIRE: DUMONT

J.H. SPEENHOFF
Onze Indische gasten   ca 1911

Als verfijnde hovelingen
Zo aandachtig en zo moe
Komen ze na jaren werken
Mager naar Europa toe
Om hun levers op te knappen
Op de hei of aan 't strand
Of 'n kouwe neus te halen
In 't lieve vaderland
In 't lieve vaderland

Menigeen, die vroeger jaren
Door zijn ouders werd geloosd
Komt tot iedereens verbazing
Als een prachtmens uit de Oost
Heel zijn juichende familie

Haalt hem aan de stoomboot af
Jammer maar dat hij zijn ouders
Moet gaan groeten aan hun graf

Meestal zijn hun overjassen
Veel te lang of veel te klein
Dragen ze gekleurde dassen
Die al uit de mode zijn
Met hun grote, fletse ogen
Zien ze hier 't zaakje aan
Net alsof ze weer na jaren
Voor hun kinderspeelgoed staan

MUZIEK: J.H. SPEENHOFF
REPERTOIRE: J.H. SPEENHOFF

LOUIS DAVIDS
Afscheid bij het vertrek naar Indië   1920
(Nou... tabé dan)

Vooruit nou jongens, het is zo ver
Ik doe het niet voor mijn plezier
Omdat ik mijn poot op papier heb gezet
Ben ik eenmaal Jan Fuselier
Ik ga naar Jan Oost voor een jaar of zes
En ik weet niet, waarom ik het dee
Dag meiden, dag jongens, hou je maar haaks
In mijn hart neem ik Mokum mee

   Nou tabé dan, ik groet je, mijn mooi Amsterdam
   De kap'tein staat al op de brug
   Geef me nog een poot
   Aanstonds gaat de boot
   Nou tabé, ik kom over zes jaartjes terug!

Dag, moeder, ouwe, ik schrijf je gauw
Als jij mijn portretje beziet
Dan mot je niet huilen, het is beter zo
Je zei toch, ik deugde hier niet
En als ik krepeer in het warme land
Als 'k voorgoed van d' vlakte verdwijn
Mijn laatste gedachte, mijn laatste woord
Zal voor jou, ouwe stakker zijn

Nou tabé dan, ik groet je, mijn mooi Amsterdam
De kap'tein staat al op de brug
Geef me nog een poot
Aanstonds gaat de boot
Nou tabé, ik kom over zes jaartjes terug!

MUZIEK: MARGIE MORRIS
UIT: HET TONEELSTUK 'DE JANTJES'

CHEF VAN DIJK
Onder de bomen van het plein 1924

Wij trekken vaak naar vreemde landen
En breken tijd'lijk alle banden
Voor de emotie van de reis
We weten heel veel te verhalen
En kunnen bonte beelden malen
Van Wenen, Londen of Parijs
Maar gaan we rustig vergelijken
En alles nuchter eens bekijken
En zijn we niet door schijn verblind
Dan komen we tot de conclusie
Wij zoeken ver naar een illusie
Terwijl je 't toch zo dichtbij vindt

Onder de bomen van het plein
Daar kan je zo gelukkig zijn
Onder het dak van blaad'ren groen
Daar bij het hekje van 't plantsoen
Onder de bomen van het plein
Daar ligt een paradijsje klein
En uit 't diepst van mijn gemoed
Zend ik uit 't verre land een groet
Naar jou, mijn Rembrandtplein

Ook ik zit hier in verre oorden
't Is mij zo vreemd, ik zoek naar woorden
Om uit te spreken wat mij kwelt
Vaak in mysterieuze nachten
Dan zit ik eenzaam in gedachten
Terwijl 't verleden langs mij snelt
Ik zie weer voor m'n geest verschijnen

De plekjes die nu gaan verdwijnen
Terwille van het stadsverkeer
Maar laat één plekje ongeschonden
Waaraan veel dierbaars is verbonden
Uit mooie uren van weleer

    Onder de bomen van het plein
    Daar kan je zo gelukkig zijn
    Onder het dak van blaad'ren groen
    Daar bij het hekje van 't plantsoen
    Onder de bomen van het plein
    Daar ligt een paradijsje klein
    En uit 't diepst van mijn gemoed
    Zend ik uit 't verre land een groet
    Naar jou, mijn Rembrandtplein

O meisjes met garçonne kopjes
Als amoureuze liefdepopjes
Wat zwelgt je geest in romantiek
Waar toef je in je teed're dromen
Waar zou je met hem samenkomen
Een chique lunchroom met muziek?
Je moet dat heus niet accepteren
Je kunt je beter amuseren
De lucht is zwoel, de schaduw lokt
De blaad'ren fluist'ren zoete zangen
Van jonge liefde en verlangen
Nu lang genoeg in huis gehokt!

    Onder de bomen van het plein
    Daar kan je zo gelukkig zijn
    Onder het dak van blaad'ren groen
    Daar bij het hekje van 't plantsoen
    Onder de bomen van het plein
    Daar ligt een paradijsje klein
    Daar stil je alle minnepijn
    Daar smaakt 'n kusje eens zo fijn
    Op 't enig Rembrandtplein

MUZIEK: MAX TAK
UIT: DE REVUE 'GEK HÈ'/COR RUYS

WILLY DERBY
Hallo! Bandoeng!   ca 1929

't Oude moedertje zat bevend
Op het telegraafkantoor
Vriend'lijk sprak de ambt'naar:
Juffrouw, aanstonds geeft Bandoeng gehoor!
Trillend op haar stramme benen
Greep zij naar de microfoon
En toen hoorde zij, o wonder
Zacht de stem van hare zoon:

    Hallo! Bandoeng!
    Ja moeder hier ben ik!
    Dag liefste jongen
    Zegt zij met een snik
    Hallo, hallo!
    Hoe gaat het oude vrouw?
    Dan zegt z' alleen:
    Ik verlang zo erg naar jou!

Lieve jongen, zegt ze teder
Ik heb maandenland gespaard
't Was me om jou te kunnen spreken
M'n allerlaatste gulden waard!
En ontroerd zegt hij dan: Moeder
Nog vier jaar, dan is het om
Oudjelief, wat zal 'k je pakken
Als ik weer in Holland kom!

    Hallo! Bandoeng!
    Ja moeder hier ben ik!
    Dag liefste jongen
    Zegt zij met een snik
    Hallo, hallo!
    Hoe gaat het oude vrouw?
    Dan zegt z' alleen:
    Ik verlang zo erg naar jou!

Jongenlief, vraagt ze, hoe gaat het
Met je kleine bruine vrouw?

Best hoor, zegt hij, en wij spreken
Elke dag hier over jou
En m'n kleuters zeggen 's avonds
Voor 't slapen gaan 'n schietgebed
Voor hun onbekende opoe
Met 'n kus op jouw portret

Hallo! Bandoeng!
Ja moeder hier ben ik!
Dag liefste jongen
Zegt zij met een snik
Hallo, hallo!
Hoe gaat het oude vrouw?
Dan zegt z' alleen:
Ik verlang zo erg naar jou!

Wacht eens, moeder, zegt hij lachend
'k Bracht mijn jongste zoontje mee
Even later hoort ze duidelijk
Opoe lief, tabé, tabé!
Maar dan wordt het haar te machtig
Zachtjes fluistert ze: O Heer
Dank dat 'k dat heb mogen horen
En dan valt ze wenend neer

Hallo! Bandoeng!
Ja moeder hier ben ik!
Zij antwoordt niet,
Hij hoort alleen 'n snik
Hallo! Hallo!
Klinkt over verre zee...
Zij is niet meer
En het kindje roept: tabé

MUZIEK: WILLY DERBY
REPERTOIRE: WILLY DERBY

146

BRAMMETJE
Heer op leeftijd ca 1935

Heer op leeftijd... zondagmorgen...
Boekentrommel... luierstoel...
Netjes in z'n zit-pyjama...
Rustig vrije-dags-gevoel...
In z'n ene vrije kamer...
Kopje koffie en sigaar...
Boeken, kains en wat portretten...
Bijna éénenvijftig jaar...

Heer op leeftijd... rustig... eenzaam...
Zonder vrouw en zonder kind...
Donderdags een vast partijtje...
Hier en daar een borrelvrind...
Dochter al getrouwd in Holland...
Zoon studeert nog... en hun ma...
Da's al vijftien jaar geleden...
Ergens in Batavia...

Ouwe heer krijgt zelden brieven...
Nooit een pakje... nooit een zoen...
Langzaam glijdt zo'n zondagmorgen
Door z'n stille paviljoen...
In z'n eentje lekker soezen...
Knikken tegen een portret...
Borrel... erwtensoep-met-kluifjes...
Glaasje bier... en dan naar bed

Heer op leeftijd... zoon in Holland...
Schiet niet op... en pa betaalt...
Meisjes, muisjes, beertjes, boeken...
Onvoorzien en... onbepaald...
Jaren nog een paviljoentje...
Elke ochtend naar kantoor...
Altijd weer dezelfde taxi
En dezelfde straten door...

Heer op leeftijd... zondagmorgen...
Langer slapen... laat ontbijt...

Radio en plaatjes kijken…
Hele ochtend vrije tijd…
Spinnen aan verleden dingen…
Ouwe-heertjes lief en leed…
Alles wat al lang voorbij is
En waar niemand iets van weet…

MUZIEK:
REPERTOIRE: LOU NIJLAND

BRAMMETJE
Onze kinderen…   ca 1940

Als ergens op zo'n eenzaam buitenpostje
Als ergens aan zo'n glad vergeten strand
De boot van Java in de stille baai stoomt
En weer de mail brengt uit het eigen land
Dan zitten 's avonds bij een schemerlampje
En d' avond hangt al als een zwart gordijn
De ouders… en hun zwijgende gedachten
Gaan naar de kinders, die niet bij hen zijn.

Soms kraakt papier, als pa het briefje uitvouwt
Met Jans rapport – voor algebra een drie
En voor z'n Frans tenauwernood voldoende
En zelfs een twee voor stereometrie!
Toch heeft de jongen hersens als z'n vader…
Verdomme… maar wie let ook op het kind?
Wie helpt hem 's avonds als hij zit te blokken
En zonder pa zo'n stomme som niet vindt?

En moeder staart met stille, verre ogen
En door de eenzaamheid der jaren heen…
Ze ziet ze staan… twee kleuters nog… verbeeld je:
Drie lange jaren zijn ze weer alleen!
Dan denkt ze aan die laatste dag in Holland
Het laatste uur, dat zij ze bij zich had
Toen kleine broer zich nog zo groot wou houden
En kleine zus op schoot te huilen zat…

Ze zitten beiden voor zich uit te staren
Ze zijn nu samen bij de kinders thuis…

Ze lopen samen door de stille straat heen
En naar het oude, welbekende huis...
Ze bellen aan... en kleine Jan doet open
Zoals hij vroeger ook zo dikwijls deed
En zus zit binnen met haar Franse thema's
En wacht op ma voor 't woord, dat ze niet weet...

En d'avond ligt maar roerloos om hen beiden
De lamp brandt suizend door de uren heen
En naast de krabbelbrieven van de kinders
Zitten ze stil en hopeloos alleen
Met in hun oog een traan, die wordt verborgen
En in hun hart de ongezegde pijn
Van het verlangen naar hun kleine kleuters
Die net als zij alleen gelaten zijn...

MUZIEK:
REPERTOIRE: COR RUYS

BRAMMETJE

Adieu, vaarwel! 1946
Van de Indische gerepatrieerde, de man die nu
zonder meer uit Indië geëvacueerd wordt...

Wie van Java thuis moet varen
En zijn Indisch leven sluit
Staat als een berooide schooier
Langs de railing van zo'n schuit
Z'n gedachten
Blijven wachten
Op het strijken van de tros
En dan zwaait ie
En dan draait ie
Van de ka van Priok los

Zonder vrinden of bekenden
Op het hoekje van de ka
En verdwijnt als uitgestoten
En als blanke paria
En daar staat ie
En daar gaat ie
Want hij hoort er niet meer bij

149

En heel even
Stokt het leven
Maar dan glijdt ook dat voorbij

En daar gaan de lange jaren
Wat was wezen? Was was schijn?
En waarom moest dit het einde
Van wat groot én goed was, zijn?
Even waaien
Even zwaaien
Met z'n zakdoek of z'n hoed
Even slikken,
Even… snikken
En daar gaat ie dan… voorgoed

MUZIEK: ?
REPERTOIRE: ?

Tantes testament

EENENTWINTIG ONTMASKERINGEN

EDUARD JACOBS
De hoerenvloot   ca 1900

Al wie in de hoerenwereld
Goed uit beide ogen ziet
Gaat vanzelf aan 't vergelijken
Waarmee ze overeenkomst biedt
Ik ging ook aan 't onderzoeken
Onder snollen, klein en groot
Als resultaat zing 'k u een liedje
Getituleerd 'De hoerenvloot' (*bis*)

Komt een onervaren hoertje
In een welbeklante kast
Moet ze dikwijls nog veel leren
Wat voor d'een en d'ander past
Van Madam kan z' alles horen
Die is een volleerde hip
Zo een wrak, dat afgedankt is
Dient nog als 'opleidingsschip' (*bis*)

Weet u wat ik zou verkiezen
Als symbool van trouwe min?
Ik zou zeggen: dâ's een sciffie
Want daar kan maar één man in
Maar zo menig maintenéetje
Stoort zich niet aan symboliek
Lijkt ze 'n sciff in de beginne
Weldra wordt z' een 'achtriemsgiek' (*bis*)

Op de hoek van zeek're stegen
Achter in de Warmoesstraat
Kan men een soort wijven vinden
Dat op prooi te loeren staat
't Merk van álle venuskwalen
Toont het smoelwerk van zo'n slet
Dat's een schip in 'quarantaine'…
Mijdt het of je wordt besmet! (*bis*)

'k Hoorde laatst een juf beweren:
'Ik ben geen állemanshoer!'

En 't is waar, ze gaat niet maffen
Met de eerste-beste boer
Maar veel duiten, dát heeft invloed
Daarvoor gaat ze mee naar bed
'n Oorlogsschip van zulke type
Heet een 'pantser-dék-korvet'! (*bis*)

Zeek're fijne gouvernante
Verricht haar arbeid opperbest
d' oudste zoon, en ook papaatje
Kruipen beurt'lings met haar in 't nest
Ook mevrouw neemt menig uurtje
Franse les bij mademoisell'
Zo'n kwasie preuts en keurig juffie
Noem 'k maar een 'lichtschip', voelt u wel? (*bis*)

Vroeger was ze 'n kittig hoertje
Maar dat is al lang geleên
Nu ze oud is, rot en lelijk
Denkt ze aan haar ziel alleen!
Ze gaat de straat langs met tractaatjes
Naar de kerk is trouw haar loop
Zo een hoer is in míjn vlootje
''t hospitaal-kerkschip De Hoop!' (*bis*)

MUZIEK: EDUARD JACOBS
REPERTOIRE: EDUARD JACOBS

J.H. SPEENHOFF
De vrije vrouwen   1904

Wat men voor een eeuw niet kende
Waar men vroeger niet aan dacht
't Is de vrije vrouwenbende,
't Is 't derde soort geslacht.
't Zijn geen mannen, 't zijn geen vrouwen
't Is geen vlees, 't is geen vis
Wie met zo'n model gaat trouwen
Trouwt met z'n begrafenis
Trouwt met z'n begrafenis

'n Vrije vrouw draagt korte rokken
Dat men haast haar knieën ziet
Kijk ze langs de straten sjokken
Kuiten heeft de stumper niet
Nergens is ze fris en mollig
Alles knokels, been en pees
Welke man gevoelt zich lollig
Naast zo'n lopend stuk rookvlees
Naast zo'n lopend stuk rookvlees

Vrije vrouwen vinden vrijen
Ouderwetse flauwigheid
Voor verliefde zoenpartijen
Heeft de vrije vrouw geen tijd
Want ze schrijven liever boeken
Over 't huwelijksgenot
En ze dragen stalen broeken
Met 'n grendel en 'n slot
Met 'n grendel en 'n slot

Nacht en dag vergaderingen
Houdt de vrije vrouwenkliek
Over slappe zuigelingen
Over wereldpolitiek
Hoor ze kletsen, hoor ze lallen
Over liefde en geluk
Moet zo'n schepsel ooit bevallen
Is 't van een ingezonden stuk
Is 't van een ingezonden stuk

Stakkers zijn die vrije vrouwen
Waar 'n man geen steek aan vindt
Kijk ze pakkies boeken sjouwen ·
Liever dan een lekker kind
Als men hoort wat zij zich wensen
Wat zo'n meubel al zo zeit
Vragen alle nucht're mensen:
Is 't een bokkie of een geit?
Is 't een bokkie of een geit?

Weg met al die houten lijven
Waar 'n man de pé an heit

Al die halve vrije wijven
Zijn de kanker van de tijd
Want 'n vrouw is hier op aarde
't Mooiste wat men denken kan
Zij geeft aan ons leven waarde
Zij is alles voor een man!
Zij is alles voor een man!

MUZIEK: J.H. SPEENHOFF
REPERTOIRE: J.H. SPEENHOFF

MAURICE DUMAS
O lieve Mathilde! Als je eens wist wat ik wilde!   ca 1909

Nooit in mijn leven heb ik zo bemind
Want mijn Mathild' is een schat van een kind!
Z' heeft kromme benen en vuurrode haren
Tevens een bult die je nergens zo vindt
Iedereen moet voor haar schoonheid bezwijken
Iedereen ziet
't Bultje subiet
't Beste is om niet van acht'ren te kijken
Dan zie je 't bultje ook niet!

  O lieve Mathilde
  Als je eens wist wat ik wilde
  Als jij mijn liefde eens stilde
  Mathilde! Mathilde!
  O lieve Mathilde
  Als je eens wist wat ik wilde
  Als jij mijn liefde eens stilde
  Dan was ik tevree

's Avonds dan gaat mijn Mathilde naar bed
En dan gelijkt ze precies een skelet
Snorken doet zij als een dronken dragonder
En op een stoel ligt haar hele toilet
Boezem en heupen en kuiten en haren
Zijn afgelegd
Dat is niet slecht
Daartegen heb ik volstrekt geen bezwaren
Alleen haar bochel is echt!

155

O lieve Mathilde
Als je eens wist wat ik wilde
Als jij mijn liefde eens stilde
Mathilde! Mathilde!
O lieve Mathilde
Als je eens wist wat ik wilde
Als jij mijn liefde eens stilde
Dan was ik tevree

Eén oog is scheel en het and're van glas
En op haar neus een venijnig gewas
In haar mond zitten twee groene tanden
En haar geluid is zo diep als een bas
Daarbij heeft zij twee verschillende oren
't Eén is te groot
't And're te klein
Van acht'ren is zij net zo mooi als van voren
Z' heeft toch zo'n prachtige lijn!

O lieve Mathilde
Als je eens wist wat ik wilde
Als jij mijn liefde eens stilde
Mathilde! Mathilde!
O lieve Mathilde
Als je eens wist wat ik wilde
Als jij mijn liefde eens stilde
Dan was ik tevree

Nooit heeft dat schepsel in eten plezier
Voedt zich hoofdzaak'lijk met klare en bier
Als ze wat zegt, ruikt ze naar jenever
Dagelijks slikt ze een maatje of vier
Zij wast zich éénmaal per maand, ook wel later
Dát moet u zien
En bovendien:
Gaat zij bij uitzondering naar 't theater
Wast ze d'r hals met benzien!

O lieve Mathilde
Jij gelijkt wel een wilde!
Als je eens wist hoe ik rilde!
Mathilde, Mathilde!

O lieve Mathilde
Als je eens wist wat ik wilde
Ik wou dat iemand je vilde
Dan was ik tevree!

MUZIEK: GEORGE KRIER
REPERTOIRE: DUMAS

JEAN-LOUISE PISUISSE EN MAX TAK
De fancy-fair   ca 1916

Is er'n ongeluk gebeurd
'n Schipbreuk of 'n grote brand
Dan gaat men gauw collectes houden
In de steden, op het land
Ook gaat men advertenties zetten
maar madame la Douairière
Zegt: er is maar één goed middel
Da's een fancy-fair.

De burgemeester en z'n vrouw
En die d'r zwager, de bankier
Die z'n cousine en haar tante
Vormen met haar het 'bestier'
Ze komen heel vaak bij elkander
En madame la Douairière
Heeft duizenden besognes
Voor de fancy-fair

De burgemeester geeft z'n portret
En de bankier 'n gouden schaal
De tante 'n oude Friese klok
En de cousine geeft de zaal
Er komt een stukj' in 't Handelsblad
Daar werkt een neef als volontair!
Die wordt 'perscommissaris'
Van de fancy-fair

De fancy-fair is geanimeerd
Het wordt de 'topic of the day'
Er worden bloementjes verkocht
Sigaren, ijs, sorbet en thee

Ook kun j' er hengelen naar prijsjes
De dochters van de Douairière
Die zoen je voor 'n tientje
Op de fancy-fair

Er wordt gebostond en gestept
Oh! héél correct en héél decent!
Er is een leuke cosy corner
Achter de champagnetent
Daar vult de glazen eigenhandig
Madame la Douairière
Te zamen met haar dochter
Op de fancy-fair

Ook zijn er heel erg kleine meisjes
Met een heel erg grote mond
die plund'ren, zwevend om je heen
Je portemonnaie tot op de grond
Ze moeten zich maar niet generen
Zegt Madame la Douairière
'n Beetje vrij dat mag wel
Op 'n fancy-fair

Voor 'n rijksdaalder koop je
Zo'n slechte drie cents sigaret
En voor vijf gulden entree
Voor 't dilettanten-cabaret
Dan hoor je als diseuse zingen
Een dochter van de Douairière
Een liedj' om bij te kreunen
'God straf' de fancy-fair'

Zo gaat het dagen achtereen
De hele stad die spreekt ervan
't Goede doel is allang vergeten
Daar trekt geen schepsel zich iets van an
't Batig saldo wordt een schijntje
Maar Madame la Douairière
Raakt uitverkocht van dochters…
Leve de fancy-fair!!

MUZIEK: MAX TAK
REPERTOIRE: JEAN-LOUIS PISUISSE; HENK STUUROP; WIM KAN

J.H. SPEENHOFF

Tantes testament 1904

Lieve nichten, lieve neven
Dit is tantes testament
Tante kan niet eeuwig leven
Ook aan tante komt 'n end

Om het afscheid te verlichten
Laat ik, als gedachtenis
Aan mijn neven en mijn nichten
Alles wat hun dierbaar is

Nooit kon mij een man behagen
Nooit werd mij wat raars gevraagd
Daarom sterf ik, zonder klagen
Als een hoogbejaarde maagd

Heel mijn leven was ik gierig
Dikwijls at ik korstjes brood
Zo te leven is plezierig
Want dan gaat men schatrijk dood

Aan mijn nichtje Mietekeetje
Laat ik al mijn valse haar
Mijn gescheurde dejeuneetje
Want dat kreeg ik zo van haar

Verder maak ik aan neef Arie
Die zoveel van Mozart houdt
Mijn bekroonde kunstkanarie
Plus een pakje havermout

Voor mijn neef de apotheker
Zijn de restjes medicijn
Want die drankjes zullen zeker
Na mijn dood hem nuttig zijn

Laat zijn vrouw er zich aan laven
'k Gun haar die restantjes graag
Want haar tante wordt begraven
Met een glad bedorven maag

Dominee schenk ik mijn poesjes
Met hun mandje en hun bak
Voor die twee gestreepte snoesjes
Had ie al zo lang een zwak

Aan mijn meid met grijze haren
Die met mij heeft saamgeleefd
Schenk ik wat ze al die jaren
Uit mijn huis gestolen heeft

Iedereen heeft nu het zijne
Iedereen is ruim bedacht
Tante kan gerust verdwijnen
Tante heeft haar taak volbracht

Doch mijn geld heb ik vergeten!
Och, wat maal ik om dat slijk
Mijn familie heeft te eten
'k Maak er dus de kerk mee rijk

MUZIEK: J.H. SPEENHOFF
REPERTOIRE: J.H. SPEENHOFF; JASPERINA DE JONG

EDUARD JACOBS
Dominees preek   ca 1910
Humoreske

De dominee had mooi gesproken
Zó had men nog nooit gehoord
De vrome schaar zat neergedoken
Te luist'ren naar zijn zalvend woord
Hij sprak van armoe en ontbering
Die in de winter wordt geleen
En gaf ten slotte deze lering
Ter overpeinzing aan elkeen!

'Als gij bezoek krijgt van een arme
Ach, weiger hem geen stukje brood
Toon hem uw meelij en erbarmen
En lenig toch zijn bitt're nood
Hebt gij twee warme overjassen

Die draagt ge allebei toch niet
Laat hem er dus maar een van passen
Als gij hem huiv'rend lopen ziet'

De preek was uit, de vrome schare
Verliet gesticht het kerkgebouw
Bij dominees gehoor ook waren
Zijn schoonmama en ook z'n vrouw
'Och, och, wat kan hij prachtig spreken'
Zei schoonmama, 'die beste man
Hij zou het hart je bijna breken
Zo hij de armoe schild'ren kan'

Zo keuvelden de vrouwen samen
En kwamen blijgemoed weer thuis
Maar toen zij aan haar woning kwamen
Stond juist een beed'laar voor het huis
Hij rilde over al zijn leden
Want hij had haast geen kleren aan
Mevrouw zei: 'Vrind, wacht hier beneden
Ik zal eens voor je kijken gaan'

Zij kwam terug en hield op d' armen
Een dikgevoerde winterjas
'Hier,' zei ze, 'die zal u verwarmen
Hij komt met zulke kou van pas'
De beed'laar dankte duizend keren
En scheen er heus verlegen meê
Ze zei: 'Je moet je niet generen
Want dominee die heeft er twee'

Toen dominee was thuisgekomen
Zag hij bij schoonmama en vrouw
De tranen in de ogen komen
Hij vroeg wat dat beteek'nen zou
Zijn vrouwtje kon bijna niet spreken
Maar eind'lijk zei ze: 'Beste man
Je kunt toch ook zo prachtig preken
Dat treft me meer dan 'k zeggen kan

En om je een bewijs te geven
Dat je bepaald niet had verwacht

Je predikatie van zoëven
Heb ik al in praktijk gebracht'
Toen zij hem daarop uit ging leggen
Wat zij deed voor die arme man
Wist dominee niet wat te zeggen
Hij stond eenvoudig paf ervan

Hij liep de trappen op naar boven
Hij wilde zien of 't waarheid was
Maar toen moest hij 't wel geloven
Het was zijn beste winterjas
Hij trilde over al zijn vezels
En woedend riep hij tot zijn vrouw:
'Ik preek wel voor die boeren-ezels
Maar om de bliksem niet voor jou!'

MUZIEK: EDUARD JACOBS
REPERTOIRE: EDUARD JACOBS

J.P.J.H. CLINGE DOORENBOS
Het vogeltje op Nellies hoed   1916

Als de zondag in het land was
Dan leefde onze Pieter pas:
Schone boord, schone manchetten
Gloednieuwe paarsgroen lila das
Met het meisje aan de wandel
Hemels wezen, heerlijk zoet
Mousselientje, hoge hakjes
Reuzevogel op haar hoed…
'Ik loop anders nooit met heren, die ik niet goed ken
Zoiets vind ik niet netjes en niet goed'
'Gistermiddag is z' er nog met een vandoor geweest'
Zei 't kleine vogeltje op Nellies hoed
'En nu 'k jou eenmaal gevonden heb, nu is het uit
Je zult m'n enig vrindje zijn, zeg, is dat goed?'
'Nou, jij kent Nel niet net zoals ik haar ken'
Zei 't kleine vogeltje op Nellies hoed

's Avonds zag je ze dan wand'len
Zaligjes in de maneschijn

Weldra kwam haar vrind haar vragen:
'Nel, wil je mijn verloofde zijn?'
Blozen was het een'ge antwoord
Toen een zedig schuchter 'Ja'...
Toen een poos van doodse stilte
Toen een zucht: 'Spreek met Papa!
'k Wil alleen jouw meisje zijn maar voor de eeuwigheid'
Zei Nellie en keek zo lief en zoet
'Gisteravond heeft z' een ander dat net zó gezeid'
Zei 't kleine vogeltje op Nellies hoed
En toen Jan haar eens flink zoende zei ze: 'O, wat fijn
't Is voor d' allereerste keer, wat is dat zoet...
'Nou, jij kent Nel niet net zoals ik haar ken'
Zei 't kleine vogeltje op Nellies hoed

Heerlijk dwalen door de bossen
Toekomstdromen steeds zonder end
Hij zei: 'Liefste licht mijns levens
Weet je dat jij mijn alles bent?'
Als de grote torenklok dan
Onverwachts tien uren sloeg
Dan zei Nel: 'Ik moet naar huis toe
Schattebout, nou is 't genoeg...
Ik wist niet dat ik zóveel van iemand houden kon'
Zei Nellie met een boordevol gemoed
'Da's de zesde keer dat ze die leugenpraat verzon'
Zei 't kleine vogeltje op Nellies hoed
'Maar nu moet ik vlug naar huis, want na tien uur op straat
Is voor 'n meisje zoals ik, niet net en goed'
'Nou, jij kent Nel niet net zoals ik haar ken'
Zei 't kleine vogeltje op Nellies hoed

Maar na 'n poosje kwam er ruzie
De hele boel die liep verkeerd
Toen gingen ze uit mekander
Want er werd niet geharmonieerd
'Scheiden we als goede vrinden
Och het hart dat doet me pijn'
Es wär' viel zu schön gewesen
Jedoch 's hat nicht sollen sein...
Nellie zei: 'Al je cadeautjes hou ik liever maar
Als souvenir aan jou – vin je dat goed?'

'Die staan op een rijtje in de Lommerd bij mekaar!'
Zei 't kleine vogeltje op Nellies hoed
'Geef me enkel dan d' engagementsring maar weer t'rug'
Zei de jong'ling met een boordevol gemoed...
'Nou, jij kent Nel niet net zoals ik haar ken'
Zei 't kleine vogeltje op Nellies hoed

REPERTOIRE: J.P.J.H. CLINGE DOORENBOS; ADÈLE BLOEMENDAAL.

LUCIËN
Het angstige bruidje 1917

Is soms in ons dorpje een meisje de bruid
Dan wordt haar ter eer één der klokken geluid
Ik doe dat, als koster bij 't huwelijksfeest
Dat is zo van oudsher gewoonte geweest
   Van bimmele, bammele, bom
   Van bim, bam, bom

Er hangen twee klokken, d'één licht, d'andere zwaar
Die luid ik om beurten, maar niet door elkaar
De lichte klok is een beloning der deugd
Dus hoort men haar heldere klanken met vreugd
   Van bimmele, bammele, bom
   Van bim, bam, bom

Doch als er een meisje in 't huwelijk zal gaan
En hoort men de zwaarste der klokken dan slaan
Dan fluist'ren de mensen zo stiekem: 'Och Gos!
Nou, daar is bepaald ook een stekie aan los!'
   Van bimmele, bammele, bom
   Van bim, bam, bom

Eens kwam op een morgen, nog heel vroeg, bij mij
Margriet van de bakker, zo vrolijk en blij
Ze zei: 'Lieve Koster, ik ben morgen de bruid
U zorgt dus wel, dat er de klok wordt geluid!'
   Van bimmele, bammele, bom
   Van bim, bam, bom

Ik keek door mijn bril toen het meisje eens aan
En vroeg: 'Welke klok moet 'k voor jou laten slaan?'
Margriet had bepaald deze vraag niet verwacht
Zij werd helemaal van haar stukken gebracht
   Van bimmele, bammele, bom
   Van bim, bam, bom

Ze wist niet wat ze hierop antwoorden moet
Maar och, d'ouwe koster kent z'n klantjes zo goed!
Ik zei: 'Lieve kind, jij bent heus geen begijn
't Zal daarom de zware klok wel moeten zijn!'
   Van bimmele, bammele, bom
   Van bim, bam, bom

'Och vriend, heb toch meelij!' snikt de arme Margriet
'Als Jan dat zou horen, dan trouwt hij mij niet!
Laat dus vóór het trouwen de lichte klok slaan
En luid dan de zware maar, als 't is gedaan!'
   Van bimmele, bammele, bom
   Van bim, bam, bom

MUZIEK: LUCIÉN
REPERTOIRE: LUCIÉN

MANNA DE WIJS-MOUTON
Als alles voorbij is 1920

Als alles voorbij is en 't scheiden begint
Gaat hij links en zij rechts
Nemen z' ieder een kind
De meid krijgt getuigen om verder te gaan
De hond kan niet kiezen
Blijft weifelend staan
Met de vogeltjes deed men de buren plezier
De haan met zijn kippen gaan naar de poelier

De kat denkt: hoe rustig, nu is alles uit huis
Als 't stil is en leeg
Vang ik eerder een muis
Dan blijven nog over de mot in de kast
En 'n bromvlieg voor 't raam

Die zijn voorpoten wast
Als alles voorbij is, komt 't bordje 'te huur'
Vuil en stof in de gang en het vocht op de muur

En kijkers met praatjes van dit en van dat
Zien 'n halfdode bromvlieg
En 'n magere kat
Maar is 't weer lente, wordt 't huisje geboend
Komt 'n pas getrouwd paartje
Dat giechelt en zoent
Dat aldoor vertelt hoe gelukkig ze zijn...
De nachtegaal zingt onderwijl z'n refrein

Hij zingt er van trouw bij de zilveren maan
Dat heeft hij voor 't vorige paar óók gedaan
Hij roept: Nog vijf jaar op zijn hoogst, dan is 't mis
Dan ga je weer scheiden, daar 't mode nu is!

MUZIEK: MANNA DE WIJS-MOUTON
REPERTOIRE: MANNA DE WIJS-MOUTON

J.H. SPEENHOFF
De vegetariërs   ca 1903

Vegetariërs zijn mensen
Die de mensen anders wensen
Daarom eten zij slechts planten
Net als grote olifanten
Zij zijn bang voor dooie koeien
Want die kunnen niet meer loeien
Beesten doden om te eten
Noemen ze van God vergeten
't Is zo deftig en zo fijn
Vegetariër te zijn!

In hun reine restauratie
Is voor arm en rijk een plaasie
Overal, tot in de keuken
Hangen christelijke spreuken
Die de ziel zo zeer versterken
En zo spijsverterend werken

Die voor overdaad behoeden
Ons met idealen voeden
't Is zo deftig en zo fijn
Vegetariër te zijn

Zondag bonen, maandags bonen
Dinsdags bonen, woensdags bonen
Donderdags gepofte bonen
Vrijdags bonen, altijd bonen
Zaterdags gestoofde bonen
God bewaar ons voor die bonen
Bonen eten is 't beste
Tot we bonen zijn ten leste
't Is zo deftig en zo fijn
Vegetariër te zijn

Voor een heel klein beetje duiten
Ga je je aan pap te buiten
Voor een paar onnooz'le centen
Eet je appelen met krenten
Soep van blaren, pas gevallen
Met mahoniehouten ballen
Meisjes met verboden konen
Brengen je je portie bonen
Vriend'lijk kijken is er nodig
Fooien geven overbodig
't Is zo deftig en zo fijn
Vegetariër te zijn

Sociaalders, anarchisten
Lieve, zoete idealisten
Niemand zit zich aan te stellen
Ieder heeft wat te vertellen
Brave armen, milde rijken
Allen zijn ze huns gelijken
Zwaargespierde, vrije vrouwen
Die niet van 't mansvolk hou'en
Kooplui, kunstenaars, poëten
Heel de groep zit daar te eten
't Is zo deftig en zo fijn
Vegetariër te zijn

Vegetariërs zijn lieden
Die een ander wat verbieden
Vegetariërs zijn poppen
Die zich vol principes proppen
Zij zijn bang voor bitterneuzen
Soberheid is hunne leuze
't Zal nog zover met ze komen
Dat ze nest'len in de bomen
Dat ze dode blaren eten
Voor de rust van hun geweten
't Is zo deftig en zo fijn
Vegetariër te zijn

MUZIEK: J.H. SPEENHOFF
REPERTOIRE: J.H. SPEENHOFF

DIRK WITTE
Aspirine   1915

Als je op de tafel kijkt
Van de dokter, van de dokter
Wat daar zo voor deftigs prijkt
Als je op de tafel kijkt
Is eerste wat we zien:
Aspirine, aspirien!
Aspirine voor je benen
Aspirine voor je buik
Tegen blaren op je tenen
En als je je pols verstuikt
Aspirine voor je armen
Voor je nek en voor je darmen
De soldaatjes één voor één
Gaan met aspirine heen

's Morgens staan ze kwart voor acht
Voor de dokter, voor de dokter
Alles wat maar moet op wacht
Staat al klaar om kwart voor acht
Negen krijgen van de tien:
Aspirine, aspirien!
Aspirine voor de goeierds

Na een slapeloze nacht
Aspirine voor de knoeiers
Die verlangen: vrij van wacht!
Aspirien alleen kan baten
Voor of'cieren en voor soldaten
Voor fourier en voor sergeant
En voor 't paard van d'adjudant

Als we eens weer burger zijn
Gaan we nooit meer naar de dokter
Zelf genezen w'alle pijn
Als we eerst maar burger zijn
Kopen elk een pond of tien
Aspirine, aspirien!
Aspirine voor je oudje
Aspirine voor je hond
Aspirine voor je vrouwtje
Als er weer een kleine komt
Aspirine zal niet hind'ren
Voor je kanarie en voor je kind'ren
Dokters kan ik niet meer zien
Ik zweer trouw aan d'aspirien

MUZIEK: DIRK WITTE
REPERTOIRE: JEAN-LOUIS PISUISSE

J.H. SPEENHOFF
De schutterij 1904

Daar komen de schutters
Met vaandels en met pluimen
Zij lopen in de rij
Zij kauwen op d'r pruimen
Wat zijn ze in hun sas!
't Is of hun neuzen krullen!
Zij lopen in de pas
Als lieve, zoete knullen

Daar komen de schutters
Zij lopen zich lam
De mannetjesputters

Van Rotterdam!
O wat een geschitter!
Wat maken ze lef!
Dat komt van de bitter
En 't plichtsbesef

De generaal die gromt
En geeft de vent een lijpie
Die op de vlakte komt
Met 'n sigaar of pijpie
Maar schutters zijn zo gaar
Ga ze niet koejeneren
Ze stoppen d'r sigaar
In d' loop van hun geweren

    Daar komen de schutters
    Zij lopen zich lam
    De mannetjesputters
    Van Rotterdam!
    O wat een geschitter!
    Wat maken ze lef!
    Dat komt van de bitter
    En 't plichtsbesef

Wanneer de generaal
De troep gebiedt te zwijgen
Dan roept er een brutaal:
'Kijk jij maar naar je eigen
Jij kan, wat mij aangaat
Wel naar de donder lopen
Als jij zo'n toon aanslaat
Kom 'k nooit jouw kaas meer kopen!'

    Daar komen de schutters
    Zij lopen zich lam
    De mannetjesputters
    Van Rotterdam!
    O wat een geschitter!
    Wat maken ze lef!
    Dat komt van de bitter
    En 't plichtsbesef

De schutter is 't beeld
Der Nederlandse natie
Maar dat 'm dat verveelt
Dat merk je an zijn facie
Nooit heeft-ie bloed vermorst
Liefst staat hij naast zijn wapen
Voor vaderland en vorst
Een uur of drie te gapen

    Daar komen de schutters
    Zij lopen zich lam
    De mannetjesputters
    Van Rotterdam!
    O wat een geschitter!
    Wat maken ze lef!
    Dat komt van de bitter
    En 't plichtsbesef

MUZIEK: J.H. SPEENHOFF
REPERTOIRE: J.H. SPEENHOFF; CONNY STUART

CHIEL DE BOER
Tok tok   ca 1934

Ik ben er een kip van heel goede famielje
Mijn ma was 'Van Barneveld', pa een 'Van Krielje'
Mijn stamboom ontbreekt, maar ons heilig geloof is
Dat een betovergrootma nog legde voor Clovis
Tot in 't stenen tijdperk gaat onze historie
We hebben 't bewijs: 'n stenen ei, onze glorie
Wij leven hier in een patriciërshok
Op ons wapenschild staat: 'Leg u leeg' en 'Tok tok'

Wij leven tevree en wij pikken ons graantje
Wij leven bij gratie van 't dienstmeisje Jaantje
Wij doen onze kippeplicht, leggen ons eitje
En gaan als de dagtaak volbracht is op 'n rijtje
De slaapkamer binnen, dit volgens de leeftijd
De haan aan het hoofd, want dat eist de beleefdheid
En voordat we slapen gaan, roepen w' en bloc:
Welterusten vriendinnen, slaap lekker, tok tok

171

Een kip houdt zich streng aan de zedelijkheidswetten
Geen kip zal ooit 'n poot buiten 't hok durven zetten
Hoe ergert ons vaak niet de haan van de buren
Als hij zit naar andermans kippen te gluren
De onze is trouw aan zijn zeventien vrouwen
En op zijn fatsoen kun je nesten gaan bouwen
We zien daar wat viezigheid buiten ons hok!
Maar wij draaien ons om en we zeggen: Tok tok...

Maar 'n dreiging hangt chronisch ons boven de koppen
Soms komt plots de dood aan ons kippegaas kloppen
Wij voelen 't meteen, er hangt onheil in 't zwerk
Dan sleurt hij een zusje uit 't hok, bij haar vlerk
En voor je het weet is de stakker ter ziele
De and'ren die boften, maar 't was kiele kiele
Dan blijft er des nachts een plaats leeg op de stok
Wij weten het: Zij is ter soepe... tok tok...

MUZIEK: ?
REPERTOIRE: CABARET CHIEL DE BOER

JACK BESS
Marietje van Pietje   ca 1940

Heel de buurt stond op stelten bij 't eerste bericht
Dat bij Jansen onenigheid was
Men verdrong zich voor 't huis met nieuwsgierig gezicht
Want de Jansens zij woonden er pas
Maar de groentevrouw Jaan wist het nieuws van de dag
Alle buurtnieuwtjes kwamen van haar
Vroeg een kennis of klant: Wat is hier aan de hand?
Had ze daad'lijk haar 'weet-je' al klaar

    Marietje van Pietje, een buurvrouw van Grietje
    Getrouwd met Lowietje van Sien
    Beweerde dat Fietje, een dochter van Mietje
    Met Wietje van Sien was gezien
    Toen zei Wiet tot Rietje, dat Fietje van Mietje
    Een nicht was van Rietje d'r Piet
    Maar Grietje van Wietje en Rietje van Pietje
    Geloofden Lowietje maar niet

172

Trui van Hein zei: Ik heb het altijd wel gedacht
't Is de vent an z'n ogen te zien
Wees voorzichtig, Trui zei toen de waterbaas zacht
Anders mot je getuigen, misschien
Dove Kee, die van al het gezwam niets verstond
Vroeg haar man: Geef jij ook een cadeau?
Maar haar echtvriend zei: Nee... jij begrijpt het niet Kee
Luister goed, meid, de zaak die zit zo:

Marietje van Pietje, een buurvrouw van Grietje
Getrouwd met Lowietje van Sien
Beweerde dat Fietje, een dochter van Mietje
Met Wietje van Sien was gezien
Toen zei Wiet tot Rietje, dat Fietje van Mietje
Een nicht was van Rietje d'r Piet
Maar Grietje van Wietje en Rietje van Pietje
Geloofden Lowietje maar niet

Lange Arie koos daad'lijk partij voor Lowie
Maar toen kreeg ie een mep van z'n vrouw
En van schrik sloeg ie Kees, die iets zei van Marie
Met een klompschoen volmaakt bont en blauw
't Werd een woedende krijg, maar opeens werd het stil
Want de motorpolitie verscheen
Wat is hier an de tent? vroeg een grote agent
En toen zong vriend en vijand meteen:

Marietje van Pietje, een buurvrouw van Grietje
Getrouwd met Lowietje van Sien
Beweerde dat Fietje, een dochter van Mietje
Met Wietje van Sien was gezien
Toen zei Wiet tot Rietje, dat Fietje van Mietje
Een nicht was van Rietje d'r Piet
Maar Grietje van Wietje en Rietje van Pietje
Geloofden Lowietje maar niet

Pas een week of drie later heeft Rietje van Piet
Mij de naad van de kous uitgelegd
Op de sensatiedag had Lowietje met Griet
Een oud bruiloftsgedicht opgezegd
Jaan, de groentevrouw, die pal beneden hen woont

Had de heftige humor gehoord
En op nieuwtjes verzot dacht ze: Die hebben mot
En met volle kracht seinde zij voort:

Marietje van Pietje, een buurvrouw van Grietje
Getrouwd met Lowietje van Sien
Beweerde dat Fietje, een dochter van Mietje
Met Wietje van Sien was gezien
Toen zei Wiet tot Rietje, dat Fietje van Mietje
Een nicht was van Rietje d'r Piet
Maar Grietje van Wietje en Rietje van Pietje
Geloofden Lowietje maar niet

MUZIEK: LOUIS NOIRET
REPERTOIRE: LOUIS NOIRET

JACQUES VAN TOL
Concertgebouw   ca 1937

Tussen de zorgen en de plichten
Vervlakte 's mensen ziel zo gauw
Was daar niet het Concertgebouw
De tempel van de bleekgezichten

De kenners, met hun eigen vrouwen
Verfrissen hier hun ziel een dag
En luisteren liefst zeer lang naar Bach
Wijl dan Mevrouw haar mond moet houden

De snob die liever eclipseerde
En paartjes innig klevende
Gaan naar Beethoven's Zevende
Of Mahler's Lied der Erde

Als de eerste tonen klinken
Uit de heil'ge instrumenten
Komen eeuwigheidsmomenten
Waarbij zielen gaan verdrinken
In gewijde contemplatie
Maar helaas der Muzen gratie
Treft ook hen, wier reputatie

Eist dat zij in adoratie
De concerten hier beluisteren
Alhoewel het machtig fluisteren
Van de stem der eeuwigheid
Met hun smaak en aanleg strijdt

Muziek!
Publiek!
Levensoptimisme, burgermanssnobisme
Mengelbergverering, stiekeme verkering
Die vinden dat lawaai een versjtering

Mensen die zich laten overrompelen
Door schoonheid en onderdompelen
In een stille oase
Van zalige extase

Daartussen crue dissonanten
Van dure diamanten
Op een gesuperoxideerde vrouw
Concertgebouw!

De familie uit de Apollolaan:

Even voor het beginnen
Komen ze binnen
Ma, nog eens Ma,
Steeds maar Ma
En dan de dochter Erica
Zo'n garçonne-geval
Dan een hele tijd niemendal
En dan Pa

Ma in het Crêpe Georgette
Heeft zich aan een stoel gezet
Als een linieschip op een klip
De dochter doet poenig nonchalant
't Is een kwartjesroman in linnenband
Een vinger is bruin van de rook
Pa is er ook

Ma! Crêpe Georgette
Crêpe Georgette Ma!
Het Crêpe Georgette herrijst
Pa ijst
Misschien heeft iemand de jurk nog niet gezien
Het Concertgebouw is Crêpe Georgette
Tot Ma zich nederzet
De kwartjesroman kijkt naar een vent
Met een snorretje Charley-Chaplin-patent
Want ze heeft nog geen happy-end
Pa is er ook

Mengelberg!!!
Mengelberg!!!
De zaal is aan de kook
Applaus
Pa trapt een ladder in Ma d'r kous
Applaus
Mengelberg buigt
Alles juicht
Mengelberg inspecteert en observeert
Voor hij dirigeert
Terwijl Ma nog wat Crêpe lanceert
Het wordt stil
Stil

Muziek
Door het publiek vaart een trilling
En een rilling. Ma neemt een houding aan
Die haar goed moet staan
De kwartjesroman heeft zich verwrongen
Tot nonchalante gratie
En lijkt een jeugdcreatie
Van Kees van Dongen
Pa zit stil
Door Ma's volume verdoofd
Blank glanst zijn blote hoofd
Like the moon over the hill

Koper
Koper

Als een juichende fanfare
Door der eeuwen ruimte dondert
Koper
Pa schrikt van dat reine klare
Koper en kijkt dwaas verwonderd
Ma krijgt cherubijn-allures
En de dochter bijtcoupures
In de karmozijnen randen
Van haar nagels. Vaders handen
Tasten naar 't notitieboekje
Ma zegt bits: 'Zit stil – wat zoek je'
Pa zegt niets laat Ma poseren
En zit stiekem te noteren
Dat hij koper moet verkopen
Voor de beurs terug gaat lopen

Snaren
Of een beving komt gevaren
Door onzichtb're lenteblaren
Zweeft de symphoniemuziek
Over 't ademloos publiek
Een zucht komt uit het Crêpe Georgette
Wat pa tot overpeinzen zet
Of het van de muziek kan zijn
Ofwel van een korsetbalein
De zucht klonk chic
Dus: de muziek

De dochter verandert van pose
Want ze flirt quelque chose
Met die heer met dat kneveltje
Onder z'n geveltje

Houtblazers
Klaar en zuiver
Houtblazers
Door de kenners vaart een huiver
Ma weet hoe het hoort
Pa pulkt aan zijn boord
De dochter etaleert zich als roman van een stuiver
In de uitverkoop

Ze kijkt steeds aanhaliger
Snorwaarts als Columbus zaliger
Naar Kaap de Goede Hoop

Koper
Koper
Klaar en luid
En dan
Uit

Stilte
Dan dondert luid
En fel spontaan
Applaus
En Ma gaat staan
De dochter produceert een traan
Pa is er ook
Voeten schuif'len naar de vestibule
Ma zweeft op de grens van het ridicule
De dochter nog als een somnambule
In trance, vervolgt het hoofdstuk chance
Pa chauffeert, Ma mediteert
De stuiversroman met een sigaret in haar snuitje
Gluurt door het achterruitje naar haar nieuwe keus
Met die vlek onder zijn neus

Thuis
Crêpe Georgette-geruis
Ma vangt aan:
M'n japon heeft 't geweldig gedaan
Ik was de clou
En hoe
De mensen waren weg
Een sensatie zeg
O wat heb ik genoten
Die japon zit ook als gegoten
En wat applaudisseerde het publiek
Maar die japon is dan ook zo chic
Ik ben finaal van de kook
En Mengelberg was er ook!

MUZIEK: COR LEMAIRE
REPERTOIRE: LOUIS DAVIDS

WILLEM VAN IEPENDAAL
Dikke Dinges   1933

Dikke Dinges was verscheiden
In z'n Heer en lit-jumeau.
De professor kwam en zeide:
'Sjongejong!' en liet het zo
Doodkist werd besteld, gemeten
Afgebiesd met plint en lat
Die, met zillever besmeten
Krap, fataal en poenig zat

Zeven bidders wiegewankten
In hun grafgezantenvlijt
Met de kostbaar ingeplankte
Vieze dikke dooiigheid
Van de traphal naar de wagen
Van de wagen naar het graf
Trapten in plechtstatig dragen
Voormans hak en hielen af

Heel de Dingespermitasie
Vormde om de kuil een O
Dominee hield predikasie
Over Christenheil en zo
Over dood en over leven
Zo kortstondig als het gras…
Snuitend treurden nicht en neven
Om de duur van het gewas

Hier ligt in z'n Heer ontslapen
Ogen toe en zonder weet
De zeer gristelijk rechtschapen
Makelaar in kinderleed
Speculant in drank en krotten
Grof geschut en mensenwee…
God z'n ziel! Het graf z'n botten!
Dikke Dinges R.I.P.…

MUZIEK: WILLEM VAN IEPENDAAL
REPERTOIRE: AMSTEL CABARET

TOON HERMANS
Wandelclub 1958

Wij zijn dol op de bossen
Daar kunnen we hossen
Daar kunnen we klossen
Wij zijn dol op de heide
Op de weide
En op de natuur
Geef ons de frisse weiden want je kunt er
Zo genieten zonder 'Ha! Heerlijk! Hunter!'
Wij willen geen nicotine
Wij willen de mandoline
Van je pingele pingele pingele pingele pong
Picknicken is zo fijn
'Niks pikken' voor de lijn
Dat mag bij ons overbodig zijn

   Jo met de banjo
   Lien met de mandolien
   Kaatje metter mondharmonicaatje
   Truitje metter luitje
   Je moet dat cluppie zien
   Dol op 'n man… dol op 'n man…
   Wij zijn zo dol op 'n mandolien.

Wij zijn zonnige zussen
Wij zijn niet te kussen
We zijn niet te kussen
Dat is onhygiënisch
Onhygiënisch
In de natuur
Wij zijn het C.B.H. der slakkenhuizen
Wij zijn dól op hagedis en waterluizen
Geen Kareltje en geen Wimpies
We stappen in onze gimpies
Van je pingele pingele pingele pingele pong
Bij ons is alles puur
Wij hebben nog figuur
Wij zijn 'n stuk ongerept natuur

Jo met de banjo
Lien met de mandolien
Kaatje metter mondharmonicaatje
Truitje metter luitje
Je moet dat cluppie zien
Dol op 'n man... dol op 'n man...
Wij zijn zo dol op 'n mandolien.

Wij zijn dol op de merels
We motte geen kerels
We motte geen kerels
Wij beschermen de diertjes
De miertjes, de piertjes
In de natuur
Wij gaan soms veertien dagen lang kamperen
Zonder hi zonder ha zonder heren
Wij willen geen limousine
Wij willen de mandoline
Van je pingele pingele pingele pingele pong
Het klinkt naar alle kant
Wanneer het zonnetje brandt
Wij zijn 'de ronde(n)' van Nederland!

Jo met de banjo
Lien met de mandolien
Kaatje metter mondharmonicaatje
Truitje metter luitje
Je moet dat cluppie zien
Dol op 'n man... dol op 'n man...
Wij zijn zo dol op 'n mandolien.

MUZIEK: TOON HERMANS UIT: DE FILM 'SONANSEE'
REPERTOIRE: JASPERINA DE JONG

ELI ASSER

De zusjes   ca 1955
Het platteland en zijn geneugten

Ik zie ons nog altijd met vlechten in 't haar
Wij waren toen meisjes van negen
De jongens kwamen op de brink bij elkaar
Daar vochten we elke dag tegen

De machtige toren keek trots op ons neer
De toren van Zettummermeer...

Zettummermeer
Zettummermeer
Gij zijt de plaats van mijn dromen
Zettummermeer
Zettummermeer
Waar ik ter wereld zal komen
Zal ik nooit vergeten
Die heerlijke veten
Er ging haast geen dag zonder doodslag voorbij
't Was altijd weer knokken
Met flessen en stokken
Bij elke begrafenis of trouwpartij
Zettummermeer
Zettummermeer
Al gaaft ge bij vreugde ook smart
De kleur van uw school
En de geur van 't riool
Staan voor altijd gegrift in mijn hart

De jongens liepen er met messen op zak
Die klikten zo makkelijk open
We deden vaak wie er het eerste mee stak
En wie nog het laatste kon lopen

En steeds keek die toren verliefd op ons neer
De toren van Zettummermeer...

Zettummermeer
Zettummermeer
Gij hebt mij vreugde gegeven
Zettummermeer
Zettummermeer
Zolang 'k op aarde mag leven
Zal ik nooit vergeten
Die nachtelijke kreten
Dan werd onze buurvrouw weer bijkans vermoord
De volgende morgen
Moest iedereen zorgen

Om net te doen of hij het niet had gehoord
Zettummermeer
Zettummermeer
Uw mooie natuur
En het hooi van de schuur
Staan voor altijd gegrift in mijn hart!

MUZIEK: KEES BRUYN
REPERTOIRE: CONNY STUART

ANNIE M.G. SCHMIDT
Het verlanglijstje 1951

Ze trouwen op een dure dag, zegt Corrie
Ik ken haar goed, ze woont hier in de buurt
Ze zegt, ze wil niet met dat schorriemorrie
Ze heeft me haar verlanglijstje gestuurd

Dit is toch wel de allermooiste tijd, hè?
De wereld is dan zo ontzaggelijk wijd, hè?

Kreeftevorkjes, mokkastel,
Botermesjes, tafelschel.

Je bent verliefd en het mag, ja denk eens even,
De deur staat open en je kunt gaan leven…

Tafelmesjes, druppelvanger,
Cocktailset en borstelhanger.

En dan om werkelijk van elkaar te houen
En samen dan een toekomst op te bouwen…

Messenleggers, viscouverts,
Suikertang, druivenschaar.

Een toekomst, ja een toekomst in Europa,
Dat is niet meer als in de tijd van opa!

Bowlstel en een tafelloper,
Paraplustandaard van koper.

Weer luchtaanvallen? En weer handgranaten
En concentratiekampen, leeggebrande straten?

Cakevorkjes en bloemenvazen,
Maggihouder, sherryglazen.

En weer de angst, de angst, de angst om 't kind,
De angst om 't huis, dat je dan niet meer vindt.

Boekensteunen met bokken,
Sierkurken,
Bonbonstel,
Olie- en azijnstel,
Gebakstel,
Haardstel.

Misschien kun je wel trouwen, ook zonder cocktailset
En zonder kreefteprikkertjes. Alleen maar met een bed,
Twee stoelen en desnoods een kurketrekker.
En nog een wekker...
Of niet Corrie?
Nee? Sorry...
Misschien kun je gelukkig zijn, ook zonder borstelhanger,
Misschien duurt het geluk dan zelfs nog wel een tikkie langer.
Want het leven is ook met of zonder koperen bord
Afschuwelijk kort...
Of niet Corrie?
Niet? Sorry...
Misschien kan je dan doodgaan, ook zonder mokkastel
En strakjes onder het puin gaan liggen, zonder tafelschel.
Want ieder mens is toch, ook met spinaziehakker,
Gewoon een stakker...
Of niet Corrie?
Wat?
Ze zegt ze heeft nog iets vergeten...
Kaasduimen?

KAASDUIMEN...

MUZIEK: HAN BEUKER
REPERTOIRE: PAUL DEEN EN DINY DE NEEF

JELLE DE VRIES
Voor geen geld   1956

Op een mooie warme najaarsdag in Laren
Liep een sprokkelvrouwtje sprokkels te vergaren
Plotseling zag zij een heer tussen de bomen
Die daar eenzaam over dames liep te dromen
Wat-ie droomde liep-ie hardop rond te kramen
't Vrouwtje dacht: Wel foei, de kerel moest zich schamen!
Maar de heer wist echt niet dat-ie werd beluisterd
Anders had-ie wel gezwegen of gefluisterd...

Ach, een ieder droomt wel eens
Iets bizars of iets obsceens
Wat-ie aan geen mens vertelt –
Voor geen geld.

't Sprokkelvrouwtje was een oud en zielig vrouwtje
't Arme mensje beet al jaren op een houtje
Dus toen zij die heer zo hardop hoorde dromen
Is bij haar een eng ideetje opgekomen!
Urenlang bleef zij de kerel achtervolgen
Ook al werd-ie welhaast door 't woud verzwolgen
En intussen liep de man maar door te dromen:
't Leek wel of-ie liep te bomen met de bomen...

Ach, een ieder droomt wel eens
Iets bizars of iets obsceens
Wat-ie aan geen mens vertelt –
Voor geen geld.

Maar ten slotte schreed-ie naar z'n landhuis henen
Prompt gevolgd door 't vrouwtje op haar stramme benen
Zij wist alles van zijn ranzig zieleleven:
't Was een psyche om te rillen en te beven!
Toen-ie op z'n stoep stond kwam ze plots naar voren
En sluw sprak ze: 'Ach meneer, moet u es horen!
'k Zal voor honderd gulden uw geheim bewaren
Anders weet wat u bezielt morgen heel Laren!'

Ach, een ieder droomt wel eens
Iets bizars of iets obsceens

Wat-ie aan geen mens vertelt –
Voor geen geld.

Hij riep tegen iemand achter de vitrage:
'Kom es, Fien! dat ouwe mens hier pleegt chantage!'
't Sprokkelvrouwtje sloeg ontzaggelijk aan 't vloeken
En deed onverdroten alles uit de doeken...
'Brave vrouw,' zei Fien, 'bedankt voor al uw ijver
Maar meneer hier is een veelgelezen schrijver...
Wat-ie in 't koele woud liep te verkonden
Da's de plot van zijn roman *De poel der zonden*!'

Want ook een schrijver droomt wel eens
Iets bizars of iets obsceens
Wat-ie aan iedereen vertelt –
Voor heel veel geld!

MUZIEK: JELLE DE VRIES
REPERTOIRE: JELLE DE VRIES

JULES DE CORTE
Het bruidspaar   ca 1955

Het jonge paar kwam stijfgearmd van het stadhuis
Geëscorteerd door slechts een paar familieleden
Er zou geen bruiloft zijn, omwille van de vrede
Alleen een heel bescheiden schijnreceptie thuis

En in de ouderlijke woning van de bruid
Kreeg iedereen een kopje thee en een gebakje
Er waren vier felicitaties plus een pakje
En na een uur liet men de laatste gasten uit

Toen was het allemaal gelukkig weer gewoon
Ze gingen zwijgend naar hun zolder met zijn beiden
Waar niemand zag hoe hij haar troostte toen ze schreide
En vijf maand later werd ze moeder van een zoon

Die kreeg de namen van papa aan vaders kant
Als een gebaar van goede wil aan de familie
Men stuurde kaartjes rond naar ieders domicilie
En plaatste voorts een advertentie in de krant

Welnu, de enige die kwam was Truus van Hoof
En alle anderen lieten taal noch teken merken
Die zaten 's zondags vroom en vredig in hun kerken
Om God te danken voor hun spijkerhard geloof

MUZIEK: JULES DE CORTE
REPERTOIRE: JULES DE CORTE

Circus Ellende

EENENDERTIG PORTRETTEN

EDUARD JACOBS
Werkmanskind   ca 1905

Bedroefd, in tranen en krakelen,
In 'n achterbuurt
Om met de kinderen te spelen
Op straat gestuurd
Daar kende elk haar blonde lokken
En lief gelaat
En d'r Venus-ingescheurde rokken:
Vlees voor de straat!

De school werd voor 'n fabriek verlaten
Een droef spelonk
Die daalder weeks moest moeder baten
Wijl vader dronk
Zo werd ze lokaas voor de bazen
En voor hun zoons
Die als een raaf op duiven azen:
Vlees voor patroons!

Met zestien jaren alreeds zwanger
– Een maand of vijf –
Verbergen kón ze 't moeilijk langer
Dus: naar een wijf
Die voor een paar pop medicijnen
En redding bracht
Door 't foetus stil te doen verdwijnen:
Vlees voor de gracht

Zo kwam ze weldra in het leven
Van vreugd en schand'
Het werken heeft ze prijsgegeven
Ze lanterfant
Eerst wilde zij zich niet verkopen
Dat vond ze vuil…
Tenslotte bleef maar één weg open:
Vlees voor 'de Kuil'!!!

Met veertig jaar alreeds versleten
Door 'n vieze kwaal

Werd z'ergens op een bed gesmeten
In 'n hospitaal
Het vege lijf werd na het sterven
Nog voorgezet
Aan de studenten om te kerven:
Vlees voor 't lancet

O Gij, die haar het eerste kende,
Uw schuld is groot!
Gij waart de oorzaak dier ellende
En van haar dood
Gij die de Vrouw slechts ziet met ogen
Belust op spel
Ik noem U, zonder mededogen:
Vlees voor de hel!!!

MUZIEK: EDUARD JACOBS
REPERTOIRE: EDUARD JACOBS; JASPERINA DE JONG

EDUARD JACOBS
Op de Ruysdaelkade   ca 1900

Hij was 'n kerel, groot en sterk
En toch verfoeide hij het werk
Hij kende 'n meid die 'm overlaadde
    Op de Ruysdaelkade!

Hij vond bij haar steeds z'n gemak
Zij onderrichtte hem in ''t vak'
Dat kwam hem dikwijls ook te stade
    Op de Ruysdaelkade

Des daags, och, deed ie meestal niets
Soms huurde hij zich wel 'n fiets
Bereed daarmeê dan wandelpaden
    En de Ruysdaelkade

En was het avond, dan was hij
Nooit in de woning, maar steeds vrij
Dan 'baande' zij, z'n lieve gade
    Op de Ruysdaelkade

Maar kwam ie 's nachts dan weer in huis
En vond geen geld... dan was 't niet pluis
Met slagen hij haar overlaadde
   Op de Ruysdaelkade

Maar meestal kwam ie bij 'zijn vrouw'
En dan vond hij het bed nog lauw
Wijl zij zich in haar waskom baadde
   Op de Ruysdaelkade

Dan deed ze hem 'n heel verhaal
Van hem, die weg was... hoeveel maal...
Hij pochte bij z'n kameraden
   Op de Ruysdaelkade

Meestal vervuld van drank of bier
Zonk dieper hij dan 't reed'loos dier
Het warme lijf hij niet versmaadde
   Op de Ruysdaelkade

En zij... ze was daarop gesteld
Met and'ren ging zij maar voor geld!
Dus zij zag hierin niet het kwade
   Op de Ruysdaelkade

Maar hij, de vieze, vuile schoft
Hij heeft toch met die meid geboft!
Ze was zijn prooi, zonder genade
   Op de Ruysdaelkade

En toch, zo'n vent zou niet bestaan
Liep zij voor hem niet op de baan
Verdwijn dus, drel, met schand' beladen
   In de Ruysdaelkade!

baande – tippelde

MUZIEK: EDUARD JACOBS
REPERTOIRE: EDUARD JACOBS; MIMI KOK

DUMONT
Het boefje   ca 1908

Zijn vader was een dronkelap
Die wegliep om een haverklap
Met vreemde wijven
Toen moeder door de dood verdween
Was 't arme joggie gans alleen
Waar kon hij blijven?

Zijn broertjes kregen in 't gesticht
Voor ouderlozen opgericht
Een goed verpleger
Van d' oudste die geen vak verstond
En maanden liep vóór hij iets vond
Werd maar gezwegen

Hij kwam als knecht in 'n bordeel
Verdiende er niet bijster veel
Was van de keien
Liep voor de meiden naar de post
Of riep 'n smeris als het most
Bij vechtpartijen

Hij haalde bier voor het café
Liep uren met de orgels mee
Had veel sigaren
Droeg Belse broeken, schuine pet
Streek 's zondags wat pomadevet
Op zijn gladde haren

Hij werd verkikkerd op een meid
Bekend om haar bedrevenheid
In 't linkse draaien
Gaf haar een chique hoed present
En toonde zich royale vent
Bij 't pierewaaien

Maar toen hij tot d' ontdekking kwam
Dat zij hem in de maling nam
Werd dit gewroken

Een avond later met kabaal
Werd z' onder 't dansen in 'n zaal
Met 'n mes gestoken

Twee maanden zat-ie in de kast
Toen door een ziekte aangetast
Hij is gestorven
In de misère opgegroeid
Was 't goede in de knaap verknoeid
Al vroeg bedorven

MUZIEK: DUMONT
REPERTOIRE: DUMONT

EDUARD JACOBS
Familie Van Dam en Van Dijk   ca 1900

U kent toch wel mijnheer Van Dijk?
Dan kent u ook mijnheer Van Dam...
Die is getrouwd met mevrouw Van Dam
En die and're met mevrouw Van Dijk!
Van kindsbeen was mijnheer Van Dam
Een goed vriend van mijnheer Van Dijk
En zo ook was mevrouw Van Dijk
Vriendinne van mevrouw Van Dam

Ziet men soms ergens de Van Dijk's
Is 't nooit zonder de Van Dam's
En inviteert men de Van Dam's
Zij komen niet zonder de Van Dijk's
Naar de schouwburg gaan ook de Van Dijk's
Op kosten van mijnheer Van Dam
Maar dan souperen de Van Dam's
Op kosten van mijnheer Van Dijk

De naaister van mevrouw Van Dam
Die naait ook voor mevrouw Van Dijk
De scheerder van mijnheer Van Dijk
Barbiert ook bij mijnheer Van Dam
Op de Nieuwendijk daar woont Van Dam
Op de Vijgendam daar woont Van Dijk

En tandarts is mijnheer Van Dijk
En dokter mijnheer Van Dam

Als dokter gaat mijnheer Van Dam
Natuurlijk over mevrouw Van Dijk
Als tandarts gaat mijnheer Van Dijk
Natuurlijk over mevrouw Van Dam
Om kort te gaan mijnheer Van Dam
Doet 't zelfde met mevrouw Van Dijk
Wat uiteraard mijnheer Van Dijk
Uitvoerde met mevrouw Van Dam

Op zeek're morgen zei Van Dijk
Mijn vrouw is zwanger, vriend Van Dam
Dat 's aardig, zei toen weer Van Dam
Bij mij is 't net zo, vriend Van Dijk
Zo kwam het dat mevrouw Van Dijk
Ter wereld bracht een kleine Dam
En zo ook schonk mevrouw Van Dam
Het leven aan een kleine Dijk

Nog altijd is mijnheer Van Dam
Een goed vriend van mijnheer Van Dijk
Nog altijd is mevrouw Van Dijk
Vriendinne met mevrouw Van Dam
Vreemd is het, maar mevrouw Van Dam
Had haar buik vol van mijnheer Van Dijk
En zo ook had mevrouw Van Dijk
Haar buik vol van mijnheer Van Dam

MUZIEK: EDUARD JACOBS
REPERTOIRE: EDUARD JACOBS; ALEX DE HAAS

JEAN-LOUIS PISUISSE
De Franse gouvernante 1910

'n Grote stad, 'n stille gracht
'n Deftig huis met 'horren'
'n Liverei-knecht, 't is de pracht
Met bakkebaard, geen snorren
Die staat te buigen voor de deur

En uit de vigelante
Stapt met 'n lachje en 'n kleur
De Franse gouvernante

Mevrouw ontvangt haar in 't kantoor
Mam'sell' maakt 'révérence'
Mama stelt haar de meisjes voor:
Mimi, Fifi, Hortense
Papa zegt heel distrait: 'Bonjour'
Maar achter zijn courante'
Zit hij als kenner op de loer
Naar de Franse gouvernante

Tussen het slaapvertrek der juf
En het boudoir der meisjes
Daar zingt de oudste zoon, – student –
Sentimentele wijsjes
Er klinkt verliefdheid in de stem
Van Wim, de elegante'
Niet voor de zusjes, maar voor hem
Is de Franse gouvernante

Als straks Mam'sell' zich toiletteert
Staan Frans en Fritsje buiten
De tweelingen, die door 't sleutelgat...
De Marseillaise fluiten
De 'Vrouw' is reeds het zwakke punt
Voor deze jonge kwante'
En strakjes spelen ze kruis of munt
Om de Franse gouvernante

En d' and're morgen aan 't ontbijt
– Mam'sell' die is nog boven –
Dan komen de jonge meisjes los:
'O, ma! U kunt 't niet geloven
Zij draagt 'n onderrok van zij
En 'n... weet-u-wel met kante'
En 'n opengewerkte nachtjapon
De Franse gouvernante

En als ze 'r bad genomen heeft
Dan parfumeert ze 'r arme'

Haar schouders en haar hele hals
Met violette-de-parme!…'
Papa zegt: 'Zulke praatjes zijn
Unladylike, gênant… eh…'
Maar ondertussen denkt-ie: Fijn
Zo'n Franse gouvernante!

En Wim en Frans en Frederik
Die zitte' erbij te gnuiven
En ieder denkt: Als 't lukt zal ik
M' eens op mam'selle fuiven
Kortom, het hele huis loopt dol
Op de geestige, pikante
Modieuze en verleidelijke
Franse gouvernante

'n Deftig huis… dus hallef elf
Dan zijn de lui naar bed en
Dan laat één rolgordijn je zien
De raarste silhouetten
Soms is 't papa, en soms is 't Wim
Ook Frits en Frans zijn klante'
Maar altijd is de and're schim…
De Franse gouvernante!

MUZIEK: MAX BLOKZIJL
REPERTOIRE: JEAN-LOUIS PISUISSE; JASPERINA DE JONG

EDUARD JACOBS
't Aristocraatje 1903

Als zuig'ling in de wieg gevierd
Met kant en strikjes opgesierd
Is hij de trots van pa en maatje
'   't Aristocraatje
Men vliegt als hij slechts even zucht
Men haalt de dokter als ie kucht
En grootmama vindt hem 'n plaatje
'   't Aristocraatje!

Dan komt de tijd voor 't instituut
Men zegt niet: 'school', dat is zo bruut

Ja, spreek maar Frans, heus, hij verstaat je
   't Aristocraatje
De knecht noemt hem al 'jongeheer'
En in de keuken, keer op keer
Vat hij de dienstbooi bij d'r baadje
   't Aristocraatje!

't Gymnasium komt aan de beurt
Daar wordt reeds druk door hem gegeurd
Maakt al met 'meisjes' flink 'n praatje
   't Aristocraatje
Hij denkt zich o, al reeds zo wijs
En geeft daarvan graag 'n bewijs
't Liefst door 'n Latijns citaatje
   't Aristocraatje!

Daarna verbeuzelt hij z'n tijd
Dan aan 'n universiteit
Speelt graag 'n slordig baccaraatje
   't Aristocraatje
Hij is blasé, hoewel nog jong
Speelt uit verveling dan 'ping-pong'
'n Onbeduidend personaadje
   't Aristocraatje!

De renbaan ook bezoekt hij trouw
En is Fortuna hem getrouw
Slaat hij daaruit 'n aardig slaatje
   't Aristocraatje
Gaat wekenlang soms niet naar bed
En heeft een kleur als 'n skelet
Hij lacht als pa hem zegt: 'Dat laat je!'
   't Aristocraatje!

En is ie dan gepromoveerd
Is meestal z'n fortuin verteerd
Maar och, hij weet nog wel 'n gaatje
   't Aristocraatje
'n Schatrijk huw'lijk zal ie doen
En zó verguldt ie z'n blazoen
't Zij met 'n dikke of 'n graatje
   't Aristocraatje!

En heeft ie het zo ver gebracht
Dan volgt de eerste huw'lijksnacht
Maar ach, wat treurig kandidaatje
   't Aristocraatje
Haar ijdelheid wordt zwaar gestraft
Daar ligt ie nu, d'r man... hij maft
En dan alreeds denkt ze: Ik haat je
   Aristocraatje!

En dan... dan volgt een droef bestaan
Waar bei 'n and're weg op gaan
Hij zoekt zich wel 'n 'kameraadje'
   't Aristocraatje
En ook mevrouw zoekt zich vertier
Zoals men zegt met de koetsier
Zo wordt misschien nog eens papaatje
   't Aristocraatje!

MUZIEK: EDUARD JACOBS
REPERTOIRE: EDUARD JACOBS; ALEX DE HAAS; JAAP VAN DE
MERWE; GERARD COX

MAURICE DUMAS
Leentje heet ze!   ca 1912

Ik maakte, voor een korte tijd
Eens kennis met een lieve meid
Ze was in 't vrijen heel bekwaam
Ik weet niet eens haar achternaam
Want al die namen, ik vergeet ze...
Leentje heet ze!

Ze was zo lief, ze was zo raar
En vurig bloed doorstroomde haar
Als ze me pakte, ja hoe gek
Had 'k overal een blauwe plek
Als zij me kuste zelfs... dan beet ze
Leentje heet ze!

Zij had een kamer, heel alleen
Daar ging ik dikwijls met haar heen
Gemeubileerd was het charmant

Een canapé en 'n ledikant
Als z' goed aan 't vrijen is, dan zweet ze
Leentje heet ze!

Wanneer ik met haar wand'len ging
Hoe stijf ze aan mijn arm dan hing
En zaten w' in een restaurant
Was ze beslist de beste klant
Het krachtigst en 't pikantste eet ze
Leentje heet ze!

Vier spiegeleieren en daarna
Een grote portie kreeftesla
Een fles champagne en zowaar
Een reuzenportie kaviaar
En ik dacht: Herejé wat vreet ze!!!
Leentje heet ze!

En na dat krachtige souper
Moest ik per auto met haar mee
Haar liefdevuur was zonder grens
Ze was precies een slangemens
De grootste nonsens, alles deed ze
Leentje heet ze!

Dan was ze krachtig als een os
En wat ze greep liet ze niet los
Het gaslicht werd door haar, heel knap
Getemperd door een rooie kap
Want veel verlichting dat vermeed ze
Leentje heet ze!

Ze ligt begraven nu een tijd
Ze vree zich dood, die arme meid
En toen ze daalde in haar graf
Ik haar een prachtig bloemstuk gaf
En 'k liet toen beit'len in een steentje:
Ze heette Leentje!

MUZIEK: MAURICE DUMAS
REPERTOIRE: MAURICE DUMAS

MAURICE DUMAS
Japie is getrouwd! 1911

Vroeger kende Jaapje
Zorgen noch verdriet
Vrolijk als een knaapje
Zong hij 't hoogste lied
Thans komt men hem tegen
Min of meer gekromd
Somber en verlegen
Weet ge hoe dat komt?

    O Japie is getrouwd
    Hij zit in de misère
    Hij zit in de misère
    O Japie is getrouwd
    Hij zit in de misère
    't Is z'n eigen fout

Japie moet nu leven
Naar zijn vrouwtjes gril
Hij moet zoentjes geven
Net zoveel zij wil
Roken ondertussen
Mag niet, daar zij sprak:
Lieve man, je kussen
Smaken naar tabak

    O Japie is getrouwd
    Hij zit in de misère
    Hij zit in de misère
    O Japie is getrouwd
    Hij zit in de misère
    't Is z'n eigen fout

Japie mag niet proesten
Want dat staat niet fijn
Japie mag niet hoesten
Of verkouden zijn
Japie mag niet snuiten
Zoals iedereen

Japie mag niet fluiten
Want dat staat gemeen

O Japie is getrouwd
Hij zit in de misère
Hij zit in de misère
O Japie is getrouwd
Hij zit in de misère
't Is z'n eigen fout

Japie mag niet vitten
Of de lucht ingaan
Japie mag niet zitten
Japie mag niet staan
Japie mag niet tuffen
Niet meer op de fiets
Japie moet versuffen
Japie die mag niets!

O Japie is getrouwd
Hij zit in de misère
Hij zit in de misère
O Japie is getrouwd
Hij zit in de misère
't Is z'n eigen fout

MUZIEK: L. LUST
REPERTOIRE: MAURICE DUMAS

OTTO ZEEGERS
Jantjes offer   ca 1916

Kleine Jan wou voetbal spelen
'Moeder,' zei hij, 'mag ik gaan?'
En de bal in bei z'n handen
Bleef hij bij haar ziekbed staan
Even trilden moeders lippen
Ach, hoe piepte moeders borst!
Zachtjes hoorde 't ventje staam'len:
'Jongen, moeder heeft zo'n dorst!'

En buiten riepen z'n makkertjes:
'Zeg Jantje! zeg kom je nou haast?
We gaan dat lollige spel weer spelen
Dat lollige balspel van laatst!'

'Moeder, 'k zal je drinken geven'
Jantje lei z'n voetbal neer
Haastig liep-ie naar de keuken
Kwam met een glas water weer
Moeder sloot bedroefd de ogen
Schudde zwakjes met haar hoofd
'Vader,' zei ze, 'heeft vanmorgen
Sinaasapp'len me beloofd'

En buiten riepen z'n makkertjes:
'Zeg Jantje! zeg kom je nou haast?
We gaan dat lollige spel weer spelen
Dat lollige balspel van laatst!'

Jantje schrok. – Wat kon dat wezen?
Vader was een jaar al dood!
En ze leefden nu al maanden
In de allergrootste nood!
Dagen was er al geen geld meer
Sinaasapp'len kostten duur
Die goedkope, van beneden
Waren slecht en naar en zuur

En buiten riepen z'n makkertjes:
'Zeg Jantje! zeg kom je nou haast?
We gaan dat lollige spel weer spelen
Dat lollige balspel van laatst!'

Eensklaps schoot hem iets te binnen
En hij greep z'n voetbal op
Toon, een buurjongen van boven
Wilde 'm kopen voor een pop
Als-ie zóveel geld bijeen had!
Honderd centen! Wat een schat!
Kon-ie de mooiste app'len kopen
Die de groentewinkel had!

En buiten riepen z'n makkertjes:
'Zeg Jantje! zeg kom je nou haast?
We gaan dat lollige spel weer spelen
Dat lollige balspel van laatst!'

Heel voorzichtig sloop toen Jantje
Met z'n bal de kamer uit
Toen-ie na 'n kwartier terugkwam
Had-ie 'n mandje vol met fruit
'Moeder! kijk me nu eens aan'
Maar 't bleef stil, – z'n moeder keek niet...
Rustig was ze heengegaan

En buiten riepen z'n makkertjes:
'Zeg Jantje! zeg kom je nou haast?
We gaan dat lollige spel weer spelen
Dat lollige balspel van laatst!'

In de woning van klein Jantje
Hingen de gordijnen neer
Zwarte mannen, naar en somber
Liepen haastig heen en weer
En er kwam een zwarte wagen
En er kwam een zwarte kist
Eind'lijk kwam ook kleine Jantje
Van wiens offer niemand wist

En buiten stonden z'n makkertjes
Heel ernstig en droef bij elkaar
En namen netjes de petjes af
Voor Jannemans moedertjes baar

MUZIEK: EMIL VAN DEN EYNDE
REPERTOIRE: HENRI WALLIG

MANNA DE WIJS-MOUTON
De drie freuletjes en haar vriendinnetje   1915

Freuletje Constance
Paulien en Émerance
Met hun drieën

Van falderalderieë
Leefden als begijntjes
Achter de gordijntjes
Lang geleden
Van falderaldera
Pauline leest bij 't lichtje
Een amoureus gedichtje
En Constance
Speelt een spel patience
Émeranc' zit uren
Fijntjes te borduren
Heel tevreden
Van falderaldera!

Weg zijn nu die uren
Patience en borduren
Poëzieën
Van falderalderieë
'n Vierde is gekomen
Heeft bezit genomen
Van hun drieën
Van falderaldera
Met frisse jonge krachten
Uithuizige gedachten
Dolle streken
Lachend om hun preken
Met lieve minneliedjes
En coquetterietjes
Melodietjes
Van falderaldera!

Freuletje Constance
Vergeet de convenance
Ebahie
Van falderalderieë
Houdt niet op met kleuren
Wat ging nu gebeuren
Met hun drieën
Van falderaldera
Émeranc' heel netjes
Borduurt 's nachts twee manchetjes

Pauline moet bij tijen
Soms lachen dan weer schreien
Maakt bij een olielichtje
Een heimelijk gedichtje
Falderië
Van falderaldera!

Zo komen bij Constance
Pauline en Émerance
De jaloezieën
Van falderalderieë
De vierde zeer hulpvaardig
Altijd even aardig
Met hun drieën
Van falderaldera
Ze wandelt met Pauline
En leert haar mandoline
Noemt Émerance haar zusje
En geeft Constance een kusje…
Ze solt met al hun dieren
Om 't drietal te plezieren
Falderiere
Van falderaldera!

Veranderd als presentje
Wordt het testamentje
Van hun drieën
Van falderalderieë
Dan klinken z' op 't logeetje
Bedrinken zich een beetje
Op 't soupeetje
Van falderaldera
De vierde brengt heel netjes
Het drietal naar hun bedjes
Dan gaat 't haar vervelen
Haar gunsten uit te delen…
Adieu, zegt zij, Constance,
Pauline en Émerance…
De romance
Is falderaldera!

Nu zitten daar heel knusjes
De oud geworden zusjes
Met hun drieën
Van falderalderieë
Achter de gordijntjes
Vergeelde porseleintjes
Broos en fijntjes
Van falderaldera
De krulletjes heel netjes
Het mutsenlint coquetjes
De beverige handjes
De mondjes zonder tandjes…
Pauline verwijt Constance
Herinnert Émerance
'n Imprudence
Van falderaldera!

MUZIEK: MANNA DE WIJS-MOUTON
REPERTOIRE: MANNA DE WIJS-MOUTON

J.H. SPEENHOFF
Twee verlaten stakkers   1907

Er waren twee verlaten stakkers
Die baden vurig dag en nacht
Maar al hun bidden en hun smeken
Had hun geen voordeel opgebracht
In plaats van vuur om zich te verwarmen
In plaats van worst met kool of zo
Kreeg elk van hen twee wintervoeten
Van Onze Lieve Heer cadeau

Dus dacht die ene arme stakker
Dat bidden helpt ons toch niet meer
Hij nam een potlood en papiertje
En schreef aan Onze Lieve Heer:
Ach, heb toch eindelijk erbarmen
We lijden zo met 'n e-i
Gedenk ons met 'n paar rijksdaalders
Wees ons genadig, schenk ons die

En toen 't avond was geworden
Nam hij z'n spa en ging op pad
Nu zou hij zien of men daarboven
Met arme stakkers meelij had
En om er zeker van te wezen
Dat men een antwoord aan hem zond
Ging hij naar dominee z'n tuintje
En groef z'n brief daar in de grond

En toen die stakker was verdwenen
Kwam dominee nieuwsgierig aan
Die had gezien wat of die kerel
Daar in z'n tuintje had gedaan
Hij zocht 't briefje uit 't kuiltje
En toen hij las wat daarin stond
Deed ie 'n tientje in 't envelopje
En groef 't weer netjes in de grond

Toen 's morgens vroeg die arme stakker
Zag wat er in z'n briefje zat
En toen hij om secuur te wezen
't Watermerk bekeken had
Riep ie: ik was ervan verzekerd
Dat er zo'n antwoord komen zou
Liep ie 't 'Wien Neerlands bloed' te zingen
En sjokte vrolijk naar zijn vrouw

Maar die begon hem uit te schelden
Toen ze dat ene tientje zag
Omdat ze hoorde dat 't envelopje
Geopend in 't kuiltje lag
Toen riep ze: O jou domme ezel
Jouw nek moest worden omgedraaid
God weet, wat dominee voor z'n eigen
Uit 't envelopje heeft gesnaaid

MUZIEK: J.H. SPEENHOFF
REPERTOIRE: J.H. SPEENHOFF

DAVID TOMKINS
De dominee 1917

Naar het kleine vissersdorpje
Aan de grote, grijze zee
Bracht de boot de ongetrouwde
Lange, slanke dominee
Drie kisten vol boeken
En bijbellectuur
Nam hij mee
Voor toekomstige zielecultuur

   Boeken vol nut!
   Over de Dichteren
   Jozua, Richteren
   Ruth

's Winters als de stormen spoken
Op de grote, grijze zee
Werkt in 't eenzaam huis
De bleke, ongetrouwde dominee
Hij pent er zijn preek
Over hemel en hel
Moreel hoog te staan
Dat lukt hem zo wel

   Veilig beschut
   Tussen de Dichteren
   Jozua, Richteren
   Ruth

Maar in 't voorjaar als het warm wordt
Langs de grote, grijze zee
Ai! dan vaart de sluwe Satan
In de bleke dominee
Hij toont hem de meiskes
Goedlachs en gevuld
Hij voert ze zijn raam langs
En tergt zijn geduld

   'Vent zonder fut!'
   Roepen de Dichteren

Jozua, Richteren
Ruth

Eind'lijk wordt het hem te machtig
Aan de grote, grijze zee
En hij zoekt en vindt een huisvrouw
Voert haar naar zijn dorpje mee
Nu ziet hij niet bleek meer
En de dorpspastorie
Is één en al leven
En vol poëzie…

En 't kleine grut
Speelt met de Dichteren
Jozua, Richteren
Ruth

MUZIEK: CHARLES HEYNEN
REPERTOIRE: PAUL COLLIN; HERMAN THOLEN

MEYER HAMEL
Een hemelgeschiedenis   ca 1920

Daar waren eens twee kleuterkens
Een broer en zusje kleen
Die stonden beiden jong en teer
In 't leven reeds alleen
Het noodlot rukte vader weg
De angst en zorg was groot
De moeder uitgeput van smart
Die ging ook spoedig dood

Toen zo hun laatste dierbaar pand
Voor immer nu verdween
Toen moesten z' uit het lieve huis
En naar het weeshuis heen
Een man met ernstig aangezicht
In 't deftig zwarte pak
Vertelde 't toen hij met die twee
Van pa en moesje sprak

Je lieve ouders zijn nu daar
Bij onze lieve Heer
De hemel is hun nieuwe huis
Daar zie je hen eens weer
Toen hij de kleintjes liet alleen
Besloten ze alras
Om saam naar pa en moe te gaan
Daar waar geen weeshuis was

Ze gingen samen nu op stap
Parmantig hand in hand
Vol blijde hoop in 't lieve hart
Op weg naar 't verre land
En toen na uren kleine zus
Van 't lopen moe en zwak
Eens aan de weg wat rusten wou
Was 't broer die moed insprak

Kijk ginder bij dat boerenhuis
Zo sprak die kleine snoes
Daar vinden wij het plekje wel
Waar 'k komen kan bij moes
We kunnen ginds de hemel in
Die komt daar heel omlaag
En anders geeft de boer ons wel
Een ladder als ik vraag

Ze kwamen bij het hutje aan
Een lieve boerenvrouw
Die vroeg de leuke kleine baas
Wat of hij hebben wou
En toen de kleine frank en vrij
Haar zei waarvoor hij kwam
Toen was 't een poosje dat men niets
Dan haar gesnik vernam

En daar zij zelf geen kind'ren had
Vroeg zij haar brave man
Hen maar te houden als geschenk
Dat uit de hemel kwam
Ze bleven beiden in hun huis

Die kleine kleuters teer
Ze vonden daar de hemel en
Hun pa en moesje weer

MUZIEK: FRANS BOGAERT
REPERTOIRE: FIEN DE LA MAR

FREDERIK VAN MONSJOU
Artistje   ca 1923

Ik ben een klein artistje
In zij en bont gekleed
Mijn moeder was harpistje
Mijn vader was atleet
Ik ben een klein artistje
Maar niemand kent mijn kunst
Actrice? Je vergist je
Een schilderes, ach gunst
Neen, neen, dat ware zonde
De kunst waar ik bij zwoer
Dat is, dat ik 't verkonde
De liefde, c'est l'amour

Ik ben een klein artistje
Maar o, mijn hart is groot
Daar zitten op een ristje
Zij die 'k er binnensloot
Met allen wil ik delen
Wat ons de liefde biedt
Het zijn er al wel velen
Maar ach, dat hindert niet
'k Ga vergenoegd door 't leven
'k Geniet het steeds spontaan
Hoe 't afloopt, ach, om 't even
Daar denk ik nu niet aan

Ik ben een klein artistje
In zij en bont gekleed
Maar lig ik in mijn kistje
Ook dan ken ik nog geen leed
Diep onder donkere bomen

Al stormt het nog zozeer
Lig ik dan stil te dromen
Van 't leven van weleer
Ik ben een klein artistje
In zij en bont gekleed!

MUZIEK: HANS KAUFMANN
REPERTOIRE: ?

D. HANS
Collega 1923

Vaak kwam hij als een arme schooier
De trap oplopen van de krant
En altijd had ie wat te melden
Een diefstal of een schoorsteenbrand
Een dienstmeid van 't balkon gevallen
Of een beroepen dominee
Hij had de neus van een reporter
En bracht van alles altijd mee

Wij gaven hem z'n zielig kwartje
Daar ging hij naarstig mee op sjouw
En als hij het had uitgegeven
Was hij dadelijk weer in touw
Dan liep hij langs de straat te gluren
Of hij weer een berichtje zag
Een inbraak of een kinderlijkje
Dat bracht 'm weer een goede dag

Zo was hij onze vriend geworden
We hoorden hem al op de trap
Geen avond- of een dagredactie
Of hij kwam met z'n trage stap
Dan liep hij met z'n scheve petje
Z'n rafelbroek, z'n bleek gelaat
We noemden hem een goed collega
Die trouwe 'Reuter' van de straat

Maar op een gure wintermorgen
Toen vonden ze hem koud en stijf

Toen lag er bij een stoep bevroren
Z'n dode kale armoe-lijf
Dat was er wat een fijn berichtje
Ze holden ermee op de trap
We gaven 'm voor z'n dood een. . kwartje
En dachten aan z'n trage stap

MUZIEK: H. KAUFMANN
REPERTOIRE: ?

ARMAND HAAGMAN
Tranen   ca 1925

Foei mijn kleine Janneman
Wat zijn dat voor manières
Met je chocoladehandjes
In de bonbonnière
O jij kleine snoepertje
Je doet moesje zo'n verdriet
Kleine brave kindertjes
Zijn zo ondeugend niet
Straks als paatje thuiskomt
Zal hij Janneman bestraffen
Juf zal boos zijn en de trouwe
Fido nijdig blaffen
Kijk nu zit je met je vuile
Handjes in je haar
Veegt de chocolade
Aan je schone boezelaar

  Tranen? Tranen?
  Dus mijn kleine kleuter toont berouw
  Is je snoetje nog zo zwart
  J' hebt een lief klein eng'lenhart
  Lieve schat, je moesje
  Houdt zoveel van jou

(*een andere moeder*)
Potverdikkie, kijk ereis
Die zit me met ze jatte
Midde in me suikerpot

De klontjes uit te jatte
Of je d'r in blijft wonen zeg?
Jij stuk ellendelaar
Waar zijne de twee spie die j'
Van de buurvrouw hebt gekregen?
Je hebt ze weer versnoeid, 'k zie
Droppies an je vingers kleven
Je had die centen in je
Stenen varken motten doen
Voor 'n paar nieuwe veters en
Een lappie op je schoen

 Tranen? Tranen?
 Smeer 'm nou met grienen malle soeg
 Laat dat janken nou maar sijn
 Hier heb je 'n spie, stuk sagerein
 De appies koken
 Haal je vader uit de kroeg

(*een andere moeder*)
Als je vader daar straks thuiskomt
'k Wil het niet beleven
Zal die je aardig effe
Op je ponem geven
Alles nascht ie op en
Staat me uit te lachen
Zo'n verschwarste piegem
Zo'n frotte gesjmadde rache!
Moos blijf van de sausies
De hommetjes en kuitjes!
Moos blijf van het soepevlees
De bolussen en uitjes
En het toppunt van dat alles
Komt me daar nog na
Zit me met z'n dadelpoten
In de haringsla

 Tranen? Tranen?
 Planjen nou maar niet meer ijz'ren Hein
 'k Heb je toch nog geen eens gepatst
 Kom maar hier me fijne schatz

Nog! Je moeder was maar giftig
Voor de gein

verschwarste piegem – rare gek
frotte sjmadden en rache – echte fijnproever

MUZIEK: ARMAND HAAGMAN
REPERTOIRE: LOUISETTE

FERRY
De drie vaders   1927

Kom kleine vent
Dolle rekel die je bent
Luister nu naar papa
Wees nu gauw stil
Immers 't is al een paskwil
'k Doe 't werkje van mama
Wees maar niet boos
Je mama is naar de soos
Denk dus eens mens'lijk na
De kinderjuf zijn we kwijt
En de tiende meid
Is weggevlucht voor mama
Dat is 't begin, kleine man
Van 't emancipatieplan
Toe nou Koosje
M'n aardig prulledoosje
Staak je jammerklachten
Voor een poosje
Tot d' nieuwe juf is aangeschaft
Want je vader is al genoeg gestraft
Toe, vermoei niet je organen
Wat ik dom vind
Je moderne ma ziet toch niet
Naar je om, kind
Zeg, gebruik nu je verstand
En blijft droog m'n kleine klant
De schone luiers
Zijn niet bij de hand!

Heila schavuit
Hou nou effetjes je snuit
Tot ik je speentje vind
Maak j' niet zo dik
Neem een slokkie
Net als ik
Schreeuw me niet kleurenblind
Hier is je fles
Waar blijft 't wijf met d'r geklets
Die weet nooit van klok of tijd
Die raakt aan d' buurvrouw
Al d'r roddelpraatjes kwijt
En 'k speel hier voor kindermeid
Heb je dorst? Hè bij mij?
Daarvoor moet j' bij moeder zijn
Potvertroosme, wat zeg je van die wijven
Waar zou die afgelopen grammofoon nou blijven?
'k Krijg van d' zenuwen haast de hik
'k Zal maar gauw een lekker neutje nemen
Voor de schrik
Kleine Kikkie, zeg dijs je nou
Wat flik-ie?
Die zet me zo de sluizen open
Potverdikkie!
Nou wat zeg je van zo'n wijf
Voel m'n broek eens aan, ik drijf
Is dat wat?
Van binnen en van buiten nat!

Kom kleine toet
Hou je mondje en wees zoet
Wees nu een brave vent
J' weet kleine pop
Vader trekt steeds met je op
D' wereld loopt op zijn end
Doet het geen verdriet
Als je zo je vader ziet
Als een pantoffelheld
Stel je geen medelij
Als je moeder mij
Voor 'n grote sufferd scheldt?

Wees maar zoet, lieveling
Moe is naar d' vergadering
Hou je luier nou schoon m'n lieve Charlie
Want ik krijg er weer voor op m'n falie
Toe ga nu niet zo bar tekeer
Heb een greintje meelij met je ouwe heer
'k Zal je ponn'tje en je hemdje even drogen
Anders loop ik straks met twee blauwe ogen
Help nu mee m'n kleine guit
Als moe komt, hou dan je snuit
Anders mag 'k vanavond weer d' deur niet uit!

MUZIEK: L. NOIRET
REPERTOIRE: W. DERBY

HELLA HAASSE EN FIEN DE LA MAR
Circusvrouwen 1947

In het circus bij de uitgang der piste
Waar het bordje hangt voor de artiesten
Staan iedere avond drie vrouwen te praten
Drie vrouwen, getrouwd met de luchtacrobaten
Hun man zien zij door de gordijnen
De nok van de tent in verdwijnen
Die zweeft nu daarboven aan rekken en touwen
Beneden daar kijken en wachten de vrouwen

't Begint, de jongens klimmen vlug naar boven
Laat Micky nou dat felle spotlight doven
Dat leidt zo af, dat niemand daar aan denkt
Ha, gelukkig, Harry heeft hem al gemengd
Goed werk aan de trapeze
Maar de zwaai van de mortale
Kon Steven nog een tikkie ruimer halen
Mooie sprong van Joe, ach het vorig jaar in mei
Was ik er zelf nog elke avond bij
O, dat gevoel, wanneer je als een kogel je salto maakt
Of zweefspringt als een vogel
Ja, maar nou 'k een kind heb, ben ik van de baan
Mijn body heeft voor dat werk afgedaan

De dodensprong... nou zal het komen
Nou niet nerveus zijn hoor, de tijd genomen
Ja, een nummer als een klok en prachtig opgezet
Ze werken dit keer immers zonder net

O God, daar gaan ze, nou gaan ze beginnen
Jullie zijn kalm, maar ik ben kapot van binnen
Ik denk elke avond: Deze keer misschien
Nee, ik wil niet kijken, toch moet ik zien
Ik begrijp het niet hoe jullie alle dagen
Het leven in die circusboel verdragen
Het is toch allemaal bluf en klatergoud
Je wilt tenslotte vastheid als je trouwt
Jimmy had het rek haast losgelaten
De mensen klappen, o ik kan ze haten
Wat heb je aan je leven met een man
Die iedere dag zijn nek nog breken kan

De dodensprong, nee toe, toe laat ze nou toch stoppen
Ik voel mijn hart tot in mijn hersens kloppen
Is het al gebeurd... o, ik ben zo ziek, ik...
Ik moet naar bed... wie werkt er zo krankzinnig zonder net...

Begint het al? Geef me de kluwen even
Gut, waar ben ik nou met mijn patroon gebleven
De mensen klappen? O ja, nou zakt de ladder naar beneden uit
         het dak
Hè... haha... die pennen zijn zo stroef
Ja, ik brei een trui voor Steven
Die wou ik hem met zijn verjaardag geven
Ja, ik moet wel 's avonds breien, terwijl Steven werkt
Wanneer ik wil dat hij er niks van merkt
Hoe staat het dan, hè? Al aan de trapeze?
Meid, het mot van dit keer extra spannend wezen
Ik hoor haast geen geluid uit het publiek
Jo maakt zeker snelacrobatiek...

O, de roffel voor de dodensprong van drieën
Nou, meid, Willy, leg de kluwen even op je knieën
Daar viel een steek, ik heb niet opgelet
Hè, wat zeg ie... o ja... ze werken dit keer zonder net

In het circus bij de uitgang der piste
Waar het bordje hangt voor de artiesten
Staan iedere avond drie vrouwen te praten
Drie vrouwen getrouwd met de luchtacrobaten
Hun man zien ze door de gordijnen
De nok van de tent in verdwijnen
Die zweeft nu daarboven aan rekken en touwen
Beneden daar kijken
Kijken
Kijken en wachten drie vrouwen

MUZIEK: COR LEMAIRE
REPERTOIRE: FIEN DE LA MAR

JACQUES VAN TOL
De olieman heeft een Fordje opgedaan   1933

De olieman van 't pleintje ging zijn radio verpanden
Hij was blasé van 't goede en verbrak de etherbanden
En toen met Ome Jan zijn zeven tientjes in zijn handen
Had hij op 't autokerkhof een vehikeltje gekocht
Een onecht kind van Ford, vol deuken, bulten en hiaten
In lang verleden tijden op de mensheid losgelaten
Dat zich met korte sprongen voorwaarts repte langs de straten
En hartverscheurend kreunde als je remde in de bocht
Maar als hij met zijn wagen door zijn eigen buurtje ging
Dan riep de hele buurt: 'Opzij – daar hè je Deterding'

    De olieman heeft een Fordje opgedaan
    Daar rijdt ie mee als een vorst door de Jordaan
    Maar 's avonds om tien uren is het uit met de pret
    Want dan stopt zijn vrouw de slinger onder het bed
    Tuf, tuf, tuf

Op zeek're zondagmorgen die het noodlot extra schikte
Geviel het dat ook Ma haar meer dan ongewone dikte
Etapsgewijze, deel na deel, in 't wrak vehikel wrikte
Om met haar man en kroost een dag naar Bussum toe te gaan
Pa trachtte met de slinger 's monsters ingewand te zoeken
Maar 't reageerde niet, het kraakte slechts in alle hoeken
En Pa gaf de première van twee splinternieuwe vloeken

Omdat Ma lijzig vroeg of ie misschien niet aan wou slaan
De buren gluurden door de ruit, van nijd waren ze groen
En zeiden: 'Ja zo gaat het als de mensen dik gaan doen'

De olieman heeft een Fordje opgedaan
Daar rijdt ie mee als een vorst door de Jordaan
Maar 's avonds om tien uren is het uit met de pret
Want dan stopt zijn vrouw de slinger onder het bed
Tuf, tuf, tuf

Pa wierp zich onder 't voertuig en forceerde enkele moeren
Ma zei 'Doe eerst je strikkie recht, de buren staan te loeren'
Pa vroeg beleefd maar kort of zij haar claxon niet wou roeren
En ging weer in de olie liggen met z'n goeie goed
Het kroost verpoosde zich met aan de hendeltjes te knoeien
Zodat er diep in 't mechanisme iets begon te loeien
Pa dreigde met zijn sleutel de familie uit te roeien
En 't uitstapje te wijzigen in een begrafenisstoet
Maar 't Fordje was gaan kuchen en het hoofd van het gezin
Riep 'Vrouw, je kaken op mekaar, hou vast, ik schakel in'

De olieman heeft een Fordje opgedaan
Daar rijdt ie mee als een vorst door de Jordaan
Maar 's avonds om tien uren is het uit met de pret
Want dan stopt zijn vrouw de slinger onder het bed
Tuf, tuf, tuf

't Gedrocht liet plots een schreeuw, of het er vreugde in ging
krijgen
En trachtte eerst een onbeheerde handkar te bestijgen
Ma gilde 'Me vergaan!', Pa ging met demontering dreigen
Van haar en beider nakroost, en dat maakte haar weer klein
Toen nam het beest zijn sidderende wieletjes te zamen
En startte ten verderf. Verschrikte buurtgenoten kwamen
Naar buiten, of ze keken eens misprijzend door de ramen
Wie of er weer met zevenklappers speelde op het plein
Een wijze oude opa riep, door het geknal verdoofd
'Dat ding rijdt naar z'n ondergang, net als de P.C. Hooft'

De olieman heeft een Fordje opgedaan
Daar rijdt ie mee als een vorst door de Jordaan

Maar 's avonds om tien uren is het uit met de pret
Want dan stopt zijn vrouw de slinger onder het bed
Tuf, tuf, tuf

Twee uur na dit gebeuren arriveerde er een wagen
Met paard voor Nelis' deur en de verblijde buren zagen
Hoe Ma met een gezwollen oog de trap op werd gedragen
Luidop onschone dingen zeggend over autosport
Daarachter man en kroost, vol olie, wegenstof en deuken
De voerman van de kar bracht nog een baalzak in de keuken
Slechts hij die veel had gestudeerd in die tiendeel'ge breuken
Kon zien dat dit het afgekloven rif was van de Ford
De buren hadden revanche en glimlachten verblijd
En Nelis, als-ie uitging, hoorde nog een hele tijd:

De olieman heeft een Fordje opgedaan
Daar rijdt ie mee als een vorst door de Jordaan
Maar 's avonds om tien uren is het uit met de pret
Want dan stopt zijn vrouw de slinger onder het bed
Tuf, tuf, tuf

MUZIEK: LOUIS DAVIDS
REPERTOIRE: LOUIS DAVIDS; HENK ELSINK

KEES PRUIS
Een ongeval op straat   ca 1935

*Een oude werkman, pover in de kleren, valt door de gladheid
in een drukke straat.*

Van alle kanten komen nu de mensen
Zo 't bij een ongeval gewoonlijk gaat
De oude man was hard terechtgekomen
En had zich schijnbaar nogal pijn gedaan
Want kreunend trachtte hij zich op te richten
Maar 't was niet mogelijk voor hem op te staan

Een jonge bakvis steekt haar puntig neusje
Door 't groepje volk en zegt met piepgeluid
'Wat ligt die man daar toch reusachtig zielig
Hoe houdt ie 't op die vuile stenen uit?

Wat is ie vies, wat is ie zielig smerig
Wat heeft ie een zielig-vuile kleren aan
Hoe kan een mens zo zielig blijven liggen
Hij is vast zo dronken dat hij niet kan staan'

Een sjieker type, die heel de nacht op sjouw was
En geld van and'ren met vrouwtjes heeft verteerd
Staat hikkend nog van whisky of champagne
En doet alsof 't geval hem interesseert
'Die vent die heeft bepaald te veel gedronken
Dat zulk soort volk zichzelve zo vergeet
Dat vraagt loonsverhoging, da's allemaal om te drinken
Ik zeg maar, een proleet is een proleet'

Een echte volksvrouw in d'r omslagdoekie
't Bleek gezicht omringd door slordig haar
Trekt nu partij voor de gevallen stakker
En staat direct met grove woorden klaar
'Hou jij je kop, jij gore nakkedikker
Je het zelf een flink stuk in je ribben, vent
Wat het die stumperd an jouw lefcapsones
Help liever die arme stakker overend'

Een koopman zet zijn wagentje met handel
Eerst aan de kant en komt dan dichterbij
'Wat een schlemiel, die stumperd, arme stakker
Zeg sjikkerlap, ga jij een eind opzij
Agent, kom hier, u staat zo lang te schrijven
Wat duurt dat lang met dat proces-verbaal
Sta nou maar niet eerst alles te noteren
Maar breng hem liever naar een ziekenzaal'

En in een steegje, vér van dat gebeuren
Zit een oude vrouw te wachten met haar maal
Als een onhandige diender haar komt zeggen
'Uw man die ligt voor dood in de ziekenzaal
Hij heeft twee ribben en een been gebroken
Aanstaande zondag mag je op bezoek'
En 's avonds zit de vrouw met rode ogen
Kijkt snikkend naar haar oudjes lege hoek

En als ze 's zondags, in d'r mooiste kleren
Haar man in 't kost'loos ziekenhuis bezoekt
Dan heeft men juist een ogenblik tevoren
Haar man bij de overledenen geboekt
Dat oude zwakke ondervoede lichaam
Was tegen zoveel pijnen niet bestand
En d' and're avond stond met vijftien woorden
Dat hele droeve drama in de krant

MUZIEK: KEES PRUIS
REPERTOIRE: STELLA SEEMER

ANTON BEUVING
Ketelbinkie   1940
(De straatjongen van Rotterdam)

Toen wij van Rotterdam vertrokken
Met de 'Edam' een ouwe schuit
Met kakkerlakken in de midscheeps
En rattennesten in 't vooruit
Toen hadden we een kleine jongen
Als 'Ketelbink' bij ons aan boord
Die voor de eerste keer naar zee ging
En nooit van haaien had gehoord

    Die van zijn moeder aan de kade
    Wat schuchter lachend afscheid nam
    Omdat ie haar niet durfde zoenen
    Die straatjongen uit Rotterdam

Hij werd gescholden door de stokers
Omdat ie van de eerste dag
Toen wij maar net de pier uit waren
Al zeeziek in het 'foc-sle' lag
En met jenever en citroenen
Werd hij weer op de been gebracht
Want zieke zeelui zijn nadelig
En brengen schade aan de vracht

    Als ie dan sjouwend met z'n ketels
    Van de kombuis naar voren kwam

Dan was het net een brokkie wanhoop
Die straatjongen uit Rotterdam

Wanneer hij 's avonds in z'n kooi lag
En na zijn sjouwen eind'lijk sliep
Dan schold de man, die 'wacht-te-kooi' had
Omdat ie om zijn moeder riep
Toen is ie, op een mooie morgen
't Was in de Stille Oceaan
Terwijl ze brulden om hun koffie
Niet van zijn kooigoed opgestaan

En toen de stuurman met kinine
En wonderolie bij hem kwam
Vroeg hij een voorschot op z'n gage
Voor 't ouwe mens in Rotterdam

In zeildoek en met rooster baren
Werd hij die dag op 't luik gezet
De kapitein lichtte zijn petje
En sprak met groc-stem een gebed
En met een 'Eén-twee-drie-in-godsnaam!'
Ging 't ketelbinkie overboord
Die 't ouwetje niet durfde zoenen
Omdat dat niet bij zeelui hoort

De man een extra mokkie 'schoot-an'
En 't ouwe mens een telegram
Dat was het einde van een 'zeeman'
Die straatjongen uit Rotterdam

MUZIEK: JAN VOGEL
REPERTOIRE: 'DE ZINGENDE ZWERVER' FRANS VAN SCHAIK

JULES DE CORTE
Naar dom jongetje   1958

Hij is een heel naar dom jongetje
Dat op de school niks presteert
Maar met zijn scherp, vlijmscherp tongetje
Zijn kleine wereld regeert

225

Zijn lieve ouders en zijn verwanten
Tiranniseert hij dag in dag uit
Hij wil de baas zijn aan alle kanten
En gaat het niet naar zijn zinnetje
Dan is het huisje te klein
Dan wordt hij kwaad als een spinnetje
En u weet zelf hoe zo'n spin dan kan zijn

Zegt pa dat hij moet gaan zitten
Gaat ie staan of lopen
Zegt ma: 'Jongen, sluit de deuren'
Zet ie alles open
En zo gaat het bijna iedere dag
Hij laat wat ie doen moet en doet alleen wat niet mag
De meester op school heeft hem al een paar maal gezegd
Jij komt als je zo doorgaat nog eens lelijk terecht
Jaja...

Het is een heel lelijk brilletje
Waar hij de wereld door ziet
Hij denkt dat enkel zijn willetje
Hoeft te regeren, meer niet
Hij is de schrik van zijn kleine broertje
Hij is de plaag van zijn grote zus
En je moet oppassen of hij vloert je
In het gebruik van zijn tongetje
Is hij bepaald wel een ster
Al ben je nog zo'n dom jongetje...
Als je kunt praten dan breng je 't wel ver

MUZIEK: JULES DE CORTE
REPERTOIRE: JULES DE CORTE

HELLA HAASSE
Yvonne de spionne ca 1946

'k Ben Yvonne
De spionne
Internationaal
Kloek en geniaal
Ik spreek elke taal

Ben zo hard als staal
Slank als liniaal
Glibb'rig als een aal
In een zwart foudraal
Vol met veer en voile

Nee, geen mens is zo geschikt
Voor spionne, juist als ik
Want je moet goed kunnen zwijgen
Wil je ooit zo'n baantje krijgen. Ssst!

Onopvallend dring ik binnen
In de linies aan het front
'k Maak notities, en die steek ik
Onopvallend in mijn mond
Onopvallend ga ik zitten
Nee, geen mens heeft mij herkend
Dat kan je allen presteren
Als je onopvallend bent

Ik ga allang
M'n eigen gang
Ik ben niet bang
Voor een echec
Al klinkt het gek
Het resultaat
Van elke daad
Voor 't vaderland
Is steeds briljant
'k Ben zelfbewust en heel gerust!

En toch denk ik soms met spijt
Aan mijn jonge leven
Vroeger was 'k een brave meid
Was ik dat maar gebleven. Ssst!

Onopvallend krijg ik toegang
Bij een vijandelijk generaal
Ik ontfutsel onopvallend
Hem zijn plannen allemaal
'k Doe morfine in zijn wijnglas

Sluip voorzichtig uit de tent
Dat kan je alleen presteren
Als je onopvallend bent

Onopvallend geef ik seinen
Op de hoek van elke straat
Onopvallend stop ik treinen
Met een bom of handgranaat
Heel apart maar onopvallend
Speel ik mijn gevaarlijk spel
Informaties geef ik lallend
In de bar van een hotel

In het fort
Liggen duizend grenadieren
En dat wordt
Een attaque vannacht voor vieren. Ssst!

Ah! Er tikt iets in dit doosje
Voor wie het niet beter wist
Lijkt het wel een polshorloge
'k Wed dat het een tijdbom is

Effe kaake!

'k Had gelijk, met al die zaken
Raak je op den duur bekend
Wat je al niet mee kan maken
Als je een spionne bent. Ssst!

MUZIEK: WIM DE VRIES
REPERTOIRE: CONNY STUART

MARTIE VERDENIUS
De zangeres   1947

Een bijtje fladdert door de lucht
En zuigt honing, en zuigt honing
Tralalala-la-zoem-zoem-zom
Daarna vliegt hij voor niets beducht
Tralalala zoem zoem zoem zom

228

Vlug weer naar zijn bijenwoning
Zoem zoem zoem zoem zoem tralala
Zoem zoem zoem zoem zoem tralala
Tral-lalalala… tralalalalala
Tralalalalala… zom zom

In het Concertgebouw, de kleine zaal
Debuteerde ik voor de eerste maal
Er was niet zo heel veel publiek
Slechts zes personen die ook na de pauze bleven
Heb ik door mijn romantische lyriek
Een feest van grote K-en kunnen geven
De pers was meer dan enthousiast, in één woord
Ze schreven: 'Zoiets hebben wij nog nooit gehoord'

Zoem zoem zoem zoem zoem tralala
Zoem zoem zoem zoem zoem tralala
Tra… (drinkt water) enzovoort!

Al ben je zoals ik ook nog zo begaafd
Toch duurt het nog een tijdje voordat je slaagt
Wanneer je de 'U-weet-wel-weg' niet op wilt gaan
En je enkel en alleen maar aan je kunst wilt geven
Dan kun je daar onmogelijk van bestaan
Want moederlief en Eefje moeten toch ook leven!
En daarom heb 'k mijn tanden op elkaar gezet
En zing voor 't daag'lijks brood dan maar in 't cabaret

Een bijtje fladdert door de lucht
En zuigt honing, en zuigt honing
Tralalalala zoem zoem zoem… zom zom

'k Bemoei me uit principe met geen mens
Want dit profaan gedoe grieft me intens
Ik heb eerst uit alle macht getracht
Het treurig artistieke peil wat te verfijnen
Van dat soort schepsels, dat om alles lacht
Helaas, helaas het waren paarlen voor de zwijnen
En het publiek, dat ik met recht veracht
Geef ik dan hier ook maar wat men van mij verwacht

(*slowfox*)
Een bijtje fladdert door de lucht
En zuigt honing, en zuigt honing
Tralalalala zoem zoem zoem zom
Padelideladela zom zom

Daar komt dan plotseling die vent van niets
Die... eh... Zonnepit... of... Bolleveld en heeft weer iets
Hij zegt: 'U bent een zeer komisch talent
't Publiek heeft gisteren om u zitten gieren, brullen
Wie weet als u een jaartje verder bent
Ze bij de revue nog om u vechten zullen'
Dan zeg ik niets, want daarvoor heb ik geen woorden meer
Maar ik denk: 'Komisch?... Goed! U zult het hebben hoor
        meneer!'

Een bijtje fladdert door de lucht en zuigt honing
En zuigt honing
Tralalalalala zoem zoem zom... (*bekkens*)

MUZIEK: WIM DE VRIES
REPERTOIRE: CONNY STUART

ANNIE M.G. SCHMIDT
Ali Cyaankali   ca 1950

U dacht dat Rotterdam zo'n degelijke stad was, hè?
Een stad van enkel werke en van bouwe.
Een stad waar nooit een mens es op het slechte pad was, hè?
Een stad van enkel degelijke vrouwen.
Maar dat is toch niet waar, hoor,
D'r zijn d'r ook een paar, hoor,
En daar ben ik er een van:
Een gevaarlijke vrouw!

   Ik ben Ali
   Cyaankali,
   De gevaarlijke vrouw van Rotterdam.
   Kijk ik es fijn gaan.
   Op de Lijnbaan
   Zet ik iedereen in vuur en vlam

En ik lok de here mee
Naar de Kaskedee
En ik doe wat in d'r thee
En dan even later, hee,
Dan zeg ik: ober wil u even kijke dan?
D'r is een persoon niet goed geworre.
Ik ben Ali
Cyaankali,
De gevaarlijke vrouw van Rotterdam.

U dacht in Rotterdam, daar ken je zomaar wandele, hè?
Een stad van enkel bouwe en van werke.
U dacht in Rotterdam, de stad van Van der Mandele, hè?
Daar zal je van de misdaad wel niks merke.
Maar dan ben u abuis, hoor,
Het is t'r vaak niet pluis, hoor
En dat komp dan door mijn:
De gevaarlijke vrouw.

Ik ben Ali
Cyaankali,
De gevaarlijke vrouw van Rotterdam.
Kijk ik es fijn gaan.
Op de Lijnbaan
Zet ik iedereen in vuur en vlam
En ik lok de here mee
Naar de Kaskedee
En ik doe wat in d'r thee
En dan even later, hee,
Dan zeg ik: ober wil u nog 's even hier komme dan,
D'r is weer een persoon niet goed geworre.
Ik ben Ali
Cyaankali,
De gevaarlijke vrouw van Rotterdam.

MUZIEK: COR LEMAIRE
REPERTOIRE: LIA DORANA

MARINUS VAN HENEGOUWEN

Ik durf niet... 1955

Ik durf met m'n man niet de nacht in te gaan
Hij is helemaal niet in orde
Hij kijkt me voortdurend zo wezenloos aan
Zoals hij dat al in geen tijd heeft gedaan
De buurvrouw zegt dat het wel kanker kan worden
Dus dokter, ik vraag u met alle respect
Komt u als het enigszins kan indirect
Ik hoop maar niet dat u te laat ben
Of denkt u soms dat het geen kwaad ken?

Ik durf met m'n man niet de nacht in te gaan
Hij slaap al een jaar op een plankie
Het schijnt dat dat eerst wel wat goed heeft gedaan
Maar study-an is hem dat tegen gaan staan
Geef voortaan voor zoiets maar liever een drankie
Dat valt heus niet mee, ied're nacht op dat hout
De man die dat uitvond was vast niet getrouwd
En daarom kom ik u nu halen
Als 't moet wil ik ook wel betalen

Ik durf met m'n man niet de nacht in te gaan
Hij voelt zich al heel lang ellendig
U hebt daar maar al die tijd niks aan gedaan
En zag het alleen maar voor 'zenuwen' aan
Nu loopt-ie een poosje in Leiden, inwendig
Ze zeggen: als kind kreeg-ie veel te veel slaag
Nu ziet de professor een nis in z'n maag
Dat is dan iets psychosomatisch
Ik hoop maar niet dat het te laat is

Ik durf met m'n man niet de nacht in te gaan
Hij ligt van de koorts maar te ijlen
Hij heeft haast geen benen meer om op te staan
En dan al dat zweet, waar komt dat vandaan
Ik hoop toch maar zo, dat hij zondag kan zeilen
Dan zou hij een dagje op reis met kantoor
Als hij er niet bij is, dan gaat het niet door
Dat zou van het geld zonde wezen
Dus wilt u hem even genezen?

Ik durf met m'n man niet de nacht in te gaan
Ik heb het er o zo benauwd van
Hij kijkt me voortdurend zo zonderling aan
Probeerde zijn arm om m'n schouder te slaan
En wilde... wat zegt u?... U denkt er niet flauw an?
U wilt liever slapen, ja, daar kan ik bij
En u hebt genoeg van die aanstellerij?
Maar zeg me dan dokter, wat heb-ie?
O... dank u wel voor het receppie

MUZIEK: MARINUS VAN HENEGOUWEN
REPERTOIRE: JEANNE ROOS

ANNIE M.G. SCHMIDT
Vaders

De vader zegt: wat ga je doen?
De dochter zegt: 'k ga rijen,
De vader zegt: met wie, met Koen?
Gaan jullie met z'n beien?
De dochter zegt: jawel, allicht,
En dan houdt Paps z'n wafel dicht.
Daar gaat ze dan, ze zegt: so long,
En paps bijt liever op zijn tong
Dan nog te vragen hoe of waar.
Het lieve kind is zestien jaar,
Ze heeft gezegd wat ze gaat doen.
Ze gaat op 't scootertje met Koen,
Maar vader denkt: wat gaan ze DOEN?

De vader zegt: waar ga je heen?
De dochter zegt: kamperen.
De vader zegt: met Koen alleen?
En in die malle kleren?
De dochter zegt: met Jan. Salu!
Ze gaat. En daar zit vader nu.
Ze heeft gezegd wat ze gaan doen,
Ze gaat kamperen, niet met Koen.
Ze gaat kamperen met haar Jan.
En vader denkt: wat DOEN ze dan?

Zo zitten al die duizend pa's
Zich zwijgend op te vreten.
Helaas helaas, helaas helaas,
Zij zullen het niet weten.
Wat doet mijn dochter op de plas?
Jawel, ik weet, ze zeilt met Bas.
Wat doet mijn dochter nu vandaag –
Ze danst met Leo in Den Haag.
Zij zwemt met Dick, ze roeit met Piet,
Maar wat ze DOEN, dat weet Paps niet.

MUZIEK: RU VAN VEEN
REPERTOIRE: WIM KAN

JAN DE CLER
Van Tutte   ca 1952

In een straatje in een stadje met een tuintje en een platje
Woont het huisgezin van Henderik van Tutte
Ze zijn zo beschaafd en netjes en een heel klein tikkie vetjes
En aan 't hekkie zit een bordje: H. van Tutte
Achter groengeverfde horren, zie je Henderik z'n snorren
Als ie met z'n krantje in z'n praatstoel zit
En je ziet ze weer verdwijnen bij het sluiten der gordijnen
Als de theepot staat te trekken op de pit
Maar voordat Henderik z'n krant heeft weggelegd
Wordt er door niemand in de kamer wat gezegd

Ze zitten heel de lieve avond te pietlutten
De familie Van Tutte
In comestibles en grutten
En heeft om tien uur ieder zich te bed gelegd
Dan is er veel gepraat, maar bijna niks gezegd

Mama Van Tutte die de thee staat in te schenken
Staat even over hoge noten na te denken:

Gist'ren zijn we ongelogen naar de opera getogen
Met zijn vieren in ons allerbeste spullen
En ze hebben daar gezongen dat de ruiten d'r van sprongen
Jongejonge, wat die mensen kunnen brullen

234

En dan speelden ze de fiedel en dan zong d'r één een riedel
Je genoot je daar de zenuwen vooral van die sopraan
Die stond d'r handen maar te wringen en toen stierf ze onder
 't zingen
En toen hebben ze het doek weer dichtgedaan

Ook kleine Keesie wil het zijne d'r van zeggen
En laat door opera's zich niet in luren leggen:

Gist'ren zijn we wezen kijken naar een opera vol lijken
En daar stond zo'n echte gluiper in te janken
En die stak een and're gabber met een degen in zijn tabber
En die zakte toen voor pampus op de planken
Maar ik had een handje peren en die ben ik gaan proberen
En ik heb ze bij die dooie boven op zijn neus gemept
Toen heb dat lijk toch liggen brullen, 't was gewoon om van te
 smullen
Ik dacht al die tijd al dat ik wer genept

Papa Van Tutte die geweldig muzikaal is
Vindt, dat de rest van de familie niet normaal is

Ik ben altijd pedagogisch, da's waarachtig nogal logisch
En ik wou de and'ren gist'ren dus wat leren
'k Ben met kaartjes thuisgekomen en ik heb ze meegenomen
Maar ze zitten je gewoon te koejeneren
'k Zat me adem in te houen bij het zingen van die vrouwen
Maar me Keesie gooide handen vol met erwten van 't balkon
Toen is die tante uitgeglejen, zeven treetjes naar benejen
Uitgerekend toen d'r hoge noot begon

En nou we Henderik van Tutte hoorden klagen
Zal ik nog even naar 't relaas van opa vragen

Die zit als altijd honderdzeventig te dutten
Ik geef het woord dus maar aan Tante Koosie van Tutte:

Nou moe, die halve dolle, wou mijn trommelvliezen mollen
Is me dat een hoopie heibel voor je centen
Hendrik is es gaan proberen ons de opera te leren
Maar ik heb veel liever rijstebrij met krenten
Uren staan ze daar te loeien om te sneven zonder bloeien

En die vrijer met dat stokkie denkt dan: ben je nóg niet klaar
En als ze eind'lijk met zijn allen op een bossie zijn gevallen
Slaat die vrijer aan het maaien
Om een punt d'r an te draaien
En die staat zich op te winden
Tot ie 't end heb kunnen vinden
En voor al die flauwe grappen
Gaan de mensen dan nog klappen
Tante Koosie zegt: Geef mij de speeltuin maar!

Ze zitten heel de lieve avond te pietlutten
De familie Van Tutte
In comestibles en grutten
En heeft om tien uur ieder zich te bed gelegd
Dan is er veel gepraat, maar bijna niks gezegd

MUZIEK: JAN DE CLER
REPERTOIRE: JAN DE CLER

ANNIE M.G. SCHMIDT
De Hoeksema's   1949

Die Hoeksema's… het zijn mijn beste vrinden.
Ik zeg niks van ze hoor, begrijp me goed.
Ik kan het altijd heel goed met ze vinden.
Zij is geen dame hè, mijn God, die hoed.
Hij gaat wel, hij is iets bij de justitie,
Maar oppervlakkig, hè, geen verre blik,
Geen diepte en, hoe heet dat, eruditie.
Ze staan er niet bij stil hè, zoals ik.
Neem mij nou eens. Ik zit in vier besturen,
Behalve dan m'n damesclub in Kras.
'k Heb m'n gevallen vrouwen, pedicure,
En dan m'n man nog en m'n ischias.
Maar zonder schoonheid kan ik toch niet leven.
Muziek en letteren. Er is bij mij
Een hunkering naar Simon van het Reve.
Ik hou m'n Sartre en m'n Gide altijd bij.

Kijk, dat is nou zo jammer van die Hoeksema's.
Ze zijn me toch te weinig erudiet.

Ze zijn ontzettend aardig, hoor, die Hoeksema's.
Maar dát, hè, dat hebben ze niet.

Die Hoeksema's... 't is niet om 't een of 't ander.
Ik mag ze graag, maar dat maakt me wild:
Ze spreken altijd kwaad over een ander,
Ze zijn, hoe zal 'k het zeggen, weinig mild.
Ze hadden het vanavond over Annie.
'k Geef toe, die Annie, nou daar is iets mee.
Zo'n jurk van dat salaris, nou dat kan niet.
En dan die hele 'hem-hem' van 'r, nee!
Ze is ook fout geweest, hè, tussen haakjes.
Maar 't is toch eigenlijk ook wel weer sneu.
Zo'n moeder... En die vader, met z'n zaakjes...
Het ligt toch helemaal aan het milieu.
Het zijn verschrikk'lijk ordinaire types,
Maar laat ze onbetrouwbaar zijn misschien,
Ik zeg en dat is een van mijn principes,
Je moet het goede in de mensen zien.

Kijk, dat is nou zo jammer van die Hoeksema's.
Ze zijn toch wel een tikje hypocriet,
Ze zijn ontzettend aardig, hoor, die Hoeksema's.
Maar dát, hè, dat hebben ze niet.

Die Hoeksema's... Ik was heel even bij ze.
We hadden het zo over al het leed.
En toen opeens, het was om van te ijzen,
Toen voelde ik, hoe weinig het ze deed.
De negers en de joden, al die rassen,
En al die displaced persons in hun hemd.
O, als ik bij de naaister sta te passen,
Dan voel ik me van binnen zo beklemd.
Ik zeg nog in de keuken tegen Mina:
'Jij klaagt nou over al jouw ongerief,
Maar denk eens eventjes aan Palestina
En aan die arme Gandhi, asjeblief.'
En Indië en al die kleine wrokken.
En hier de woningnood. Ontzettend cru,
Dat vier gezinnen in één kamer hokken.
Ik heb er niemand bijgekregen. U?

Kijk, dat is nou zo jammer van die Hoeksema's.
Ze zien alleen hun eigen klein verdriet.
Ze zijn bijzonder goeiig hoor, die Hoeksema's.
Maar dát, hè dat hebben ze niet.

MUZIEK: PIET TIMMER; HAN BEUKER
REPERTOIRE: CABARET DE INKTVIS; CABARET WIM SONNEVELD,
EMMY ARBOUS

ELI ASSER
Circus Ellende 1953
Opgetekend uit de mond van een afgestudeerd arts die zich
één keer had laten gaan

Ik leerde voor dokter en was al verloofd
Met een zustertje uit de verpleging
Een vrouw uit het circus mij weg heeft geroofd
Want zij lachte en vroeg of ik meeging

Bij haar vond ik dat wat een dokter zo mist
Het Succes, het Applaus, Volle Zalen
En eer ik het wist was ik circus-artist
Met de dubbele salto mortale

't Verpleegstertje sprak zacht:
Jij komt terug, ik wacht...
Immers
De drang naar iets vreemds maakt een man soms zo blij
Dan wordt hij bevangen door beving
Maar feitelijk voelt hij zich nergens zo vrij
Als thuis in zijn eigen omgeving

Eens – ondersteboven – hing ik in de nok
Weer gereed voor mijn dood'lijke nummer
Toen zag ik benee bij het roofdierenhok
Mijn vriendin. In het hooi. Met de drummer

Ik schreeuwde het uit, in een woedende vlaag
Mijn illusies, mijn dromen verdwenen
Een salto. Een misgreep. Ik smakte omlaag
En alles werd zwart om mij henen

Ach, had ik mij maar nooit
Aan deze feeks vergooid
Immers
De drang naar iets vreemds maakt een man soms zo blij
Dan wordt hij bevangen door beving
Maar feitelijk voelt hij zich nergens zo vrij
Als thuis in zijn eigen omgeving

Wel drie dagen lang lag ik, wit als een doek
Min of meer buiten kennis te malen
En om het kwartier kwam de arts op bezoek
Om te kijken of ik het zou halen

Maar dank zij mijn ijzer gestel kwam ik bij
Met een kreun kroop ik boven het laken
Een kreet: hij bewéégt! en daar zat aan mijn zij
Mijn eigen verpleegster te waken!

En toen... toen zag ik pas
Hoe mooi de zuster was...

MUZIEK: KEES BRUYN
REPERTOIRE: CONNY STUART

JULES DE CORTE
Mijnheer X 1955
(Mijnheer N.N.)

Hij sjokte langs de wegen
Op 't midden van de dag
Hij had de trieste regen
De wind en alles tegen
En niemand die het zag

Hij was slechts een van dezen
Die zwerven als de wind
Een nietig naamloos wezen
Dat tussen hoop en vreze
Alleen de weg niet vindt

Doch gij en ik, verblinden
Wij zagen hem niet gaan

Wij trachten slechts te vinden
Wat 't eigen harte zinde
Zo druk was ons bestaan

Hij zocht zijn ziel te laven
Bij alles wat hij vond
Bij slechten en bij braven
Bij meesters en bij slaven
Doch geen die hem verstond

Wij hebben 't niet geweten
Tot hij tenslotte viel
Nog twee of driemaal eten
Dan zijn we hem vergeten
En God hebbe zijn ziel

MUZIEK: JULES DE CORTE
REPERTOIRE: JULES DE CORTE

De maan schijnt op de Jordaan

ACHTENTWINTIG GEBEURTENISSEN

NICO DE HAAS SR.
Na de spoorwegstaking   ca 1903

Reeds lang had ik mijn vrouw beloofd naar Amsterdam te gaan
Zo'n belofte die maakt schuld
En dient eindelijk vervuld
Zo brak dan na lang wachten ook de blijde morgen aan
En omdat ik er nu niet meer buiten kon
Ging 'k in vredesnaam op weg naar het station
En gezellig en tevree
Gingen de kindertjes ook mee:
Jantje, Keesje, Aaltje, Nel
Net zo'n landverhuizersstel
Achterop mijn nek daar hing
Onze jongste lieveling
Achteraf mijn vrouw, mijn Liesje
Met het karbiesje!

Zo kwamen wij toen aan 't station en 'k vroeg aan het loket:
Derde Amsterdam, meneer
Zes retours voor heen-en-weer
De kaartjesman zei: Beste vriend, ga jij maar weer naar bed
Zie maar dat je 'n and're keer het reisje maakt
Want vandaag heeft overal de spoor gestaakt!
'k Zei: Verdikkie dat is lam
Eén keer wil 'k naar Amsterdam
'k Sta met ál mijn kind'ren hier
Zelfs het kleinste mormeldier
'k Heb mijn hele leven door
Nooit gezeten in het spoor
En nu 'k een reisje wil gaan maken
Gaan ze staken!

Mijn vrouw zei: Kijk daar gaat de chef
Die met zijn rooie pet
Als een pas-gevangen beer
Liep de kerel heen en weer
Ik daad'lijk naar de chef toe en ik vroeg beleefd en net:
Wanneer gaat naar Amsterdam de eerste trein?
Hm! zo-zei-d-ie, dat zal wel overmorgen zijn!
Ik zei: Leen me asjeblief

Dan maar een ouwe looc'motief
Stoken kan mijn oudje wel
Die stookt thuis ook als de hel!
Ja, zo zei mijn schattebout
Geef maar 'n bossie kachelhout
Dan zal ik het vuur aanmaken
Laat ze maar staken!

Ze leenden me geen locomotief, ik riep de inspecteur
d' Inspecteur zei: Hm-hm-hm!
En de chef zei: Hm-hm-hm!
Zeg, kan ik nog naar Amsterdam? vroeg ik de conducteur
Maar de conducteur zei: Hm-hm-hm, o zo!
Toen ging ik het maar eens vragen op 't bureau
Toen ik op 't bureau dan kwam
En vroeg: Kan ik naar Amsterdam?
Zeien ze allen: Hm-hm-hm!
Toen zei ik óók maar: Hm-hm-hm!
Heel het personeel was stom
Ik zei: 'k Kom later wel weerom
Later zal 'k de reis wel maken
Als ze niet meer staken!!!

MUZIEK: F. GILBERT
REPERTOIRE: NICO DE HAAS

LOUIS DAVIDS
Een reisje langs de Rijn 1907

Laatst trokken we uit de loterij
Een aardig prijsje
'k Zei tot mijn vrienden: 'Maak met mij
Een aardig reisje'
Die wou naar Brussel of Parijs
Die weer naar Londen
'Vooruit!' riep ik, 'wij maken fijn
Een reisje langs de Rijn!'
In een wip, sakkerloot
Zat het clubje op de boot!

Ja, zo'n reisje langs de Rijn, Rijn, Rijn
's Avonds in de maneschijn, schijn, schijn

Met een lekker potje bier, bier, bier
Aan de zwier, zwier, zwier
Op d' rivier, vier, vier
Zo'n reisje met een een nieuwerwetse schuit, schuit, schuit
Allemaal in de kajuit, juit, juit
't Is zo deftig, 't is zo fijn, fijn, fijn
Zo een reisje langs de Rijn

Zo kwamen we met prachtig weer
Het eerst bij Keulen
Mijn tante walste over 't dek
Als een jong veulen
Ome Kees nam zijn harmonica
En ging aan 't trekken
En dadelijk zong kromme Teun:
'Deutschland! wie bist du schön!'
Nichtje Saar, welk gevaar
Riep: 'Houdt op, ik word zo naar!'

Ja, zo'n reisje langs de Rijn, Rijn, Rijn
's Avonds in de maneschijn, schijn, schijn
Met een lekker potje bier, bier, bier
Aan de zwier, zwier, zwier
Op d' rivier, vier, vier
Zo'n reisje met een een nieuwerwetse schuit, schuit, schuit
Allemaal in de kajuit, juit, juit
't Is zo deftig, 't is zo fijn, fijn, fijn
Zo een reisje langs de Rijn

Bij Mannheim kwam er bliksem
Het begon te waaien
Mijn tante riep: 'Het schip vergaat
We zijn voor de haaien!'
Zij vloog naar de commandobrug
En riep: 'Kap'teintje
Beneden in de eerste klas
Ligt nog mijn beugeltas!
O kap'tein! maak geen gein
Geef me een slokkie brandewijn!'

Ja, zo'n reisje langs de Rijn, Rijn, Rijn
's Avonds in de maneschijn, schijn, schijn

Met een lekker potje bier, bier, bier
Aan de zwier, zwier, zwier
Op d' rivier, vier, vier
Zo'n reisje met een een nieuwerwetse schuit, schuit, schuit
Allemaal in de kajuit, juit, juit
't Is zo deftig, 't is zo fijn, fijn, fijn
Zo een reisje langs de Rijn

MUZIEK: PAUL LINCKE
REPERTOIRE: DUO DAVIDS; WILLY EN WILLEKE ALBERTI; ADÈLE
  BLOEMENDAAL

TONY SCHMITZ
Mannie, maak eens gauw me blousje los ca 1912

Dat de vrouwen groot en klein
Hulpeloze schepsels zijn
Dat ze zich niet kleden kan
Zonder bijstand van de man
Het is treurig, maar 't is waar
Komt hij 's avonds thuis met haar
Dan kijkt zij eens lief hem aan
En gaat rechtop voor hem staan
Dan zegt zij: Help eens even snoes
En wijst op haar japon of blous
  Mannie, maak eens gauw mijn blousje los
  Mannie, maak mijn blousje los
  Want ik kan er zelf niet bij
  Niemand doet 't zo goed als jij
  Mannie, maak eens gauw mijn bloesje los
  Als je mij niet redt
  Helpt aan mijn toilet
  Moet ik met mijn blouse naar bed

Manlief pruttelt maar hij moet
Daarvoor is hij niets te goed
Daarna moet zo'n goeie sok
Ook nog helpen aan haar rok
Dan krijgt vrouwlief pas plezier
In zo'n man'lijk kamenier
Juist als hij naar bed wil gaan
Roept ze: 'k Krijg het niet gedaan
Dan moppert hij: Wat is 't nou weer?

245

En zij vleit: Help me nog een keer
    Mannie, maak mijn combination los
    Mannie, maak dat ding eens los
    Manlief toe, ik heb bepaald
    'n Bandje in de knoop gehaald
    Mannie, maak mijn combination los
    Mannie, maak dat ding eens los
    Mannie, doe het gauw
    Want ik ben je vrouw
    En voor zoiets heb ik toch jou!

Manlief kruipt weer naar zijn bed
Vrouwlief heeft in stilte pret
En ze trekt met stille hoop
Haar korsetband in de knoop
En ze roept met lief geluid:
Ventje kom 'r eens even uit!
Nu is Leiden weer in last
Mijn korset zit nu weer vast
En manlief springt met stille vloek
Het bed uit in zijn onderbroek
    Mannie, maak gauw mijn korsetje los
    Mannie, maak 't korsetje los
    Mannie, hou toch je fatsoen
    Kiet'len mag je mij niet doen
    Mannie, maak gauw mijn korsetje los
    Mannie, maak 't korsetje los
    Mannie, niet zo gek!
    J' raakt een tere plek
    Kriebel niet zo in mijn nek

Daar een vrouw alleen niets kan
Helpt bij alles haar d'r man
Tot ze hulpeloos blijft staan
't Laatste kledingstuk slechts aan
En dan vraagt de goeie bloed
Of ie ook daaraan helpen moet
Maar dan zegt ze bits en straf
Blijf er met je vingers af!
Dat is je dank voor 't hulpbetoon
Ja, ondank is des werelds loon
    Mannie, blijf nu van die knoopjes af

Mannie, blijf er nou toch af
Mannie toe, je maakt me boos
Zie je niet hoe of ik bloos
Mannie, blijf toch van die knoopjes af!
Mannie, blijf er nou toch af!
Mannie...foei, ga heen
Zie je niet dat ik 't meen
Heus, dat kan ik nou wel alleen!

MUZIEK: TONY SCHMITZ
REPERTOIRE: LOUISE FLEURON

LOUIS DAVIDS
Zandvoort bij de zee! 1915

Wanneer het lekker weer is
De natuur in blijde lach
Haalt pa zijn strooien hoed
En moe haar bloesje voor de dag
De meisjes maken stijve papiljotjes in d'r haar
De jongens kopen 'n zwembroekje dan is het zaakje klaar
Om vijf uur 's morgens is het hele stel al in de weer
Ze stappen naar 't station en vader zegt: 'Acht buurtverkeer!'

Zandvoort bij de zee!
We gaan naar Zandvoort bij de zee!
Met vader met moeder met broertje en met zusje
Ome Piet tante Griet en het hele familiehusje
Gaat naar Zandvoort bij de zee!
Nemen broodjes en koffie mee
Oh het is zo'n zaligheid
Wanneer je van de duinen glijdt
In Zandvoort bij de zee

Mama zit in een kuil
Die kleine Kees gegraven had
En vader staat te grinniken
Bij het gemengde bad
Mama zegt dat haar man een ouwe seisieslijmer is
En tante roept: 'Schei uit nu zus de zee is hier zo fris'
Ze plast en tilt met brede zwier haar baaien rok omhoog
Maar plots geeft z' een gil en schreeuwt: 'De zee zit in mijn oog!'

Zandvoort bij de zee!
We gaan naar Zandvoort bij de zee!
Met vader met moeder met broertje en met zusje
Ome Piet tante Griet en het hele familiehusje
Gaat naar Zandvoort bij de zee!
Nemen broodjes en koffie mee
Oh het is zo'n zaligheid
Wanneer je van de duinen glijdt
In Zandvoort bij de zee

De snobs uit Amsterdam
In 't helder wit flanellen pak
De ridders van de koude grond
Met 'n kwartje in d'r zak
Die prefereren Zandvoort want je vindt er meer natuur
Oostende is te banaal, Monte Carlo is veel te duur
Dies gaan ze naar Zandvoort zo beweren ze met klem
En zingen keurig met hun halve zachte foscostem!

Zandvoort près de la mer!
We gaan naar Zandvoort près de la mer!
Met papa met mama met broertje en met zusje
Oncle Pierre tante Claire en enfin 't gehele husje
Gaat naar Zandvoort près de la mer!
C'est très chique la, ce n'est pas cher,
O het is zo'n zaligheid
Wanneer je van de duinen glijdt
In Zandvoort près de la mer.

MUZIEK: L. DAREWSKI
UIT DE REVUE: 'LOOP NAAR DE DUIVEL'/LOUIS DAVIDS

MANNA DE WIJS-MOUTON
Snoepwinkeltje 1916

In de donkere straat
Als het belletje gaat
Kletst het deurtje al rinkelend open
Komen in 't kamertje klein
Bij het lampengeschijn
De kleutertjes binnengeslopen

En een dappere vent
In zijn knuistje een cent
Stapt naar voor en blijft grinnikend zwijgen
Tot de koopvrouw geleerd
Zijn fortuin inspecteert
En vertelt wat hij daarvoor kan krijgen

't Is een reep zwarte drop
Koek met suiker erop
Een kleurbal, een zuurbal, een wafel
Een zoethouten stok
Of een kleurige brok
't Ligt alles bijeen op de tafel
Als de kapitalist
Zich wat dikwijls vergist
De koek en de suiker beduimelt
Scheldt de juffrouw verwoed
Dat hij 't kost'lijke goed
Met z'n smerige vingers verkruimelt!

De kleuter verbaasd
Dat de juffrouw zo raast
Smoest stiekem wat met zijn kornuiten
De keus wordt bepaald
En de kleurbal betaald
Dan schooien zij slent'rend naar buiten
In de donkere straat
Waar het troepje nu staat
Wordt hevig gelikt en gezogen
Dan ruilen z' om beurt
Tot de bal is verkleurd
En hun rijkdom-illusie vervlogen

MUZIEK: MANNA DE WIJS-MOUTON
REPERTOIRE: MANNA DE WIJS-MOUTON

TODDIE
Potverdikkie, poetsie, pats   1917

Ik ben een jongen van de vlakte
Zoals een goed soldaat moet zijn

'k Ben nog gewiekster dan de luit'nant
En veel gehaaider dan de kap'tein
Laatst in de woning van de luit'nant
Hartstikke donker, 't was al nacht
Kwam ik het kamermeisje tegen
En die begroette me heel zacht

Die zei in de donkere gang ineens tegen me:
'Ben je daar, fijn toereloer?
Geef me een smakkertje'
'k Zeg: 'Top' en ik gaf haar een zoentje
Zo'n buitenmodelletje
Zo'n zoentje bien soigné
Met sauce ravigotte erbij
Toen zei ze ineens:
'Gut, Eduard, je bent 't niet'
Ik zeg 'Ja, ik ben 't wel'
'Nee', ze ze, 'ik dacht
Dat je de luitenant was'
Ik zeg: 'Nee, ik ben maar de Aide de Comp
Van de luitenant'
Toen zei ze: 'Wacht even Tinus,
Ik zal een lichtje maken'
En toen zei ze:
'Kom maar mee
Ga zitten op de canapé
Met je lollige snuit
De luitenant is uit
Da's een vervelende sul
En jij bent een toffe knul
Als je toch hier wezen mot
Doe de deur maar op slot'

Potverdikkie, poetsie, pats
Wat zat ik lelijk in de rats!

Zij liet mij in een hokje binnen
En trok direct haar bloessie uit
Toen wist ik niet wat ik moest beginnen
Want het was het smokkie van de luit
'He,' riep ze, 'sufferd, geef me een zoentje

Laat nou 's kijken wat je ken'
Nou, toen heb ik haar eens bewezen
Dat ik een reuzejongen ben

'Gut, wat ben je een vent
Wat heb je een schitterend temperament
Zo'n fijne gauwdief die je bent
Zoiets heb ik in mijn leven nooit gekend'
Ik zei: 'Kindje, hou je even stil'
Toen kneep ze mij nijdig in mijn (arm)
En gaf een criminele gil
Ik zeg 'Wat is er voor malheur?'
En 'k hoorde geritsel aan de deur
Ik kreeg ineens een tomatenkleur
En zij zag eruit als een bellefleur
'k Zeg: 'Meissie, hè wat schrik ik daarvan'
En zij riep: 'Stik, daar heb je mijn man
Als die je vindt, ben je bakker an
Hij snijdt je open, daar kun je op an'
Ik zeg: 'Daarvoor ben ik nog veel te jong'
En ik nam een acrobatensprong
Ik voelde zijn dolk al in mijn long
Ik nam een schuiver naar de knop
En zij riep: 'Tinus, je hebt een strop
Je kunt er niet uit, d'r zit 't nachtslot op'

    En potverdikkie, poetsie, pats
    Wat zat ik toen lelijk in de rats!

Dadelijk ging de deur toen open
En stond de luitenant voor mijn test
Die schreeuwde: 'Schoft, ben je bezopen
Je gaat onmiddellijk in arrest!'
Ik wou hem als de wind ontsnappen
Dacht je dat 'k kans had, nou welja
Hij gaf me nog een paar flinke trappen
En gooide me mijn flanelletje na

En ik lag ineens in de donkere gang
Dat onthoud ik mijn leven lang
Bedrog van je meerdere in rang
'k Denk: Dat wordt krijgsraad en dan pang

Schieten ze Tinus voor z'n knar
En heel mijn toilet was in de war
Daar krijg ik plotseling een idee
Tinus doodschieten, jongen welnee
Als je iemand horens hebt opgezet
Dan hebben toch alle mensen pret
Als ie me straft, dat is lang niet stom
Moet ie in 't rapport zetten waarom
Daar is ie toch veel te pienter voor
'k Denk Tinus, jongen, je rolt erdoor
Dat heb 'k 's fijntjes opgeknapt
En toch heeft ie me d'r bij gelapt

Wat denk je, wat ie in mijn rapport gezet heeft?
De milicien Tinus van Balen acht dagen politiekamer
Wegens het zonder permissie gebruiken van voorwerpen
Die zijn luitenant toebehoren.

En potverdikkie, poetsie, pats
Wat zat ik lelijk in de rats!

MUZIEK: HARTOG DAVIDS
UIT DE REVUE: 'HOERA, WE LEVEN NOG!'
REPERTOIRE: LOUIS DAVIDS

SAM TRIP
De kleine steentjes   1918

Wat ik nu hier vertellen zal
Dat is maar een legende
Maar voor een ieder int'ressant
Daar niemand ze nog kende
De bakers uit de oude tijd
Die zongen 't maar alleentjes
't Verhaaltje van ons Dampaleis
En van de kleine steentjes

Toen Lodewijk Napoleon
Ons raadhuis ging bewonen
Toen wilde hij zich niet zo ruw
Als Bonaparte tonen

Hij wou geen militair vertoon
Eén schildwacht maar alleentjes
En 't volk liep ongestoord voorbij
Daar op de kleine steentjes

Op zekere koude winternacht
Het vroor toen dat het kraakte
Liep daar een schildwacht heen en weer
Die grote passen maakte
Gedoken in zijn grote kraag
Met halfbevroren teentjes
Had hij nog twee uur voor de borst
Daar op die kleine steentjes

Opeens, terwijl hij aan de hoek
Van 't Raadhuis was gekomen
Zag hij een arme vrouw, naar 't scheen
Bij 't schildwachthuisje komen
Ze lei er haastig 'n pakje neer
Toen maakte zij weer beentjes
En was verdwenen als een schim
Weer van de kleine steentjes

De schildwacht ging naar 't schildwachthuis
Maar hoefd' niet lang te zoeken
Hij vond er 'n pasgeboren kind
Gewikkeld in 'n paar doeken
Hij bracht het dadelijk in 't Paleis
Het kind, dat men te vond'ling lei
Daar op die kleine steentjes

De Koning die 't geval vernam
Liet dadelijk informeren
Maar tevergeefs en toen besloot
Hij 't kind te adopteren
De Koning gaf het zelfs zijn naam
En doopte 't 'Lodewijk Steentjes'
Omdat het schaap gevonden was
Daar op de kleine steentjes

De Koning steeg door deze daad
Bij 't volk in hoge achting

Maar dat hij zó hoog rijzen zou
Was buiten zijn verwachting
Er ging nu haast geen week voorbij
Of 'n vrouw sloop op haar teentjes
Met 'n vondeling naar 't schildwachthuis
Daar op de kleine steentjes

Omdat die grond voor zijn Paleis
Te vruchtbaar was gebleken
Besloot de vorst, hoe node ook
Daar 'n stokje voor te steken
Er kwam een einde aan die reeks
Van pasgeboren kleentjes
Toen mocht niemand meer voortaan
Daar op die kleine steentjes

MUZIEK: MAX TAK
REPERTOIRE: HENRI WALLIG

JAMES COHEN VAN ELBURG
Revolutie in 'n plattelandsgemeente   ca 1918

Aan de lange, rechte toonbank
Van het mode-magazijn
Stond 'n schat van 'n verkoopster:
Slank, koket, pikant en fijn
Bijna was die dure winkel
Vóór zij kwam, failliet gegaan!
Maar haar onvolprezen schoonheid
Trok 'n leger kopers aan...

De burgemeester, zonder jokken
Kocht 's morgens vroeg al zes paar sokken
Het chique doktertje riep. 'Ach
'n Zijden overhemdje, zág...'
Notaris, met zijn trippel-pasje
Kwam 's middags om een vuurrood dasje
En Moossie, goochem, dacht: Ik koop
Tien maal per dag een boordeknoop!

't Zedige provincieplaatsje
Was totaal in rep-en-roer!

Mannen, die nooit ontrouw waren
Droomden nu van een amour…
En de winkelier – in – modes
Vlakbij aan de overkant
Wilde weldra zelfmoord plegen!
Want die zat haast zonder klant…

De burgemeester, zonder jokken
Heeft nu al honderdzes paar sokken
Het chique doktertje roept warm:
'Ik koop m' aan overhemden arm!'
Notaris, met zijn trippel-pasjes
Die wordt grossier in rooie dasjes
En Moos vraagt tien maal daags met vuur:
'Eén boordeknoop, maar niet te duur!'

De gemeenteraad van 't plaatsje
Die besprak het vreemd geval
En 'n vrouw op de tribune riep:
'Zij maakt de mannen mal!'
Dominee sprak: 'Burgemeester
Zij riekt kwalijk naar odeur;
Zij is slecht!… en moet verdwijnen!'
… De burgemeester kreeg 'n kleur

Want die dacht aan haar blonde lokken
En aan het kapitaal aan sokken
De dokter zei: 'Z' is mijn patiënt
Ik heb haar pas nog ingeënt!'
Notaris sprak: 'Ik blijf er buiten'
Dacht aan haar welgevormde kuiten…
En Moos riep: 'Ik hou niet mijn mond
Ze is 'n schat, bij mijn gezond!'

Het verkoopstertje bleef lachen
En bleef lief voor iedereen
Maar, wanneer men haar te na kwam
Zei ze steeds hardnekkig: 'Neen!'
Totdat op een schone morgen
't Klokje voor een bruiloft luidt
't Is haar jongen uit de stad, die
Haar nu meeneemt als zijn bruid…

De burgemeester, zonder jokken
Die viel van schrik haast van de sokken!
Het chique doktertje riep: 'Ach
Wie had dat kunnen denken, zág?'
Notaris, met zijn trippel-pasjes
Verscheurt van woede al zijn dasjes
En Moossie denkt: Nah, wat 'n gein
Dat sjiksie was toch niks voor mijn

sjiksie – meisje

MUZIEK: JAMES COHEN VAN ELBURG
REPERTOIRE: ?

DIRK WITTE
Nocturne 1919

We stonden zacht te praten
Aan 't kantje van de sloot
De avond was zo wonderstil
De bomen leken dood
Hij zei dat hij nu trouwen ging
Met een, hier ver vandaan
We moesten bei verstandig zijn
En van elkander gaan
En zijn stem klonk o zo zacht
In de nacht, in de nacht

Ik kon hem niet veel zeggen
Aan 't kantje van de sloot
De tranen kropen in m'n keel
M'n lippen leken dood
Hij praatte veel van standsverschil
Van drang van vaderszij
En dat er wel een ander kwam
Die beter was dan hij
En ik lachte o zo zacht
In de nacht, in de nacht

We stonden stil te praten
Aan 't kantje van de sloot

Ik zag het aan z'n ogen wel:
Z'n liefde die was dood
Eens bracht hij met z'n sterke blik
Mij rust en warmt' en licht
Nu dwaalde met een aarzeling
Z'n oog langs m'n gezicht
En z'n stem klonk o zo zacht
In de nacht, in de nacht

Ik kon geen tranen vinden
Aan 't kantje van de sloot
De nacht was bleek en wonderstil
De bomen leken dood
Hij heeft me zacht de hand gestreeld
En zag me ernstig aan
Toen zei hij: 'Kom wees sterk mijn kind'
En zo liet hij me staan
En ik hoorde nog z'n stap
O zo zacht, in de nacht

MUZIEK: DIRK WITTE
REPERTOIRE: STELLA FONTAINE

WILLY CORSARI
In de mist   ca 1925

Hij liep naar huis toe, des middags laat
Het was een trieste dag
Een mist was er, die als een wolk
Over de straten lag
Hij liep heel langzaam, men zag haast niets
En rilde in zijn dikke jas
En dacht dat zijn hart, als deze dag
Zo lichtloos en vreugd'loos was
Toen vroeg een vrouwestem uit de mist
Of hij niet de weg voor haar wist

Het was een zachte, lieve stem
Die klonk zo vreemd vertrouwd tot hem
Een stem, waarvan hij toch niets wist
Door de mist, door de mist

257

Hij zei: Ik breng u even weg
U vindt het niet alleen
En even later liepen ze
Saam door de schemer heen
Zij zagen bijna niets van elkaar
En dat gaf een vreemde sfeer
Als spraken ze ieder in zichzelf
En kregen toch een antwoord weer
Een vreemde vreugde vervulde hem
Toen hij luisterde naar haar stem

    Het was een zachte, lieve stem
    Die klonk zo vreemd vertrouwd tot hem
    Een stem, waarvan hij toch niets wist
    Door de mist, door de mist

Ze zei: U komt nu later thuis door mij
Als maar uw vrouw niet wacht
Ik ben gescheiden, leef alleen
Zoals ik, sprak ze zacht
Heel jong getrouwd en het ging niet goed
En geen van ons had toch schuld
Nu zou ik het wel graag overdoen
Met meer verstand en meer geduld
Ook ik, zei ze, ben eens weggegaan
En nu maakte ik 't graag ongedaan

    Het werd hem vreemd en blij te moe
    Als lachte 't leven weer hem toe
    Om 'n stem, waarvan hij toch niets wist
    In de mist, in de mist

Ze waren eind'lijk nu bij haar huis
Ze gaf hem stil haar hand
Hij zei: Al zijn we vreemden, 't is
Als bond ons toch een band
U nam mijn eenzaamheid even weg
Zie ik u nu nimmer meer?
Zeg mij uw naam en beloof mij ook
Wij zien elkaar spoedig weer
Toen zei ze en glipte 't huis in gauw
Hem de naam van zijn vroeg're vrouw

Toen kende hij de lieve stem
Uit 'n ver verleden kwam die tot hem
't Geluk ging naast hem, zonder dat hij 't wist
Door de mist, door de mist

MUZIEK: WILLY CORSARI
REPERTOIRE: WILLY CORSARI

LOUIS DAVIDS
De bokswedstrijd 1921

Je vader het me zondagavond meegenomen
D'r was een bokswedstrijd in het Concertgebouw
D'r was een neger voor uit Afrika gekomen
't Was een gedrang, in het portaal lag ik al flauw
Ik heb tot nou an toe nog niet kunnen beseffen
Waarom d'r zoveel duizend mensen kijken gaan
De mensen vinden het gewoonweg een traktatie
Te zien, hoe ze mekander ongelukkig slaan

Je dooie vader het twee knaken motten schokken
Voordat ie in 't Concertgebouw naar binnen mocht
Hij zei: ik moet ze van dichtbij mekaar zien knokken
En het een plaasie bij het podium gezocht
Toen nog een heitje neergelegd voor het programma
Dan kan je altijd zien hoe of de bokser hiet
Je moet het intressieke van het spul toch weten
Want anders – seit ie – amuseer je je d'r niet

D'r waren vier gewone touwetjes gespannen
In 't vierkant en dat noemen die lui daar een ring
Aan ied're kant een emmer water met een handdoek
Dat was voor as d'r eentje van zijn stokkie ging
Ineens twee hele naakte gosers op 't schavotje
Ik schrok me mottig, meid, en zei tot pa: Verrek
Had jij me dat niet van te voren kunnen zeggen?
Ik zat te beven met een kleur tot in mijn nek

Ze kregen handschoenen van leer an derlui jatten
'k Zei teuge vader: Jan, ze slaan mekander beurs
Nee, zeit ie, ouwe, die twee zijn niet veel bijzonders

Die slaan niet hard, moeder, dat sijne amateurs
Ze stonden effe bij elkaar in de pesitie
De scheidsrechter die floot... ik zweer je, in een wip
Gaf me die ene an die andere een doffer
Hij miste dadelijk een stukkie onderlip

De kerel werd voor lijk 't schavotje afgedragen
Je vader zei: Hij gaf 'm daar een reuzenswing
Hij zat te klappen, toen die stumper op de grond lag
En riep: Bravo. Hoe vin je zo'n ellendeling?
Toen kwamen de beroepsboksers tussen de touwtjes
Je vader zei: Ze waren middenzwaargewicht
Geregeld olifanten, meid, geregeld stieren
Ik kreeg de beverd, meid, ik hield mijn ogen dicht

Larie, die gosers gingen samen aan het rauzen
Bij iedere slag dacht ik: d'r gaat er een om zeep
Die ene kreeg een hengst precies tussen zijn ogen
Je zag geen ogen meer – je zag alleen een streep
Die neger was zijn kaak uit het model geslagen
Die stond te duizelen: 'k zeg: Vader is 't nou uit?
Nee, seit ie, vrouw – die ene moet hem blijven knokken
Totdat die heer in 't midden op zijn fluitje fluit

Als ze melkander vastpakten, dat heette klinse
Werde ze dadelijk weer van mekaar gehaald
Ze mosten al die tijd mekaar maar blijven beuken
Voor vasthouwen hebben de mensen niet betaald
De blanke kreeg ineens een raker op zijn tanden
Zijn half gebit lag bij je vader op zijn schoot
En vlak daarop een vrijzetter net in de maagstreek
Toen zei ik: Nou is het gebeurd, nou leit ie dood

Na ied're drie minuten gingen z'effen zitten
Dan lagen ze voor een mirakel op een stoel
Twee kerels stonden dan te zwaaien met een handdoek
Je vader zei: Wat krijgt die neger op zijn smoel
Die zwarte stond maar met zijn vuisten rond te malen
Hij kon niks zien, zei Pa, zijn ogen zaten dicht
Toen gaf ie effen gauw die and're nog een dofslag
D'r kwam een klein fonteintje bloed uit zijn gezicht

In ene sloeg de Amsterdammer achterover
Ze gingen hardop tellen: een, twee, drie, vier, vijf
Bij zes stond die waarachtig weer op zijn poten
En gaf die neger 'n urret op zijn onderlijf
Ik zeg: Ik ga d'r uit, ik kan niet langer aanzien
Dat zo een mens hier tot hachee geslagen wordt
Toen zei je vader: Weet je veel, dat is het fijne
Daar hei jij geen verstand van mens, dat is de sport

De neger het toch de merakelslag gekregen
Je vader sprong toen op zijn stoel en riep: Nok out
Toen ben ik half dood de deuren uitgevlogen
Ik docht ik stikte, meid, ik had het zo benauwd
En thuis vroeg ik je vader wie toch die meheer was
Die in het midden stond; toen zei die: Dat is kras
Je bent toch in 't concertgebouw geweest, niet ouwe?
Wist je niet dat het Willem Mengelberreg was?

En midden in de nacht… gaat vader aan het schreeuwen
Word nou es wakker moeder, sta es effen op,
Dan zal 'k je wijzen, hoe j'een linkse hoek mot geven
Toen sloeg 'k em met de pook een kuiltje in zijn kop
'k Zeg: Ouwe suikerbakker, mot je mijn daar brengen?
Ik heb van jullui sport dan geen verstand misschien
Maar ik ga liever fijn een avondje naar Flora
Ga jij maar boksen vent, maar mijn niet meer gezien

MUZIEK: MARGIE MORRIS
REPERTOIRE: LOUIS DAVIDS; JASPERINA DE JONG

MAUP BIEMANS
De ooievaar komt   ca 1920

In een klas met kleine kleuters
Kakelende door elkaar
Want 't was nog geen negen ure
Zeiden ze dra tot elkaar:
'Wat heb jij nu op je boot'ram?'
'Ik een eitje', 'Ik heb worst'
'En ik heb beschuit met muisjes,'
Zei de kleine Lies van Dorst

De juffrouw in de klas gekomen
Zag toen Lies al peuz'lend staan
'Lies wat ben je weer aan 't snoepen?
Wacht tot 12 uur voortaan'
'Juf, de ooievaar moet komen
'k Heb beschuit met muisjes nou
Stien die zou mij komen halen
Als de ooievaar komen zou'

Lies lette niet op de lessen
Van de maag're schooljuffrouw
Zat met kleine Ans te kletsen
Wat de ooievaar brengen zou
Of een broertje, of een zusje
't Was haar alles even wel
Angstig zat ze maar te luist'ren
Naar het kling'len van de bel

'Lies, krijg je hoedje en je mantel'
Zei juf, met tranen in haar oog
'Je kunt naar huis, Stien staat te wachten'
Kleine Lies, ze sprong omhoog
'Is 't een broertje, is 't een zusje?'
'Neen,' zei toen de juf bedeesd
'Maar hoe kan dat nu?' zei Liesje
'Dan is d' ooievaar niet geweest!'

Veertien daag zijn nauw verlopen
Toen zei Lies weer: 'Dag juffrouw'
Kwam ze weer voor 't eerst naar school toe
Kleine Lies, was in de rouw
'Was d' ooievaar maar weggebleven'
Zo klonk huilende haar beê
'Hij bracht geen broertje, ook geen zusje
Maar hij nam Mamaatje mee!'

MUZIEK: AUGUST DE LAAT
REPERTOIRE: AUGUST DE LAAT

MICHEL DE COCK
Jantjes vuile vingertjes 1922

Onder de wol, het hartje zo vol
Ligt snikkend kleine Jantje
Maatje is boos, en rusteloos
Woelt hij in het ledikantje
Handjes zijn vuil, hij groef een kuil
In de tuin, Maatje heeft erg geknord
Jantje zou het nooit meer doen
Maar zij gaf hem geen zoen
En nu ziet hij als hij slaap'rig wordt:

    Tien vuile kleine vingers
    Aan twee handjes zo zwart als roet
    Tien vuile kleine vingers
    Waarmee hij veel ondeugends doet
    Twee grote dikke tranen
    Druppen langs zijn wangen neer
    En hij fluistert half in slaap
    Ach Maatje, Jantje doet het nooit weer

Ook moeder droomt, zij ziet beschroomd
Aan 's hemels poort klein Jantje
Zij ziet hem staan, dan klopt hij aan
Met het kleine vuile handje
De engel die 't hoort, opent de poort
En roept: Welkom, kom binnen mijn kind
Zijn je handjes ook zwart
Wit als sneeuw is je hart!
Dan ontwaakt de moeder plots'ling en vindt:

    Tien vuile kleine vingers
    Die haar strelen in het gelaat
    Tien vuile kleine vingers
    Vergeving vragend voor elk kwaad
    Moeder wil ze niet meer missen
    En vol liefde drukt ze aan het hart
    Die tien kleine vingertjes
    Aan twee handjes vuil en zwart!

MUZIEK: MICHEL DE COCK
REPERTOIRE: TRUCE SPEYCK; ANNIE BAKKER

LOUIS DAVIDS
Naar buiten   1923

Als de koekoek stil zijn eerste eitje legt
Als de natuur ontwaakt
Als de vrouw zacht blozend 'Ouwe loeres' zegt
Worden er plannetjes gemaakt
Papa juicht: 'Haal een halve stuiver zuring-zout, mijn toet
En torn er eis het lintje van mijn ouwe strooien hoed'
Mama zegt: 'Leg wat steentjes op het randje, honingblom
Want anders trekt je gassie aanstonds krom'

    We gaan naar buiten
    Waar de vogeltjes fluiten
    Waar het zonnetje zo heerlijk schijnt
    Waar de koetjes zoetjes loeien
    De prinsesseboontjes groeien
    Waar al je misère verdwijnt

Pappie haalt de kinderwagen voor de dag
Waar hij zijn pink bij klemt
Keesje protesteert, dat hij niet rijden mag
Pa raakt nu lichtelijk ontstemd
Na twee uur lopen lispelt ma: 'Wat heb ik aan dat groen
Ik zet geen poot meer verder hoor, het bloed staat in mijn
        schoen'
Papa verklaart, indien zij persisteert bij dat geval
Hij haar per se de schedel klieven zal

    We gaan naar buiten
    Waar de vogeltjes fluiten
    Waar het zonnetje zo heerlijk schijnt
    Waar de koetjes zoetjes loeien
    De prinsesseboontjes groeien
    Waar al je misère verdwijnt

Gijsje slaakt hartstochtelijk een rauwe gil
Pa zegt: 'Wat nu schlemiel'
Sidd'rend staat de karavaan een wijle stil
Gijs loeit: 'Mijn poot zit in het wiel'
Aan 't randje van een sloot wordt kleine Gijsbert plots'ling boos

En duwt zijn oudste broeder met zijn hersens in het kroos
Als pa vraagt: 'Boy, wat doet ge?' antwoordt Gijs: 'Dat he'k
      geflikt
Omdat ie aan mijn lollie heeft gelikt'

    We gaan naar buiten
    Waar de vogeltjes fluiten
    Waar het zonnetje zo heerlijk schijnt
    Waar de koetjes zoetjes loeien
    De prinsesseboontjes groeien
    Waar al je misère verdwijnt

Heel de kudde vlijt zich op het grastapijt
Jubelend van plezier
Kees roept: 'Ik ga melken fijn bij het ontbijt'
En attaqueert een reuze stier
Papa plaatst heel bedachtzaam 'n linkse hoek op Keesjes kaak
En moeder fluistert: 'Zakkenroller, lekker, die is raak'
Intussen slikt klein Miesje een hard ei in en wordt groen
Pa zegt: 'Ze overlijdt, niets aan te doen'

    We gaan naar buiten
    Waar de vogeltjes fluiten
    Waar het zonnetje zo heerlijk schijnt
    Waar de koetjes zoetjes loeien
    De prinsesseboontjes groeien
    Waar al je misère verdwijnt

Langzaam daalt de zon, stil naakt de avondstond
't Landschap is nu bloedrood
Gijsje haalt twee losse kiesjes uit zijn mond
Mie wast haar jurkje in de sloot
Papa stelt zich ten slotte aan het hoofd der karavaan
En suffig trekt de steegjesploeg weer op de hoofdstad aan
In 't broeiende alkoofje dromen zij van 't lentefeest
Dat het zo echt gezellig is geweest

    We gaan naar buiten
    Waar de vogeltjes fluiten
    Waar het zonnetje zo heerlijk schijnt
    Waar de koetjes zoetjes loeien

De prinsesseboontjes groeien
Waar al je misère verdwijnt

MUZIEK: LOUIS DAVIDS
REPERTOIRE: LOUIS DAVIDS

CHIEL DE BOER
De rovers van de Rijn   1922

Ze gingen niet naar Vinkeveen, niet vissen in het riet,
Ze gingen ook niet naar Abcou en zelfs naar Zandvoort niet
Ze gingen ver van 't vaderland, Parijs, Milaan, Berlijn
Ze zouden daar eens laten zien wat toffe jongens zijn
En zo is de Jordaan
Naar 't buitenland gegaan

Het ging naar de Alpen, naar de Rijn
Ook in Parijs daar was het fijn
Drie woorden Duits, drie woorden Frans en als het moest een
          grote mond
Er was geen buitenlandse kelner die dat taaltje niet verstond
Ze waren daad'lijk kind aan huis
Ze voelden overal zich thuis
Zelfs meer dan in Holland aan de zee.

Je zag ze ook in Zwitserland, in Wenen en Tirol
't Was Hollands wat de klok daar sloeg, de bergen zaten vol
En als je daar op hoge top een jodelaar zág staan
Dan stond, daar kun je van op aan, z'n wieg in de Jordaan
Dan zong ie 't fraaie lied
Van die molen en die griet

Dan kwam hij uit Holland aan de zee
En al z'n vrienden kwamen mee
Ze kwamen lopen, varen, vliegen, ook per auto, trein of fiets
Geen lange weg was ze te lang, geen steile helling deed ze iets
Ze dronken menig pintje bier
En evenredig steeg 't plezier
Ze kwamen uit Holland aan de zee

Ze zijn, dat spreekt toch wel vanzelf, ook in Parijs geweest
Natuurlijk in de 'Moulin roes', 't was daar een reuze feest

Je hoorde overal op straat een zeer bekend geluid
Zo in de geest van 'donder op' en 'sufferd kijk toch uit!'
Parijs met dat kabaal
Leek 'n Hollands filiaal

Ze kwamen van Holland aan de zee
En al wat lopen kon, kwam mee
Ze kochten hemden, broeken, pijpen, sokken, ijs en fijn gebak
Ze aten oesters, kaviaar en staken de lepels in hun zak
Ze waren dol op Josefien
Ze hebben daar heel wat bloots gezien
Zelfs meer dan in Holland aan de zee

Ik denk dat over duizend jaar de jeugd in Frankrijk leert
Dat eens een heel vreemd trekkersvolk het land heeft geregeerd
Uit lettertekens, die men vond op bank en menig muur
Ontdekte men d'aanwezigheid van 'n Hollandse cultuur
Het was een woeste stam
Die uit het Noorden kwam!

Ze kwamen van 't landje aan de zee
Hun oorlogskreet was g.v.d.
Ze trokken bloemen uit de grond, verspreidden blik, papier en
      glas
Besneden bomen, banken, vloeren en wat maar besnijdbaar was
Van 't volkslied vond men slechts één zin
Dat was: Houd er de moed maar in!
Ze kwamen van Holland aan de zee

MUZIEK: CHIEL DE BOER
REPERTOIRE: CHIEL DE BOER

SIMON KOSTER
Het verkeerde verkeer   1928

Hier een auto, daar een wagen
Ginds een motor, hier een tram
Alle uren, alle dagen
Wordt de stedeling plem-plem
Op de straten, op de pleinen
Gaan de grote en de kleine
Autobussen

Nog daartussen
In de ochtend, in de nachten
Op de weg en langs de grachten
Is het rennen, rennen, rennen
Wat je kan
Man! Man!

 Daar gaat een Nash, een Buick, een Paige
 Daar komt een Benz Record
 Een Chevrolet, een Horch, een Flint
 En daar een Ford
 Ze rijden door elkaar
 En naast elkaar en om elkaar
 Ze snellen, remmen, stoppen
 Vliegen als een dolle schaar
 Een Steijr, een Hansa
 Hier een Isotta
 Ze rennen maar, ze rennen maar
 Ze rennen maar, ze rennen maar
 Als duivels door elkaar!

's Morgens tussen acht en negen
Is 't geren al aan de gang
Daarna duurt de snelheidszegen
Vele drukke uren lang
Tussen fiets en sleperswagen
Staat de wandelaar te klagen
Oversteken
Duurt soms weken
Om aan d'overkant te komen
Mag je aarzelen noch dromen
Moet je rennen, rennen, rennen
Wat je kan
Man! Man!

 Daar gaat een Nash, een Buick, een Paige
 Daar komt een Benz Record
 Een Chevrolet, een Horch, een Flint
 En daar een Ford
 Ze rijden door elkaar
 En naast elkaar en om elkaar

Ze snellen, remmen, stoppen
Vliegen als een dolle schaar
Een Steijr, een Hansa
Hier een Isotta
Ze rennen maar, ze rennen maar
Ze rennen maar, ze rennen maar
Als duivels door elkaar!

MUZIEK: FRANZ S. BRUINIER
UIT DE REVUE 'NUL UUR NUL'

LOUIS DAVIDS
Scheidingsfeest   1924

Tante Na en Ome Dorus gingen scheije
Want ze hadden altijd heibel met z'n twee
Omdat Dorus altijd jajemde en staakte
En aanhalig met het schillenmeisje dee
Het proces hadden ze lang geheim gehouwe
't Gaf zo'n jeiles as dat zaakje werd bekend
Maar vandaag zou dan de eindbeslissing vallen
Met de laatste uitspraak van de president

Nelis zei: Zoiets gebeurt niet alle dagen
Ik verlet een dagje voor die plechtigheid
Scheije mot je op gepaste wijze vieren
't Is het laatste wat een arrebeider heit
Hij versierde toen z'n blommehek met rozen
Heel de buurt stak unaniem de vlaggen uit
En ze tekenden met vetkaars op de glazen
'Zalig uiteinde voor bruidegom en bruid!'

Alle buren uit het steegje hielden zondag
Hein de bakker liep in zijn getuigejas
Lange Daan was al om acht uur in de lorem
Alsof hij de groene scheidingsbruigom was
Ome Dorus lag nog heel bedaard te maffen
Totdat Nelis aan de trap een seintje gaf:
Tante Na en Ome Dorus, kom beneden
Zonder jullie is de aardigheid eraf

Tante Mietje had drie dagen zitten grienen
En ze snikte: Mens, m'n strot is dichtgesnoerd
Dat ze scheien gaan, motten ze zellef weten
Maar 't is altijd voor de kinderen zo beroerd
'k Heb die wijvebeul al jarenlang geschoten
Als ie 'n rok ziet, wordt ie razend sakkerju
En z'n eigen wijf verwaarloost ie, die broeier,
Ja wat zeg je van zo'n vent meheer Landru

Ko de slager zei: Het zijn intieme zaken
't Zijn privaataffaires tussen man en vrouw
Als ie slaan wil, daar heb ik niks mee te maken
Toen zei Mietje: Krijg de zenuwe nou gauw
Denken jullie kerels dat een vrouw een beest is
Dat je rans'len ken, nou moe, nou wordt ie best
As mijn vent een vinger naar me uit zou steken
Sla 'k hem met de bijl een steegie in z'n test

Ome Dorus kwam met Tante Na beneden
Allebei tot in de puntjes aangekleed
Ome Dorus gaf op 't hoekje eerst een rondje
En zei plechtig: Jongelui, ik ben gereed
Daarna binnen ze de uitspraak gaan vernemen
In een ommezientje was het voor mekaar
Buiten stonden ze te schelden op de rechter
Tante Na riep huilend: Zo'n ellendelaar

Ko de slager zei: Zit jij nou niet te grienen
Jullie zijn weer vrijgezellen, o wat fijn
Daarna binne ze de ringen gaan verkopen
Ome Dorus zei: De centen zijn voor mijn
Spoedig zaten ze weer bij hassebassie
Ome Dorus gaf de hele buurt een fuif
Lange Daan hield toen een voordracht van de liefde
Die zo rein was (hik) gelijk een blanke duif

Heel de middag bleef het clubje zitten peren
Hein de bakker gaf aan Tante Na een zoen
Toen zei Dorus: Hein, ik bin nu wel geschejen
Maar dát mot jij in mijn bijzijn nog niet doen
Tante Na riep: Groot gelijk, je bent een linkerd,

In het bijzijn van mijn man, dat vind ik min
Daarna sloeg ze 'm met een fles zure haring
En ze beet een stukkie uit z'n onderkin

Lange Daan greep toen een keu en zei: Niet knokken
Wie hier heibel zoekt, die gaat met mij d'r uit
Daarna dronken ze weer uit mekanders glaassie
En ze zongen: Leve bruidegom en bruid!
Hein de bakker zei: de wittebroodse weken
Zijn begonnen voor het jong gescheje paar
Toen ging Na met Ome Dorus naar het steegje
En ze kropen weer gezellig bij elkaar

MUZIEK: LOUIS DAVIDS
REPERTOIRE: LOUIS DAVIDS; SYLVAIN POONS

ALEX DE HAAS
Vrouwenrevolutie 1943

De Vrouwenbond van Lutjehiel, een dorp dat aan de Maas lag
Van mening dat de vrouw haar man nog veel te veel als baas zag
Belegde een vergaad'ring in de herrieberg 'De Roskam'
Waar menig hartig woordje over manneheerszucht loskwam
En aangezien de man zich toch nooit aan protesten stoorde
Integendeel zijn gang maar ging alsof het zo behoorde
Aanvaardde de vergadering eenparig het besluit:
'Wij zijn de mannen beu, ze gaan eruit, ze gaan eruit!!!'

En wat doe je met lieden die je afwijst uit je gratie?
Díe zet je voor de zekerheid een tijd in concentratie
Aldus werd ook besloten door de Lutjehieler dames
Ze bleven onvermurwbaar voor gejammer en reclames
Ze dreven 't mansvolk samen in een stal waarvoor een plank zat
Maar zorgden dat het IN die stal voldoende sterke drank had
Omdat je – naar ze wisten uit een oude, wijze les –
Een baby en een man het beste zoethoudt met de fles

En hiermee kreeg de vrouw dan voor het eerst in deze landen
De teugels van 't bewind geheel zelfstandig in haar handen
En waarom zou ze 't minder doen dan vóór die tijd de man deed?
Tenminste, ik vermoed dat u er óók nog alles van weet

Hoezeer hij onder eeuwenlang gekakel en spektakel
Ons wereldje deed buit'len van debakel naar debakel
En als er per se chaos zijn moet in de Maatschappij
Dan sticht een vrouw die zonder twijfel beter nog dan wij

Het leven bleef zijn gang dus gaan, hetgeen mij niets verwondert
De fiscus werd op eend're wijs belogen en bed...rogen
De slagersvrouw zei poeslief dat het nèt een onsje méér was
En die van de barbier vertelde trouw wat het voor weer was
De oma's in de soos zaten tot laat te domineren
En tapten daarbij moppen... niet veel netter dan de heren
En telkens als om sluitingstijd de veldwacht-ster verscheen
Dan kreeg z' een borrel en verdween... precies dus als voorheen

Dus alles bleef bij 't zelfde, da's te zeggen: ogenschijnlijk
Maar wie op schijn te zeer vertrouwt vergist zich dikwijls pijnlijk
De Lutjehieler vrouw gedroeg zich uiterlijk gelukkig
Maar gossiepiet, een mensenhart caprioleert zo nukkig
Al leek ze overdag op een Napoleon met rokken
Trots op haar overwinning en haar plicht doend zonder mokken
Des avonds als de zon verzonk in purper, paars en goud
Dan voelde zij van binnen zich zo eenzaam en zo koud ...

Dan kwam weer voor haar geestesoog hoe z' eenmaal door de
            wei ging
Gezellig dicht aaneengevlijd met hem die aan haar zij hing
Ze droomde hoe ze minnekozend met hem in het hooi zonk
Waar ieder van zijn smoesjes als een Vondelvers zo mooi klonk
En hoe ze door twee mannenarmen stevig werd omslingerd
Precies zoals een druivestok omstrengeld wordt door wingerd
En bitter drong 't besef zich op hoezeer zij dat nu miste
En hoe ze door haar staatsgreep zich tot eigen scha vergiste
Ze snakte naar de prikk'lende, benevelende wierook
Van een gezonde buitenzoen die naar tabak en bier rook
En zachtjes klaagde d' ene vrouw haar noden aan de ander
Tot als-maar meer en als-maar meer de koppen staken bij
            elkander
En 't fluist'ren langzaam aanzwol tot een jubelend geluid:
'We houden 't niet meer uit, laat ze eruit, laat ze eruit!'

En allen trokken mee op om de staldeur te ontzetten
De eerherstelde mannen zwaaiden waggelend naar buiten

En toen na vele haringen de kater was bezworen
Gevoelde 't dorpje Lutjehiel zich als hernieuwd geboren
En daarom, lieve luisteraarsters, waar ik dit voor neerschreef
Zeg nooit: Weg met de mannen, want na één week gaat het wéér
     scheef
Dan geef j' opnieuw de zege prijs, al klinkt het nóg zo kras
Voor 'n knuffeltje bij maneschijn, in 't hooi of in het gras...

MUZIEK: ALEX DE HAAS
REPERTOIRE: ALEX DE HAAS

WILLY CHANSON
De begrafenis van tante Bet   ca 1930

Ik kom zojuist van de begrafenis vandaan
M'n tante Bet is doodgegaan
Het lieve mens is nog geen tachtig jaar geweest
En van de week gaf zij plotseling de geest
En daar mijn tante Bet goed in de spie-en zat
Huilden wij, zo u wel vat
En de hele familieschaar was present nou reken maar
En wij hebben heel gezellig met elkaar...

Tante Bet met alle eer begraven
Het was een dag van eten en van laven
Er was haring, broodjes, bitter, catz en bier
En plezier en vertier
't Huis zat vol met kennissen en buren
En toen is Hein 'n harmonica gaan huren
Er is gehuild en gezongen, maar wij waren lekker vet
Op de begrafenis van ouwe tante Bet

Tante Bet die was bekend in heel de stad
Zij had vijftien jaar een zaak gehad
Zij handelde in groenten en in fruit
Ouwe Bet die zag er altijd jofel uit
Toen de notaris over de erfenis begon
Sprak hij: 'Vrienden er is een ton'
Piet de Neus riep plotseling: 'Stik'
Jans kreeg een beroerte van de schrik
En manke Janus zei: 'De erfgenaam ben ik'

Piet de Neus die ging de kraaien halen
Om tien uur 's avonds want men kon betalen
Er waren twaalf kraaien dra gehuurd
Want tante Bet werd 's nachts gebuurt
Ja om drie uur op de groentemarkt
Werd bekendgemaakt dat Bet van Strak
's Avonds goed en wel naar bed toe was gegaan
En dat zij 's morgens toen dood is opgestaan

Zo hebben wij haar juist begraven met veel eer
Wij lagen bloemen bij haar neer
We gooiden allen een schop zand nog op de kist
En toen begon voor ons de pret beslist
We namen de kraaien mee
Die hun best hadden gedaan
Zo zijn wij weer naar huis gegaan
Schele Jans vond het zo saai
Maakte een twostep met een kraai
En bij de harmonica zong tantes papegaai

En 's avonds laat zag je de dronken kraaien
Heen en weer door de Jordaan heen zwaaien
We zongen, door de jenever lekker vet:
Lang leve onze tante Bet
Zij heeft de hele poet ons nagelaten
De neven en nichten zongen: Leve de legaten
Met een knokpartijtje eindigde de pret
De begrafenis van ouwe tante Bet

MUZIEK: WILLY CHANSON
REPERTOIRE: WILLY CHANSON

WILLEM VAN IEPENDAAL
Ja, meheer!   ca 1932

Jongen, nu je wordt ontslagen
Niet zo Bels je pet meer dragen!
Nee, meheer!
Nog beter, koop een cowboyhoed
Die stond prins Hendrik ook zo goed
Ja, meheer!

Nu geen straffe catz meer drinken
Of naar losse meisies linken
Nee, meheer!
Want er steekt in een vrouwelip
Meer kwaad dan uit een oorlogsschip
Ja, meheer!

Laat je voet geen dansvloer raken
Om de kippentrot te maken
Nee, meheer!
Al dat gewankel op een kluit
Draait weer op drie jaar eenzaam uit
Ja, meheer!

Geen piraatjes, niet meer vloeken
En subiet een baasie zoeken
Ja, meheer!
Zes dagen werken in de week
En zondags tweemaal naar de preek
Ja, meheer!   ·

Slechte vriendjes straal negeren
Heb er één: de Here Here!
Ja, meheer!
Want God, die alles weet en ziet
Verlaat een ouwe jongen niet
Nee, meheer!

Hier de pen…Daar teken even…
Tweeënveertig gulden zeven…
Ja, meheer!
Min zestig centen – Schuld cantien –
En hier m'n hand… Tot wederzien?!
Ja, meheer!

MUZIEK: WIM VAN IEPENDAAL
REPERTOIRE: WIM VAN IEPENDAAL

WIM KAN
De maan schijnt op de Jordaan   1933

Daar staat de Westertoren
En ginder het paleis
En daar heel diep beneden
Daar loopt een man met ijs

Daar zie ik Klaas z'n meissie
Bij Ko naar binnen gaan
Kijk, achter 't duivenplatje
Schijnt nou opeens de maan

Daar zit die witte doffer
En dat kleine duiffie weer
Beneden in het straatje
Loopt Leentje met een heer

Daar zakt een rolgordijntje
De slager gaat naar bed
Terwijl ie niet getrouwd is
Zie'k een dubbel silhouet

Nou wordt het stil in 't straatje
Je hoort niet een geluid
Leentje laat iemand binnen
De slager iemand uit

Nou ga ik ook maar slapen
Hoog boven de Jordaan
Welterusten, lieve mensen!
Welterusten, lieve maan!

REPERTOIRE: CORRY VONK

JACQUES VAN TOL
Het hondje van Dirkie   ca 1936

Kleine Dirkie had een hondje, door een auto overreden
Met gebroken poot in 't straatgewoel gevonden

276

Met twee houtjes en een stukkie van een ouwe gonjezak
Had ie het pootje eerst gespalkt en toen verbonden
Daarna had ie het dier heel zacht
Opgepakt en thuisgebracht
En vervult van stille angst en diepe zorgen
Zei ie: 'Mormel, had ook uitgekeken voor je overstak'
En 't voorzichtig in een zolderhoek geborgen

Als ie boterhammen kreeg, verborg ie iedere keer een stukkie
Voor zijn zieke kameraad, onder zijn kieltje
En dan sloop ie op zijn tenen, met een koppie zonder oor
Naar de zolder en zei: 'Vreet nou maar, schlemieltje'
Hekkie keek hem nou en dan
Met zijn koppie scheef es an
De filantropie kon het beestje niet verwerken
Toen ie op een keer wou blaffen, siste Dirkie: 'Hou je bek
Je legt zo uit je pension als ze 't merken'

In een gammel stijfselkistje legde hij 't skelettig diertje
Want zijn moeder mocht het helegaar niet weten
Als ze Hekkie had gezien – hij kende moeder op een prik –
Had ze 't beestje zo 't steegie in gesmeten
Al zo vaak had ie verzocht
Of ie een hondje hebben mocht
Want die beesten zijn net mensen soms zo pienter
Dirkie hield niet van de schoffies uit de buurt, die vonden 'm
          raar
En ze scholden: 'Slome Hein', en 'Dooie Diender'

Op een keer kwam Hekkie, zijn poot nog in verband
De kamer in, een hondje laat zich niet verbieden
Moeder zei: 'Nou is de boot an
Kijk me zo'n scharminkel an
't Lijkt waarachtig wel de joodse invalide
Van wie hoort dat stuk gespuis?
Straks heb ik Artis in me huis'
Dirkie stamelde, hij kon het nauwelijks zeggen:
'Toen ie onder een auto lee
Docht ik: ik neem 'm effe mee
Anders hadden ze 'm zomaar late legge'

'As-t-ie binnen 't uur mijn huis niet uit is, gaat ie in de plomp'
Verklaarde ma, 'da's wat voor mij die nare krenge'
Toen sprak pa gedecideerd: 'Wanneer zijn poot genezen is
Zal ik hem persoonlijk naar 't asiel toe brengen'
Dirk zei liefdevol: 'Nou, teef
De eerste maand ben jij weer safe'
Intuïtief was hij van de patiënt gaan houwe
Moeder schamperde: 'Seg ober, geef u Hekkie een stukkie kreeft
Man, je mot een villa voor 'm late bouwe'

Kleine Mientje, 't jongste zusje, noemde Hekkie smalend:
        'Viezerik'
Dan hulde Dirkie zich in een hooghartig zwijgen
Soms werd 't hem wat al te machtig, en dan kreet ie: 'Treiterkop
Wat is vies, kijk jij maar liever naar je eige'
Eens beet Hek in Miesjes pop
't Meisje gaf het beest een schop
Dirk vloog op en loeide: 'Valse salamander
Raak dat beest nou nog es aan
Zal ik je effe kreupel slaan
As-t-ie slaag krijgt is 't van mij, en van geen ander'

Hekkie leefde ongestoord temidden van conflicten voort
Schoon onbewust dat ze de oorzaak was van rampen
De een vervolgde haar met haat, de ander werd haar kameraad
't Huisgezin had zich gescheiden in twee kampen
't Pootje was weer gecureerd
Dirkie had de hond geleerd
Mooi te zitten, en nou was ie reuze branie
Vader zei soms: 'Klein serpent
Zo'n beest is toch intelligent'
'Ja,' zei moeder, 'ga d'r mee naar Sarrasani'

Na zes maanden stille oorlog heeft het noodlot zich voltrokken
Hekkie had iets raars gedaan in moeders kamer
Bertus, 't oudste broertje zag het en riep: 'Kijk es wat een zwijn
Op de trijpe stoele, moe', hij greep een hamer
Wierp die Hekkie naar zijn kop
't Beestje vloog schuimbekkend op
Viel toen neer... Op dat moment kwam Dirkie binnen
Bleef als vastgenageld staan

Keek lijkwit zijn broertje aan
Niemand wist toen wat met Dirkie te beginnen

Zacht, als was 't een kostbaar kleinood heeft toen Dirkie
             't verstarde beest
Naar zijn hoekie op de zolder meegenomen
's Avonds in het donker groef ie in 't Vondelpark een kuil
In een eenzaam laantje onder iepebomen
Met een snuitje bleek als was
Lei ie Hekkie onder 't gras
En zei trillend, beide oogjes toegeknepen:
'Hekkie… 't was niet mijn schuld
Mensen hebben geen geduld
Arm dier, ze hebben jou thuis nooit begrepen'

MUZIEK: LOUIS DAVIDS
REPERTOIRE: WIM SONNEVELD

LOUIS DAVIDS
Hengelen 1935

Ergens in een negorijtje in de buurt van Amsterdam
Was een ongewone actie te bespeuren
Want de visclub 'Aas en Vriendschap' zetelend in de Jordaan
Zou een grote hengelwedstrijd doen gebeuren
Stoere huisvaders met hangsnorren in oud Chinese stijl
Dikke ankerkettings op gevulde buiken
Stonden loerend aan de wallekant met hengels in hun hand
Tussen stillevens van tonnetjes en kruiken
De dobbers deinden in het riet
En dertienstemmig klonk hun lied

   Hengelen, hengelen, hengelen, aan de waterkant
   Hengelen, hengelen, hengelen, tussen 't boerenland
   Vroeg in de kleren en vroeg uit de kooi
   't Zonnetje schijnt en de lucht ruikt naar hooi
   Hengelen, hengelen, hengelen
   Heng'len is zo mooi!

Ome Dorus blies als voorzitter een martelarenkreet
Op een kinderentrompet uit een bazartje

Dat stond in de statuten, 't was het algemene sein
Dat de wedstrijd moest beginnen met een klaartje
Lange Toon had nog een theepotje voor zijn privégebruik
En daar stond ie zo in tempo aan te likken
Dat de madeliefjes welkten, door zijn ademtocht beroerd
En een baarsje in zijn netje lag te hikken
Doch lyrisch klonk langs sloot en plas
Zijn volle graanjenever-bas

    Hengelen, hengelen, hengelen, aan de waterkant
    Hengelen, hengelen, hengelen, tussen 't boerenland
    Vroeg in de kleren en vroeg uit de kooi
    't Zonnetje schijnt en de lucht ruikt naar hooi
    Hengelen, hengelen, hengelen
    Heng'len is zo mooi!

Loense Nelis had zijn deeg, bereid naar een geheim recept
In zijn wang opdat geen mens er aan kon komen
Iedere keer als hij een deegje aan zijn vishaak wilde doen
Werd die deegbal even uit de safe genomen
In het hete van de wedstrijd slikte hij die aasbal in
Doch beneveld door diverse oude klaren
Stond ie woedend te beweren: die was uit zijn wang gejat
Wijl er zakkenrollers in 't gezelschap waren
En spoedig lagen tussen 't kroos
Zes lieden zwaar bewusteloos

    Hengelen, hengelen, hengelen, aan de waterkant
    Hengelen, hengelen, hengelen, tussen 't boerenland
    Vroeg in de kleren en vroeg uit de kooi
    't Zonnetje schijnt en de lucht ruikt naar hooi
    Hengelen, hengelen, hengelen
    Heng'len is zo mooi!

Midden in de massaslachting klonk de stem van Ome Hein:
'Mot dat zo nou mannen, broeiers, hier vergaderd!
Leg toch bij, wij zijn toch uit, nou zien en voelen jullie niks
Van het wonder der natuur dat ons hier nadert
Ruisend zweeft het op ons aan, ik word er koud van langs mijn
       rug
O! de schoonheid der natuur ontroert mijn ziel zo'
Ieder keek wat hij bedoelde en de stemming werd plots mild

Want het was een boerenmeid van honderd kilo
Toen was de blijheid weer hun deel
Ze neurieden sentimenteel

   Hengelen, hengelen, hengelen, aan de waterkant
   Hengelen, hengelen, hengelen, tussen 't boerenland
   Vroeg in de kleren en vroeg uit de kooi
   't Zonnetje schijnt en de lucht ruikt naar hooi
   Hengelen, hengelen, hengelen
   Heng'len is zo mooi!

MUZIEK: LOUIS DAVIDS
REPERTOIRE: LOUIS DAVIDS

ALEX DE HAAS
Het gezellige zussie en de ongezellige buurvrouw 1945

Meid, me zussie had zo'n echte Duitse jonge an de hand
Waar ze anderhallef jaar mee hep verkeerd!
Ze hep reuzeweet ervan dat ie terug is naar z'n land:
Toen de Tommy's kwamme hep-t-ie 'em gesmeerd
Ik weet niet hoe hoog-'t-ie in het burgerleve wel mot zijn
Maar in dienst was-t-ie zoveel als korperaal
Maar de buurvrouw zee: 'Het zal wel een Herr Dokter zijn
        geweest
Want dat benne ze in Duitsland allemaal'

Het was emmes niet zo'n kwaje as de meeste moffe zijn
Zo as Hitler was-t-ie helemaal niet vóór
Wél natuurlijk in 't begin, toen het nog goed ging met zijn Krieg
Maar toch niemeer sinds-t-ie overal verloor!
Van de jode zee-d-ie wel: 'Die lope Christenmeissies na
Joenge medels, en dan liefst met bloondes haar!'
Maar de buurvrouw zee: 'Hij had 'es naar zijn landslui motte
        zien
Want die zag j' alleen met grut van veertien jaar!'

Je kon overal ân zien dat ie mesjokke op-t-er was:
Ze kon álles van 'em krijge wat ze wou
En een lol dat ze gehad hep as ze uitging met d'r knul!...
As ze thuiskwam was ze steevast hallef blauw!
Hij was graag met 'r geheiraat, maar dat moch nie as soldaat

Want dan kreeg-t-ie 't met de Fuurer an de stok
Maar de buurvrouw zee: 'Ach meid, die mof belatafelt de boel
Want natuurlijk is het een getrouwde bok!'

Elke vrijdag is ze met 'em na de bios toegeweest
Alle fillemversies kan ze uit d'r kop
Voor Heins Ruuman hep ze héél wat in het rijtje magge staan
Want daar gong ze mee na bed of sting ze op!
Ze zee dikkels tege buurvrouw dat z' em óók es mos gaan zien
Die pias die liet je lache dat je króóp,
Maar die zuurpruim zee: 'Zo gauw as Sjàrlie Sjàplin d'r weer is
Eerder zien ze mijn niet in een biejeskoop!'

Ze is ook nog naar een soortement van kermis toegewees
Want me moe zee huilend: 'Zus is in de kraam!'
Z' is met Augoest met een auto naar de Baarhoeve-kliniek
Voor een schiettent anders wel een rare naam!
Toen ze t'rugkwam hep ze wát een lief nieuw zussie meegebrach
En de buurvrouw zee: 'Ze is d'r bèst an toe
As 't een jongetje geweest was had de Fuurer 'em gepikt
Nou 't een meid is kan ze in de leer bij moe!'

Toen ze moeder lest 'es vroege of ze 't eng vond dat me zus
Met de Weermacht meeging, lachte ze: 'Welnee!
Want ten eerste zeit die jonge zelf: "Wier woolte keine Krieg"
En ten tweede brengt-ie elke keer wat mee:
Dán es bonne, dan weer kole, dan weer vlees of échte thee
Nou, dan vraag-ie niet naar naasjonaliteit!'
Maar de buurvrouw kwam weer gauw met: 'As je zó d'r over
                    denkt
Ben je nèt zo'n puin-je-weet-wel as die meid!'

Op een avond kwam een troepie vreemde kerels angezet
En die knipte met geweld me zussie kaal
Want ze zee-je: Nou dat moffetuig d'r uitgeranseld was
Kon d'r afgerekend worde voor 't schandaal!
Op het gille van me moeder kwam de buurvrouw angezet
Met d'r: 'Ja juffrouw, dat komt 'er nou uit voort
Want je eige en je vollek had je heel wat schand' bespaard
As je 't loeder in de wieg al had gesmoord!!!'

MUZIEK: ALEX DE HAAS
REPERTOIRE: ALEX DE HAAS

TOON HERMANS
De jeep van Jansen 1948

In de Kromme Elleboogstraat is een vreselijk lawaai
Omdat Jansen met zijn jeep vandaag van stal mot
't Is een herrie, een geslinger, een gewalm en een gedraai
Non-stop knalprogramma van een ouwe knalpot

Jansen zelf als de bezitter staat te sling'ren in de stank
Staat te sapp'len, maar lauw sjoege geeft het jeepie
Buurman Nelis zegt: Ik gooi een scheutje jajem in de tank
Hoe bestaat het, zou je zeggen, maar toen liep ie
Nelis zegt: Da's mijn collega, net zo'n drankwagen als ik
Pa zegt: Ja, dat doe ik vast, a'k weer te lang por
Pa, veramerikaanst van 't jeepie
Is het proto autotypie
En hij pulkt een meter kauwgom uit zijn hangsnor
Met Hiroshimaans geluid
Tuft dan het stel het straatje uit

> Poh... Tuut... Piep
> Daar heb je de jeep
> Daar heb je de jeep van Jansen
> Poh... Tuut Piep
> En in de jeep
> Zit met de griep
> Pa Jansen
> Hij gaat met moeder en diverse spruiten
> Naar buiten
> Ze gaan niet met de stille trom
> Naar Achterhoek of Hillegom
> Poh... Tuut... Piep
> Daar heb je de jeep
> Daar heb je de jeep
> Die malle jeeeeeeep!!

En ze tuffen door het straatje effe gauw een pleintje rond
Z' halen tante Sjaantje op in 't hart van Mokum
Tante Sjaan komt net naar buiten met een 'klole' in d'r mond
'k Heb je jeep niet horen toet'ren, maar ik rook 'em

Met een aantal broodjes pekel
Ploft ze op de houten zit
Met de zure bommen in d'r inmaakglasie
Jansen zegt: Hou vast, daar gaat ie
Ik zet 'm in de eerste gang
Moeder zegt: Staat ie niet beter in de garasie?
Na wat horten en wat stoten
Staan ze op de buitenweg
Moeder zegt: Zo gaat ie goed, as vader gas geeft
Plots'ling wil ie niet meer trekken
Pa zegt: 'k Zie de accu lekken
Nee, zegt tante, dat is Jantje die geplast heeft
En Jansen trapt op 't gaspedaal
Harmonisch zingen ze allemaal:

    Poh... Tuut... Piep
    Daar heb je de jeep
    Daar heb je de jeep van Jansen
    Poh... Tuut Piep
    En in de jeep
    Zit met de griep
    Pa Jansen
    Hij gaat met moeder en diverse spruiten
    Naar buiten
    Ze gaan niet met de stille trom
    Naar Achterhoek of Hillegom
    Poh... Tuut... Piep
    Daar heb je de jeep
    Daar heb je de jeep
    Die malle jeeeeeeep!!

Op de stille buitenwegen breekt al vroeg de avond aan
Na zo'n dag is het weer t'rug naar Mokum sjouwen
Moeder zingt van douw douw deine
Met een kleintje op d'r schoot
Maar ze mot nou eerst het ouwe jeepie 'douwe'

Zo verstrijkt het holiday-tje
Hier en daar een mankement
Maar ze laten zich hun dagje niet bederven
Al heeft moeder ook haar jurk gescheurd

Het daggie was perfect
Ook al ligt de zure bommenfles in scherven
In de late avonduren arriveert ie voor zijn deur
Schrikte de Kromme Elleboogstraat uit zijn dromen
Buren die aan 't raampje luist'ren
Hoor je dan tevreden fluis'tren
Nou die binne toch weer levend thuisgekomen
En slaap'rig klinkt dan door de nacht
Het opus 'jeep' nog eenmaal zacht:

Poh… Tuut… Piep
Daar heb je de jeep
Daar heb je de jeep van Jansen
Poh… Tuut Piep
En in de jeep
Zit met de griep
Pa Jansen
Hij gaat met moeder en diverse spruiten
Naar buiten
Ze gaan niet met de stille trom
Naar Achterhoek of Hillegom
Poh… Tuut… Piep
Daar heb je de jeep
Daar heb je de jeep
Die malle jeeeeeeep!!

MUZIEK: TOON HERMANS
REPERTOIRE: TOON HERMANS

ANNIE M.G. SCHMIDT
Haar vaders koetsier   1947

Zij zit op een sofa in 't grafelijk slot
Gedurig weg te kwijnen.
Stil slaat zij de Sèvres-vazen kapot
En bijt in de beige gordijnen.
Soms wandelt zij wild door de oprijlaan
Van 't grafelijk beukenbosje.
Dan jammert zij luidkeels en traan op traan
Besproeit haar zilveren broche.

O, welk een gemier.
Zij mint haar vaders koetsier.

Haar vader beziet met heraldische blik
Haar adellijke taille.
En zegt: 'Al wie minder in stand is dan ik
Is mijns inziens een canaille.
Doe daadlijk je duurste keurslijf aan,
Zit niet zo commun te kniezen,
Je zult naar 't naburige graafschap gaan,
Daar ritselt het van de markiezen.'

O, welk een gemier.
Zij mint haar vaders koetsier.

Zij perst zich wenend in een korset,
Poetst haar tanden in een nevel.
Dan kruipt zij weemoedig onder haar bed
En denkt aan zijn rossige knevel.
Dan hoort zij plots in de oprijlaan
Het Largo van Händel fluiten.
Zij komt onder het ledikant vandaan
En kijkt reikhalzend naar buiten.

O, welk een gemier.
Zij mint haar vaders koetsier.

Daar ziet zij haar zwaarbeminde proleet
Op de bok van de equipage.
Zij springt met een tamelijk rauwe kreet
Uit het raam van de vierde etage.
Zij valt met een dreunende slag op zijn hoed
En beiden zijn dood en verpletterd.
De equipage ziet rood van het bloed
Dat kwistig naar buiten toe spettert.

O, welk een gemier.
Zij minde haar vaders koetsier.

Haar vader snelt toe in satijnen hansop,
Versierd met het graaflijke wapen.

Hij belt meteen zijn rentmeester op
En zegt: 'Laat die lijken oprapen.'
Een grillige straal van het maanlicht treft
Zijn door smart gebogen gestalte.
En wat de equipage betreft,
Die wordt chemisch gereinigd bij Palthe.

O, welk een gemier.
Zij minde haar vaders koetsier.

MUZIEK: PIET TIMMER
REPERTOIRE: CABARET DE INKTVIS, ANNIE M.G. SCHMIDT

HEINZ POLZER
Zusters Karamazov   ca 1956

Tante Constance en Tante Mathilde
Woonden eendrachtig en knus bij elkaar
Een was hardhorend, de andere brilde
In doorsnee waren zij zeventig jaar
In Overveen
Telden zij hun dagen bijeen
Niet meer zo koket als voorheen
Maar nog altijd flink ter been

   Terwijl de kater sliep
   En de pendule liep
   En de kanarie sprak:
   Tjiep tjiep tjiep tjiep

Tante Constance en Tante Mathilde
Erfden de kleren van Tante Heleen
Waardoor ineens hun gehechtheid verkilde
Want van elk soort japon was er maar één
Er werd getwist
En naar provocaties gevist
En er werden dingen vermist
Waar de ander meer van wist

   Terwijl de kater sliep
   En de pendule liep

En de kanarie sprak:
Tjiep tjiep tjiep tjiep

Op zeek're dag maakte Tante Mathilde
Akelig lachend de koffie gereed
Daar zij haar zuster vergiftigen wilde
Die in haar eentje een wandeling deed
Met terpentijn
En een snufje rattenvenijn
En gesloten keukengordijn
Moest het wel uitvoerbaar zijn

 Terwijl de kater sliep
 En de pendule liep
 En de kanarie sprak:
 Tjiep tjiep tjiep tjiep

Toen nu de koffie tot stand was gekomen
Wou zij eens proeven en nam zij een slok
Zij had de juiste verhouding genomen
Tante Mathilde viel neer als een blok
Sedert die tijd
Droeg Constance in eenzaamheid
De japonnen die tot haar spijt
Tot een drama hadden geleid

 Terwijl de kater sliep
 En de pendule liep
 En de kanarie sprak:
 Tjiep tjiep tjiep tjiep

MUZIEK: HEINZ POLZER
REPERTOIRE: DRS P.

ANNIE M.G. SCHMIDT
En nu de natuur in 1949

Sinds ik studeer (ja het is zo, ik studeer!)
Zie ik de natuur met wetenschappelijke ogen.
Ik *zie* veel meer, en ik *ontdek* veel meer.
Maar daarvoor ben ik dan ook biologe.

288

Kijk, larfjes van de Hepiopelmus!
Een snuittor en een aardvlooi en een hommel.
't Zijn van die allerliefste schepseltjes.
Ik vang ze en ik doe ze in een trommel.
Ik voel me één met de natuur, ja *één*,
Eén met de worm, één met de engerlingen,
Eén met de paardenhurk (ga van mijn been),
Eén met de... kom hoe heten ze, ze springen!
Nee, dat bedoel ik niet, die heb ik thuis,
Van zulke grote zijn het, 'k heb er elf.
Ik heb ook wantsen en één klederluis,
Het zijn ook creatuurtjes, zeg nou zelf.

O, kijk wat een merkwaardig insekt.
Wat zou dat voor een insekt wezen?
Het is vliesvleugelig...
Geleedpotig... ik heb het, een vlieg!

  Dansje:
Hoe lieflijk is de waterluis, de waterluis, de waterluis,
De sprinkhaan en de ribbelmuis,
Alles wat zo groeit in de natuuuuur.

O, kijk daar eens, het eerste bilzekruid,
Dat heeft zo'n eigenaardig liefdesleven...
– Staat in dat boek – nou 't ziet er niet naar uit,
Misschien in het geniep, zo 's avonds even.
Dat liefdesleven is wel praktisch, heur!
Zo hygiënisch hè! bij al die planten.
Bestuiving basta, en dan geen gezeur,
Wat is dat een verschil met oom en tante.
O! Dolle kervel! O, wat is die dol!
Ik houd toch zo van al die veldgewassen.
En wilde zwezerik, mijn gemoed loopt vol.
Ik voel me één met al die wilde grassen!
En guichelheil! warempel kijk eens gauw.
Dat tiert hier welig, nee dat weelt hier tierig...
Dat wiert hier telig, kom wat is het nou?
O, nee, hoor, ik bedoel, dat teelt hier wierig...

Och kijk eens wat een beeldig plantje.
Wat zou dat voor een plantje wezen?

't Is na… pardon, naaktzadig,
't Is vergroeidbladig.
Ik heb het… het is netelroos.

   Dansje:
Hoe lieflijk is de guichelheil, de guichelheil, de guichelheil,
De gagel en de geitekwijl,
Alles wat er bloeit in de natuuuuuuur!

O, kijk die wijfjesspin daar op die muur!
Ze is bezig met haar mannetje op te vreten.
Hoe mooi is dat, hoe wijs is de natuur.
Ik krijg zo'n trek, ik heb weer niets te eten!
O, kijk een donderbolk, waar blijft ie nou?
Daar vliegt ie, o, nou is ie weer verdwenen!
O, jee, nou zit ie in uw haar, mevrouw.
Pas op! Hij legt zijn eitjes tussen tenen!
O, kijk eens hier op deze groene spriet
En kijk eens hier en daar en hier, en ooooooo kijk daar es,
Dat lijkt wel een garnaal, dat kan toch niet,
Of is het een rhinoceros vulgaris?
Daar zwermt de bijenkoningin, kijk daar,
Ze is aan het zwermen met haar bruidegommen.
Allemaal darren! Hoe krijgt ze het voor elkaar?
Bij ons zou je daar niet om moeten kommen!

O, maar daar is de bijenkoningin,
En daar heb je de hele zwerm ook…
Au! Au! Hoeiii Au!

MUZIEK: PETER KELLENBACH
REPERTOIRE: HETTY BLOK; JOOP DODERER

Ik wil gelukkig zijn

VIJFTIEN VERLANGENS

DIRK WITTE
M'n eerste 1914

Toen 'k een jongen was van amper achttien jaar
Was 'k natuurlijk altijd voor een pretje klaar
En het spreekt vanzelf, ik ging
Ook naar de zangvereniging
Want daar was je heel gezellig bij elkaar

En ik zong daar met het meeste vuur tenor
Of, laat 'k liever zeggen daarvoor ging het door
Maar de hoofdzaak was dat niet
Want zelfs onder 't schoonste lied
Keek ik altijd naar een meisje uit het koor

En ik kwam toen in haar gunst
Als een broeder in de kunst
Maar toen m'n stem het niet meer dee
Kreeg ik heel gauw m'n congé

Toch denk ik altijd nog met liefde aan m'n eerste
M'n eerste meisje van de zangvereniging
M'n allerliefste klein sopraantje
Waar 'k mee wandelde in 't maantje
Maar die niet meer aan me denkt nu 'k niet meer zing

Toen m'n stem versleten was en 'k niet meer zong
En een and're zanger m'uit haar gunst verdrong
Moest ik aan m'n smart gewennen
'k Leerde and're meisjes kennen
Naar wier gunst ik met vernieuwde woede dong.

Maar hoe mooi, hoe lief ze soms ook zijn geweest
Een herinn'ring zweefde altijd voor m'n geest
En ik hoorde in m'n oor
Het sopraantje uit het koor
Dat m'n eerste grote liefde is geweest

Als 'k een avontuurtje had
En een meisje hield omvat
Als ik blikte in haar oog
En m'n ziel ten hemel vloog

Dan dacht ik toch nog telkens even aan m'n eerste,
M'n eerste meisje van de zangvereniging.
M'n allerliefste klein sopraantje,
Waar 'k mee wandelde in 't maantje,
Maar die niet meer aan me denkt nu 'k niet meer zing.

Als ik straks nu toch nog met een ander trouw
En dan deftig ondertrouwreceptie hou
Met zwarte jassen, lang en kort
Ooms en tantes, witte port
Zie ik toch met lichte weemoed naar m'n vrouw

Als ik in de kerk dan voor het altaar sta
En gearmd de lange loper overga
En de mensen kijken uit
Naar de bruigom en de bruid
En de vrienden en vriendinnen zien ons na

En ze zingen ongezien
't Bruidskoor uit de Lohengrin
En ik sta daar en ik hoor
De sopranen van het koor

Dan denk ik toch nog wel eens even aan m'n eerste
M'n eerste meisje van de zangvereniging
M'n allerliefste klein sopraantje
Waar 'k mee wandelde in 't maantje
Maar die niet meer aan me denkt nu 'k niet meer zing.

MUZIEK: DIRK WITTE
REPERTOIRE: JEAN-LOUIS PISUISSE; ALEX DE HAAS; WILLY ALBERTY

JACQUES VAN TOL
Ik wil gelukkig zijn 1934

In mijn hart
begroef ik op een dag
Een stille liefde
En ik tart sindsdien
De hele boel
En lach!
Maak mij zwart

Omdat 'k niet thuis bezwijm
En uit wil vliegen
'k Moet toch ergens heen?
'k Ben niet graag alleen
Met mijn groot geheim!

    Ik wil gelukkig zijn
    Ik wil dansen tot ik niet meer kan!
    Al word ik er draai'rig van
    Dat hindert niet!
    Dat hindert niet!
    Ik wil gelukkig zijn!
    Ik zoek mensen en gezelligheid
    En al heb ik later spijt
    Dat hindert niet!
    Dat hindert niet!
    Ik amuseer me met z'n tweeën
    Maar ook alleen
    En ik geneer me voor geen ander
    Ik lach om iedereen!
    Ik wil gelukkig zijn!
    'k Weet van malligheid niet wat ik doe!
    Waar zwaait nu mijn weg naar toe?
    Het hindert niet!
    Het hindert niet!

Ik ben uit
Ik lach me cocktails aan
Van zeven dranken
'k Geef geen duit
Om wat ze zeggen
'k Laat me gaan!
Ik ben uit
En niet voor mijn verdriet
Ik zou je danken
'k Loop geen pretje mis
Want het leven
Is toch zo kwaad nog niet!

    Ik wil gelukkig zijn
    Ik wil dansen tot ik niet meer kan!

Al word ik er draai'rig van
Dat hindert niet!
Dat hindert niet!
Ik wil gelukkig zijn!
Ik zoek mensen en gezelligheid
En al heb ik later spijt
Dat hindert niet!
Dat hindert niet!
Ik amuseer me met z'n tweeën
Maar ook alleen
En ik geneer me voor geen ander
Ik lach om iedereen!
Ik wil gelukkig zijn!
'k Weet van malligheid niet wat ik doe!
Waar zwaait nu mijn weg naar toe?
Het hindert niet!
Het hindert niet!

MUZIEK: HANS MAY
REPERTOIRE: FIEN DE LA MAR

PIETER GOEMANS
Aan de Amsterdamse grachten   1956

Er staat een huis aan een gracht in Oud Amsterdam
Waar ik als jochie van acht bij grootmoeder kwam
Nu zit een vreemde meneer in 't kamertje voor
En ook die heerlijke zolder werd tot kantoor

Alleen de bomen dromen
Hoog boven 't verkeer
En over 't water
Gaat er
Een bootje net als weleer
Aan de Amsterdamse grachten
Heb ik heel m'n hart voor altijd verpand
Amsterdam vult mijn gedachten
Als de mooiste stad in ons land
Al die Amsterdamse mensen
Al die lichtjes 's avonds laat op het Plein
Niemand kan zich beter wensen
Dan een Amsterdammer te zijn

'k Heb veel gereisd en al vroeg de wereld gezien
En nimmer kreeg ik genoeg van 't reizen nadien
Maar ergens bleef er een sterk verlangen in mij
Naar Hollands kust en de stad aan Amstel en IJ

    Waar oude bomen dromen
    Hoog boven 't verkeer
    En over 't water
    Gaat er
    Een bootje net als weleer
    Aan de Amsterdamse grachten
    Heb ik heel mijn m'n hart voor altijd verpand
    Amsterdam vult mijn gedachten
    Als de mooiste stad in ons land
    Al die Amsterdamse mensen
    Al die lichtjes 's avonds laat op het Plein
    Niemand kan zich beter wensen
    Dan een Amsterdammer te zijn

MUZIEK: PIETER GOEMANS
REPERTOIRE: WIM SONNEVELD E.A.

HELLA HAASSE
Herfstliedje 1943

De blaren dansen, rood en goud
De lucht is fris, de wind wordt koud
De paddestoel kruipt uit het mos
In duizend kleuren staat het bos
De blaren dansen, goud en rood
De zomer sterft, het jaar gaat dood
De vogels zingen haast niet meer
Hoe komt het dan, dat ik, wanneer
Ik door de bruine lanen ren
zo mateloos gelukkig ben?

    Ik hou van de herfst, dat jaargetij
    Dat past zo wonderwel bij mij
    Dat maakt me sterk, dat maakt me blij
    M'n handen in de zakken van m'n jas
    M'n benen in een reuzen-wandelpas

Dwars door de blaren en het natte gras
Mijn terriërtje, kwiek en grauw
Rent voor me uit of volgt me trouw
In de herfst, in de herfst, waar ik zoveel van hou

De regen plenst, de regen zwiept
Een bak met water, omgekiept
uit dikke grijze regenlucht
En mens en dier schijnt weggevlucht
Maar ik, ik lach en wandel nu
Al vechtend met mijn paraplu
Een doekje stevig om mijn kin
Een hoed waait toch de grachten in…
Want als het stormt en giert ben ik
Juist zo geweldig in mijn schik

Ik hou van de herfst, dat jaargetij
Dat past zo wonderwel bij mij
Dat maakt me sterk, dat maakt me blij
Want op zo'n herfstdag, tintelend en fris
Vond ik de man, die mij het liefste is
In drie seconden was mijn lot beslist
De hele wereld leek van goud
Voor ik het wist, was ik getrouwd
In de herfst, in de herfst, waar ik zoveel van houd

Het leven is als 't herfstseizoen
'n Kleurenspel van geel tot groen
Dan droog, dan nat, dan zoel, dan guur
Afwisselend van uur tot uur
Wanneer de zon schijnt, is het fijn
Maar klaag niet, als er stormen zijn
Lach blij en pak je stevig in
Stap tegen wind en regen in
En als je oplet, voel je goed
Het herfst-aroma in je bloed

Ik hou van de herfst, dat jaargetij
Dat past zo wonderwel bij mij
Oktober lokt me meer dan mei
Wanneer ik later eenmaal dood zal gaan

Dan moet er langs de smalle kerkhoflaan
Een ere-wacht van paddestoelen staan
Een frisse wind, de hemel blauw
De bomen goudbruin in de rouw
In de herfst, in de herfst, waar ik zoveel van hou.

MUZIEK: WIM DE VRIES

G. MOUSSAULT
Het afscheid   1922

Het kan wel zijn m'n lieve
Dat ik nooit meer bij je kom
Slechts enkele soldaten
Keren weerom

Het kan wel zijn m'n lieve
Dat jij me nooit meer ziet
Misschien, misschien m'n lieve
Maar ach, ik weet het niet

Het kan wel zijn m'n lieve
Dat jij me nooit meer kust
Dat eer de maand voorbij is
Ik in de duinen rust

Ik wil je kussen liefste
Nog eens kussen, kom!
Ach, enkele soldaten
Keren weerom!

MUZIEK: WILLY CORSARI

JACQUES VAN TOL EN RIDO
Weet je nog wel, oudje?   1933

't Was eens in de vakantiedagen
Weet je nog wel oudje?
Dat wij dat fotoalbum zagen

Weet je nog wel oudje?
We kiekten ons kind, toen 't in slaap was gezakt
En hebben dat voor in het album geplakt
Weet je nog wel oudje?

Wij kiekten hem haast alle weken
Weet je nog wel oudje?
't Was of dat album soms kon spreken
Weet je nog wel oudje?
Er was er ook een in matrozenpak bij
En die leek precies op een jeugdkiek van mij
Weet je nog wel oudje?

Wij kiekten al zijn leuke dingen
Weet je nog wel oudje?
Dat boek zat vol herinneringen
Weet je nog wel oudje?
Wij zeiden wel eens, als hij zeven zal zijn
En wij gaan zo door, wordt het album te klein
Weet je nog wel, oudje?

Toen werd hij van ons weggenomen
Weet je nog wel oudje?
Er is nog één kiek bij gekomen
Weet je nog wel oudje?
Die kiek van het grafje die jij van me kreeg
De rest van het album bleef hopeloos leeg
Weet je nog wel oudje?

Jij stond die dagen steeds te dromen
Weet je nog wel oudje
Wat in het album had gekomen
Weet je nog wel oudje?
Wanneer ons dat ongeluk niet was gebeurd
Toen hebben we het blad uit het album gescheurd
Weet je nog wel oudje?

MUZIEK: LOUIS DAVIDS
REPERTOIRE: LOUIS DAVIDS

E. PAOLI
Vaderlief zweeft langs de hemel ca 1934

Lientjes papa was een vlieger
Bij de grote KLM
Mammie en het lieve kindje
Hielden o zoveel van hem
Steeds als hij een reis ging maken
Vloog hij over hun huisje heen
En dan wuifden mam en Lientje
Tot hij heel, héél ver verdween
En turend in de ijle lucht
Sprak mammie met een diepe zucht:

    Je vadertje zweeft langs de hemel
    Buig even de knietjes, kom!
    En laat ons bidden, Lieve Heertje
    Breng ons pappie gauw weerom!

Wat een vreugd als pappie thuiskwam
Met cadeautjes o zo fraai
Mooie sarongs, een klein aapje
En nog laatst een papegaai
En dan kon hij mooi vertellen
Van dat land vol toverpracht
Maar een week van reine vreugde
Is helaas snel doorgebracht
dan viel het afscheid o zo zwaar
En zeiden beiden tot elkaar:

    Kijk, vaderlief zweeft langs de hemel
    Buig even de knietjes, kom!
    En laat ons bidden, Lieve Heertje
    Breng ons pappie gauw weerom!

Op een ochtend, Lientje sliep nog
Rinkelde de telefoon
En een mannenstem van Schiphol
Sprak op smartelijke toon
Spreek de waarheid, gilde mammie
'k Wil niet twijfelen mijnheer!

En de stem sprak droef: Mevrouwtje
Hij viel op het veld van eer!
Het kind ontwaakte door een gil
En mammie snikte: 't Is Gods wil

Je vaderlief is in de hemel
Wij buigen saam de knietjes, kom!
Hij is bij onze Lieve Heertje
Ons vadertje komt nooit weerom!

Maanden later mocht klein Lientje
Met een oom naar Schiphol mee
'n Grote Douglas zou vertrekken
Naar het land van overzee
Gaat u aanstonds langs de hemel?
Vroeg zij aan de vliegenier
Toe mijnheer, laat mij dan meegaan
Al is 't nog zo ver van hier
En oompje, zegt u dan aan moe
'k Ben even naar mijn pappie toe

Want vadertje is in de hemel
Mijnheer, laat me meegaan, kom!
Want mammie zit steeds zo te huilen
Misschien breng ik pappie wel weerom!

MUZIEK: WILLY DERBY
REPERTOIRE: WILLY DERBY

MARTIE VERDENIUS
Rotterdam 1940 1940

De bakker brengt het brood van puin tot puin
De postbode vergist zich in de straat
De morgen en de middag groeien door
En in de kranten staat dat het leven verder gaat
Maar velen vragen zich slechts af waarom
Voor velen is de noodzaak om te leven niet meer nodig
Het praten leidt hen af, maar het denken maakt hen stom
En alle vreugd en werk lijkt ver en vreemd en overbodig

Maar van de zee, de havens waait een frisse wind
In ieder huis dat bleef, in iedere schamele kamer
Waar dat mensen overdonderend overwint
met mokerslagen met een hamer

Het hamert in de straten
Het hamert in de hoofden
Die stad van ons is moegerouwd
Die stad van ons moet opgebouwd
Daar kloppen de houwelen
Daar kloppen weer de harten
We gaan vooruit, we bouwen weer
We zwoegen en we sjouwen weer
We moeten door, we willen door
We weten weer: we zijn ervoor
Als bij een legkaart stuk voor stuk
Past weer de arbeid in geluk
En alles wat verloren ging
Wordt eenmaal een herinnering

De bakker brengt het brood als elke dag
De kinderen gaan naar school en spelen weer
Hun schelle stemmen klinken op de straat
De zon schijnt, en er valt wat regen neer
We weten nu dat alles door zal gaan
We doen ons werk, we slapen en we lopen en we eten
Zo zonder erg glijden we weer in ons bestaan
En onze kinderen zullen dit, goddank, het eerst vergeten

Misschien veel later zullen ze ons vragen doen
Maar dan is alles duizendvoud teruggegeven
De tijd reikt over alles heen
En Rotterdam, die stad van ons, is ons gebleven

MUZIEK: MARTIE VERDENIUS
REPERTOIRE: FIEN DE LA MAR

JACK BULTERMAN
Weet je nog wel, die avond in de regen? 1940

Jij stond op een tram te wachten
'k Zag je in de verte staan
Ik kwam naar je toe, je lachte
Samen zijn we voortgegaan

Weet je nog wel
Die avond in de regen
't Was al over negen
En we liepen heel verlegen
Samen
Onder moeders paraplu
Weet je nog wel
Hoe jij daar stond te wachten
Vanaf kwart voor achten
Hoe we beiden vrolijk lachten
Samen
Onder moeders paraplu
Je wangen waren nat
En je haar was nat
We trapten samen in een plas
Je merkte het niet eens
Omdat dat moment
Het mooiste van je leven was
Weet je nog wel
Die avond in de regen
Hoe we beiden zwegen
Heel verliefd en heel verlegen
Samen
Onder moeders paraplu
Onder moeders paraplu

En terwijl wij plannen maakten
Kuste ik je keer op keer
Toen we uit de droom ontwaakten
Regende 't allang niet meer

Weet je nog wel
Die avond in de regen

't Was al over negen
En we liepen heel verlegen
Samen
Onder moeders paraplu
Weet je nog wel
Hoe jij daar stond te wachten
Vanaf kwart voor achten
Hoe we beiden vrolijk lachten
Samen
Onder moeders paraplu
Je wangen waren nat
En je haar was nat
We trapten samen in een plas
Je merkte het niet eens
Omdat dat moment
Het mooiste van je leven was
Weet je nog wel
Die avond in de regen
Hoe we beiden zwegen
Heel verliefd en heel verlegen
Samen
Onder moeders paraplu
Onder moeders paraplu

MUZIEK: JACK BULTERMAN
REPERTOIRE: WIM POPPINK; WILLEKE ALBERTI

HELLA HAASSE
Je spreekt over Darwin... 1943

We zitten samen bij de schemerlamp
Gordijnen dicht – de kleine kachel brandt
Jij met een heel erg wetenschappelijk boek
Ik met mijn werk: een kapotte kinderbroek
Jij leest geconcentreerd en zegt geen woord
Maar 'k heb je zucht daarnet toch wel gehoord
Jij zit nu te verlangen naar een man
met wie je echt eens debatteren kan
En omdat je toch graag wat zeggen wil
– Het is de hele avond al zo stil –
Begin je tegen mij

Je praat aan me voorbij
Je weet: ik kan er immers toch niet bij...

Je spreekt over Darwin, je spreekt over Kant
Je verklaart me de zin van het leven
Maar ik zou voor een lach
Voor een druk van je hand
Voor een knikje en een zoen soms... heel even
De relativiteit, 't absolute verstand
Al die apen van Darwin, al die wijsheid van Kant
Zelfs de zin van het leven graag geven

Wij passen eigenlijk niet bij elkaar
Eens dachten we van wel – maar 't is niet waar
Jij was zo'n echte deeg'lijke student
Je werkte bij je prof als assistent
Ik voelde mij naast jou gewoon frivool
Een echt klein meisje van de huishoudschool
En liepen we zo 's avonds arm in arm
Een straatje om – dan praatte jij je warm
'k Begreep wel niet veel van jouw vaklatijn
Maar ik luisterde verrukt en vond het fijn
Want alles wat je zei
Dat was zo nieuw voor mij
Al kon ik er ook helemaal niet bij

Je spreekt over Darwin, je spreekt over Kant
Je verklaart me de zin van het leven
Maar ik zou voor een lach
Voor een druk van je hand
Voor een knikje en een zoen soms... heel even
De relativiteit, 't absolute verstand
Al die apen van Darwin, al die wijsheid van Kant
Zelfs de zin van het leven graag geven

Pas later drong de waarheid tot je door:
Ik had alleen maar een gewillig oor
Ik was wel lief, gezellig, opgewekt
Maar 'k had geen snipper werk'lijk intellect
Sinds je dat weet, ben je teleurgesteld
Je hebt geen waar gekregen voor je geld

Je zit hier niet omdat je van me houdt
Maar omdat we nu eenmaal zijn getrouwd
Het kost je moeite vaak om lief te doen
Een domme vrouw die krijgt van jou geen zoen
En toch is er voor mij
Maar één en dat ben jij
Al praten we ook aan elkaar voorbij.

MUZIEK: WIM DE VRIES
REPERTOIRE: CABARET WIM SONNEVELD, ERI ROUCHÉ

JACQUES VAN TOL
*Als op het Leidseplein de lichtjes weer eens
branden gaan* 1943

't Maantje in haar volle luister
Is weer present
't Laat mij zien hier in het duister
Hoe mooi jij bent!
Samen zitten wij te dromen
Hier hand in hand
Tot eens het licht weer brandt...

Als op het Leidseplein
De lichtjes weer eens branden gaan
En 't is gezellig op het asfalt in de stad
En bij 't Lido zijn de blinden voor het raam vandaan
Dan gaan we kijken naar het sprookje, lieve schat
Zo arm in arm, jij en ik
Lachende naar alle kant
Als kinderen zo blij, omdat het licht weer brandt!
Als op het Leidseplein
De lichtjes weer eens branden gaan
Dan gaan wij kijken naar het sprookje, lieve schat

Blije mensen voor de ruiten
Van elk café
Zien ons samengaan daarbuiten
En lachen mee
En het maantje mag een maandje
In onze laan
Weer met vakantie gaan

Als op het Leidseplein
De lichtjes weer eens branden gaan
En 't is gezellig op het asfalt in de stad
En bij 't Lido zijn de blinden voor het raam vandaan
Dan gaan we kijken naar het sprookje, lieve schat
Zo arm in arm, jij en ik
Lachende naar alle kant
Als kinderen zo blij, omdat het licht weer brandt!
Als op het Leidseplein
De lichtjes weer eens branden gaan
Dan gaan wij kijken naar het sprookje, lieve schat

MUZIEK: COR STEIJN
REPERTOIRE: WILLY WALDEN E.A.

ANNIE M.G. SCHMIDT
Marjoleine   1947

Ik weet waaraan je denkt, Marjoleine.
Aan die man met dat nobele gezicht.
Zijn lei is schoner dan de mijne.
Allicht.
Maar denk nou eens aan al die wichtjes,
Die je bij hem krijgen zou.
Allemaal nobele gezichtjes.
Niks voor jou.

Doe je wollen sokjes aan, Marjoleine.
Kom langs de zoldertrap zo zachtjes als je kan.
Waarom denk je, dat de maan zo staat te schijnen?
Marjoleine, 'k word er zo weemoedig van.
Hier beneden ligt het perkje te geuren.
't Is het decor voor het begin van een roman.
Waarom blijf je nou toch boven zitten zeuren.
Marjoleine, doe je wollen sokjes an.

Ik weet waaraan je denkt, Marjoleine.
Aan die man met dat parelgrijze vest.
Zijn saldo is hoger dan het mijne.
Dat weet ik best.

Maar denk nou eens aan al die visite,
Die je bij hem krijgen zou.
Allemaal vesten in je suite.
Niks voor jou.

Doe je wollen sokjes aan, Marjoleine.
Kom langs de zoldertrap zo zachtjes als je kan.
Waarom denk je, dat de maan zo staat te schijnen?
Marjoleine, 'k word er zo weemoedig van.
Hier beneden ligt het perkje te geuren.
't Is het decor voor het begin van een roman.
Waarom blijf je nou toch boven zitten zeuren.
Marjoleine, doe je wollen sokjes an.

Een spreuk aan de muur, daar ben ik tegen.
Ik hou niet van een eikenhout dressoir.
Ik moet geen mat met 'voeten vegen'.
Zo naar.
Maar toch ben ik vol tedere gedachten,
Zo van... de sterren staan te bloeien in het blauw,
En ik kan dan ook beslist niet langer wachten,
Marjoleine, op jou.

Doe je wollen sokjes aan, Marjoleine.
Kom langs de zoldertrap zo zachtjes als je kan.
Waarom denk je, dat de maan zo staat te schijnen?
Marjoleine, 'k word er sikkeneurig van.
Hier beneden ligt het perkje te geuren.
't Is het decor voor het begin van een roman.
Waarom blijf je nou toch boven zitten zeuren.
Marjoleine, doe die dingen nou toch an.

MUZIEK: WILLEM WITTKAMPF
REPERTOIRE: CABARET DE INKTVIS; WILLEM WITTKAMPF; WIM SONNEVELD

RINUS FERDINANDUSSE
Rosalinde 1957

Oh! Rosalinde, ik lag
Onder je bed en ik zag
De voeten van je pa

De voeten van je ma
De voeten van je broer
En de voeten van je zus
En ze gaven je een kus
Een kusje voor de nacht

Oh! Rosalinde, ik wacht
En ik hoor strakjes zacht
Het snurken van je pa
Het snurken van je ma
Het snurken van je zus
En het snurken van je broer
En dan kom ik van de vloer
Onder je bed is het maar nauw
't Is alleen omdat ik van je hou
Dat ik hier lig en wacht
Tot je eind'lijk zonder pa
En eind'lijk zonder broer
En eind'lijk zonder zus
En eind'lijk zonder ma
Maar alleen met je pyjama
Ja, je hele panorama
Zult wezen voor mij
Daarom wacht ik zo blij
Op vannacht

Met al die mooie dingen
Waar je hier niet van kunt zingen
Waar je alleen maar aan denkt…
Rosalinde, ik wacht tot je wenkt

MUZIEK: HANS PUNT
REPERTOIRE: HENRI DE RUITER

JULES DE CORTE EN JACQUES VAN KOLLENBURG
Als jij het wilt   1957

Als jij het wilt dan zal ik alle dagen bloemen voor je kopen
Als jij het wilt zal ik mijn leven met jou delen dag en nacht
En als je honderd etalages langs wilt lopen
Zal ik je volgen zonder het uiten van een klacht

In elke angst ben ik voor jou een veilig schild
Als jij het wilt

Als jij het wilt dan zal ik alles wat ik denk met jou bepraten
Als jij het wilt ben ik de zon die elke kou voor jou verjaagt
En als je wilt zal ik zonder meer het roken laten
Al hoop ik niet dat je zo'n offer van mij vraagt
Ik ben de Hercules die al jouw zorgen tilt
Als jij het wilt

Als jij het wilt zal ik een huis met twintig kamers voor je bouwen
Als jij het wilt maak ik ons leven tot een eeuwig minnespel
En op de dag die jij het leukst vindt gaan we trouwen
En wil je niet nou ja dan blijf ik vrijgezel
Al mijn illusies en mijn dromen zijn verspild
Als jij het wilt

MUZIEK: JULES DE CORTE
REPERTOIRE: JULES DE CORTE

BEN ROWOLD
Zondagmiddag　ca 1958

We zaten op een warme zondagmiddag rond de tafel
Jolien schonk verse thee in, Frans trakteerde op een wafel
De thee was werkelijk prima, niet te sterk en niet te slap
De wafels waren puik, dat bleek bij iedere nieuwe hap
Zo had die zondagmiddag een zeer aangenaam begin
Ja, ja, zo'n kopje thee, dat gaat er altijd lekker in

Jolien zei: 'Kijk daar gaat het oudste meisje Bravenschoot'
En Henk zei: 'Ja wat wil je, kleine kinderen worden groot'
Frans toonde ons zijn nieuwe regenjas van popelien
D'r zat een heel klein foutje in, maar je kon het haast niet zien
Fransien zei: 'Popelien is sterk, dat gaat wel jaren mee'
Jolien zei: 'Kom wie wil er nog een lekker bakje thee'

Daarna zijn we gezelligjes een kaartje wezen leggen
Frans had een mooie ruitenkaart. Tenminste dat wil zeggen
Ik had de Boer, de Nel en Ruitenaas en Ruitentien
Maar 'k had geen mooie bijkaart, want de rest zat bij Fransien

Het werd alleen geen doormars, want ik had nog Klaveraas
Jolien zei: 'Wie wil er een borreltje met een stukje kaas?'

Fransien zei: 'Nou heel graag, Jolien, als het je niet ontrieft'
Maar Frans zei: 'Nee meid dank je, ik geen borrel alsjeblieft'
Jolien zei: 'Ach een borreltje, hè Frans doe niet zo flauw'
Maar wij zeiden gezamenlijk: 'Toe laat die jongen nou'
Frans zei: 'Ik mag niet drinken voor de steken in mijn hoofd'
Jolien zei: 'Nou 't is leuk, heb ik me daarvoor uitgesloofd?'

We zijn toen met z'n vieren naar 't benedenhuis gegaan
Frans klopte zachtjes aan en er werd opengedaan
Jolien had van te voren voor een zijden sjaal gezorgd
Daarmee heeft ze toen de buurman en de buurvrouw geworgd
't Is wel zielig voor de zeven kindertjes Sanders van benee
Maar ja, een mens wil ook wel eens wat anders dan die thee

MUZIEK: ?
REPERTOIRE: CABARET LURELEI

Veilig achterop

TWEEËNTWINTIG WENSEN

ANNIE M.G. SCHMIDT
Doosje   1958

Ik ben zo bang dat je strakjes verdwijnt,
Vervaagt in mist en dan nooit meer verschijnt,
Oplost in zonlicht of smelt in de regen,
Ja, dat komt voor en wat doe je ertegen?
Wegvliegt door 't raam als een heel domme vlinder,
Hoge beloning voor Eerlijke Vinder.

Ik zou je het liefste in een doosje willen doen
En je bewaren, heel goed bewaren.
Dan zou ik je verzekeren voor anderhalf miljoen
En telkens zou ik eventjes het doosje opendoen
En dan strijk ik je zo zachtjes langs je haren.
Dan lig je in de watten en niemand kan erbij,
Geen dief die je kan stelen, je bent helemaal van mij.
Ik zou je het liefste in een doosje willen doen
En dan telkens even kijken,
Heel voorzichtig even kijken,
En dan telkens even kijken
En een zoen.

Je mag er eventjes uit, elke dag.
Zeker dat mag. Ja, een uurtje, dat mag.
Laten we zeggen: naar 't Vondelpark, even,
Alleen om de eendjes wat eten te geven.
Maar 'k hou je vast, ook tegen je zin
En na een uur ga je 't doosje weer in.

FRISO WIEGERSMA
De zomer van 1910   1963

Ze herinnert zich nog de rozen
De rozen langs het pad
En ook weet ze nog dat
Z' een rode roos had gekozen
Die kleurde zo mooi bij haar wit mousseline

Ze was nog zo jong
Zo verschikkelijk jong
In die zomer van 1910.

Ze herinnert zich nog zijn ogen
Zijn mond en het gebaar van
Zijn hand toen hij van haar
Voorgoed heeft afscheid genomen.
En dat ze hem nooit meer, nee nooit meer zou zien

Ze was nog zo jong
Nog zo vreselijk jong
In die zomer van 1910.

Die dag is voorbij en die zomer vergaan
Onherroepelijk, onherroepelijk,
Toch is die herinnering blijven bestaan
Onveranderlijk, onveranderlijk,
De rozen die bloeien nog steeds langs het pad
Waar ze hem voor het laatst heeft ontmoet
Die zomerse dag is verstard tot een beeld
Dat haar bij blijft voor altijd voorgoed.

De jaren die zijn vervlogen
Dat beeld vergeet zij niet
Ach en steeds als zij het ziet
Komen tranen in haar ogen
Omdat het genadeloos aan haar laat zien:

Je wordt nooit meer bedroefd
Maar ook nooit meer verliefd
Nooit meer jong als in 1910.

ANNIE M.G. SCHMIDT
Op een mooie Pinksterdag   1965

Op een mooie Pinksterdag,
Als het even kon,
Liep ik met mijn dochter aan het handje in het parrekie te kuie-
ren in de zon,

315

Gingen madeliefjes plukken,
Eendjes voeren,
Eindeloos.
'Kijk nou toch, je jurk wordt nat,
Je handjes vuil,
En papa boos.'

Vader was een mooie held.
Vader was de baas.
Vader was een duidelijke mengeling van Onze Lieve Heer en
        Sinterklaas.
'Ben je bang voor 't hondje?
Hondje bijt niet.
Papa zegt dat hij niet bijt.'
Op een mooie Pinksterdag
Met de kleine meid.

Als het kindje groter wordt,
Roossie in de knop,
Zou je tegen alle grote jongens willen zeggen: 'Handen thuis en
        lazer op'.
'Hebbu dat nou ook meneer?'
'Jawel, meneer,
Precies als iedereen.'
Op een mooie Pinksterdag
Laat ze je alleen.

Morgen kan ze zwanger zijn.
't Kan ook nog vandaag.
't Kan van de behanger zijn
Of van een Franse zanger zijn
Of iemand uit Den Haag.
Vader kan gaan smeken
En gaan preken
Tot hij purper ziet.
Vader zegt: 'Pas op, m'n kind,
Dat hondje bijt.'
Ze luistert niet.
Vader is een hypocriet.
Vader is een nul.
Vader is er enkel en alleen maar voor de centen en de rest is
        flauwe kul.

Ik wou dat ik nog één keer
Met mijn dochter
Aan het handje lopen kon.
Op een mooie Pinksterdag
Samen in de zon.

WILLEM WILMINK
Het meisje spreekt 1966

Toen ik voor het eerst die dingen hoorde
Was ik dertien of veertien jaar,
Zag op weg naar school de mensen op straat
En dacht: die zijn naar bed geweest
Met elkaar.

Maar geen spoor van avontuur
En geen spoor van licht
In hun hele postuur,
In hun hele gezicht.

De eerste keer van mezelf
Ben ik bij dageraad voor het raam gaan staan,
En het licht van de zon bescheen
Een schoorsteen, een plat met kiezelsteen,
En ik zag daar mijn leven van jongs af aan.

Ik heb het ook wel eens gedaan
Alleen maar voor de gezelligheid,
Dat heette dan dat je werd verleid.
En als je dan 's morgens koffie maakt
Kan geen van de twee het zwijgen verbreken,
En je voelt je op straat nog naakt.

Laatst heb ik een muur aangeraakt
Op een zomerse avond. Hij was warm.
Toen legde ik mijn hoofd op mijn arm,
En het was of ik weer dat kind zijn zou,
Als ik maar aftelde: zes, negen, tien,
Als ik maar riep: wie niet weg is is gezien.

317

RAMSES SHAFFY
Marije 1966

Op het land, in de wei en
In de bossen, op het strand.
Wil ik mij nu gaan vermeien
Met Marije aan m'n hand

Mijn Marije is zo mollig,
Is zo wollig, is zo zacht.
Mijn Marije is zo dollerig
En snollig in de nacht

   Hosja, hup Marije

Op het water, in de plassen,
In de regen, in de wind.
Wil ik mijn Marije wassen
Omdat zij dat lekker vindt

Ik wil mijn Marije versieren
Ik tooi mijn Marije bont
Duizend rozen, anjelieren,
Duizend kussen op haar mond

   Hosja, hup Marije

Ik laat mijn Marije hollen
Door de golven van de zee
Daarna door de duinen rollen
Ach Marije, ik neem je mee

Mijn Marije in de hei.
In de klei zo moddervet
Mijn Marije in de wei,
Mijn Marije in m'n bed

   Hosja, hup Marije

LENNAERT NIJGH
Vrijgezel 1966

Er was een tijd voor ik jou kende,
Dat ik leeg, maar vol ellende,
Vloekend op de hele bende
In een kroeg te wachten zat
Tot het meisje van mijn dromen
Op een dag voorbij zou komen
En ik liet mijn tranen stromen
Als ik weer een kater had;
En dat mijn geliefde vrienden
Waarmee ik de muze diende
En geen rooie cent verdiende,
Ook al had ik nee gezegd,
's Avonds aan kwamen gelopen
Om een praatje aan te knopen
En dan 's morgens straalbezopen
Op de stoep werden gelegd.

Er was een tijd dat ik het meeste
Te vertellen had op feesten
Waar ik met verlichte geesten
Vaak de politiek besprak,
Waarin wij ons nooit vergisten,
Mensen die het beter wisten
Waren allemaal fascisten
Die het aan verstand ontbrak.
Toen ik naar mijn navel staarde
En mij communist verklaarde
En met alle andere baarden
Op de bom te wachten zat,
Toen die maar niet wilde vallen
Hoorde men al spoedig lallen
En we lagen met z'n allen
Wereldvredig op de mat.

In die tijd kon ik de vrouwen
Met een kennersoog beschouwen
En ik wilde nimmer trouwen,
Want dat kwam me niet van pas,

'k Wilde enkel samenwonen
Met een zwartgeklede schone,
Om de burgerij te tonen
Hoe ruimdenkend ik wel was.
Maar het was niet te vermijden
Dat ik eenzaam was bij tijden
Zodat ik vertwijfeld vrijde
Met een meisje van 't ballet,
Welke schoonheid snel verdorde
's Morgens bij het wakker worden
Met de peuken op de borden
En de kruimels in het bed.

Op een dag kwam ik jou tegen,
Lief en klein, en zo verlegen,
Druipend in de lenteregen
In de grote, vreemde stad.
Jij wist niets van provoceren
En je wilde me bekeren
En ik liet me alles leren
Als ik maar jouw liefde had.
Nu zit ik de krant te lezen
En een burgerman te wezen,
'k Hoef geen honger meer te vrezen,
Maar toch denk ik soms met spijt
Aan de tijd voor ik jou kende,
Aan de vrolijke ellende,
Aan de artistieke bende
Van de goeie, ouwe tijd.

RAMSES SHAFFY
Sjaantje   1966

Ik ben het Sjaantje met het haantje
En het kipje op een stok
Het konijn zal in de tuin zijn
Bij de schapen en de bok
Ik hou van dieren, 'k hou van mieren
Dieren houden ook van mij
Mensen niet, maar dat is niet erg hoor
Want ik ga ze voorbij

's Morgens vroeg ga ik ze voeren
Graantje hier en graantje daar
Het konijn krijgt lekker sla
En de kip krijgt wat tartaar
's Middags lig ik wat te flutteren
En te slutteren in de zon
Ik draai een graspriet om m'n vinger
'k Wou dat ik wat vrijen kon

Ik ben het Sjaantje met het haantje
En het kipje op een stok
Het konijn zal in de tuin zijn
Bij de schapen en de bok
Ik hou van dieren, 'k hou van mieren
Dieren houden ook van mij
Mensen niet, maar dat is niet erg hoor
Want ik ga ze voorbij

's Avonds krijgen ze weer eten
En ik spreek ze alle toe
Voor de kip zing ik een liedje
Wordt het beestje lekker moe
Als ze allemaal gaan gapen
En gaan slapen keurig net
Dan is mijn taak weer ten einde
Maar ik wil niet alleen naar bed

Ik ben het Sjaantje met het haantje
En het kipje op een stok
Het konijn zal in de tuin zijn
Bij de schapen en de bok
Ik hou van dieren, 'k hou van mieren
Dieren houden ook van mij
Mensen niet, maar dat is niet erg hoor
Want ik ga ze voorbij

In de nacht lig ik te woelen
En ik kom maar niet in slaap
Ach, als hij nou maar wou komen
Jan of Piet of Klaas of Jaap
Maar ze vinden me te flodderig

Te slodderig, te mal
Dus ik denk dat ik alleen
Met de dieren om me heen
Dat ik altijd zo alleen
Zo alleen blijven zal

    Ik ben het Sjaantje met het haantje
    En het kipje op een stok
    Het konijn zal in de tuin zijn
    Bij de schapen en de bok
    Ik hou van dieren, ik hou van mieren
    Dieren houden ook van mij
    Mensen niet, 't is toch wel jammer
    Want morgen is het mei...

PIETER GOEMANS
Nu niet meer   1967

Toen ik klein was, vol met dromen
Over alles wat zou komen
Wist ik echt niet dat het zijn zou als nu.

Vroeger was de wereld klein
Vroeger was de stad ons plein
Verder had je ook nog Vlaardingen
Vlak bij Maassluis
Grootmoeders huis
Daar werd het Pasen elk jaar weer
Nu niet meer, nu niet meer.

Vroeger sprak ik steeds maar weer
Zachtjes met mijn teddybeer
Ik weet zeker dat hij antwoord gaf
Hij keek daarbij
Echt ook naar mij
Maar wat of ik nu nog probeer
't Gaat niet meer, nu niet meer.

Vroeger heb ik vaak gedacht:
Als ik maar geduldig wacht

Tot ik op een dag volwassen ben
Dan kan ik stil
Doen wat ik wil
Daar kwam volwassen zijn op neer
Nu niet meer, nu niet meer.

Vroeger dacht ik: Met een zoen
Kun je niet veel anders doen
Dan gewoon een beetje aardig zijn
Trouwen en zo
Kinderen – o
Dat kwam vanzelf wel op een keer
Nu niet meer, nu niet meer.

ALEXANDER POLA
Zeg, kunnen we niet nog eens samen... 1970

Je bent dezelfde waarmee ik eens trouwde
Dezelfde waarvan ik nog altijd blijf houden
Je bent nog dezelfde die ja zei en lachte
Dezelfde waarop ik op parkbankjes wachtte
En ik ben dezelfde die destijds daar zat
Toch is er iets anders maar wat liefste, wat?

Zeg kunnen we niet nog eens samen
Samen iets doen, net als toen
Net als toen we niet wisten
Wat we deden en maar deden
Of is dat alles nu verleden
Zoals die eerste prille zoen
Die zoen die je nooit meer zo over kunt doen

Je bent niets veranderd ik zie geen verschillen
Je bent nog dezelfde die ik steeds blijf willen
En ik ben dezelfde en ik kan het weten
Dezelfde die jou achterna heeft gezeten
We zijn nog dezelfden als in het begin
Toch is er iets anders maar waar zit hem dat in?

Zeg kunnen we niet nog eens samen
Samen iets doen, net als toen

Net als toen we niet wisten
Wat we deden en maar deden
Of is dat alles nu verleden
Zoals die eerste prille zoen
Die zoen die je nooit meer zo over kunt doen

We zijn nog dezelfden die kindertjes maakten
En samen aan 't bed bij hun mazelen waakten
We zijn nog dezelfden die samen ontbeten
Zoals wij ook nu nog ons ei 's morgens eten
We zijn nog dezelfden op ieder gebied
Toch is er iets anders of voel jij dat niet?

Zeg kunnen we niet nog eens samen
Samen iets doen, net als toen
Net als toen we niet wisten
Wat we deden en maar deden
Of is dat alles nu verleden
Zoals die eerste prille zoen
Die zoen die je nooit meer zo over kunt doen

FRISO WIEGERSMA
Lieveling 1971

Als ik denk aan al die jaren
Jaren dat we samen waren
Altijd samen, jij en ik,
Als ik denk aan ons verleden,
Hoe we alles samen deden
Word ik stil, één ogenblik
En ik denk:

Ja, dan denk ik aan die meiden
Die ik nooit heb kunnen krijgen
Omdat jij me in de weg zat,
En dan denk ik bij m'n eigen
Aan die wilde avonturen
Die ik steeds moest laten schieten
Omdat jij dan zat te wachten
Met een schaaltje rooie bieten.

Aan die keer dat ik op reis ging
En Margo mijn bed zou delen,
O, Margo, zo wèlgeschapen
Om het overspel te spelen!
Maar ik kreeg die blindedarrem
En in plaats van wilde nachten
Zat jij met een bossie tulpen
In het ziekenhuis te wachten:
Want jouw streep liep altijd door m'n
Seksuele rekening
    Lieveling, lieveling, lieveling!

Als ik denk aan ons verleden
Hoe we alles samen deden,
Alles samen, jij en ik,
Als ik denk aan al die dingen
Maken die herinneringen
Mij héél stil, één ogenblik
En ik denk:

Hoe ik stééds, als jij in zee ging,
In een strandstoel zat te hopen:
IJdle hoop, want jij kwam altijd
Weer de golven uitgekropen.
En dan denk ik: Waarom moeten
Anderen toch altijd boffen,
Want jij staat toch óók te koken
En jouw gas kan óók ontploffen
En ons huis heeft toch óók trappen
Waar de loper los kan raken,
Waarom wil geen tram of auto
Oóit bij jóu es brokken maken?
Maar jij bent niet stuk te krijgen,
Helder staat me dat voor ogen:
Jij wordt later opgegraven
Door verbaasde archeologen,
Onbeschadigd, onveranderd
Als een prehistorisch ding,
    Lieveling, lieveling, lieveling!

Maar dan zijn er van die nachten
Dat die bittere gedachten,

Al die weerzin, dat verwijt,
Mij zo vreselijk berouwen,
En dan ben ik niet te houwen
Want dan breekt mijn hart van spijt
Bitt're spijt:

Spijt, dat ik met jou getrouwd ben,
Dat ik dacht: 't Zal wel lukken.
Nou, ik weet het, je kunt béter
De vier-daagse doen op krukken.
Spijt, dat ik niet heb geluisterd
Naar m'n broers die tóen al zeien:
Man, je kunt nog beter trouwen
Met een vrachtauto vol keien.
Spijt dat ik niet van de centen
Die jij na m'n dood zult vangen,
Alle meiden van de wallen
Met bijoux heb vól-gehangen.
Ik heb spijt, dat ik zo'n sul was
Dat ik nooit ben weggelopen,
Maar toch tegen béter weten
Op verandering bleef hopen:
Ik bleef nog op gratie hopen
Toen ik al aan de galleg hing
    Lieveling, lieveling, lieveling!

WILLEM WILMINK
De oude school   1971

Ach, zou die school er nog wel zijn
Kastanjebomen op het plein
De zware deur,
Platen van ridders met een kruis
En van Goujanverwellesluis
Geheel in kleur

Die mooie school, daar stond je met
Een pas gejatte sigaret
In 't fietsenrek

326

Daar nam je bibberig en scheel
En van ellende groen en geel
Opnieuw een trek

En als de meester jarig was
Werd het rumoerig in de klas
En zat je daar,
En je verwachtte zo direct
Een uiterst boeiend knaleffect:
De klapsigaar

Je speelde in een schooltoernooi
En het begin was wondermooi:
Fijn voetbalweer,
Je kreeg met 10-1 op je smoel,
De kleine keeper in zijn doel
Hij weende zeer

De najaarsbladeren op de grond
Daar stapte je zo fijn in rond
De school voorbij
En 's winters was de kachel heet
En als je daar sneeuw in smeet,
Dan siste hij

Het moet er allemaal nog zijn
De deur de bomen en het plein
De grote heg,
Alleen die mooie lichte plaat
Waarop een kleine dessa staat
Is misschien weg

Bali, Lombok, Soemba, Soembawa, Flores,
        Timor enzovoort

SETH GAAIKEMA
Het lelijkste meisje van de klas 1972

Ik ben verboden,
Ik mag niet meedoen.

Ik ben het allerlelijkst
Meisje van de klas.
Zodat ze zeggen: 'Nee,
Jij doet vandaag niet mee;
Eerst mooier worden,
Dan komt 't in orde,
Eerst mooier worden, dan pas!'

Misschien, denk ik heel dapper,
Word ik nog wel knapper,
Misschien, dat ik nog opbloei
Op een dag,
Net als een bloem,
Als een narcis.
In elk geval iets,
Dat schitt'rend is.
O, als ik dat nog eens
Beleven mag.

Ik ben verboden,
Ik mag niet meedoen.
Ik ben het allerlelijkst
Meisje van de klas.
Zodat ze zeggen: 'Nee,
Jij doet vandaag niet mee;
Eerst mooier worden,
Dan komt 't in orde,
Eerst mooier worden, dan pas!'

Waarom ik nou niet schitter?
Denk ik soms heel bitter,
Waarom mag ik niet in
Het rijtje staan?
'k Hoop, dat het lot
Mij nog eens verrast:
Aan 't sprookje van Andersen
Hou ik me vast.
Dat lelijke eendje werd
Een mooie zwaan.

Ik ben verboden,
Ik mag niet meedoen.

Ik ben het allerlelijkst
Meisje van de klas.
Zodat ze zeggen: 'Nee,
Jij doet vandaag niet mee;
Eerst mooier worden,
Dan komt 't in orde,
Eerst mooier worden, dan pas!'

Steeds hetzelfde deuntje,
Steeds hetzelfde lied:
Langs komen mag je wel,
Maar binnen ... liever niet!

MICHEL VAN DER PLAS
Ik mis   1973

Ik mis een gele regenjas
Een vinger op het randje van een sherryglas.
Ik mis het wachten op de hoek
En zoals jij daar aankomt in je spijkerbroek.
Ik mis het altijd even plagen met
De haaltjes aan mijn sigaret
En het woordje: Kom dan maar.
Ik mis op elke lange autorit,
Als jij dan zwijgend naast me zit,
Dat kleine streelgebaar.

En ik heb alles wat een mens maar kan verlangen,
Ik heb een vrouw, ik heb een huis, ik heb een kind,
Maar waarom blijf ik dan aan kleine dingen hangen,
Alsof het leven daarmee pas begint.

Ik mis de kauwgom in je zak,
Die ik daar altijd terugvind naast je nagellak.
Ik mis een vinger op mijn arm,
Hij trekt maar een klein streepje en ik voel me warm.
Ik mis ons samen in de bioscoop,
Domweg gelukkig zonder hoop
Hulp zoekend bij elkaar.
Ik mis de angst dat deze keer misschien

Een van ons tweeën wordt gezien
En het denken: Was het maar waar.

Want jij hebt alles wat een mens maar kan verlangen,
Je hebt een man, je hebt een huis, je hebt een kind.
En waarom dus aan kleine dingen hangen
Alsof het leven daar pas mee begint.

Ik mis die gele regenjas
Waarop wat tranen vielen naast sigarette-as.
Ik mis het woordje: Lieveling,
Dat zeggen moest: Je weet dat dit zo niet meer ging.
Ik mis de stem die er nu niet meer is
Om te beamen wat ik mis,
De nagel in mijn hand.
Die nagel die wanhopend zei:
Ik zal je missen en jij mij,
M'n lief, m'n misverstand.

We hebben alles wat een mens maar kan verlangen,
Een lieve vrouw, een lieve man, een huis, een kind.
De kleine dingen waar we nu aan blijven hangen
Zijn het geluk waarmee verdriet begint.

PAUL VAN VLIET
Veilig achterop 1974

Ik heb soms van die akelige dagen
Dat alles me te groot wordt en te veel
En wat ik aangehaald heb
Kan ik slecht verdragen
En alles wat ik nog moet doen
Grijpt me naar de keel.
Ik word al zenuwachtig wakker
Dat wordt alleen maar erger
Door dat driftige gejakker
Met een koffer vol verantwoordelijkheid
Waaraan ik me vertil
En honderdduizend dingen die ik eigenlijk niet wil
En ik moet nog zoveel doen

Ik moet nog zóveel doen
Kan ik nou vandaag niet weer eens even net als toen...

    Veilig achterop
    Bij vader op de fiets
    Vader weet de weg
    En ik weet nog van niets
    Veilig achterop
    Ik ben niet alleen
    Vader weet de weg
    Vader weet waarheen
    Ik weet nog hoe het rook
    Ik weet nog hoe het was
    Met m'n armen om hem heen
    M'n wang tegen z'n jas
    Vader weet de weg
    Ik weet nog van niets
    Veilig achterop
    Bij vader op de fiets.

En ik heb zo vaak een onbestemd verlangen
Een zeurderig gevoel van droevigheid
En dat verlangen dat kan dagen blijven hangen
En waar ik ga of lig of sta
Ik raak het niet meer kwijt.
Niks is leuk en niks is boeiend
Alles is vervelend en mateloos vermoeiend.
Een lusteloze levenloze wezenloze heer
Die treurig zit te kijken
Naar de wereld en het weer.
Ik moet nog zoveel doen
Ik moet nog zóveel doen!
Kan ik nou vandaag niet weer eens even net als toen...

    Veilig achterop
    Bij vader op de fiets
    Vader weet de weg
    En ik weet nog van niets
    Veilig achterop
    Ik ben niet alleen
    Vader weet de weg

Vader weet waarheen
Ik weet nog hoe het rook
Ik weet nog hoe het was
Met m'n armen om hem heen
M'n wang tegen z'n jas
Vader weet de weg
Ik weet nog van niets
Veilig achterop
Bij vader op de fiets.

IVO DE WIJS
Een moment voor jezelf 1974

De meid passeert de landman op de akker
Haar glimlach roept gedachten wakker
Hij plant zijn hooivork in de grond
Kijkt even schichtig in het rond
En trekt zich terug achter een schelf
Een moment voor jezelf

De abt bidt tot de Allerzoetste Moeder
Maar daar passeert een jonge broeder
De abt ziet af van de mystiek
Verkiest de kwieke motoriek
Van handen in het koorgewelf
Een moment voor jezelf

De wiskundedocent verliest zijn krijtje
Hij bukt en kijkt en bloost een tijdje
Verslikt zich in een aftreksom
's Nachts keert hij zich verlekkerd om:
Eén, twee, drie, vier, zes, negen, elf
Een moment voor jezelf

Wie kent niet die perfide handelingen
Die men slechts hijgend kan bezingen
U niet? Ach kom, vergeet het maar...
Toe breng hem hier, de huichelaar
Dat ik hem onder zaad bedelf
Mmm mmm mmm mmm mmm

ROB CHRISPIJN
Hoe dikwijls 1977

Hoe dikwijls stond ik op het punt
Van breken
En brak ik zonder het zelf te weten
Beloftes die ik ongemerkt gemaakt had
Door heel vriendelijk onduidelijk te zijn

Hoe dikwijls stond ik op het punt
Van weggaan
Maar bleef ik om niemand voor het hoofd te stoten
Of had ik mijzelf stilzwijgend opgesloten
Achter een plaatselijk angstvallig rookgordijn

    Wijs me waar de toetsen zitten
    Dan speel ik iets voor jou
    Zonder erbij na te denken
    Omdat ik van je hou
    Wijs me waar de toetsen zitten
    En schuif de hele boel opzij
    Dan kan ik eindelijk zeggen
    Wat ik voor jou voel

Hoe dikwijls stond ik op het punt
De waarheid
Of wat daarvoor doorgaat te vertellen
Maar hield ik me in omdat ik bang was
Voor de gevolgen van en wat
Men zeggen zou

Hoe dikwijls stond ik op het punt
Te leren
Leven met een gebrek aan zelfvertrouwen
Waardoor ik met iedereen rekening bleef houden
Tot ik zelf niet goed meer wist wat ik nou wou

    Wijs me waar de toetsen zitten
    Dan speel ik iets voor jou
    Zonder erbij na te denken
    Waarom ik van je hou

333

Wijs me waar de toetsen zitten
En schuif de hele boel opzij
Dan kan ik eindelijk zeggen
Wat ik voor jou voel

HERMAN FINKERS
Vrachtwagenchauffeur 1980

Dertig tonnen diesel
Hij lijkt een hele griezel
Dond'rend door de dalen
Van het Alpenland
Ik houd van die machine
Ik houd van dat geruis
Maar soms dan denk ik:
Bah wat ruw
Was ik maar weer thuis

Want thuis daar wacht mijn wijfie
Strakjes zie ik haar
Ze knuffelt mijn hele lijfie
En streelt wat door mijn haar
Ze legt me in mijn bedje
Dekens tot de kin
Met wat milde mentholpoeder
Poedert zij mij in
Blauw matrozenpakje
En mijn plastic zwaan
Voordat ik ga slapen
Een lepel levertraan
In mijn wang een kneepje
Dat kietelt lekker zacht
Ze leest wat voor uit Pinkeltje
We zijn bij hoofdstuk acht

Het zijn de laatste dagen
Die conditie vragen
De knul die met me meerijdt
Wordt dan zo banaal
Hij zegt: 'Hij heeft er zin in'

334

En wijst dan naar zijn kruis
Dan denk ik wel eens:
Bah wat ruw
Was ik maar weer thuis

HERMAN PIETER DE BOER
Annabel 1982

Iemand zei: 'Dit is Annabel
Ze moet nog naar het station
Neem jij je wagen dan haalt ze het wel.'
Ik zei: 'Dat is goed' en reed zo stom als ik kon
We kwamen aan bij een leeg perron
En ik zei: 'Het zit je niet mee.'
In de verte ging de laatste wagon
En Annabel zei: 'Oké ik ga met je mee.'

En later lagen we samen zoals dat heet
Een beetje moe maar voldaan
Er kwam al licht door de ramen
Ze zei: 'Ik heb geen tijd voor ontbijt ik moet gaan.'
Ik zei alleen nog: 'Tot ziens Annabel'
En dacht ik zie jou nooit meer terug
Ik dacht ik draai me om en slaap nog even door
Maar twee uur later was ik nog wakker, lag stil op mijn rug

  Annabel, het wordt niets zonder jou, Annabel
  Annabel, het wordt niets zonder jou, Annabel

Zo bleef ik twee dagen liggen in bed
Ik was totaal van de kaart
Toen stond ik op, ik moest niet denken maar doen
Want zonder haar was ik geen stuiver meer waard
Ik ging de stad door op zoek naar een glimp
En ik dacht ik zie jou nooit meer terug
Ik ging zelfs hardop praten in mezelf
En iemand zei: 'Je stond uren met je handen op de leuning van
        de brug.'

  Annabel, het wordt niets zonder jou, Annabel
  Annabel, het wordt niets zonder jou, Annabel

En op een avond zag ik haar weer
Ze stapte net op de tram
Ze was nog mooier dan de vorige keer
Ik riep haar naam en trapte hard op mijn rem
Ik sprong de auto uit en greep haar vast
Ze stond stil en keek om
Ze keek me aan maar was nauwelijks verrast
Ik zei: 'Hé waar moet je naar toe?' Ze zei: 'Naar het station.'

Ik bracht haar weg ze kocht een kaartje Parijs
Ik zei ja nog één erbij
De lokettist gaf twee maal enkele reis
En Annabel keek even opzij
Ik zei: 'Ik heb je gevonden vandaag
Ik laat je nooit meer alleen
Al reis je door naar Barcelona of Praag
Al reis je door naar het eind van de wereld ik ga met je mee.'

   Annabel, het wordt niets zonder jou, Annabel
   Annabel, het wordt niets zonder jou, Annabel

JOKE SMIT
Er is een land waar vrouwen willen wonen   1981

Er is een land waar vrouwen willen wonen
Waar vrouw-zijn niet betekent: tweederangs en bang en klein
Waar vrouwen niet om mannen concurreren
Maar zusters en gelieven kunnen zijn
Waar rimpels niet de eenzaamheid voorspellen
Maar paspoort zijn naar wijsheid, aanzien, 's werelds raadsvrouw
      zijn
Waar jonge vrouwen dus een leven voorbereiden
Waarin zij veertig, zestig, tachtig zullen zijn

Er is een land waar vrouwen willen wonen
Waar onrecht niet als een natuurgegeven wordt beschouwd
Waar dienstbaarheid niet toevalt aan één sekse
En niet vanzelf een man de leiding houdt
Waar moeder niet hetzelfde is als huisvrouw
Waar steeds opnieuw wordt nagegaan wie zwak zijn en wie sterk

Waar allen zorgen voor wie hulp behoeven
En 't brood verdienen met maar vijf uur werk

Er is een land waar mannen willen wonen
Waar jongens van de plicht tot flink en stoer doen zijn bevrijd
Waar niemand wint ten koste van een ander
En man-zijn ook betekent: zorgzaamheid
Waar angst en rouw niet weggemoffeld worden
Waar mannen zonder baan niet denken dat ze minder zijn
Waar vrouw en man elkaar niet hoeven haten
Maar eindelijk bondgenoten kunnen zijn

Er is een land waar mensen willen wonen
Waar jong zijn niet betekent dat je steeds wordt genegeerd
Waar zwakken met respect benaderd worden
En vreemdelingen niet meer gekleineerd
Waarin geweld door niemand meer geduld wordt
Waar allen kunnen troosten als een mens ten onder gaat
Dat is het land waar mensen willen wonen
Het land waar de saamhorigheid bestaat

ROBERT LONG
Vader op een fiets 1986

Soms duikt het beeld weer op:
Mijn vader op een fiets
Hij rijdt langs het terras waar ik wat drink
En ik zeg niets

Het waait een beetje
De wind maakt tranen op zijn wang
Daar gaat mijn vader
En we zijn vreemden, al heel lang

Een vader en een zoon
Vijf meter van elkaar
Ik zie hem voor het eerst weer terug
Na zeker twee, drie jaar

Wat rijdt ie langzaam
En hij gaat vlak aan mij voorbij

Mijn grote vader
Op die te kleine fiets van mij

Waarom spring ik niet op?
Waarom schreeuw ik niet: 'Hé!
Kom zitten, Pa, wat drink je?
En hoe is het er nou mee?

Weg met de strijdbijl, Pa
Wij zijn zo koppig allebei
Jij bent mijn vader
En ik ben net zo'n zak als jij'

't Kan nog als ik wil
Hij is nog niet voorbij
Waarom demp ik die kloof niet
Tussen hem en tussen mij?

Maar ik blijf zitten
Het hoeft niet meer, het is te laat
Daar gaat mijn vader
En ik voel niks, niet eens meer haat

Ik kijk hem heel lang na
Hij is al op de brug
Ik zie z'n trieste schouders
Z'n teleurgestelde rug

Het is een afscheid
Ik voel me hufterig en klein
Daar gaat mijn vader
Die ook mijn vriend had kunnen zijn

JOS BRINK
Er was een tijd   1987

Er was een tijd dat heel het jaar
Geen seizoenen meer had
Enkel een: altijd lente
Een man een vrouw en bij elkaar

Diamanten gevat
Tussen gouden momenten
De tijd dat ik mijn lief bezat

Het lijkt alsof het is gedroomd
Zomaar een droom met open ogen
Of een rivier is leeggestroomd
Alsof mijn man is meegezogen
Verloren was ik in mijn lief
Ik was verloren voor het leven
Hij was van mij en exclusief
Wat is een droom het duurt maar even

Ook de tijgers komen 's nachts
En ze roven en ze klauwen
Vecht terug, ze komen toch
Blijven altijd in de buurt
Komen altijd onverwacht
Om te klauwen naar het jouwe
Dromen zijn altijd bedrog
Het heeft een lente lang geduurd

En wakker wordend op de tast
Voel je dat alles is verschoven
Dat niets meer in elkander past
En dat de lentezon zal doven
Het leek een droom te zijn al was 't
Of hij er ook in wou geloven
Mijn man, mijn Max en mijn fantast
Ik hou mijn droom krampachtig vast

Ik hou je vast

MARIJKE BOON
Verlangen brandt   1988

's Avonds, als het haardvuur brandt
En de afwas is aan kant,
Alles is op orde,
De kopjes en de borden,

De pannen op het pannenrek,
In de la ligt het bestek.
't Servies is droog, de theedoek nat,
Ach, zo is er altijd wat.

's Avonds, als het haardvuur brandt
En de hond ligt in z'n mand,
Alle dieren slapen,
De mensen en de apen.
De koeien staan al in hun stal
En een muis zit in de val,
De miereneter eet een mier,
O, wat is het vredig hier.

's Avonds, als het haardvuur brandt
En daarna het hele pand,
De vloeren en de wanden,
Alle meubels branden.
Ja, nu vat de ijskast vlam:
Gegrilde kip, gerookte ham.
De hele boel staat in de fik
En de grootste vlam ben ik.

Ik weet het ook niet

NEGENTIEN VRAAGSTUKKEN

Jazz, jazz, jazz bij de nozempjes
Jazz, jazz, jazz bij de nozempjes
In de zwarte truitjes
Hebben ze d'r uitjes
In de rooie sokjes
Maken ze brokjes.
Op Sinterklaasmiddag
Op Eerste Kerstdag
Op Oudejaarsavond,
Terwijl het niet mag!
Wat zoekt zo'n kind daar nou?
Waarom komt ze nou niet thuis?

Thuis bij het goeiege ganzenbord,
Vragen wat of er van Hans toch wordt…
Uren, dagen, maanden, jaren,
Vliegen als een schaduw heen…
Waar blijft nou Marleen?
Zeg moeder – waar blijft nou Marleen?

Jazz, jazz, jazz bij de nozempjes
Jazz, jazz, jazz bij de nozempjes
Bij de schrille tonen
Van de saxofonen
Hokken ze in holen
Ratten in riolen.
Riolen! Riolen! 'k heb mooie riolen
Het ouwe jaar uit en het nieuwe jaar in
Wat heeft het nou voor zin? Wat heeft het nou voor zin?
Wat zoekt zo'n kind daar nou?
Waarom komt ze nou niet thuis?

Thuis bij de beeldbuis zo rustig en stil…
D'r is net een meneer op – die 't goeie wil.
Uren, dagen, maanden, jaren
Vliegen als een schaduw heen.
En net op zo'n avond laten ze je alleen!
Gewoon alleen…

Jazz, jazz, jazz bij de nozempjes
Jazz, jazz, jazz bij de nozempjes
Ze breken de boel af
Ze breken de zaal af
Ze breken d'r hele toekomst af!
De sokken zijn rood
De truien zijn zwart,
Ze drukken de drummer aan hun hart
Ze trappen de band
In gruzelementen.
Ze staan op de scherven
D'r lippen te verven.
Er sneuvelt een vleugel
De bas wordt verminkt
Oerinstinct! oerinstinct! oerinstinct!
Hoe komt zo'n kind d'r aan?

Niet van thuis – van de propere radio,
Of van de zindelijke, vrindelijke beeldbuis of zo…
Uren, dagen, maanden, jaren,
Schuiven bijna ongezien
Tussen hen en tussen ons in…
En dat zal het wel zijn – misschien

SIETO HOVING
Weesperstraat 1959

Er wordt een straat een straat in Mokum afgebroken,
Het is de Weesperstraat, ja 't is de Weesperstraat,
't Wordt een tweebaansverkeersweg met veel groen aan stroken,
Waarlangs een lange rij van flatgebouwen staat.

Wat zal 't daar open zijn, zo zonnig en zo helder,
Die glazen huizen met veel staal en veel beton,
Veel frisser dan bij Uiekruier in zijn kelder,
Want daarin kwam toch nooit een spatje zon,

't Wordt daar op vrijdagavond nooit meer vrijdagavond,
Met extra licht op witte tafels achter 't raam,
't Wordt daar veel chroom en nikkel langs elkander jagend,
De Weesperstraat houdt enkel nog misschien zijn naam.

343

Geen plevertaart, geen gemberbolen van Snatagen,
Op Sjabbesavond gaat er niemand naar de stad,
Men hoeft de Weesperstraat niet lang meer te beklagen,
Straks hebben we de Weesperstraat voorgoed gehad.

Waar Mokums geinslagader eens onstuimig klopte,
Klopt straks de lege ader van het snelverkeer,
Maar stel dat op een avond er een auto stopte
En iemand vroeg, de Weesperstraat, hoe was-tie ook alweer.

Geen trotse boulevard beantwoordt zulke vragen
Wanneer zijn asfalt spiegelt in zijn neonlicht,
Maar waar zo'n diepe wond in Mokum werd geslagen,
Zoeft het verkeer die wond misschien geleidlijk dicht!!!

FONS JANSEN
Weet je nog wel oudje   1963

Als kind dronk ik een beetje water
Weet je dat nog oudje
En ging ter hoogtij even later
Weet je dat nog oudje
Ik dacht tot mijn tiende: je moet naar de hel
Nou staat er in de krant: íets drinken mag wel
Weet je dat al oudje?

Neef Jan heeft van een vrouw gehouden
Weet je dat nog oudje
Ze was niet rooms, hij mocht niet trouwen
Weet je dat nog oudje
Nou is-t-ie een bittere, eenzame heer
Nou lees ik: 't was nu heus geen doodzonde meer
Weet je dat al oudje?

Wij hebben jaar op jaar een kind gekregen
Weet je dat nog oudje
De dokter had er wel eens wat op tegen
Weet je dat nog oudje
Toch zeiden we toen: 't is de wil van de Heer
Nu schrijft hier 'n bisschop: dat hoeft nu niet meer
Weet je dat al oudje?

Na de seksuele revolutie 1968

Toen ie naast me plaatsnam aan de bar
Dacht ik: Leuk, die slagen in zijn haar.
Ook al zijn het er niet meer zo veel.
En die mond is reuze sensueel.
Er ontwaakte dus iets moois in mij
Toen ie 'Zo alleen vanavond?' zei.
Elly, dacht ik, laat ie fijn zijn meid,
Want jouw bedje is vannacht gespreid.
Maar ik juichte te vroeg, o veel te vroeg.
Want hij is weg, en ik zit eenzaam in de kroeg…

Zo gaat 't altijd
Hoe zou dat nou komen?
Waarom gaat iedere man uiteindelijk aan de haal?
Wat doe ik fout, wat doe ik mis?
Ik weet bij God niet wat het is,
Want ik gedraag me volgens mij volstrekt normaal.
Ik deed alleen wat elke hedendaagse vrouw doet, neem ik aan,
Na de Seksuele Revolutie,
Nu we vrijgevochten zijn
En niet meer bête en engelrein
Zitten te wachten als betrof 't een executie.
Ik schoof mijn kruk wat dichterbij, en sloeg een arm om hem
         heen,
En zei, terwijl mijn andre hand terechtkwam op zijn bovenbeen
En daarna slinks verdwaalde ergens in zijn kleren:
'Vooruit stuk, laten we meteen gaan copuleren.'
En toen ie zei: 'Doe niet zo haastig, kom we drinken eerst nog
         wat',
Gaf ik 'm af en toe terloops een guitig kneepje in zijn gat,
Gewoon zoals een meisje dat nou eenmaal doet op 't vrijerspad
Na de Seksuele Revolutie.
Ik werd zo droomrig en verliefd, toen ik nog wat gedronken had,
En toen ie vroeg: 'Waar denk je aan?' toen zei ik: 'Aan jouw na-
         vel, schat',
Gewoon zoals een vrouw dat zegt, op de versiertoer in de stad,
Na de Seksuele Revolutie.
En met een klein intiem gebaar
Nam ik zijn hand, en lei em dáár.

We leven toch waarachtig
Niet meer in achttien tachtig!
Een speelse zuigzoen in zijn hals, 'k geloof dat dat het laatste was
Voordat ie opstond van zijn kruk, en even wegging voor een plas.
Dat is nu ongeveer zo'n vijf kwartier gelee,
En ik zit moederziel alleen in het café.
Zo gaat 't altijd.
Hoe zou dat nou komen?
En waarom haal ik toch bij elke man een sof?
Ik denk dat ik, van nu af an,
't Heel anders aanpak met een man.
Hoe zal ik 't zeggen…
Een beetje grof!

MICHEL VAN DER PLAS EN FRANS HALSEMA
Zeg Jules 1969

Zeg Jules, wou jij laatst niet eens weten:
Waarom zijn de zeeën zo diep?
Nou kijk eens, dat komt van het water
Dat eerst enkel ijs was, maar later,
Verwarmd door de zon, van de berg naar beneden liep.
Daarom zijn de zeeën zo diep.

Zeg Jules, wou jij laatst niet eens weten:
Waarom zijn de wolken zo snel?
Dat is niet zo moeilijk te vinden:
Dat komt door verschillende winden,
Die boven heel hard kunnen waaien, begrijp je wel?
Daarom zijn de wolken zo snel.

En Jules, wou jij laatst niet eens weten:
Waarom zijn de bergen zo hoog?
Da's waar, maar het zijn juist de dalen
Die de hoogte der bergen bepalen
En die is verneukeratief voor het lekenoog.
Daarom zijn de bergen zo hoog.

En Jules, wou jij laatst niet eens weten:
Waarom zijn de mensen zo moe?
Wie in 't arbeidsproces is betrokken,

Die werkt zich gemeenlijk de pokken,
Waarna hij dan 's avonds het Nieuws krijgt en Brandpunt toe.
Daarom zijn de mensen zo moe.

ANNIE M.G. SCHMIDT
Was dat nou alles?   1971

Voor 't eerst naar bed met een man.
Het was heel anders dan ik dacht.
Ik weet niet wat ik had verwacht,
Misschien de climax van geluk,
Misschien een groot spektakelstuk.
Ik dacht: let op, nu wordt er een Apollo gelanceerd.
Maar 't was niet zo.
Ik dacht verkeerd.

Was dát nou alles?
Is dat de clou van het bestaan,
Waar alle liedjes over gaan?
Is dat nou alles?
Was dat nou alles,
Waar elke dichter over schrijft?
Is dat de kurk waar de boel op drijft?
Is dat nou alles?

Ik heb voorlichting gehad
Vanaf m'n tiende.
Ik wist wat alles was
En waar 't voor diende.
Wat al die boeken vanaf Genesis
Ook mogen schrijven,
Je leert er niet van wat een penis is,
Je voelt het pas wanneer het menes is
Aan den lijve.

Was dat nou alles?
Ik weet het niet. Ik vraag het u:
Is dát de hoofdgang van 't menu
En is de rest alleen maar jus?
Is dat nou alles?

Was dit nou alles?
De grote mijlpaal aan de grens,
Het grote doelpunt van de mens,
Het grote antwoord op mijn wens?
Was dat nou alles?

Is dit nou waar de maan voor heeft staan schijnen sinds
Eeuwen en eeuwen en eeuwen?
Is dit nou waar de vrouwen om zuchten en kwijnen sinds
Eeuwen en eeuwen en eeuwen?
Is dit waar de rozen voor geuren sinds eeuwen,
Waar moralisten om twisten
En kerken tegen schreeuwen sinds eeuwen en eeuwen,
Die ene daad
Waar alles om gaat?

Is dit nou
Het neusje van de zalm,
De krent in de pap,
Het vet van de ketel,
De frappe van de grap,
De pit en het merg,
De top van de berg,
Het doel van de trip,
De vlag op het schip,
Het grote geheim,
Het sacrament,
De room in de koffie
En het happy end?

Was dat nou alles,
Het glanspunt van m'n repertoire?
Ik weet het niet. Ik vraag het maar,
Want zelf kom ik er niet mee klaar.
Was dat nou alles?

Ja, dat was alles,
Dit is de uitkomst van de som,
Hier draait de hele wereld om,
Dit was dus alles.

We zien elkanders jasjes,
Slipovertjes en dasjes
We zien elkanders naveltjes
En tepeltjes en zo
We zien elkanders haartjes
En kneveltjes en baardjes
We zien elkanders zorgen
We zien elkanders show
We zien elkanders vreugde,
We zien elkanders pijn
Maar weet je wat zo belazerd is?
We zien niet wie we zijn.

Daar heb je Pietje,
Bolle Pietje met z'n branie
Hij gaat door roeien
En door ruiten als het mot
Heb in de leeuwenkuil gestaan
Bij Sarasani,
Maar als z'n kanarie sterft,
Dan jankt ie zich kapot

Daar heb je Miep,
Da's toch een meid,
Da's toch potdomme,
Da's toch een meid van nou,
Wie gaat er mee naar bed?
Nou moet jij voor de gein
Eens effe an d'r kommen,
Heb je meteen een loeierd
Op je zelfportret

   Wie is wie
   Wie is wie
   Ik weet het niet, ik weet het niet,
   Als ik de mensen zie...

Daar heb je Hendrik
Met z'n nette aktentassie,

Da's toch het prototype
Van de nette man
Hij heb 'n vrouw, drie kinderen
En een kleurenkassie
Maar hij pakt de mooiste
Stukken als het effe kan

Daar heb je opa met
Zijn zilvergrijze haren
't Lijkt wel een plaatje
Bij zo'n boekie goud-op-snee
Maar schiet ie uit z'n sloffen,
God zal je bewaren!
Dan gooit ie opoe
Cyaankali in d'r thee...

Wie is wie
Wie is wie
Ik weet het niet, ik weet het niet,
Als ik de mensen zie...

Daar heb je ijzeren Dick,
Waar ze allemaal van zeggen
Hij was de oorlogsvlieger
Met de grote naam
Maar als z'n vrouw zegt:
'In het mandje!' gaat ie leggen
Of anders gaat ie vierkant
Door het keukenraam...

Daar heb je Klaus,
De sekspoëet, niet te geloven
In ieder grietje ziet ie
Prompt een ledikant
Dan zegt ie soepel:
Kaatje, ga je mee naar boven?
Daar is de sekspoëet
Een grote dilettant!

Wie is wie
Wie is wie

Ik weet het niet, ik weet het niet,
Als ik de mensen zie...

Dit is het wereldje
Van de neurose-reuzen
Dit is de wereld van
De vrome zwendelaar
Dit is de wereld van de
Doodsbange dompteuse,
De wereld van de
Porseleinen worstelaar...

Wie is wie
Wie is wie
Wie is wie
Wie is wie
Wie is wie
Wie is wie
Wie is wie
Wie is wie.

WIM KAN
Zwart-wit-liedje 1973

't Is heerlijk met een uitgesproken mening
Te kunnen leven in het land van zwart en wit.
Zolang de twijfel nog niet is gerezen
Gaat het van 'dit is dat' en 'dat is dit'!
Je wist zo zeker bij de witte kruisen van Margraten:
We moeten dankbaar zijn. Hier liggen de soldaten,
Die hebben de vrijheid uit het vuur gesleept.
Zíj zijn gesneuveld – wíj hebben 't overleefd...
Jawel, maar hun zonen zijn alweer op 't oorlogspad,
Die gooien in Azië dorpen plat!

Daar ga je op een dag dan zwaar aan tillen.
Je kiest een beetje minder vlot partij...
Je weet niet meer precies wat je zou willen...
En toch – en toch – toch hoor je eigenlijk ergens bij.
En plotseling heb je weer een standpunt ingenomen:

De vijand is opnieuw gekomen
En díe doet dingen! Waarom doen ze dat?
Jawel, maar de anderen, waar jij bij wou
Doen het ook!... En waar blijf je nou?

Ach, als je niet zou denken ging het misschien beter.
Nog even en de klok slaat 12 uur...
Wij vieren oud en nieuw bij Jet en Peter,
Met kaarslicht en veel schaduwen op de muur.
We gaan elkaar omhelzen en opnieuw beminnen...
Als ze in godsnaam dan maar niet weer over Israël beginnen!
Want híj heeft een mening die van ijzer is!
En als dan de onze – toevallig – ook maar een beetje grijzer is,
Worden de schaduwen wel griezelig lang...
Kamelen... kamelen... kamelen op 't behang!

CORNELIS VREESWIJK
De bekommerde socialist 1973

Dit is een liedje voor hem,
Die in zijn jeugd en in zijn hart,
Socialist was.
Nu is hij van middelbare leeftijd
En hij weet het echt niet meer.

Ik ben een bekommerde socialist
Ik wou dat ik er iets meer van wist
Ik wou dat ik er meer kijk op had
Op de regering en weet ik wat
Op de regering en weet ik wat...

Een hele hoop dingen zijn moeilijk hoor
Daar heb ik de hersenen echt niet voor
En als ik het dan niet meer vatten kan
Dan doe ik de televisie maar an
Dan doe ik de televisie maar an

En moeder de vrouw is bijdehand
Al komt ze dan ook van het platteland
Ze laat het me weten, zó voor z'n raap

Dan raak ik de kluts kwijt en val in slaap
Dan raak ik de kluts kwijt en val in slaap

Ach, was ik toch maar weer vrijgezel
Want ik ben nog niet oud en ik kan het nog wel
Ja, als ik íets kan, dan is het dát
Ik wou dat ik er meer tijd voor had
Ik wou dat ik er meer tijd voor had

De dag is kort, maar de nacht is lang
En nou en dan word ik weleens bang
Dan lopen de rillingen over m'n huid
Dan doe ik de televisie maar uit
Dan doe ik de televisie maar uit

Ik ben een bekommerde socialist
Ik wou dat ik er iets meer van wist
Ik wou dat ik er meer kijk op had
Op de regering en weet ik wat
Op de regering en weet ik wat...

JULES DE CORTE
Als je overmorgen oud bent   1974

Als je overmorgen oud bent
Wie zal er dan bij je blijven
Om je pijntjes weg te wrijven
En je zorgjes weg te doen
En niet al te erg te kijven
Als je weer praat over toen

Als je overmorgen oud bent
Wie zal je dan moed inspreken
En wie helpt je oversteken
Als het niet alleen meer gaat
En wie zal de stilte breken
Die als ijs rondom je staat

Als je overmorgen oud bent
Wie zal dan je bed opmaken

En wie doet je kleine zaken
En wie zorgt er voor je brood
En wie zal er bij je waken
Op de avond voor je dood

Als je overmorgen oud bent
Zo oud dat je oren tuiten
Wie zal je neus dan snuiten
En wie helpt je op te staan
En wie zal je ogen sluiten
Als ze niet vanzelf dichtgaan

WIM KAN
Meester, meestertje 1976

Meester, meestertje wat heb je toch gedaan
Waarom ben jij na Aap Noot Mies nog verder doorgegaan
Je had toen moeten stoppen
In plaats ons vol te proppen
Met allerhande dingen
Waarmee we niks beginnen
De droom van alle ouders is een intellectueel
Maar veertigduizend psychologen is misschien wat veel

Meester, meestertje wat heb je ons verteld
Van heel geleerde mannen als Van Oldenbarnevelt
Na jarenlang studeren
En moeizaam promoveren
Zijn er voor ons geen banen
Geleerde veteranen
Die zitten eenzaam thuis alleen dat hoeft toch geen betoog
Voor stratemaker deugt in 't algemeen geen psycholoog

Meester, meestertje wat deed je ons toch aan
We zijn toen van ellende maar naar Afrika gegaan
We brachten ze beschaving bij
In al die zwarte landen
Nou zijn ze net zo knap als wij
Gewapend tot hun tanden
Je hoeft ze niks meer te vertellen niemand krijgt een baan
Amin neemt al sinds jaar en dag geen spiegeltjes meer aan

354

Meester, meestertje wat hebben we gezien
Waar bleven al die jongens en die meisjes met een tien
Ze werden doctorandus
Na al die jaren leren
Maar als bij jou je kraantje lekt
Wie komt dan repareren
De psycholoog, de socioloog zit achter z'n bureau
En de allerlaatste loodgieter staat bij Madame Tussaud

JAN BOERSTOEL
De bokken en de schapen 1978

Het is allang weer afgelopen met de Praagse lente
En God bewaar me voor Chileense tegenargumenten.
De knoet kan rood of zwart zijn, maar de knoet wil altijd slaan.
De dictatuur maakt links en rechts dezelfde korte metten
Met ieder die zich tegen zijn dictaten durft verzetten.
Stel nou eens dat er hier een komt, hoe zal het hier dan gaan?

    Wie waagt zich dan aan een protest
    En wie blijft zich vergapen?
    De goeden en de kwaden,
    De bokken en de schapen.

Wanneer zo'n dictatuur hier in dit land ooit huis gaat houên
Wie moet ik dan gaan vrezen en wie kan ik nog vertrouwen
En zegt het dan nog wat, zoals ik nu de mensen ken?
De protesteerders, zullen die dan óók hun stem verheffen?
De verontrusten, zullen die dan óók het kwaad beseffen?
Wat weet ik van degenen, door wie ik omgeven ben?

    Wie staat dan juichend langs de kant
    En wie grijpt naar een wapen?
    De goeden en de kwaden,
    De bokken en de schapen.

En dan, hoe zal het gaan met wie me lief zijn in die dagen?
Zal mijn familie mij nog op visite durven vragen
Of liever maar niet thuis zijn als ik langskom onverwachts?
Zullen mijn beste vrienden mij zonodig wel verbergen

Of zullen ze me vragen zóveel niet van hen te vergen?
Zal ik, naast iemand, nog wel hardop durven dromen 's nachts?

Wie wordt dan van zijn bed gelicht
En wie mag blijven slapen?
De goeden en de kwaden,
De bokken en de schapen.

Wat weet ik trouwens van mezelf? Ik durf niet eens voorspellen
Of ik dan zelf bereid zal zijn om me te weer te stellen,
Als daar gevang'nisstraf op staat, vernedering en pijn.
Zal ik dan kunnen zwijgen als ik iets niet prijs wil geven?
Zal ik dan kunnen sterven als ik graag wil blijven leven?
Zal ik dan moed voldoende hebben om niet laf te zijn?

Wie zullen dan de jagers zijn
En wie zijn dan de prooien?
De bokken en de schapen,
De levend' en de dooien.

LISELORE GERRITSEN
Wie 1982

Wie heeft de zon uit je gezicht gehaald
Wie heeft het licht in jou gedoofd
Wie heeft je rooie wangen bleek gemaakt
Wie joeg de dromen uit je hoofd
Wie brak jouw kleine hart
Kleurde je ogen zwart
Wie is niet nagekomen wat hij heeft beloofd

Wie heeft het lachen in je keel gesmoord
Heeft je vuisten zo gebald
Wie heeft dat onbevangen kind vermoord
Dat altijd opstaat als het valt
Wie boog jouw rechte rug
Trapte je speelgoed stuk
Wie brak je vleugels in de vreugde van hun vlucht

Wie is er zo aan jou voorbijgegaan
Wie verraadt hier jouw geloof

Wie houdt zich voor het kraaien van de haan
Na de derde keer nog doof
Wie is het die vergat
Dat jij de toekomst had
Wie heeft jou net als ik te weinig lief gehad

JAN BOERSTOEL
Van de gekken   1982

Wie heeft er tegenwoordig nou nog idealen,
Wie gaat er nog voor zijn ideeën in de slag,
Nu je niet eens je hypotheek meer kunt betalen
En de benzineprijzen stijgen met de dag?
Wie neemt er nog de moeite om zich te verbazen
Over de haast waarmee wij naar de bliksem gaan?
Alleen een aantal onverbeterlijke dwazen,
Die eisen dat daar nou eens iets aan wordt gedaan.

  Want je moet gek zijn om te durven blijven dromen
  Over een maatschappij die toekomstkansen heeft.
  Enfin, dus zal het van de gekken moeten komen
  Of deze wereld ons normaal-zijn overleeft.

Wie maakt er zich nog druk om hongerende landen,
Waar zo veel kinderen creperen ieder uur,
Wanneer je bij het warme maal met lange tanden
Gehakt moet eten, want een biefstuk wordt te duur?
Wij krimpen in en daarom kan de rest verrekken,
Wie vindt dat nou niet redelijk als dat gebeurt?
Alleen een stel naïef-sociaal bewogen gekken,
Dat ondanks alles over eerlijk delen zeurt.

  Want je moet gek zijn om te durven blijven dromen
  Over het recht dat ieder mens op voedsel heeft.
  Enfin, dus zal het van de gekken moeten komen
  Of deze wereld ons normaal-zijn overleeft.

Wie heeft er nog problemen met die kruisraketten,
Terwijl een man als de minister-president
Die dingen rustig in zijn achtertuin wil zetten,
Hoewel hij, zegt-ie, de gevaren onderkent?

Wie accepteert niet dat die bom zo straks zal vallen
En vraagt zich hoogstens af wanneer dat dan zal zijn?
Alleen zo'n drie of vier maal honderdduizend mallen
Op een novemberdag op het Museumplein.

Want je moet gek zijn om te durven blijven dromen,
Dat menselijke stommiteit zijn grenzen heeft.
Enfin, dus zal het van de gekken moeten komen
Of deze wereld ons normaal-zijn overleeft.

Wie heeft er nog het lef een nieuwe boom te poten
Of wie begint er nog met liefde aan een kind?
Alleen dat soort niet-klein-te-krijgen idioten
Dat weigert om normaal te zijn...
En doof...
En blind...

DRS. P
Cocosnoot 1983

Er was een tijd geleden een verdwaalde Hugenoot
Die door een Hawaiiaans gezin aan tafel was genood
En kennis maakte met exotisch fruit
Zo proefde hij een wonderlijke, weelderige noot
Waarvan hij even opkeek, maar wel degelijk genoot
'Wat is dit toch voor voedsel?' vroeg hij aan een disgenoot
En deze legde het welwillend uit

'Dit is een cocosnoot, let wel, een cocosnoot
Die niet zo lang geleden aan een cocospalm ontsproot
Het is mij niet bekend wie deze palm hier had gepoot
Maar hoe dan ook, om kort te gaan, dit is een cocosnoot'

De disgenoot vervolgde in zijn sappig dialect:
'De cocospalm is mooi, dat ziet een vreemdeling direct
En zegenrijk op allerlei gebied
Zo is er cocosolie, die ons zeer tot voordeel strekt
De lege doppen doen het prachtig als geluidseffect
En menig stukje vloer is met een cocosmat bedekt
Let voorts eens op de vrucht die u hier ziet

Het is een cocosnoot, de naam is cocosnoot
Wij eten deze liever dan een spiegelei met brood
Piet Hein zijn naam is klein, maar hij won wel de Zilvervloot
En Hannes loopt op klompen en dit is een cocosnoot'

Zo kreeg de Hugenoot een zeer gedegen onderricht
Want Hawaiiaanse disgenoten zien het als hun plicht
Te zorgen dat de gast zich niet verveelt
De spreker had een bovenaardse gloed op het gezicht'
En was gezegend met een onverslijtbaar kaakgewricht
De tijd verstreek en reeds verscheen een schuchter morgenlicht
Terwijl nog eens exact werd meegedeeld:

'Dit is een cocosnoot, een echte cocosnoot
En andere berichten zijn van alle grond ontbloot
Het kapje van Roodkapje had een kleur en die was rood
Dat zult u wel beamen maar dit is een cocosnoot

Dit is een cocosnoot, ja heus een cocosnoot
Wij kennen ook de apenoot, maar die is minder groot
En Jantje wou gaan plukken, schoon zijn vader 't hem verbood
't Is leuk om dat te weten, maar dit is een cocosnoot.

Dit is een cocosnoot, voorwaar een cocosnoot
Ik zeg dit voor 't geval dat u de naam wellicht ontschoot
Een mens is maar een mens, het peerd van Ome Loeks is dood
En dat gaat naar Den Bosch toe, en dit is een cocosnoot

Dit is een cocosnoot, ziehier een cocosnoot
Kom neemt u maar gerust weer eens een stukje cocosnoot
En als u deze op hebt krijgt u nog een cocosnoot
Intussen zal ik u vertellen van de cocosnoot

Dit is een cocosnoot, meneer, een...'

GERARD COX
Hoe lang nog, liefje...?   1985

Als ik thuiskom is het huis meestal zo kil en zonder licht,
Jij bent weg, en op de tafel ligt daarvan 'n klein bericht,

Hoe lang nog, liefje?
In de keuken staat wat eten, en dat warm ik dan op,
En alleen aan tafel eet ik het met lange tanden op,
Hoe lang nog, schat?
Het huis staat met z'n lege kamers suizend om me heen,
De meubels staan me wrokkig aan te staren.
En ik, ik voel me schuldig dat al 't leven hier verdween,
En verlang terug naar de voorbije jaren.
In plaats van jou streel ik dan maar 'n slaperige kat,
We hebben samen toch 'n hele mooie tijd gehad...?
Hoe lang nog, liefje, hoe lang nog, schat...?

Ik weet dat alles overgaat, daar is niets aan te doen,
Dit keer had ik gehoopt, alleen, daar lang over te doen,
Hoe lang nog, liefje?
Want alles is betrekkelijk, dat hou je je dan voor,
Maar dat dit ook op ons slaat nu, krijg ik pas langzaam door,
Hoe lang nog, schat?
Het is mijn eigen schuld, ik ben er volop in gegaan,
M'n twijfels heb jij trouwens weggenomen.
Wij zouden altijd samen zijn, nooit van elkander gaan...
Maar toch zie ik er dat nu weer van komen...
Wat erg, dat iets opeens zijn langste tijd wel heeft gehad,
Toen was het: Jij en ik, daarin komt nooit 'n keer de klad,
Hoe lang nog, liefje, hoe lang nog, schat...?

Ik ruim de tafel af, en zet de afwas in het rek,
En buiten, met 'n borrel, sta 'k nog even bij het hek,
Hoe lang nog, liefje?
De nachtwind blaast de wolken uit elkaar, ik zie de maan,
Hij lijkt zó maar te pakken, maar hoe ver weg zal ie staan...
Hoe lang nog, schat?
Ze zeggen dat 'n ster soms al gedoofd is, jaren her,
Je ziet iets dat er niet meer is, want weet je,
Zijn licht is nog steeds onderweg, want God, hij staat zo ver...
Zo is het ook met ons 'n beetje...
We menen iets te zien, maar waar we kijken is 'n gat...
En in m'n kouwe bed denk ik: Ja, jongen, 't is me wat...
Hoe lang nog, liefje, hoe lang nog, schat...?

JAAP VAN DE MERWE
Mag je zoveel van iemand houen   1986

Kan je van iemand zoveel houen
Dat je halverwege die roman
Het boek maar beter sluiten kan?
't Is moeilijk te begrijpen
Maar
Moet je zoveel van iemand houen
Dat die liefde heel je leven vult
En niks belangrijks naast zich duldt...?
Er wil soms méér gebeuren,
Al is 't maar even
Want van rozengeur-alleen
Blijft geen ziel in leven
Mag je van iemand zoveel houen?

Mag je zoveel van iemand houen
Dat je daarom uit elkander moest
Voordat het langzaam scheurt en roest?
Jij zult dat nooit begrijpen
Maar
Wil jij van mij dan zoveel houen
Dat je van me aanneemt: heus er gaan
Er uit liefde bij elkaar vandaan
Niet stikken in routine
't Verval te zien
'n Ver paleis is mooier dan
Nabije ruïne
Mag je zoveel van iemand houen?
Zoveel hou ik van jou

HANS DORRESTIJN
Hunkering   1987

Ik kan geen meisje krijgen.
Ik weet niet hoe dat moet.
Hopsasa faldera,
Annemarie.
Ik heb minachting verdragen

Vernedering geslikt.
Op al mijn schuchtere vragen
Werd er driftig 'nee' geknikt.

Ik neem ze mee uit eten
In dure restaurants.
Ik stuur ze bossen rozen,
Maar ik maak geen schijn van kans.
Ik moet mij in bochten wringen
Als een turnkampioen.
Ik deed zovele dingen
Die geen man me na wil doen.

Ik verlang vreselijk naar liefde
Naar een beetje rozegeur.
Ik heb reuma opgelopen
Van het liggen voor hun deur.
Ach ik vind ze om te zoenen
Maar nooit krijg ik de kans.
Alleen in visioenen
Heb ik nog wel eens sjans.
Dan lik ik blij de schoenen
Van de héle dameskrans.

CODA
Ik heb met geld gesmeten
Omdat ik van ze hou.
Mijn knieën zijn versleten
Van het kruipen voor de vrouw.
Ik danste naar hun pijpen
En praatte naar de mond.
Ik kan maar niet begrijpen
Dat ik nooit een meisje vond.

PAUL VAN VLIET
Wie dan wel? 1988

Als wij niet meer geloven dat het kan
Wie dan wel?
Als wij niet meer vertrouwen op houen van

Wie dan wel?
Als wij niet meer proberen
Om van fouten wat te leren
Als wij 't getij niet keren
Wie dan wel?

Als wij niet meer zeggen hoe het moet
Wie dan wel?
Als wij niet meer weten wat er toe doet
Wie dan wel?
Als wij er niet in slagen
De ideeën aan te dragen
Voor een kans op betere dagen
Wie dan wel?

Als wij niet meer geloven dat het kan
Wie dan wel?
Als wij er niet mee komen met een plan
Wie dan wel?
Als wij er niet voor zorgen
Dat de toekomst is geborgen
Voor de kinderen van morgen
Wie dan wel?
Als wij onszelf niet dwingen
Een gat in de lucht te zingen
Waar zij in kunnen springen
Wie dan wel?

Naar het leven getekend

ACHTENDERTIG FIGUREN

Allo? Ja, met Miep. O allo schat, ja olrijt, vanavond half acht in de
Schillerbar. Bye.

Elke man is wel es eenzaam, 's avonds in de grote stad,
En hij loopt zich te verkniezen, en hij wil d'r wel es wat.
En dan raakt zo'n man natuurlijk in de warme buurt verdwaald,
Maar die warmte valt zo tegen, en ze wordt te duur betaald.
Al die blote lichtekooien, in hun slonzig meubilair,
Ach ik wil d'r niks van zeggen, maar ze zijn zo ordinair.
O ze zijne soms zo dierlijk, als je effe dieper graaft,
En ze kleden zich opzichtig, en ze spreken niet beschaafd.
Nee dan ken zo'n man veel beter naar een telefooncel gaan
Om mijn nummer daar te draaien, want ik ben zo echt humaan...

   Ik ben geen snolgirl,
   Maar ik ben call-girl,
   Zo'n kleine fijne porceleine babydoll-girl,
   Zo heel wat anders dan zo'n vuile dweil,
   Want ik ben 'n dweil met stijl!
   Ik heb me eigen flat in Zuid, alwaar ik zeer geriefelijk woon
   Met al me boeken en me planten en me eigen telefoon,
   En ik lees Dante in een duster met een noppie
   Want ik heb koppie, koppie, koppie.
   Bel maar es een keertje uit de stad, meneer,
   Als u nog een rooie rug te missen had, meneer.
   Heus, u zal zeggen: Wat een schrander tiep,
   Tele-Miep,
   De call-girl.

Allo? Met wie heb ik het genoegen? Albert, Albert... O ja natuurlijk,
Albert! Natuurlijk ken ik je nog Albert, stel je voor zeg, ik zal me daar
Albert niet kunnen, me eigen Albert mag ik wel zeggen. Wat of ik doe?
Niks, ik zit net wat te lezen, in dat leesboek van Harry Mullens weet je
wel... Nou ik vind het reuze spannend Albert, maar d'r zijn een paar
detaljes hè, en die zijn mij nog niet geheel en al duidelijk, zou jij me die niet
een keertje uit kunnen liggen? Olrijt, morgenavond dan hè, in de Schiller-
bar. Bye.

Als de eenzaamheid gaat schrijnen
Belt een heer naar Tele-Miep,
En dan gaat de zon weer schijnen,
Ook al schijnt ie in 't geniep.
Tele-Miep die heb drie lijnen
En dat valt niet altijd mee.
Hoor die krengen weer es dreinen,
Ja ze rinkelen night and day.

Night and day, you are the one.
Only you beneath the moon, and under the sun.
Whether near to me or far,
No matter darling who you are.
I dream of you, night and day.

Het beroep van call-girl, meisjes, is zo enig voor een vrouw,
Het is altijd weer wat anders, en zoiets verveelt niet gauw.
O je kan zo dolgezellig zitten bomen aan de bar
Met een leuke jonge kerel, of een leuke ouwe knar.
Maar soms voel je je verlaten, 's middags om een uur of drie,
En dan zou je willen praten, en dan weet je niet met wie.
En dan zit je maar te peinzen met een afgezakt gezicht
En dan bel je soms de brandweer, of je belt het weerbericht,
Ja dan luister je vaak gretig naar de juffrouw van de tijd,
Of je draait gewoon een nummer, zomaar uit balorigheid...

Allo? Dag mevrouw... wie zegt u? O mevrouw De Meyer, aangenaam,
zou ik uw man even kunnen spreken? O hebt u geen man, nou dan hebben
we allebei pech gehad he? Dag mevrouw De Meyer.

Ik ben geen snolgirl,
Maar ik ben call-girl,
Zo'n kleine fijne porceleine babydoll-girl,
Zo heel wat anders dan zo'n lellebel,
Want ik ben 'n belledel.
Ik ben dol op ieder goed gesprek meneer,
En ook gek op elke girocheque meneer,
Heus, u zal zeggen: Wat een snoezig tiep...
Tele-Miep,
De call-girl.

ANNIE M.G. SCHMIDT
Margootje 1963

Ik zat aan het ontbijt een beschuitje te soppen.
Toen zag ik opeens een klein autootje stoppen.
Het was een Peugeootje, zo groot, nee, iets groter.
Het stond naast mijn theekopje, vlak bij de boter.
En ja hoor, daar ging het portiertje al open.
En kwam een klein vrouwtje naar buiten gekropen,
Heel blond in bikini, een beeldig figuurtje.
Ze stond op m'n bord en ze vroeg om een vuurtje.
Ze zei: 'Ik heet Margootje.'
En ik zei: 'Hallo!'
Ze zei: 'Nou, daar ben ik dan, hè.'
En ik zei: 'O.'
Ik vroeg haar, uit wat voor plaatsje ze kwam.
Ze zei: 'Nou, wat dacht je, uit Madoerodam.'

> Margootje, Margootje, ze klom op mijn broodje,
> Ze trok aan mijn haar, ze zat op mijn mouw,
> M'n kleine vriendinnetje, zo'n neussie, zo'n kinnetje.
> Ze riep in m'n oor, o ik hou zo van jou!
> Margootje, Margootje, in zo'n klein Peugeootje,
> Margootje, Margootje uit Madoerodam.

Ze was wel erg lief, maar ze werd te aanhalig.
Ze wou mee in bad en dat vond ik schandalig.
Toen heb ik haar weggebracht in haar Peugeootje
Naar Madoerodam en ik zei: 'Dag, Margootje.'
Ik zette haar neer bij het Avro-gebouwtje.
Ik zei: 'Nou naar huis en wees een zoet vrouwtje.'
Maar 's avonds deed ik de broodtrommel open.
Daar zat ze weer achter de koek weggekropen.
O, had ik haar toen maar de deur uitgezet.
Ze wou in m'n bad en ze wou in m'n bed.
Ze werd erg ondeugend en ik schreeuwde kwaad:
'Jij Christine Keeler in pocketformaat.'

> Margootje, Margootje, in een klein pettycoatje,
> Ze zwom in m'n bad en ze zat op de Vim.
> Ze kroop in een laatje met zó'n klein behaatje.

Ze kroop in mijn binnenzak en fluisterde: 'Wim.'
Margootje, Margootje, klein idiootje,
Margootje, Margootje uit Madoerodam.

Ik zei dat ik zo iets beslist niet meer wilde.
Ze beet in m'n teen en ze krijste en gilde
En toen is ze weggegaan, boos en beledigd,
En daarmede was de affaire erledigt,
Maar het laatste nieuws dat ik van haar vernam:
Ze zit nu in het Begijnhof van Madoerodam.
Ze draagt een zedig wit kapje, zo'n kleintje.
Ze is nu een kuis en een deugdzaam begijntje.
Maar soms kijk ik nog wel eens achter een vaas.
Ik kijk in het trommeltje met speculaas.
Ik kijk of ze soms in m'n zeepbakje is,
Omdat ik haar toch wel een klein beetje mis.

Margootje, Margootje, ik riep je, ik floot je.
Ik zoek onder 't kussen, ik kijk in mijn hoed.
Ik zoek in de laatjes, in hoekjes en gaatjes.
Nou ben je verdwenen voor altijd, voorgoed,
Margootje, Margootje,
Begijntje, Bardootje,
Margootje, Margootje
uit Madoerodam.

JULES DE CORTE
Het feest dat nooit gevierd werd   1963

Hoewel hij aan de stad het land had
Bewoonde hij een fluttig flatje
In het drukke hart van Hollands randstad
Ter wille van een vaste baan
Een raam waardoor hij op de kerk keek
Zijn altijd eendere sigaretje
De vijfenveertiguurse werkweek
Gaven hem grond om op te staan
Hij had een vrouw en een teevee
Die vielen allebei nog wel eens tegen
Die vielen allebei nog wel eens mee

En zomers was er dan de regen
En met de rest was hij best tevree

Omdat er op zijn balkon geen wild zat
Verschafte hij zichzelf de weelde
Twee parkietjes en een schildpad
Het stelde verder niet veel voor
Een tafel en een paar fauteuiltjes
Een orgel waar hij nooit op speelde
Het was allemaal niet veel beschuitjes
Maar het kon er toch nog wel mee door
Geen echt plezier, geen echt chagrijn
Geen echte vrede en geen echte ruzie
En in het leven aan een vaste lijn
En 's winters was er de illusie
Van het zal nou wel gauw wat warmer zijn

Een man die nooit iets avontuurde
Die 's avonds dutte of de krant las
Die elke droom het bos in stuurde
Tot hij geen enkele droom meer had
Passief in elke situatie
Net levend of hij een soort plant was
Zijn dorst naar honger en sensatie
Die stilde hij met het ochtendblad
Hij had een vrouw en een teevee
Op tijd te werken en op tijd te eten
Het viel niet tegen en het viel niet mee
En toen de maat was volgemeten
Is hij gestorven op de wc.

MICHEL VAN DER PLAS
Tearoom tango 1963

Toen ik jou de roze tearoom langzaam binnenschrijden zag
Met je kaalgevreten bontjas en je arrogante lach,
Een afschuwelijk beeld van honger en ellende,
Vroeg ik me af hoe 'k jou in 's hemelsnaam herkende.
Maar toen iedereen jou nakeek met die blik van o lala,
Dat moet vroeger iets geweest zijn van comme ça en ga maar na,
En de ober zelfs een buiging voor je maakte,

Toen voelde ik dat mijn verbittering ontwaakte.
En terwijl je stilstond bij 't gebak,
Was ik de jongen weer wiens jongenshart jij brak.

Je hebt me belazerd,
Je hebt me bedonderd.
En wat me nu na al die jaren nog verwondert
Is dat ik dat nooit vergeet al word ik honderd.
Je hebt me belazerd,
Je hebt me bedonderd.

't Zal zo'n dertig jaar geleden zijn dat ik jou stil aanbad
En in deze zelfde tearoom steeds op jou te wachten zat,
En wanneer je dan na uren was gekomen,
Noemde ik jou de schone diva van mijn dromen.
Na een jaar geheime liefde zei 'k nog steeds eerbiedig u
En ik mocht je af en toe eens kussen achter het menu.
Verder mocht ik niks, het was verdomd een schijntje:
Je hield me steeds met je beloften aan het lijntje.
Tot ik plotseling ontdekte dat
Jij wel twintig andere tearoom-lovers had.

Je hebt me belazerd,
Je hebt me bedonderd.
En wat me nu na al die jaren nog verwondert
Is dat ik dat nooit vergeet al word ik honderd.
Je hebt me belazerd,
Je hebt me bedonderd.

En nu zit je aan mijn tafeltje en vraagt me: Mag ik thee?
En je attaqueert m'n taartjes en wat kijk je weer gedwee,
En je fluistert: Jongen, haal me uit de nesten,
Want het is of heel de wereld me wil pesten.
Je bent veel te dik gepoederd en de mot zit in je hoed
En ik zie ook dat je huilt zoals een slecht actrice doet.
Je pikt weer een sigaret en vraagt een vuurtje
En je zegt achter je zevende likeurtje:
Ach, je weet dat ik jou de liefste vond;
Geef me wat geld, boy, want ik zit vreselijk aan de grond.

Dan zeg ik: Zit jij aan de grond.

Dat is heel belazerd, dat is heel bedonderd,
Dat ik de liefste was is iets wat mij verwondert.
Vraag het die anderen maar, je had er minstens honderd.

*Ober, goedemiddag, ober...deze dame hier, ober, wou even alles afreke-
nen...*

Ja, ik ben belazerd

FRISO WIEGERSMA
Nikkelen Nelis 1963

Kom luister naar het lied dat ik voor u ga zingen
Het is een tragisch lied over losbandigheid
Het gaat over een dame uit de hoogste kringen
De neiging tot het kwaad die kon zij niet bedwingen
Zo raakte zij haar eer en reputatie kwijt.

Zij kon het lonken niet laten
Ze lonkte naar iedere man
Dat liep veel te veel in de gaten
En o, o, o, o, o, daar kwam narigheid van

Haar man had eerst geen aandacht aan haar kwaal geschonken
Want och hij dacht, zij heeft een vuiltje in haar oog
Maar toen ze na een tijdje zo diep was gezonken
Dat z' in de kerk nog naar de preekstoel zat te lonken
Toen kwam het ogenblik dat zij de laan uitvloog.

Zij kon het lonken niet laten
Ze lonkte naar iedere man
Dat liep veel te veel in de gaten
En o, o, o, o, o, daar kwam narigheid van

Zij werd een danseres in één der minste kroegen
Drie veren droeg zij slechts en soms geeneens geen drie
Soms droeg zij slechts één veer en als de klanten het vroegen
Dan viel de laatste veer tot algemeen genoegen
En bloot lonkte zij door met dubbele energie.

Zij kon het lonken niet laten
Ze lonkte naar iedere man
Dat liep veel te veel in de gaten
En o, o, o, o, o, daar kwam narigheid van

Maar ach zij werd te oud, ze kon geen man meer strikken
En zij werd werkster in het ouwe-mannenhuis
En onder 't dweilen door wierp zij nog wulpse blikken
Zij maakte met haar lonken de ouwetjes aan 't schrikken
En op een dag zat zij er eentje na door 't huis.

Haar emmertje met schuimend sop, dat zag zij heel niet staan
Zij struikelde en brak haar nek, het was met haar gedaan.

Zij kon het lonken niet laten
Ze lonkte naar iedere man
Oh meisjes houdt toch in de gaten
Daar komt, ja, ja, o…

JACQUES VAN TOL
De voetbalpool 1963

Ome Thijs de glazenwasser had met eindeloos geduld
Al een paar jaar elke week het formuliertje ingevuld
Waarop hij zijn sportprognose voor de voetbal had onthuld
Met een ééntje of een tweetje of een drietje.
Maar uiteindelijk bracht de radio de tijding van belang
Ome Thijs had alle uitslagen. In wildsportieve drang
Kuste hij voor het eerst na jaren weer de wat verweesde wang
Van zijn echt- en poolgenote Tante Mietje
En het nieuwtje vond terstond
Zijn weg van mond tot mond:

Zeg heb je 't al gehoord van Ome Thijs
Ome Thijs heeft de prijs in de voetbalpool
We houen 't niet droog meer als je voelt wat ik bedoel
Ome Thijs heeft de prijs in de voetbalpool.

Alle buren leefden mee en Ome Dirk sprak sympathiek
Wij gaan lappen voor een bloemstuk mannen, allemaal een piek

Het werden witte aronskelken want dat vonden ze zo sjiek
Met een zilv'ren lint eraan met 'rust in vrede'
En de bakker hield een aanspraak over 'voetbal-wel en wee'
En hij sprak nog over Fey'oord maar kwam er niet verder mee
Want een Ajax-man die kneep zijn adamsappel tot puree
Zodat iedereen dacht dat hij was overleden
Maar de bakker kwam weer bij
En samen zongen zij:

    Zeg heb je 't al gehoord van Ome Thijs
    Ome Thijs heeft de prijs in de voetbalpool
    We houen 't niet droog meer als je voelt wat ik bedoel
    Ome Thijs heeft de prijs in de voetbalpool.

Tante Mietje had intussen met een joviaal gebaar
Lallend door het huis geroepen, rammen jullie alles maar
Ik heb al zolang genoeg van dat wormstekig meubilaar
Morgen ga ik me in de nieuwe spullen steken
We verhuizen naar de Goudkust en daar kopen we een flat
En ze nam een trijpen stoel en gaf een dreun op het buffet
God zij dank! riep Opoe juichend en ze stapte uit haar bed
En begon meteen het alkoofie af te breken
Ze dacht niet aan haar jicht
En zong met blij gezicht:

    Zeg heb je 't al gehoord van Ome Thijs
    Ome Thijs heeft de prijs in de voetbalpool
    We houen 't niet droog meer als je voelt wat ik bedoel
    Ome Thijs heeft de prijs in de voetbalpool.

Toen het feest op volle gang was kwam er een harmonica
Want er is geen feest compleet, zei Ome Thijs, zonder bal na
Bal na wat? zei Tante Truitje, bal na dit, zei Tante Da
En ze schonk een bloemenvaas vol ouwe klare
Toen bij het ochtendgloren iedereen verzadigd was van 't vocht
Heeft een vuilnisman de lege flessen bij elkaar gezocht
En die heeft toen van het statiegeld een buitenhuis gekocht
En is stil gaan leven in de buurt van Laren
En iedere feesteling
Zong toen hij huiswaarts ging:

Zeg heb je 't al gehoord van Ome Thijs
Ome Thijs heeft de prijs in de voetbalpool
We houen 't niet droog meer als je voelt wat ik bedoel
Ome Thijs heeft de prijs in de voetbalpool.

Toen de ochtendzon al scheen en iedereen vertrokken was
En Ome Thijs een beetje misselijk zijn ochtendkrantje las
Haalde Tante Mietje plots het formuliertje uit haar tas
Dat ze blijkbaar had vergeten af te geven
Even zag het er naar uit dat Ome Thijs het leven liet
Maar toen hij haar zo zag janken zei hij: Ouwe huil maar niet
Want ik heb nog steeds twee handen aan mijn lijf zoals je ziet
En daar hebben we altijd van kennen leven
Kop op en lach maar weer:
Al zingt er niemand meer:

Zeg heb je 't al gehoord van Ome Thijs
Ome Thijs heeft de prijs in de voetbalpool
We houen 't niet droog meer als je voelt wat ik bedoel
Ome Thijs heeft de prijs in de voetbalpool.

DRS. P
Het hart eener deerne   1963

Zij was als kind naar Amsterdam gekomen
Betooverd door de steedsche pronk en pracht
Zij was als kamermeisje aangenomen
In zeek're woning aan de Keizersgracht
Des avonds mocht zij gaarne uren dwalen
Door drukke straten met hun grillen schijn
En in heur onschuld dacht zij menigmalen:
Wat is het heerlijk, in de stad te zijn

Want temidden van de zonde
Bleef heur hart oprecht en rein
En in zulk een blijde stonde
Kon zij niet kwaaddenkend zijn

De zoon des huizes was student te Leiden
Na enk'le maanden zag zij hem voor 't eerst

375

Zij was aanvallig, proper en bescheiden
Hij was een losbol, wild en onbeheerscht
Hij vond haar eenvoud geenszins te versmaden
En had aldra het argloos wicht onteerd
Toen de gevolgen aan het daglicht traden
Werd zij meedoogenloos van huis geweerd

    Maar ondanks heur groote zonde
    Bleef heur hart oprecht en rein
    In die smartelijke stonde
    Kon zij niet haatdragend zijn

Zij dwaalde weer door nachtelijke straten
Doch zonder lichten thans of rijken tooi
Het pad der deugd had zij voorgoed verlaten:
Zij was verworden tot een lichtekooi
Eens kwam bij haar een man met doffe oogen
Verteerd door drank en liederlijken lust
't Was de student door wien zij was bedrogen
Zij heeft geweend en hem in slaap gekust

    Toen zij leefde van de zonde
    Bleef heur hart oprecht en rein
    En zelfs op haar veile sponde
    Kon zij niet hardvochtig zijn

    Ook al brandde haar de wonde
    Van verderf en zielepijn
    Voor de oorzaak harer zonde
    Kon zij slechts vol deernis zijn

HANS VAN DEVENTER
De drie bellen 1965

Het was de avond van hun trouwen, wat een jolijt
Men at van de zoutjes, men vrat van de tijd
Oom Karel, beschonken, zei wat ieder dacht:
Nog effe dan komt ie, de huwelijksnacht!

En Arie, Gijs en Cornelis glommen van pret,
Want zij bonden bellen, drie koperen bellen
Aan de matras van het bed

Terwijl de vrolijkheid ontaardde in platte lol,
Met stoelendans, toeters, gezoen en gesol,
Plukte het bruidje aan haar bruidsboeket,
Dat in een glas bij haar bord was gezet

En voelde honderden ogen onder haar rok,
Ogen die lachten, iets van haar verwachtten,
Net als het slaan van de klok

Toen ging het bruidspaar naar de kamer onder het dak
Boven klonk regen, beneden gesmak
Ze leken twee zieke pauwen op de rand
Van het beroddelde fopledikant

Ze zagen scheel van de hoofdpijn, spraken geen woord
Want ieder kuchje, hikje of zuchtje
Werd als iets anders gehoord.

Nadat het eerste ochtendgloren hen had bevrijd,
Ontlaadde het zwijgen zich in een verwijt
Zij wierp zich wanhopig op het ledikant
En huilde met schokken haar ogen in brand

En Arie, Gijs en Cornelis brulden van pret:
Ze hoorden de bellen, de koperen bellen
Aan de matras van het bed...

TOON HERMANS
Vader gaat op stap 1965

Zit m'n dasje goed?
Zit m'n jasje goed?
Vader gaat op stap...
Is m'n pochetje d'r?
M'n sigaretje d'r?
Vader gaat op stap...

Vader heeft vandaag dat vieve
Niet meer zo dat primitieve
Want vader is vandaag de bon-vivant
De bon-vivant, de bon-vivant
Vive le vive le vive le vive le bon-vivant
Vader gaat op stap…

Vader werpt zich in het mondaine
Vader heeft vandaag iets geks
Hij heeft geen last meer van migraine
Vader gaat vandaag op seks

Vader heeft vandaag dat jeune, dat jeune
Je kunt het horen aan z'n stem:
'Waar de blanke top der duinen, der duinen'
Past opeens niet meer bij hem

Vader heeft vandaag dat zwoele
Vader gaat op het slechte pad!
Nou 'ns niks te voetbalpoolen
Vader wil nou wel eens wat…

Vader werpt zich in het wufte
Met een bluebell uit Berlijn
En die heeft Berliner lufte
En blote jurken van satijn

Vader werpt zich in de glazen
Vader speelt gevaarlijk spel
Kijk hem schuiven in extase
Met die blonde blauwe bell

'Morgen sollst du mir was schreiben'
Zegt ze dicht bij vaders wang
'Ewig will ich bei dir bleiben'
Maar dat vond vader wel wat lang…

Dan zegt zij: 'Ich heisse Jacky'
Maar ineens gebeurt er wat:
Vader ziet ineens een vlekkie
Op d'r blote schouderblad

378

Vader denkt: Nou ja, een vlekkie…
Jacky fluistert: 'Geh' nicht fort…'
Maar hij krijgt een hekel aan dat nekkie
Net of het vlekkie groter wordt…

Plotseling ziet ie nog een wratje
En een rare grote teen
En ineens zegt vader: 'Schatje
Es tut mir Leit auf Wiedersehen!'

Vader is ineens weer vader
Door zo'n kleine kleinigheid
En voordat ie de huisdeur nadert
Heeft ie eigenlijk alweer spijt

En hoe het verder met die bell gaat
Interesseert hem ook geen aap
En als ie thuis in z'n flanel staat
Staat ie te barsten van de slaap

Vader heeft niet dat mondaine
Waar ie dikwijls over praat
Maar het is een mooie scène
Als ie voor de spiegel staat

    Zit m'n dasje goed?
    Zit m'n jasje goed
    Vader gaat op stap…
    Is m'n pochetje d'r?
    M'n sigaretje d'r?
    Vader gaat op stap…
    Vader heeft vandaag dat vieve
    Niet meer zo dat primitieve
    Want vader is vandaag de bon-vivant
    De bon-vivant, de bon-vivant
    Vive le vive le vive le vive le bon-vivant
    Vader gaat op stap…

CORNELIS VREESWIJK
De nozem en de non   1967

Niemand ter aarde weet hoe het eigenlijk begon,
Het droevige verhaal van de nozem en de non,
Van de nozem en de non.

Vroeg in het voorjaar ontmoetten ze elkaar.
Hij keek in haar ogen en toen was de liefde daar,
Ja, toen was de liefde daar.

Sterk is de liefde, tijdelijk althans.
De non vergat haar plichten en zelfs haar rozenkrans,
Ze vergat haar rozenkrans.

Met zijn zonnebril en z'n nauwe pantalon
Verwekte onze nozem de hartstocht van de non,
Ja, de hartstocht van de non.

't Is wel te begrijpen, 't gebeurt toch elke dag.
De nozem was verloren, toen hij in haar ogen zag,
Toen hij in haar ogen zag.

Ze liepen in het plantsoen in de prille lentezon
En kussen bij de vleet kreeg de nozem van de non,
Kreeg de nozem van de non.

Een zekere juffrouw Jansen sloeg hen gade door de ruit
Ze wist niet wat ze zag en haar ogen puilden uit,
Ja, haar ogen puilden uit.

Een zekere heer Pieterman keek neer van zijn balcon
Hij keek stomverbaasd naar de reacties van de non,
De reacties van de non.

'Leve de liefde,' zei Pieterman galant,
Maar juffrouw Jansen, die belde naar de krant,
Ja, die belde naar de krant.

Maar daar dacht een ieder, dat ze het maar verzon.
Dus ging ze naar de kapelaan en verklikte daar de non,
En verklikte daar de non.

'Dat,' zei de kapelaan, 'is weer des duivels werk.
Zo gauw ik er niet bij ben, belazert hij de kerk,
Dan belazert hij de kerk.'

Dank zij juffrouw Jansen en de kapelaan
Maakte de politie er een einde aan,
Ja, er kwam een einde aan.

Want ze liepen namelijk zo maar op het gras
En de politie zei, dat dat verboden was,
Dat 't gras verboden was.

De non en de nozem die gingen op de bon.
Een schop kreeg de nozem, de zenuwen de non,
Ja, de zenuwen de non.

Niet om het een of ander, maar omdat het niet kon,
Eindigde de liefde van de nozem en de non,
Van de nozem en de non.

Volgens Aristoteles weegt een zoen niet zwaar,
Letterlijk uitstekend, figuurlijk zelden waar,
Vraag de non er maar 's naar...

FRISO WIEGERSMA
Josefien 1967

De bakkersdochter van de hoek
Die mocht zich laten zien
Zij was de seksbom van de buurt
En heette Josefien.
Ik was nog jong in vuur en vlam
Schreef ik haar een sonnet
Maar zo poëtisch was zij niet
Ze nam de benen met
Een heer in de textiel
In zijn automobiel.

O, Josefien, Josefien, Josefien
Ik was pas zeventien
Toen heb ik jou Josefien, Josefien

Voor de eerste keer gezien.
Mijn moeder vond jou een lellebel
En heel misschien Josefien, Josefien
Was jij dat wel.
Maar jij bracht mij van de wijs
En bovendien
Leek de buurt in ene op Parijs
Als jij passeerde,
O Jose- Josefien.

Maar ach de heer in de textiel
Die was ook niet je dat
Zij wist diep in haar hart
Dat zij meer mogelijkheden had
Zij kocht een kaartje naar Parijs
En een blote japon
En had al gauw tien rijke lui
Waar zij uit kiezen kon.
Zij koos een miljonair
Van vijfentachtig jaar.

O, Josefien, Josefien, Josefien
Dat was niet stom gezien
Jij was al gauw in de rouw Josefien
Met een miljoen of tien.
Mijn moeder vond jou een lellebel
Maar koppie koppie Josefien
Dat had jij wel
Liet jij je bij tijd en wijl
Es even zien
Gingen alle heren voor de bijl
Nou kun je nagaan
O Jose- Josefien.

Ik zag laatst een enorm jacht
Het was in Saint-Tropez
Net reed er een chauffeur voor
In een meterslange slee
Ik zag dat de bemanning in de
Houding sprong en daar
Kwam Josefien naar buiten met

Een knul met zulk lang haar.
Ik zei dag Josefien
Ken jij mij nog misschien?

En toen zei jij Josefien, Josefien
Tiens 'k heb jou meer gezien
Voila, bien sur, het is Wiem, het is Wiem,
Maar niet meer zeventien
Jouw maman vond mij
Een lellebel
Et entre-nous, mon petit et mon choux
Dat ben ik wel
'k Ben liever één lellebel
In Saint-Tropez
Dan een drel in Zandvoort
Aan de zee
Een beetje koppie, koppie, koppie kan geen kwaad
Want anders liep ik nou nog
In de Kalverstraat
Doe ze de groeten van
Jose- Josefien.

JAN BOERSTOEL
Zijn vrouw 1970

Ze vonden donderdag, na uren dreggen,
Het lichaam van de man, die werd vermist.
Toen de politie alles zeker wist,
Zijn twee agenten het zijn vrouw gaan zeggen.
Die huilde niet, ze zat maar wat te staren,
Als ging de zaak haar boven het verstand.
Na afloop gaf ze allebei een hand
En voor de moeite ook nog twee sigaren.

Toen is ze het de buurvrouw gaan vertellen,
Die daad'lijk aanbood om, als goede buur,
De kind'ren op te wachten om vier uur,
Dan kon zij de familie op gaan bellen.
Ze is een telefooncel ingelopen
Voor anderhalf uur stamelend verdriet,

Maar weer op weg naar huis vergat ze niet
Wat extra koffie en wat koek te kopen.

Na het niet aangeroerde avondeten
Kwam dan ook de familiestroom op gang,
Met telkens weer zo'n nat behuilde wang
Tegen haar masker, spierwit en verbeten.
Met opa, die het wel had aan zien komen,
En tante, die een weekje blijven wou,
Opdat zij minder eenzaam wezen zou,
Nu hij zo plotseling was weggenomen.

Nu hebben ze hem gisteren begraven,
Met weinig bloemen en met veel misbaar.
De buurt is sindsdien aardig tegen haar,
Hoewel ze vroeger nooit veel om haar gaven.
Maar de familieleden en de vrienden,
Door hen wordt zij nog nauwelijks geduld,
Die zeggen unaniem: "'t Is vast haar schuld,
Zag je dan niet, dat ze niet één keer griende?'

JULES DE CORTE
Michiel 1970

Michiel kwam 's avonds thuis en vond zijn lief in grote nood
Haar wangen nat van tranen en haar ogen schreiend rood
'Toen ik straks aan de deur de bakker zou betalen
Zag ik de Dood
Die komt mij morgen halen'

'Mijn liefste, wees niet bang, ik houd van jou toch bovenal
En morgen blijf ik heel dicht om je heen in elk geval
We doen de ramen toe, we sluiten alle deuren
Dus, ben je mal:
Er zal jou niets gebeuren

En als dan iemand klopt of belt, wij geven geen belet
We blijven als het nodig is de hele dag in bed
we zullen samen wie dan ook of wat trotseren
Desnoods de wet
Geen kwaad dat jou zal deren'

384

De ochtend is gekomen en de middag is vergaan
En tegen de avond zetten zij de televisie aan
Tot alle angst die haar gemoedsrust had bedorven
Was afgegaan
Pas toen is zij gestorven...

FREEK DE JONGE
Elsje 1971

Elsje moet naar hopsy topsy land
Want vader gaat met moeder op vakantie
Ze denken dat het beter is voor Els
Als zij niet meegaat naar het vreemde land
Maar hier gaat spelen
Met de vriendjes van haar eigen leeftijd

Nu is er een week voorbij
En het is nog steeds niet leuk geworden
Alle meisjes spelen met de jongens
En ik speel met mijn pop
Ik krijg haast elke dag een kaart
Van moeder uit het vreemde land
Ik heb al één keer teruggeschreven
Heus niet dat ik heimwee had

Elsje zit in hopsy topsy land
En als ze niet wil eten komt er een meneer
Die zegt dat eten beter is voor Els
Dan met een lege maag naar bed toe gaan
En dat haar moeder daardoor
Toch niet eerder komt dan afgesproken is

Want weer is er een week voorbij
En nu nog zeven nachtjes slapen
Alle meisjes spelen met de jongens
En ik tel de dagen af
Ik heb al veertien ansichtkaarten
Ik ken de plaatjes uit mijn hoofd
Ik heb maar niet meer teruggeschreven
Ze zijn al onderweg

Elsje ligt in hopsy topsy land
Ze kreeg zo'n honger dat ze wel moest eten
Die meneer die het haar verteld heeft van haar ouders
Zegt als je straks weer beter bent
Kun je weer spelen
Met de kinderen en met mij

Want er is een maand voorbij
En haar ouders zijn nooit meer gekomen
Alle meisjes spelen met de jongens
Ongelukje in 't verkeer

GUUS VLEUGEL
De man die zelfmoord wilde plegen   1972

Er was een man die dolgraag zelfmoord wilde plegen,
Waarom precies, dat was hem zelf niet goed bekend.
Hij had die drang bij zijn geboorte meegekregen
Zoals een ander taalgevoel, of zangtalent
En in de lente had ie enkel het verlangen
Om zich aan een der groene takken op te hangen.
Dat is een tamelijk bescheiden wens, nietwaar?
Een mens z'n lust dat is z'n leven, zeg ik maar.

Alleen hij kon het niet, meteen al niet als jongen
Toen hij na schooltijd dikwijls aan de spoordijk zat.
O hij was ziels- en zielsgraag voor een trein gesprongen
Om te vergeten, hij wist niet nauwkeurig wat.
Hij wou zijn vader en zijn moeder niet verdrieten
En daarom liet ie de gedachte steeds weer schieten
Want een geweten is iets moois, maar als je 't hebt
Dan ben je wel ontzettend zwaar gehandicapt.

Hij nam zich voor zijn ouders' sterven af te wachten
En had geluk, ze werden geen van beiden oud.
Maar zie, een leven wordt bepaald door vreemde krachten,
En in de tussentijd was hij gewoon getrouwd.
Hij had een uitgebreide voorraad slaaptabletten
Die hij vaak telde, als de scheemring aan kwam zetten...
O hij kon makkelijk bereiken wat ie wou,
En toch, hij deed het niet, hij had een brave vrouw.

En toen die eindelijk gestorven was na jaren
Zag hij de kans tot zijn verdriet nog steeds niet schoon
Om zelf die langverbeide haven in te varen:
Hij was de vader van een dochter en een zoon.
Maar zijn geduld begon zo langzaamaan te slinken,
Hij was nu vastbesloten om zich te verdrinken
En had de plek al uitgezocht, 't was bij een brug.
Hij dacht, hier doe ik het, o god maak het toch vlug.

Het duurde lang voordat ie klaar was met z'n taken
Maar toen ie voor z'n kindren nauwlijks meer bestond
Ging ie er op een avond blij een eind aan maken.
En bij die brug, daar vond ie toen een zieke hond.
Hij had het dier het liefst ter plaatse willen worgen,
Maar nee, hij bleef er tot zijn laatste snik voor zorgen
En gaf toen eigenlijk mèt tegenzin de geest.
Hij dacht, wat gaan ze met 'm doen, het stomme beest.

Er was een man die dolgraag zelfmoord wilde plegen
Waarom dat wist ie niet, al zijn er reednen zat,
Ik weet er zo al uit mijn hoofd een stuk of negen
Al heb ik zelf de aandrang nooit zo sterk gehad.
Ach om iets waar te maken van zijn liefste dromen
Had ieder ander het vast niet zo nauw genomen
Maar hoe dan ook, dat heeft die man dus wel gedaan.
Hij is gewoon als ieder ander doodgegaan.

CORNELIS VREESWIJK
Jantjes blues   1972

Jantje was aan 't wandelen
Op het Leidseplein.
Toen vond hij een rijksdaalder
En dat vond hij fijn.
Hij kocht er zoute pinda's voor,
Sigaretten en drop.
Kortom: in no time
Waren al zijn centen op.

Maar hij werd geschaduwd
Door een brigadier.

Die zei tegen Jantje:
Hé, kom jij maar eens hier.
'k Weet niet of je 't weet,
Maar rijksdaalders op straat
Zijn verloren goederen
En horen aan de Staat.

De rechter zei: Hé, Jantje,
Weet jij wel wat je bent?
Dat noemen wij juridisch
Jeugddelinquent.
Een schande voor je ouders,
Je toekomst naar de maan,
Want als je later groot bent,
Krijg je nooit een goeie baan.

Stik maar, zei Jantje,
Met die kouwe kak.
Ma is de hort op
En Pa zit in de bak.
Wat die ervan zeggen,
Lap ik aan m'n schoen
En als ik later groot ben,
Zorg ik zelf wel voor poen.

Toen haalde men er
Een heel stel psychologen bij.
Die vonden hem gevaarlijk
Voor de maatschappij.
Vandaag een rijksdaalder
En morgen een kluis.
Hupsakee, de bajes in
En weg met dat gespuis.

Op zijn verjaardag
Zat Jantje in de cel.
Er kwam geen visite,
Maar cadeautjes kreeg hij wel.
Ma stuurde hem een ijzerzaag,
Pa stuurde hem een boor.
Daar gaat hij dan, zei Jantje
En ging ervandoor.

Buiten de bajes zag hij
Een auto staan.
Die leen ik maar, zei Jantje.
Zo gezegd, zo gedaan.
Maar in een scherpe bocht
Kreeg die kar een lekke band,
Sloeg zeven maal over de kop
En vloog in brand.

Hiermede eindigt
Het verhaal van onze held.
Een blues voor Jantje,
Zongen de vogels in het veld.
Jezus, zei de dominee,
Sta zijn zieltje bij.
Maar Jantje had er maling aan,
Want Jantje was vrij.
Jantje was vrij.
Jantje was vrij.

FREEK DE JONGE
Opa 1972

De bank kijkt uit over het grasveld
En opa strompelt er naar toe
Buiten adem ploft ie op de zitting
Hij heeft nog niets gedaan en is al moe
Hij kwam vertellen dat ie stuurman op het schip was
En alle kinderen mochten gratis mee
Dan voelde hij het roer weer in zijn handen
Op die bank die brug was en het gras zee

De bal blijft achter op het grasveld
Alle kinderen rennen naar hem toe
'Opa, vertel nog eens van vroeger'
'Nee, ga maar spelen, opa is een beetje moe'
De kinderen gaan niet, ze blijven rustig wachten
Dat zegt ie altijd voor een fijn verhaal
In een kring zitten ze rond zijn voeten
Hij kijkt naar de gezichten, herkent ze allemaal

Maar ditmaal schiet hem niets te binnen
Hij is vergeten hoe het was
Als ie zich eindelijk weer iets herinnert
Spelen de kinderen allang weer op het gras

Opa kijkt uit over het grasveld
Nu begrijpt ie wat de bootsman heeft bedoeld
Toen ie zei: 'Een stuurman moet het schip verlaten
Als hij geen roer meer in zijn handen voelt.'

Toen ie zei: 'Een stuurman moet het schip verlaten
Als hij geen roer meer in zijn handen voelt.'

GUUS VLEUGEL
Meisje uit de provinsie in het Magies Sentrum 1972

Ze zat in Enschede, en vond het leven tam.
Want zeg nou zelf, wat is in godsnaam Enschede?
Twee boerenhippies en één lullig beatcafé.
En op een dag nam ze de trein naar Amsterdam.
Het Magisch Centrum van 't heelal!
In de coupé begon het al,
Er zat een knul met een gitaar
En met een lintje in z'n haar.
En toen ze eindlijk neerstreek bij het Monument
Waren de stenen daar een zalfje voor d'r krent.

'Het is begonnen,' zei ze zachtjes voor zich heen.
Dit is de sien waar al het goeie volk naar snakt.
Toch had ze echt nog niet zo vreeslijk gauw contact,
Om twee uur 's nachts was ze nog moederziel alleen.
Toen ging het regenen, in paniek
Zocht ze haar heil in een portiek,
Daar zaten ook, nu had ze beet,
Twee Ierse meisjes en een Zweed,
Ze zei: 'Hello, my name is Annie van den Berg.'
Maar verder wou de conversatie niet zo erg.

Toch had ze na een dag of vijf al een vriendin
Met wie ze trouw haar flesjes deelde en haar brood.

Dat meisje had nooit zoveel honger, want ze spoot,
Maar ach, iets lekkers wou d'r af en toe wel in.
Al was ze mager en doodsbleek
Het was een meid waar je naar keek,
Ze ging zo af en toe gedwee
Met een of andre vogel mee,
Om na een uur weer te verschijnen op de Dam.
En zij, ze wachtte heel geduldig tot ze kwam.

Zelf was ze niet bepaald een veelbegeerde buit.
Neem nou dat seksfeest, in dat huis in de Jordaan,
Ze zat de hele avond met 'r kleren aan,
Want er was niemand die gezegd had: doe ze uit.
Ze had als steeds de pil geslikt
Maar keek uitsluitend wat verschrikt
En toch geleidelijk meer sereen
Naar de tafrelen om zich heen
Die ze in Enschede nog nooit had bijgewoond.
Ze rookte Nepal, en werd misselijk, maar niet stoned.

Van tijd tot tijd dacht ze wat schamper aan d'r moe
Die had gezegd: 'Ga d'r niet heen, toe blijf bij mij.
M'n kind, je gaat er naar de sodemieterij.'
Ze had er wel vergeten bij te zeggen, hoe.
En op een dag zei ze: 'Tot ziens'
En toen vertrok ze in d'r jeans
En met die flaphoed op d'r hoofd
Waarin ze zelf nooit had geloofd.
En in de trein keek ze nog heel lang uit het raam.
En even huilde ze… Waarom, in jezusnaam?

FREEK DE JONGE
Mayonaise 1974

De zure stank is niet te harden
Net zo min als het lawaai
Daar waar ze daaglijks deksels
Op mayonaisepotjes draait
Als zij 's middags vijf uur vijftien
Haar hoge hielen licht

Zitten zesduizendzesendertig
Mayonaisepotten dícht

Buiten adem, nogal stinkend
Naar zweet, maar vooral azijn
Springt ze om vijf uur achtenveertig
Op haar intercitytrein
Heeft die trein dan geen vertraging
Komt ze om zes uur achttien aan
Daar de kantoren eerder sluiten
Heeft zij dat half uur moeten staan

Ze eet haar prak zonder te proeven
Die avond is het prei
Pakt de patat
En neemt er automatisch mayonaise bij
Ze gaat die avond niet naar dansles
Te moe en helemaal geen zin
Ze bladert vluchtig door de *Viva*
Maar er staat voor haar niks in

Vader heeft niets nieuws te melden
Ze is blij als ze naar bed toe mag
Ze ligt erin iets over elven
Morgen is het weer vroeg dag

De trein, de prikklok, de kantine
Eens per uur naar het toilet
En ondertussen
Zesduizendzesendertig deksels klem gezet
Ze sluit steeds hetzelfde aantal
Aan de band voldoet ze goed
Een keer in de maand wat minder
Omdat ze dan wat vaker moet

FRITS LAMBRECHTS
De ballade van de twee oudjes   1974

Voor het eerst had hij haar aangesproken,
Beneden in de grote zaal.

Zijn stoel wat dichter aangeschoven
En hij deed er zijn verhaal.
Hij was in het bejaardenhuis gegaan
Toen hij al was gepensioneerd.
Want het idee alleen te staan,
Had hem steeds al gefrustreerd.

Ze had hem eerst wat laten praten,
Dronk wel het drankje dat hij bracht.
Ze voelde zich zo opgelaten,
Maar later heeft ze op hem gewacht.
Attent heeft hij haar ondersteund,
Omdat ze niet zo goed meer liep.
En buiten voor haar kamerdeur,
Heeft hij staan wachten tot ze sliep.

Het was ineens weer teruggekomen,
Dat heerlijke gevoel dat hij al afgeschreven had.
Zijn bloed begon weer snel te stromen,
Nou ja, tachtig, het was niet lang meer dat hij te leven had.

Die nacht heeft zij lang liggen woelen,
Het licht steeds aan- en uitgedaan.
Zijn warme hand kon ze nog voelen,
Haar lichaam leek in brand te staan.
Het was maar net een jaar geleden
Dat haar man was heengegaan.
En voor zijn foto op de schoorsteen,
Heeft ze even stilgestaan.

Toen hij haar 's morgens af kwam halen,
Te vroeg, met een gejaagd gevoel,
Heeft hij minuten lang staan dralen.
Zij zat al uren in haar stoel.
Die dag hebben ze samen doorgebracht,
Hij week niet van haar zij.
Zijn arm beschermend om haar heen,
Ze voelden zich alleen maar blij.

Het was ineens weer teruggekomen,
Dat heerlijke gevoel dat zij al afgeschreven had.

Haar bloed begon weer snel te stromen,
Nou ja, zeventig, het was niet lang meer dat zij te leven had.

Die nacht is hij bij haar gebleven,
Heel lief had hij het haar gevraagd.
Het ja-woord heeft ze hem gegeven,
Haar stem klonk moeilijk en gejaagd.
Die avond zaten ze intiem
En heel gelukkig bij elkaar.
En met zijn rimpelige hand,
Doorwoelde hij haar grijze haar.

Hij is haar langzaam uit gaan kleden,
Heeft haar voorzichtig neergelegd.
Toen zijn ze naast elkaar gegleden,
En hebben verder niets gezegd.
Ze hebben het met elkaar gedaan,
Als gold het de allereerste keer.
Het ging alleen wat kalmpjes aan,
Want echt, zo vlug hoefde niet meer.

Ze hadden het gevoel weer teruggekregen,
Dat razende verlangen waar het hart van overslaat,
Dat ze jarenlang terug hadden gedreven,
Want op die leeftijd past het niet en bovendien: het schaadt.
Maar 's morgens toen ze naast elkaar ontwaakten,
Door het zonlicht dat brutaal op hun lichamen ging staan,
Stond hij op om een kopje thee te maken
En de dag begon als altijd van voren af aan.

JOOST NUISSL
De zwaan en de stervende danseres 1974

De danseres is moegedanst
Ze zegt 'hallo' en gaat naar huis
Ze kamt de haren van haar pruik
En drinkt haar thee want ze is thuis
Ze heeft een kamer driehoog achter
En haar vriend is theosoof
En als de buurvrouw wortels kookt

Krijgt het konijntje wortelloof
In de krant een zwaan die sterft
Met een jas van olie aan
En ze denkt: Dat ben ik zelf
Zal ik sterven als die zwaan
En bedroefd gaat ze naar bed
Want ze weet niet wat ze kan
En ze is wel in de olie
Maar ze weet niet goed waarvan

De danseres is uitgeslapen
En de zon staat aan het raam
Het konijntje in zijn doos
Krijgt een appel en een naam
En dan daalt ze van driehoog
Langs de trappen naar de straat
Op de tram naar het theater
Want het is misschien al laat
Maar er is wel iets veranderd
Want wat wil nu het geval
Dat de zwaan van hedenavond
Op het end niet sterven zal
En ze vliegt op brede vleugels
Naar een hemel ver en stil
Want de danseres die sterft
Is de zwaan die leven wil

FREEK DE JONGE
Vogelvrij 1975

Ze loopt gearmd met haar vriendin
Te zoeken in de vreemde stad
Het adres is haast onleesbaar op de brief
Die ze uiteindelijk heeft gehad
Ze draait zich om als haar vriendin
De weg vraagt aan de dienstdoende agent
Ze is bang dat hij haar door heeft
Bang dat ze door iemand wordt herkend
Ze is vierentwintig, maar heeft de angsten van een kind
Ze is stout geweest!

En iedereen mag zeggen wat ie d'rvan vindt
Ze kende hem vier dagen
Ze waren allebei alleen
Nu is ze vogelvrij, ze is onteerd, ze is van iedereen

Het staat op achtendertig plaatsen in de bijbel
Het is een slachthuis en 't doet ontzettend pijn
Denk aan de vrouwen die geen kinderen kunnen krijgen
En je moet flink, gelovig, dankbaar zijn
Het is een schuld, die je nooit meer kunt betalen
En je doet je ouders onnoemelijk veel verdriet
Je mag het leven van het leven niet bepalen
Dat mag je niet, dat kan je niet, dat doe je niet

Als de zuster haar komt halen moet ze overgeven op de gang
Degene die het op komt ruimen kokhalst vriendelijk:
'Wees maar niet bang.'
Een uur daarna staat ze op straat
Ze kan opnieuw beginnen zonder pijn
En een jongen op een brommer roept
Ga je mee schat
Ik zal voorzichtig zijn...

RIENTS GRATAMA
Meisjeskamer 1975

Meestal twee hoog achter in een anonieme straat
Uitzicht over daken waar geen mens een blik op slaat
Rode netvitrages boven 't verveloze plat
Vrijgezellemeisjeskamer in de stad
Je moet er komen langs een hoge donkere trap
Waarvan de zesde tree van boven altijd kraakt
Die sla je over met een hele grote stap
Maar dat weet-ie want hij heeft die tocht al honderd keer
            gemaakt
Naar dat knusse warme eiland waar ze elke avond was
Met een fles goedkope sherry in zijn houtje touwtje-jas

   Vrijgezellemeisjeskamer in de stad
   Paars met groen en toch niet zwoel
   Een oranje vlinderstoel

396

En een grote fles met appelbloesem op de Chinese mat
Zesentwintig miniflesjes op het spijltje van de ruit
En een slaapbank langs de muur
En de muren hebben oren
En dus hoor je geen geluid

Meestal gaan ze trouwen en zo ook in dit geval
Nette burgerwoning en bescheiden kindertal
Alles wat erbij hoort wat je toen niet nodig had
Op die vrije meisjeskamer in de stad
En op een avond in hun tiende huwelijksjaar
Zegt hij: 'Mijn schat ik kom vannacht pas heel laat thuis'
Kamt in de autospiegel zijn gedunde haar
En dan staat-ie ietwat schichtig in zo'n donker trappenhuis
Stapt dan krakend op de zesde tree die hij vergeten was
Met een dure fles champagne in zijn nette burgerjas

Vrijgezellemeisjeskamer in de stad
Net een tikkeltje te vol
Rijstpapieren lampebol
Artistieke handgebakken kopjes op het tafelblad
Op een tweepits butagasstel staat een keteltje dat fluit
Een affiche aan de muur
En de muren hebben oren
En dus maak je geen geluid

Meestal loopt een huwelijk op zo'n slippertje niet stuk
Want die kamers lopen niet te koop met hun geluk
Samen met z'n vrouw en verder trouw tot in de dood
Kinderen weg en dus de woning veel te groot
Dus op een dag een advertentie in de krant
Echtpaar op leeftijd biedt een kamertje te huur
Dan woont een meisje twee hoog aan de achterkant
En als hij de zesde tree hoort kraken op een nachtelijk uur
Sluipt-ie stiekem soms naar boven heel behoedzaam pas voor pas
En zijn ouwe hart klopt overspannen in zijn kamerjas

Vrijgezellemeisjeskamer in de stad
Zoete tuin van erotiek
Zachte tonen van muziek
En geheimen prijsgegeven aan een onbeschreven blad
Wat gefluister een gedempte lach een onbekende stem

En een schaduw op de muur
En de muren hebben oren
En die oren zijn van hem

De oude vrouw   1976

De koffie pruttelt op het theelichtje
En ze bladert in haar plaatjesboek
Ze is niet alleen, de oude vrouw
Meneer Parkinson is op bezoek
Ze kan nog lezen in haar boek
Omdat haar handen net zo trillen als haar hoofd
Ze heeft geen pijn, het oude mens
Meneer Reuma is tijdelijk verdoofd

Op het buffet leunt een vergeeld portret
Tegen een oude kaarsenstandaard aan
Het is de foto van haar man
Die met een vrouw die Kanker heet is meegegaan
Ze sluit het boek, ze heeft het uit
En ze laat de handen rusten in de schoot
Ze verwacht bezoek, die oude vrouw
Laat haar niet wachten, meneer de Dood

LENNAERT NIJGH
Een wonderkind van zestig   1977

Toen ie in de jaren dertig debuteerde.
Een bleek Titaantje in zo'n veel te wijde broek.
Wiens tere poëzie de crisistijd trotseerde.
Naar hoger idealen en menselijkheid op zoek.
Toen werd zijn werk geroemd van alle kanten.
Op zo'n talent had men nu jarenlang gewacht.
Hij zag zijn naam opeens gedrukt in alle kranten.
Ze vonden hem nog beter dan ie zelf ooit had gedacht.
De mandarijnen maakten ruzie in hun blaadjes
En elk van hen had hem het eerst ontdekt.
Hij werd het middelpunt van culturele praatjes
En al was ie pas begonnen, de verwachting was gewekt.

Want een wonderkind van twintig.
Da's altijd een goed begin.
Ja die jongen kan wat worden.
Ja daar zit nog heel wat in.

Maar ja, van kunst alleen kan niemand leven.
Dus het werd een baantje bij een grote krant.
En wat ie verder van z'n leven heeft geschreven.
Hield met z'n idealen geen verband.
't Was de bezetting, die z'n vuur weer deed ontwaken.
Hij wou de ondergrondse in als held.
Hij zou de vijand wel eens goed weten te raken.
Met de bezieling van z'n literair geweld.
Het concentratiekamp kwam hij nog wel te boven.
Maar idealen had ie daarna toch niet meer,
Want alles, waar ie ooit in kon geloven,
Was verpletterd met de kolf van een geweer.

En een wonderkind van veertig.
Da's altijd een naar geval.
Dat misschien eens iets kon worden,
Maar dat niets meer worden zal.

Ach hij deed nog wel een keertje een vertaling.
Of zoiets, waarvoor ie nauwelijks werd betaald.
Maar zijn debuut was niet meer vatbaar voor herhaling
En naar z'n nieuwe werk werd door geen mens getaald.
Hij heeft nog jaren, eenzaam drinkend, zitten wachten
In een hoekje van de kunstenaarssociëteit.
Waar de jongens nauwelijks om z'n grappen lachten,
Maar een borrel kon ie altijd aan ze kwijt.
Ze hebben hem op z'n kamertje gevonden.
Met een briefje aan z'n kinderen in z'n hand.
En toen schreven ze, dat ze hem waarderen konden
En hij kreeg een stukkie in *Vrij Nederland*.

Maar een wonderkind van zestig,
Da's een akelig gezicht.
En om consequent te blijven.
Deed ie zelf het doek maar dicht.

Jeanet de Bruin–Van Gelder 1978

Jeanet de Bruin–Van Gelder,
Oud tweeënveertig jaar
Kleur ogen: blauw en helder
Blondspoeling in haar haar
Is na haar eerste scheiding
Direct opnieuw getrouwd
Ze bracht hem in verleiding
Al was ie al wat oud

Hij zag in haar de lente
Compleet met ooievaar
Jeanet zag meer z'n centen,
Champagne en kaviaar
Ze heeft zich uitgekleed en
Zag dat ie echt genoot
En voor ie het had geweten
Zat hij al in de boot

Jeanet zat op fluweel
Tenminste financieel
Ze had een limousine
En een huis met personeel
Ze had in haar systeem
Een onvoorzien probleem
En dat lag in het kort gezegd
Hoofdzakelijk seksueel

Haar nieuwe heer-gemaal
Was wel zeer muzikaal
Maar hij was volgens haar
Zo sensueel als een garnaal
Ze dacht al sinds een jaar:
't Is geen geweldenaar
Als w'om ellef uur naar bed gaan
Is ie nooit voor zessen klaar!

Nou kwam de warme bakker
Haast dagelijks aan de deur

Ze dacht: Die arme stakker
Leeft ook maar in een sleur
Zo hielp ze ook de slager
De jongen van de krant
En de tuinman en de jager
En de politiecommandant

Ook de pianostemmer
En toen het circus kwam,
Stond ook de leeuwentemmer
Voor haar in vuur en vlam
Meneer De Bruin die werkte
En leefde zonder schroom
Waardoor ie niks bemerkte:
Hij geloofde in zijn droom

Jeanet ging knap tekeer
Was dagelijks in de weer
Ze was een soort klaar-overtje
In het geslachtsverkeer
Ze stortte zich vol vuur
In elk nieuw avontuur
Maar 's avonds zat ze breiend
Met 'm bij het open vuur!

Als hij behoefte had
Dan scrabbelden ze wat
Of speelden een spelletje
'Mens erger je niet'
Maar in het liefdesspel
Was hij niet meer in tel
En dat gaf hem af en toe wel eens
Een beetje stil verdriet

Jeanet de Bruin–Van Gelder,
Tevreden met haar vangst
Ging rechtstreeks naar de kelder
Want eerlijk duurt het langst
't Geschiedde in die dagen
Meneer kwam eens vroeg thuis
Daar stond een vreemde wagen
Op de oprit van het huis

Aan de kapstok hing een jekker
En boven, in zijn bed,
Trof hij de dakbedekker
Hij dekte net Jeanet!
Ontdaan en zeer geschrokken
Is hij zonder één woord
Onmiddellijk vertrokken
Ze heeft nooit meer iets gehoord!

Jeanet zit nu vol spijt
Getekend door de tijd
In haar riante landhuis
Met de stilte om haar heen
Meteen de andere dag
Kreeg iedereen ontslag
Ze heeft nog een paar centen,
Maar is moederziel alleen

Wat is nu de moraal
Van dit saillant verhaal
Wat is hier als het ware nou
Het leerzame aspect?
Nou dames, opgelet,
Wanneer uw dak soms lekt
Bel ons, wij komen langs
En repareren het perfect!

WIM HOGENKAMP
Ome Jan   1978

Na het zien van een James Bond-film
Komt Oom Jan de bioscoop uit
Met een ongekende veerkracht in z'n stap
Tante Bep loopt effe achter
Kan 't tempo niet goed volgen
Denkt: Je ken de klere krijgen hartelap

Ome Jan stapt in z'n wagen
In z'n tweedehands Fiatje
Denkt: Wat die vent op dat doek kan, ken ik ook

Hij geeft gas en vliegt de straat uit
Giert op twee banden de bocht door
Laat een spoor na van vernieling en van rook

De politie kan iets sneller
Doch de race was reuze spannend
Jan zegt: 'Bep, hier komt de vijand hou je vast'
De agent buigt voor 't raampje
Zegt: 'Zo vader wat gedronken'
Krijgt een dreun en heeft vast wekenlang nog last

Na een uur op 't burooi
Een lang pleidooi van Tante Bep
Wat natte watten voor de agent z'n linkeroog
Kruipen ze weer in de wagen
Ome Jan heb toch die stap nog
Ondanks de bekeuring die d'r niet om loog

Thuisgekomen in z'n bed
Kruipt Ome Jan naar Tante Bep
En zegt met een van zwoele seks omfloerste stem:
'Bep ai luf joe luf joe luf joe'
Tante Bep begint te gillen
Zegt: 'Ik sliep al haast, ik schrik me werkelijk klem

Wil je nou misschien eens stoppen
Jij verkapte lul nul zeven
Morgen komt er weer een dag, ik wil vroeg op'
Ome Jan wordt eindelijk wakker
En denkt: Laat ik maar gaan pitten
Zo'n James Bond heb eigenlijk ook een klerejob

JOOST NUISSL
In de restauratie   1979

Toen de avond weer eens daalde
Op dezelfde gore stad
Waar ze veertien dagen terug was aangekomen
Begon ze plotseling te huilen
Allebei haar wangen nat

Het was zo anders dan ooit in haar dromen
Met zovelen en toch helemaal alleen
Zoveel plaatsen en toch kon ze nergens heen
Zoveel mensen en ze kende er niet een
En ze heeft de tram naar het station genomen

In de restauratie bleef ze
Bij de deur verlegen staan
Ze dacht dat iedereen op haar zou letten
Maar een man met held're ogen
Nam haar op en sprak haar aan
Hij had een tas vol folders en pamfletten
Ze begreep nog niet de helft van wat hij zei
Maar toch werd ze weer een heel klein beetje blij
Want zo aardig en zo vriendelijk was hij
En hij gaf haar voor de schrik een paar tabletten

Na een uur nam hij haar mee
Hij woonde ergens aan een gracht
Hij had een arm om haar heen geslagen
En ze liet het maar gebeuren
Het kwam vreemd en onverwacht
Na de afgelopen veertien dagen
Op een butagas werd bloesemthee gezet
En toen mompelde hij iets van 'Jezus redt'
En ging daarna uitgebreid met haar naar bed
De pijn was al met al best te verdragen

Hij vertelde over Jezus
Die de weg was en het licht
En ze is een hele maand bij hem gebleven
Maar toen zei hij dat ze weg moest gaan
Want het was haar plicht
Te getuigen van het wonder in haar leven
Maar voordat ze zelfs de trap was afgedaald
Voelde zij zich al weer helemaal verdwaald
Zo onzeker dat ze dacht ik ben bepaald
Nog niet geroepen om de boodschap door te geven

En dus liep ze weer naar boven
En ze smeekte hem om raad

Maar hij zei dat zij het zelf maar moest klaren
Dat hij alles geprobeerd had
Maar voor haar was het te laat
De duivel was al in haar ziel gevaren
Dat ze weg moest gaan – hij was haar liever kwijt
Want ze had hem al een keer te vaak verleid
Dat hij bidden moest omdat hij tot z'n spijt
Haar de liefde niet had kunnen openbaren

En hij duwde haar de trap af
Ze viel meer dan ze liep
En voelde zich beslist niet uitverkoren
Toen ze eindelijk beneden was
Hoorde ze hoe hij riep
Dat ze hem niet meer moest komen storen
En tenslotte stond ze weer alleen op straat
En ze wist niet of het vroeg was dan wel laat
Maar toen ze opkeek was de hemel inderdaad
Rood en grijs zoals bij ieder ochtendgloren

CEES NOOTEBOOM
Stien 1979

Ze zit in Huize Zeerust op de gaanderij
Daarbuiten langs het raam gaat het verkeer voorbij
Dat lijkt niet op de zee maar dat kan zij niet zien
Ze wordt vandaag al honderd en misschien
Komt burgemeester haar feliciteren
Want honderd lange jaren moet je eren
Honderd is tien maal tien en dat is heel erg oud
Bij Zeerust heet ze Opoe maar ze was nooit getrouwd
Het is een oude vrijster die nooit iemand kuste
Dat denkt de zuster maar Stien is hoer in ruste
Ook hoeren worden oud daar is niets aan te doen
Na zomers komen winters, daarna geen seizoen.

Want de tijd glijdt, de tijd rijdt, de tijd slijt
De tijd wordt zo wijd
Je raakt er alles in kwijt
De tijd slijt, de tijd glijdt, de tijd splijt
De tijd wordt zo wijd, je raakt er alles in kwijt.

405

Ze zit in Huize Zeerust op de gaanderij
En in een grijze schemer trekken ze voorbij
Een schimmenstoet van mannen dat kan niemand zien
In het gedempte gaslicht en misschien
Herkent ze niemand meer van al die heren
Die ooit bij mooie Stien de liefde kwamen leren
Toen ze nog jong was en haar haar van goud
Haar huid heel strak en zacht; haar ogen noorderblauw
Toen de matrozen op de wallen om haar vochten
Haar liefde kochten, een beetje warmte zochten
Ook hoeren worden oud daar is niets aan te doen
Na zomers komen winters, daarna geen seizoen.

    Want de tijd glijdt, de tijd rijdt, de tijd slijt
    De tijd wordt zo wijd
    Je raakt er alles in kwijt
    De tijd slijt, de tijd glijdt, de tijd splijt
    De tijd wordt zo wijd
    Je raakt er alles in kwijt.

CEES NOOTEBOOM
De ballade van Annie Leeflang　1979

De duivel heeft vannacht weer paard gereden
Bij Annie Leeflang in haar warme bed
Maar 's ochtends vroeg is zij haar droom vergeten
En heeft ze voor zichzelf een kopje thee gezet
Ze gaat met grijze ogen op de fiets
Naar iets
Dat zij haar werk noemt maar dat niets
Met haar of wat dan ook te maken heeft
Al is het wel daarvan dat Annie leeft.

Zij staat de hele dag doosjes vol te pakken
Met koekjes vijftig in een doos
Die de fabriek al eerder heeft gebakken
Als het niet vlug gaat wordt er iemand boos
Zij denkt de hele dag na over iets
Dat zij zou willen zijn
Maar niets

Schiet haar te binnen dat de warmte heeft
Die haar kan laten voelen dat ze leeft.

Zo worden jaren aan elkaar geregen
Voor Annie Eenzaam Leeflang – op de fabriek
En iedereen is haar toegenegen
Want Annie haalt nog elke dag de piek
En na voltooide arbeid, vindt zij weer haar fiets
En gaat naar huis
Waar niets
Of niemand op haar wacht die iets om Annie geeft
En zo heeft ze gestemd gewerkt gekerkt
Een levenlang geleefd.

En toen is Annie AOW geworden
De directeur heeft zelf gezegd hoe goed ze was
Zij kreeg ook nog een bronzen ridderorde
Er lagen twintig soorten koekjes op de borden
De personeelschef noemde haar een uitgestorven ras

Daar ging Annie Leeflang door met leven
Of wat daar dan voor doorgaat want ze had
Soms het gevoel dat ze iets had vergeten
Al wist ze dan ook niet precies meer wat
De koekjes werden verder door machines ingepakt
En Annie droomt alleen maar van haar fiets
Die weer naar de fabriek wil
En van iets
Dat zij haar leven noemt maar dat niets
Met haar of wat dan ook te maken heeft
Al is het dan bewezen dat ze heeft geleefd.

BRAM VERMEULEN
Pauline 1980

Kwart over vier, Pauline komt uit school
Er is niemand thuis
Het is stil in huis
Ze draait een plaatje

Kwart over vier, Pauline is alleen
Niet naar gymnastiek
Ze voelde zich wat ziek

Op tafel ligt een brief van pa:
Vanavond wordt het weer laat
Je krijgt de dingen niet cadeau
Dus het moet maar even zo
'k Heb je van de week niet veel gesproken
Maar dat halen we weer in
Geef die kleine nog een zoen
Niets aan te doen
Vannacht maak ik je wakker
Dan praten we wat bij
Ik doe heel zachtjes voor Pauline, Pauline
Niets aan te doen

Kwart over vier, Pauline is alleen
Ze zit in vaders stoel
En denkt een heleboel
Op de koelkast ligt een brief van ma:
De hele week dienst op het dagverblijf
Vanavond op school veel te doen
Voor vannacht vast een zoen
In het vriesvak zit genoeg te eten
Ik ben alleen je bier vergeten
En doe de groetjes aan Pauline, Pauline
Niets aan te doen

Ze maakt haar huiswerk
Kauwt haar Iglo, drinkt haar melk
En doet de tv uit
Ze poetst haar tanden, kleedt zich uit
En voor ze gaat slapen
Schrijft zij nog een brief:
Maak mij ook wakker alsjeblieft

Kwart over vier, Pauline komt uit school
Er is niemand thuis
Het is stil in huis
De boterham staat voor haar klaar

Dit keer is er ook een brief voor haar
Ze leest: eet smakelijk Pauline, Pauline
Niets aan te doen

Ze krijgt het heus wel voor elkaar
Ze is al dertien jaar

KOOS MEINDERTS
De baksteen 1981

Ans was een meisje van zeventien jaar
Mooie ogen, mooi blond haar
Elke morgen voor dag en dauw
Start ze haar brommer, een Vespa ciao
Ans moet werken in een fabriek
Geen dag slaat ze over, geen dag is ze ziek
Ans vult dozen aan de lopende band
Met chocolaatjes tot aan de rand
's Avonds als de sirene fluit
Scheurt Ans de fabriekspoort uit
Dan tut ze zich op, dat doet ze voor Cees
Cees is haar held, haar troetelbeest
Cees heeft een motor, een leren jas
Haar op zijn borst en een giropas
En op een dag zei hij: 'Lieve Ans
Als je wilt trouwen grijp nu dan je kans'

  Ik kom terug als ie gaar is
  Als ie gaar is kom ik terug

Ans die bloosde van oor tot oor
Lachend zei ze: 'De bruiloft gaat door'
Er volgde een jaar van pril geluk
Alles was nieuw en niets kon er stuk
Cees was aardig met bloemen, bonbons
Ze sliepen onder een dekbed van dons
Maar na een jaar toen keerde het tij
Cees ging zeuren, haalde alles erbij
Je kan niet koken, het huis is niet schoon
Je kletst met je moeder, je verkwist mijn loon

Je koopt dure kleren, leest doktersromans
Je wilt vaak niet vrijen, ik ben toch je man
Cees werd woedend, Cees werd kwaad
Ans wou nóg bukken maar het was al te laat
Ze kreeg een paar klappen ze zag hemelsblauw
Ze voelde zich een kat, een kat in het nauw

Ik kom terug als ie gaar is
Als ie gaar is kom ik terug

Was dat nou Cees, haar ridder, haar held
Wat moest ze doen tegen dit grof geweld
Maar op een dag kreeg Ans een idee
Ze nam een pan die ze vol water deed
Ze pakte een steen uit de tuin voor het huis
En zette de steen in een pan op het fornuis
Toen schreef ze een briefje kort en vlug:
Cees als ie gaar is dan kom ik terug.

Ik kom terug als ie gaar is
Als ie gaar is kom ik terug

ANDRÉ VAN DUIN
Mijn allergrootste fan 1982

Hij was mijn allergrootste fan ik weet het zeker
Er was geen betere komiek voor hem dan ik
Maar ach wat wil je, 't was per slot mijn eigen vader
Aan mijn succes twijfelde hij geen ogenblik
Als kind al speelde ik zo graag dat ik artiest was
Van ouwe lakens maakte ik dan een toneel
En het publiek was mijn moeder en mijn vader
Ik geef toe aan hun kritiek had je niet veel

Maar toen ik ouder werd en mijn publiek ging groeien
Zat weer mijn vader op de allereerste rij
Zo hard te klappen en te lachen om mijn grappen
Dat iedereen onmiddellijk zag die hoort erbij
Hij stuurde menigmaal een briefje naar de omroep
Ze draaiden veel te weinig plaatjes van zijn zoon

En de televisie gaf mij ook te weinig zendtijd
Dat was een schande, riep ie vaak op luide toon

Maar mijn ster ging rijzen met mijn vader als promotor
Hij deelde vele kleurenfoto's van mij rond
En wee degene die het waagde om te zeggen
Dat ie de grappen van mij niet zo aardig vond
Op de kritiek die men mij toedacht in de kranten
Die trok die ouwe zich als niemand anders aan
'Zijn ze belazerd om dat allemaal te zeggen
Ik haal die vent achter zijn schrijfbureau vandaan'

Wat was ie trots als ik première van een show had
In Rotterdam of in Den Haag of in Carré
Dan zei hij graag zo langs zijn neus weg tegen mensen
Dat ie mijn vader was, de vader van André
Gelukkig heeft ie dat nog jaren kunnen zeggen
En dat is iets waar ik bijzonder blij om ben
Want op de dag ik zal het nooit vergeten
Dat ik hem verloor verloor 'k mijn allergrootste fan

BRIGITTE KAANDORP
Op de grote stille heide   1985

Op de grote stille heide
Loopt zij samen met haar hond
En zij is de weg verloren
En zij heeft geen plattegrond
Eig'lijk is ze nog nooit zo ver geweest
Eig'lijk zou ze vanavond naar een feest

    't Is stil op de heide
    Zo stil op de heide, de heide

Als de laatste zonnestralen
Haar verlaten wordt zij bang
Want zij kent wel de verhalen
't Gaat nog goed, maar voor hoe lang?
Kijk, daar heb je de eerste enge vent
In zijn hand reeds het willige segment

't Is stil op de heide
Zo stil op de heide, de heide

Tja hier valt niet te ontkomen
Ook de hond verroert geen poot
Ach was zij maar thuis gebleven
Of op school of anders dood
En de man nadert grijnzend stap voor stap
Dan neemt plots'ling de hond een vreemde hap

Kijk uit dus voor meisjes
Met honden op de heide, de heide

BRIGITTE KAANDORP
Pianoleraar 1986

In het schemer bij de ramen
Speelt zij zachtjes zijn muziek
Eenmaal woonde zij hier samen
Leeg is nu de akoestiek

Hier sloeg zij haar allereerste tonen aan
Nog voelt zij hem naast haar staan
Nog kijkt zij hem vragend aan
Rustig zette hij haar handen beter neer
Vroeger was hij nog meneer
Later hoefde dat niet meer

Doelloos staart zij langs de wanden.
Daar hing vroeger zijn portret
Met zijn mooie lange handen
Op de toetsen neergezet

En hij zei nog dat hij zoveel van haar hield
Maar wat heeft hem dan bezield
Was er niets dat hem weerhield
Hij zet nu wel iemand anders handen neer
Die noemt hem nu nog meneer
Maar dat hoeft dus straks niet meer

Met haar hoofd heel diep gebogen
In het laatste middaglicht
En de tranen in haar ogen
Doet zij de piano dicht

JAAP VAN DE MERWE
Ballade van het schortje van geel   1987

Met z'n vijftonner
Op 't stadsviaduct
Reed ie hoog de huizen voorbij.
Aan 't stuur keek ie graag
Zo dagelijks telkens opzij.
Elk raam een prentje,
Een stilleven soms:
Een ontbijt. Een goudvis in 't groen.
Een poes in 't kozijn.
Een mens in z'n alledaags doen:

    Stofzuigend vrouwtje,
    AOW'er met krant
    En twee naakten in zinnelijk gestreel.
    't Voorlaatste huis,
    Hoog op een stoel,
    Speelde 'n kind in een schort
    En dat schortje was geel.

Elke dag zag hij
Als op de teevee
Die geraniums door het glas,
En dat dat ontbijt
Nou nooit eens goed afgeruimd was.
Hij ging ze kennen:
De mensen, die kat,
Van dit eeuwig eender journaal,
De goudvissenkom...
Het was er altijd allemaal:

    Stofzuigend vrouwtje,
    AOW'er met krant

413

En dat aaiende blote ritueel.
En in die kinderstoel
Die eenzame spelende
Peuter in 't schortje van geel.

Zocht soms die grijsaard
Een partner of zo
In de kennismakingsrubriek?
En werd nou dat paar
Nooit beu van z'n seksgymnastiek?
Raakte de stofzooi
Niet eindelijk schoon?
Was die poes zo lui of zo mak?
Verschoonde en gaf
Geen mens ooit dat kind wel z'n prak?

Stofzuigend vrouwtje
Of die man van die krant?
Of dat stel van het naakte tafereel?
Wíe keek er om
Naar dat eenzelvige
Spelende kind
In het schortje van geel?

't Was op een vrijdag.
Toen viel het hem op,
Dat het kind niet speelde, maar sliep.
Tenminste, het hing
Opzij met z'n hoofdje heel diep.
Die dag en 't weekend
Was dàt wat hem steeds
Door z'n brein als nachtmerrie joeg.
Wist iemand daarvan?
Er waren toch buren genoeg...

Stofzuigend vrouwtje,
AOW'er met krant,
En die tweeling-Siamese-minnestreel.
Ergens
Moest God-weet-wie toch denken:
Hoe is 't met mijn kind
In d'r schortje van geel?

's Maandags gelijk maar
Naar 't hoog viaduct
Reed ie traag de ramen voorbij.
Ja! 't Kind hing nog net
Als vorige vrijdag opzij.
Hij nam de afslag.
Terug naar die straat.
Nu de voorpui langs. En op zoek.
Gebeld hier en daar:
Wiens kind zit daar vlak bij de hoek?

Stofzuigend vrouwtje...
AOW'er met krant...
't Blote stel met iets aan,
Al was 't niet veel.
't Huis bleef onvindbaar.
En geen mens ooit gehoord
Van een kind
In een schortje
Van geel.

WILLEM WILMINK
Ben Ali Libi   1988

Op een lijst van artisten, in de oorlog vermoord,
Staat een naam waarvan ik nog nooit had gehoord,
Dus keek ik er met verwondering naar:
Ben Ali Libi. Goochelaar.

Met een lach en een smoes en een goocheldoos
En een alibi dat ie zorgvuldig koos,
Scharrelde hij de kost bij elkaar:
Ben Ali Libi, de goochelaar.

Toen vonden de vrienden van de Weduwe Rost
Dat Nederland nodig moest worden verlost
Van het wereldwijd joods-bolsjewistisch gevaar.
Ze bedoelden natuurlijk die goochelaar.

Wie zo dikwijls een duif of een bloem had verstopt,
Kon zichzelf niet verstoppen, toen er hard werd geklopt.

Er stond al een overvalwagen klaar
Voor Ben Ali Libi, de goochelaar.

In 't concentratiekamp heeft hij misschien
Zijn aardigste trucs nog wel eens laten zien
Met een lach en een smoes, een misleidend gebaar,
Ben Ali Libi, de goochelaar.

En altijd als ik een schreeuwer zie
Met een alternatief voor de democratie,
Denk ik: Jóúw paradijs, hoeveel ruimte is daar
Voor Ben Ali Libi, de goochelaar?

Voor Ben Ali Libi, de kleine schlemiel?
Hij ruste in vrede. God hebbe zijn ziel.

LOUIS ENGELS
Hij had het   1988

Ik heb een jongen zien genieten van het leven
Met volle teugen, elke dag een goede slok.
Zijn jonge lichaam was er een van god gegeven:
Er was nog niets van de race tegen de klok.

Hij had het.

Kwam hij de kroeg in dan verstomden de gesprekken
En dan keek hij zo'n beetje blozend naar de grond
Met in zijn blik iets van 'ik kan het ook niet helpen'.
En menigeen keek hem de kleren van zijn kont.

Hij had het.

Een fraaie kwinkslag, zo ontweek hij kleffe handen.
Voor geld en goed, meneer, deed hij niet eens zijn best.
Maar in een goeie vriendschap zette hij zijn tanden
En die waren even mooi en stevig als de rest.

Hij had het.

Toen hij zich eens wilde verzekeren bij Ohra
Moest hij getest, het resultaat was positief.
En deze wetenschap liet achter hem een spoor na
Van gedeserteerde vrienden dat er niet om liegt.

Hij had het.

Men reageerde zoals in die wrange grappen.
Zijn toekomst werd een schilderij van Jeroen Bosch
Met weinig troost, zelfs geen gevoelig liedje was er
Van Robert Long, want diens geheim lag bij de Tros.

Hij had het.

Bij zijn begrafenis dacht ik aan al die keren
Waarop ik zelf zo hartstochtelijk met hem vree.
Ik schuw sindsdien de verzekeringsmeneren
En ik zal leven met een warm en bang idee.

Hij had het.

Het moet uit zijn

ZESTIEN PROTESTEN

HANS VAN DEVENTER
De mars van de leuzen   1965

Dit is de mars van de oude leuzen,
De parade van het afgeleefde woord;
Een carnavalsoptocht van wapenspreuken
Die men sinds Genesis al heeft gehoord.
Leugens, leugens, zij aan zij,
Marcheren in 't gelid voorbij,
Huursoldaten in tuniek
Van geloof en politiek.

   Heisa heisa, een overvoerd penseel
   Vergat alleen het schaamrood
   In dit kakelbont tafereel.

Voorop marcheren de muzikanten,
De fanfare speelt de tophit van de dood
Het koper blaast tertsen, het koper blaast kwarten;
Soms hoor je een kwint, maar die is van het lood.
Een volkslied jammert eindeloos,
Een smartlap uit de ouwe doos;
Wat vlaggen, wimpels blij van zin
Vallen lallend in.

   Heisa heisa, gij telgen koen en braaf,
   Sta pal voor de onafhankelijkheid,
   Wees liever dood dan slaaf.

Daar komt de rij van de wapenbroeders,
Het leven steeds veil voor het dierb're vaderland;
De wapens gezegend, gebedjes gebeden,
En altoos het buigzame recht aan hun kant.
Borsten, buiken, jong en oud,
Vol met zilver, vol met goud;
Heldendaden in de mond,
Veel kauwen is gezond!

   Heisa heisa, getrouw tot in den doet.
   Goed denken doen ze matig,
   Maar herdenken doen ze goed.

Een corso met majestueuze gratie
Sluit nu de stoet van de volksverlakkerij;
Versierd met de stoffige kunstbloem der natie,
Glijdt het historisch verleden voorbij
Oog om oog en tand om tand,
Met stalen vuist en rappe hand
Voor het dierbaar plekje grond
Waarop het wiegje stond.

   Heisa heisa, de snaphaan en 't geweer
   Maken zelfs van 't kleinste land
   Een reuzenveld van eer.

Dit was de mars van de oude leuzen,
De parade van het afgeleefde woord,
Een carnavalsoptocht van wapenspreuken
Waarmee men het volk al zolang heeft vermoord.
Deze mars is mijn geschenk
Aan de mensen die ik krenk
En aan ieder die met lust
Grond en dundoek kust.

   Heisa heisa, leeft vrij en ongestoord
   Uw droom van taptoeromantiek,
   Maar plant u nooit meer voort.

ELI ASSER
Blijf uit onze buurt   1970

Blijf uit onze buurt
Blokkendozenbouwers atmosfeerverstikkers
Zakenbinken speculanten slimme centenpikkers
Blijf uit onze buurt

Blijf uit onze buurt
Heren exploitanten van ontwikkelingsprojecten
Hoge ambtenaren ingenieuren architecten
Blijf uit onze buurt

   Mijne heren van B&W
   Die deze stad bestuurt

Demp liever de Noordzee
En blijf uit onze buurt

Blijf uit onze buurt
Monumentenslopers grachtendempers bomenrooiers
Nieuwe ruimtescheppers tegen-de-vlaktegooiers
Blijf uit onze buurt

Blijf uit onze buurt
Planners van fabrieksgebouwen en kantoorkolossen
Woningwijkontvolkers geldbeleggers sluwe vossen
Blijf uit onze buurt

Kom niet aan onze straat
En blijf uit onze buurt
Wat nu te gronde gaat
Wordt later weer bezuurd

Blijf uit onze buurt
Vierbaanswegenasfalteerders binnenstadbelagers
Nette-huisgezinnen-uit-hun-woningen-verjagers
Blijf uit onze buurt

Blijf uit onze buurt
Plasticfabrikanten bankdirecties olieboorders
Wolkenkrabbereconomen steden-schoon-vermoorders
Blijf uit onze buurt

Zolang het leven duurt
Blijf uit onze buurt
O onze buurt
O fijne mensen
Je handen thuis
Je bent gewaarschuwd
Nou amme nooit niet
Gemeenteraad
Ja mooi me neus uit
O vuil geteisem
Je handen thuis
O vuile...

GERARD COX
Door jou 1971

Honderd bommenwerpers in de ochtenddamp
Duizend militairen in een tentenkamp
Vier gouden sterren op een kraag
Twintig jongens in een hinderlaag
En een schildwacht bang en zwetend in het nauw
En honderdduizend doden, honderdduizend doden
Honderdduizend doden door jou

Vier commentatoren: ach het valt wel mee
Veertien mensenoren als een jachttrofee
De meerderheid die zwijgt en vindt het fraai
Honderdtachtig lijken in My Lai
En veertig lintjes wegens moed, beleid en trouw
En honderdduizend doden, honderdduizend doden
Honderdduizend doden door jou

Duizend demonstranten in een lange rij
Een dikke gummiknuppel langs een smerisdij
Agnew met een opgeheven glas
Vier studentenlijken in het gras
En in elk dorp een familie in de rouw
En honderdduizend doden, honderdduizend doden
Honderdduizend doden door jou

Dertig argumenten om maar door te gaan
Een verbrand gezicht met een verdampte traan
Een vermoeden waar het echt om gaat
Het is beschaving tegen Aziaat
En Dr. L. de Jong laat het blauw-blauw
En honderdduizend doden, honderdduizend doden
Honderdduizend doden door jou

Richard Milhous Nixon wij staan aan je zij
Führer van het westen, grote broer van mij
Speel maar door je rol van edel mens
Vervul ook nog mijn allerlaatste wens:
Zoek snel een dikke tak en een stuk touw
Dat scheelt honderdduizend doden, honderdduizend doden
Honderdduizend doden en jou

ALEXANDER POLA
Gastarbeiders 1971

Wij leven vrij, wij leven blij
In Neerlands gastvrij hok.
Wij kwamen hier met veel plezier,
Omdat het land ons trok.
Heb dank, o Gastvrij Nederland
Aan u is heel ons hart verpand.
U maakte ons van alles diets,
Maar stalt ons slechter dan uw fiets.
Heb dank, heb dank,
Voor alle stank
In ons haast onbewoonbaar pand,
Stiefmoederlijk stief-vaderland!

Allemaal op elkander,
Allemaal op elkanders lip,
Allemaal slordig opgestapeld
Kribbig in een krappe krib.
Mannetje aan mannetje,
Veertig met één pannetje,
Met één wasbak, één fornuis,
Dát is ons huis,
Ons tweede thuis…
Veertig man met één wc.
Gasten krijgen géén fair play…!

Wij leven vrij, wij leven blij
Als haring in een ton.
En lijf aan lijf
In ons verblijf
In een gastvrij pension.
Dit land is steeds beroemd geweest
Om zijn vermaarde hokjesgeest
En in die hokjes wordt de gast
Als stapels brandhout opgetast.
'Oost West, Thuis Best'
Siert onze wand
In 't gastvrij, gast-ver-nederland…

ALEXANDER POLA
Bio-industrie 1972

Wij zijn geen boeren meer, wij zijn industriëlen
Wij hebben het dus reuze ver gebracht
Het heet geen fokken meer, het heet ook niet meer telen
Wij produceren fabrieksmatig voor de slacht
Kalfsvlees staat op slappe poten
Bloedarmoedig in de stal
Waar het daglicht nooit zal dagen
Tot we 't in de wagen dragen
Die die levende rollade
Naar het slachthuis rijden zal...

    In zo'n Dachau voor de kippen
    In zo'n Buchenwald voor 't vee
    Doen wij bio-industriëlen
    Net als men daar destijds dee
    Maar wij kwellen er slechts dieren
    En verdienen dus geen straf
    Ook al zijn dan de methodes
    Bij de beesten af
    Maar dat moet je maar vergeten
    Smakelijk eten.

Wij fabriceren kippevlees in batterijen
Ze leggen, maar ze worden knettergek
Wij máken varkensvlees voor al uw smulpartijen
In een te nauwe kooi... ze komen nooit van plek
Biggen worden kannibalen
Vreten elkaars staarten op
Tja... had Noach kunnen weten
Hoe wij kwellen om te eten
Had hij liever 't vee vergeten
Dan het in zijn ark gestopt.

    In zo'n Dachau voor de kippen
    In zo'n Buchenwald voor 't vee
    Doen wij bio-industriëlen
    Net als men daar destijds dee
    Maar we kwellen er slechts dieren

En verdienen dus geen straf
Ook al zijn dan de methodes
Bij de beesten af
Maar dat moet je maar vergeten
Smakelijk eten.

FRITS LAMBRECHTS
Zegeningen van het kapitaal   1976

Hangend op een stoel, trekkend aan een sigaretje
Worstelt hij zich door die eindeloze dag
Met z'n werkeloze vrienden en z'n flipperautomaatje,
Doet hij wie maar horen wil zijn beklag.

Hij is net achttien jaar geworden,
Vol verwachting van het leven
En hij heeft nog een heel eind voor de boeg
Maar een half jaar geleden
Werd ie door zijn baas ontslagen,
Stond op straat zonder dat ie erom vroeg

   En hij wil werken, zichzelf nuttig maken,
   Iets goeds presteren, dat is toch heel normaal
   Maar hij dreigt zijn zelfvertrouwen kwijt te raken
   Door de zegeningen van het kapitaal

Weggestuurd van huis, dat bol zat van de spanning
Moeder zegt: 'Die knul hangt steeds maar om me heen'
En dus stapt ie maar weer op, naar de frietzaak op het hoekje,
Waar z'n vrienden wachten, wachten ook alleen

Er wordt zo af en toe gelachen
Om een grapje dat net nieuw is
Maar na vijf keer gaat de lol er wel van af
En dan verder maar weer niksdoen
Of een plaatje in de jukebox
Van 'Die zomer is voorbij'... Het is een straf

   En hij wil werken, zichzelf nuttig maken,
   Iets moois creëren, dat is toch heel sociaal

Maar hij dreigt z'n zelfvertrouwen kwijt te raken
Door de zegeningen van het kapitaal

Dagelijks in de krant staat wel ergens een berichtje
Dat men uitstel van betaling heeft gevraagd
En dan komen onze bonden, maar het einde van het liedje:
De werkman wordt de straat weer opgejaagd

Maar vele rekeningen stijgen
Op de Zwitserse banken
't Zijn de revenuen van een wanbeleid
En dan komt Boersma die vertelt
Dat we geduld moeten betrachten,
Maar ruim tweehonderdduizend werkeloos is een feit

Zij willen werken, niet dagelijks duimen draaien
Dat ondermijnt de menselijke moraal
Maar 't zal niet lukken ons oren aan te naaien
Met de zegeningen van het kapitaal

JOS BRINK
Fout   1979

Ik heb het gehoord en ik heb het gelezen
Ik heb het gezien ook in kleur op tv
Ze pakten er velen, nu pakken ze deze
Het recht heeft zijn loop, dus ging Aantjes gedwee
De hoon en de haat zal
Voor hen die Port Natal
Gekend hebben groot zijn, heel groot en terecht
Het zal wel zo moeten
Dus Aantjes moet boeten
Heel Holland was goed, alleen Aantjes was slecht

Ik heb hem zien staan voor het Hollandse forum
Het een na het ander vergeeld document
Bewees onomstotelijk: Aantjes is schorum
Maar wie Lukas 18, vers 11 misschien kent
Heer weet dat ik blij ben
Dat ik niet als zij ben

Die denkt misschien toch wel: Hoe is het toen gegaan?
Hij had het niet door nog
Na vier jaren oorlog
Maar waarom komt men daar dan nu pas mee aan?

Het recht heeft zijn loop en nou moet je eens kijken
Wie weet er te veel en wie houdt er zijn mond
Een baasje uit Blaricum ging over lijken
De echt grote vissen die zwemmen weer rond
De een pakt het smeergeld
Dat de ander graag neertelt
De een roept de ander toe: 'Kijk eens naar hem'
En al die bemoeiers
Zijn zelf kleine knoeiers
En reisden gratis met de KLM

In tienduizend functies, in tienduizend baantjes
Zitten zovelen die fout zijn geweest
Dit land zit nog vol met tienduizenden Aantjes
En Menten en Meta die vieren weer feest
Want na het doden
Van honderden joden
Hoef je niet bang te zijn, kom je wel vrij
Degeen die dat rechtpraat
In dienst van de rechtsstaat
Die heeft er verstand van, wij zijn niet goed bij…

HANS DORRESTIJN
De moeder   1979

Moeder, nu ga je sterven.
Je weet al niet meer waar je bent.
Je laat je plas weer lopen,
Je rochelt als een oude vent.
Zeg niet dat het onverwachts komt:
Je kraakte als een vermolmde brik.
Na je levenslang geweeklaag
Is het wachten op je laatste snik.

Moeder, nu ga je werk'lijk.
Ik moet zeggen: het werd tijd.

Straks loop ik misschien wat lichter:
Ik smeek je moeder, overlijd!
Naast de stofzuiger gevonden
Die de hele ochtend had geloeid,
Geheugenloos en je urine
Had het halve tapijt besproeid.

Je had zelfs geen mulo moeder,
Maar je was heel je leven leep genoeg,
Zwak en willoos, maar je zorgde
Dat ik je als een kleuter droeg.
Ik tors je nog mee op mijn schouders,
Vijfendertig, half gek.
Moeder, stijg af! Mijn knieën knikken
En je kruis plakt in mijn nek.

Ik weet wel dat je murw gebeukt werd
(Een oorlog waar je van verloor)
Maar dat maakt je gewicht niet minder,
Moeder, schenk je zoon gehoor.
Je bent oud en wijs genoeg nu,
Stijg eind'lijk af op eigen kracht
En verdwijn zonder je nood te klagen,
Verdwijn zwijgend in de nacht.

IVO DE WIJS
Thuisland 1979

De blanken in Zuid-Afrika
Met banken in Zuid-Afrika
Vol bordjes 'Slegs vir blankes' – bijbelvast en nietsontziend
De blanken in Zuid-Afrika
Met banken in Zuid-Afrika
Waarin het grote geld ligt dat door zwarten werd verdiend
Die blanken zeiden: Kijk, als er kritiek is
Op apartheid en verstardheid, nou, dan maken wij meteen
Een gebaar dat werkelijk uniek is
En dan geven wij die Bantoes een gebied voor hen alleen
Een thuisland

Maar een thuisland is geen land, het is een getto
Een thuisland is gewoon een stuk woestijn
Het is een hel en het is zwart op wit gelogen
Dat het voor iemand ooit een thuis zou kunnen zijn

De zwarten in Zuid-Afrika
Met harten in Zuid-Afrika
Die vlammen voor de vrijheid met een fel en donker vuur
De zwarten in Zuid-Afrika
Ze startten in Zuid-Afrika
Hun daden van verzet tegen de blanke dictatuur
Verzet dat zich tot nu toe nog liet smoren
Door de dubbelblanke sabels van politiepelotons
Maar dat steeds van zich zal laten horen:
Weg met Vorster en zijn clan, maak van Zuid-Afrika voor ons
Een thuisland

En de dag komt dat de zwarten zullen winnen
In Johannesburg, in Bloem- en Springfontein
Dat wordt een hele zwarte dag voor al wat blank is
En het staat vast wat de gevolgen zullen zijn...

De blanken in Zuid-Afrika
Bedanken voor Zuid-Afrika
Bedanken voor gelijkheid, onverstoorbaar en massaal
De banken in Zuid-Afrika
Van blanken in Zuid-Afrika
Bewaren naast het goud ook nog een ander kapitaal:
Een paspoort van de Staat der Nederlanden
Hulle blij nie bij die kaffers nie en is so baje blij
Te hernuw die oue vrieskapsbande
Ja, geloof me, voor die blanke Afrikaanders worden *wij*
Het thuisland

Als u denkt: dat worden stevige problemen
Kijk maar naar de Surinamers, het kost tijd
Om zo'n groepering snel een eigen plaats te geven
Om te leven met zo'n nieuwe minderheid
't Is niet eenvoudig om zo'n groep te integreren
Zeker als hij zwart is en zo arm als Job
Maar... die blanken met hun geld en hun ideeën
Ach... die vallen hier in Nederland niet op

BRIGITTE KAANDORP
Protestlied 1986

Het is allemaal zoveel minder
Het is allemaal zo voorbij
Het is niet meer hier en niet ginder
We zijn praktisch dood volgens mij
Ik zit in het schemer te staren
Lantarenlicht valt op de vloer
Mijn hand glijdt vertraagd door mijn haren
De ondergang ligt op de loer

    Ik ben ziek en jij gaat dood
    Aan kwikvergiftiging of lood
    Ja wij zijn in grote nood
    En het bloed kleurt alles rood
    Ik ben ziek en jij gaat dood

Beneden op straat ligt een dame
Een vrachtwagen reed haar net aan
(*Verkeersoverlast*)
Wie ziet haar vanachter zijn ramen?
Wie durft er naar buiten te gaan?
(*Eenzaamheid van de ouden van dagen*)
Och medemens wij zijn verloren
Het gif dampt omhoog uit de grond
(*Lekkerkerk en dergelijke*)
Wij kunnen elkaar niet meer horen
(*Geluidsoverlast*)
De decibel snoert ons de mond

    Ik ben ziek en jij gaat dood
    Aan kwikvergiftiging of lood
    Ja wij zijn in grote nood
    En het bloed kleurt alles rood
    Ik ben ziek en jij gaat dood

De speeltuin, de bloemen, de bijen
Het fluiten, we zijn het verleerd
(*Het wordt allemaal minder*)
De kinderen worden na 't vrijen
Meteen even geaborteerd

(*Abortusproblematiek*)
Het lekt in de kerncentrale
Het dringt in mijn achtertuin door
(*Tsjernobyl*)
Zo zoet aan begin ik te kalen
(*Kanker*)
Ook mis ik aan een kant een oor
(*Van Gogh*)

    Ik ben ziek en jij gaat dood
    Aan kwikvergiftiging of lood
    Ja wij zijn in grote nood
    En het bloed kleurt alles rood
    Ik ben ziek en jij gaat dood

Mijn broer moest nou eindelijk op kamers
Uit armoede heeft hij gekraakt
(*Woningnood*)
Door stormrammen, traangas en hamers
Is hij invalide geraakt
(*Verharding van het politie-optreden*)
Bananen en appels en peren
Ze groeien niet meer aan een boom
(*Milieuvervuiling*)
Het vlees is niet meer te verteren
(*Bio-industrie*)
Met al dat sulfiet en hormoon

    Ik ben ziek en jij gaat dood
    Aan kwikvergiftiging of lood
    Ja wij zijn in grote nood
    En het bloed kleurt alles rood
    Ik ben ziek en jij gaat dood

Amerika, Rusland, ze dringen
Die bom wil er nu wel eens uit
(*Nucleair evenwicht*)
Waarom toch sta ik nog te zingen
Waarom toch sloof ik me nog uit
(*Algemeen pessimisme*)
Vaarwel vast, het zal niet lang duren

Kom leg je er nu maar bij neer
(*Doemdenken*)
Wees lief nog die enkele uren
Misschien doet het dan niet zo zeer

Ik ben ziek en jij gaat dood
Aan kwikvergiftiging of lood
Ja wij zijn in grote nood
En het bloed kleurt alles rood
Ik ben ziek en jij gaat dood

BRAM VERMEULEN
Eén hap 1986

Eén hap dwangarbeid, één hap slavernij, één hap onderdrukking
En hop, de avocado is op
Je proeft niet waar 't vandaan komt, zo lekker en gezond
Avocado, sinaasappel, eet je buikje rond
Kiwi, peren, abrikoos, perzik of citroen
We weten niet wat we doen

Eén hap dwangarbeid, één hap slavernij, één hap onderdrukking
En hop, de sinaasappel is op

Op de veranda in de schaduw rookt de witte boer zijn sigaar
Hij ziet de ruggen op de velden gebogen, hij zit weer goed dit
jaar
Zo geniet hij in zijn schommelstoel met de hand op zijn geweer
En als die zwarten niet zo lui zouden zijn genoot ie volgend jaar
nog meer

En hij denkt
Eén hap dwangarbeid, één hap slavernij, één hap onderdruk-
king
En hop, de avocado is op

Bij de vlammen van het kampvuur laat hij zwarten dronken zijn
Voor grotere winst en om hem klein te houden wordt ie uitbe-
taald in wijn

Hij droomt niet eens van vrijheid, van wijn koop je geen geweer
En als ie witte boeren zo snappen zou, dan dronk hij helemaal
　　　　　niet meer

　　En hij denkt
　　Eén hap
　　Eén hap
　　Eén hap
　　En hop

Je proeft niet waar 't vandaan komt, zo lekker en gezond
Avocado en sinaasappel, eet je buikje rond
Kiwi, peren, abrikoos, perzik of citroen
We weten niet wat we doen

　　Eén hap dwangarbeid, één hap slavernij en één hap onder-
　　　　　drukking
　　En hop, de avocado en de sinaasappels en de abrikozen en de
　　　　　perziken op sap
　　En de appels en peren, de grapefruit-cocktails, de nectarines
　　Alle vruchten zijn op
　　Abrikozen en citroenen
　　We weten niet wat we doen

JACK GADELLAA
Goed-gelovigen　1986

Beminde goed-gelovigen, hier spreekt de kardinaal,
In vitro, hocus, pocus, amen. Mag dat allemaal?
De reageerbuisbaby is een zonde tegen God.
Als mammie zo een eitje legt dan trap je het kapot.
En papa's kleine zaadjes horen thuis in mama's buik,
En echt niet in een broedstoof dat is onbevoegd gebruik.
Is er dan geen timmerman
Die zo een kindje maken kan?

　　De bloemen en de bijtjes
　　De zaadjes en de eitjes
　　En pappies grote piele-muis
　　Vies! Zei de paus in het godshuis.

Beminde goed-gelovigen, hier spreekt de kardinaal.
In amor, matro-moni, amen. Wat is nou normaal?
Een kindje van het ziekenhuis komt later in de hel.
En als het niet het kindje was kwam doktertje daar wel.
Dus wil je later kindjes en het lukt je niet meteen,
Ga dan niet naar de dokter maar bid eerst 'ns een noveen.
Is er dan geen timmerman
Die zo een kindje maken kan?

    De bloemen en de bijtjes
    De zaadjes en de eitjes
    En pappies grote piele-muis
    Vies! Zei de paus in het godshuis.

Beminde goed-gelovigen, hier lult de kardinaal.
Vandaag weer encycliekjesdag. Het is toch wel brutaal.
Die ongezonde aandacht voor wat in je buikje groeit
'k Snap niet waarmee zo'n herenclub zich eigenlijk bemoeit.
Het maken van een kindje is een zaak van man en vrouw
Waarmee ik mij als paus dan ook maar niet bemoeien zou.
Is er dan geen timmerman
Die zo een kindje maken kan?

    De bloemen en de bijtjes
    De zaadjes en de eitjes
    En pappies grote piele-muis
    Vies! Zei de paus in het godshuis.

JAAP BAKKER
Morgen neem ik bloemen voor je mee   1987

Ik ga niet vaak meer naar het huis
Waar jij bent opgenomen
D'r zal wel niets veranderd zijn
Maar morgen wil ik komen
Je zult, denk ik, wel niet beseffen
Dat ik naar je kijk
Mijn lief, je bent al zoveel jaar
Een ongestorven lijk

Daar lig je in een bed te vegeteren
Je blik is leeg en wendt zich nooit naar mij
Je handen liggen roerloos op de sprei
Geen woord, geen wenk, geen kracht om je te weren
Dit leven moeten wij maar zien te delen met z'n twee
Morgen neem ik bloemen voor je mee

    Weet je nog, die tuin van ons?
    Je was er altijd graag aan 't werk
    In 't hoekje met de meeste zon
    Plantte je een rozenperk
    Weet je nog, die tekening
    Op het beslagen keukenraam?
    Een hartje met een pijl erdoor
    En daaronder onze naam
    Tja, nu zit er thermopane
    Dus die ene ruit is weg
    Maar de rozen staan er nog
    Overschaduwd door de heg

Ik ken je, en ik ken je wens
Je niet te laten kooien
Maar niemand gaf je ooit de kans
Je sterven te voltooien
De toga en de witte jas
Beletten je te gaan
Genadeloos rechtvaardig
En onmenselijk humaan

Dit jarenlange rusten zonder vrede
Dit leven in een schimmig niemandsland
Wie stopt dat ooit? Wie staat er aan jouw kant?
Wie vraagt zich af hoeveel je hebt geleden?
En wat heb ik je meer te bieden dan een lief cliché:
Morgen neem ik bloemen voor je mee

    Kom jij in m'n droom misschien
    Zeggen dat ik iets moet doen?
    Jij verschijnt me elke nacht
    In een soort van visioen
    Midden in het rozenperk

Lig je, met een bleek gelaat
In een witte kist waarvan
Het ruitje telkens weer beslaat
Dan zie ik dat je hand beweegt
Je tekent op het matte glas
Een hart, en dan een pijl erdoor,
En daarna nog vier letters: help

Ik zie de richting die jij hebt gekozen
En ik, ik zal je steunen in de strijd
Tot jij van al je boeien bent bevrijd
Ik geef je vast een bosje witte rozen
Als teken van mijn ja tegen het duizendvoudig nee
Morgen neem ik bloemen voor je mee

HANS DORRESTIJN
De bezorgde vader   1987

Ik heb een kind dat wil ik houden.

Kinderen horen niet te sterven.
Maar het gebeurt: door autoband of vuur,
Door staal, door glas (in splinters of aan scherven)
Door mensenhanden, uur na uur.

Zoveel duizend mogelijkheden
En ik heb aanleg voor het visioen.
Ik moet veel tijd en energie besteden
Aan wat de Dood hem aan kan doen.

Ik ben iemand die zichzelf moet temmen.
Ik ga toch al door de hel,
Mijn bezorgdheid heeft geen remmen.
Men zegt mij: brommers, auto's wel.

Maar mijn bezorgdheid heeft geen remmen.
Demp elk kanaal en elke sloot!
Twee jaar is hij, hij kan niet zwemmen.
Ik wil niet zijn verdrinkingsdood.

Overwoeker gras de wegen.
Verhinder onkruid elk verkeer.
Ik heb een zoon van twee gekregen
En zijn leven is zo teer.

En het noodweer dient verboden.
Bliksem, rukwind wat niet al.
Want ieder noodweer eist zijn doden.
Hoe licht komt er een boom ten val?

Wie mij bemint die dooft de vuren.
Geen laswerk, waakvlam, haard of gas.
Opdat niet mijn zoontjes laatste uren
Het werk van uw handen was.

Ik heb een kind dat wil ik houden.

ROBERT LONG
Papa 1988

Papa, papa, papa houdt van reizen
Uit het vliegtuig hup in de mobiel
Kusje hier, kusje daar
Kusje op de grond zowaar
Papa houdt van reizen, papa houdt van reizen
Papa denkt dat reizen mensen dichter bij mekaar brengt.

Dus gaat ie rustig op bezoek in al die godvergeten landen
In z'n beeldige maar smetteloze witte reisjapon
Dan drukt ie met een glimlach al die bloederige handen
En verschijnt daar met een achterneef van Hitler op 't balkon
En dan zwaait ie naar de armoedzaaiers buiten
Terwijl z'n gastheer nog wat traangas in de menigte laat spuiten.

Papa, papa, papa houdt van praten
Uit het vliegtuig hup weer een cliché
Praatje hier, praatje daar
Praatje voor het volk zowaar
Papa houdt een praatje, papa houdt een praatje
Papa draait in ieder land hetzelfde repertoire af.

Hij is de hoogste hoge oom van een omvangrijke familie
Een soortement mobiele Ayatolla, zogezegd
Zo zit ie op Tahiti en dan gaat ie weer naar Chili
En nog zo'n handvol landen waar het volk het loodje legt
En dan zwaait ie naar de moeders op de pleinen
Naast z'n gastheer die op dat moment hun zonen laat verdwijnen.

Papa, papa, papa houdt van zweven
Uit het vliegtuig kijkt ie altijd graag
Wolkje hier, wolkje daar
Soms een grote wolk zowaar
Papa houdt van zweven, papa houdt van zweven
Zelfs als papa thuis is zweeft ie nog boven de aarde.

RIKKERT ZUIDERVELD
Anton 1988

Anton heeft een brede nek
Zijn oren staan te wijd
Ze vonden hem een beetje gek
En brachten hem in oorlogstijd
1943
Anton is in veiligheid

Anton heeft op 't paviljoen
Een klein appartement
Hij is triangel-kampioen
Speelt zo graag de dirigent
1983
Anton wordt een lastige patiënt

Anton wordt al doof en oud
Hij wil niet meer in bad
Zo'n ouwe vent z'n onderhoud
Dat kost de schatkist aardig wat
1993
Anton heeft een spuit gehad.

Er leven haast geen mensen meer

EENENTWINTIG KLACHTEN

Ik heb een displaced person 1959

Ik heb een displaced person in mijn hart,
O, 't is niet erg, u moet er niet van schrikken.
Ik heb het soms, bepaalde ogenblikken,
O, 't is niet erg, een kwestie van het hart.

Soms sta ik met mijn koffers op 't station
En om me wachten mensen op hun treinen
En door 't geraas waarmee ze dan verschijnen
Sta 'k plotseling op een vreemd en onbekend perron,

En wat bagage naast me was, luxe en verpakt,
Is dan opeens een haveloze have,
Bijeengeraapt in haast en dagenlang gedragen;
Met zwepen worden w' in de trein gekwakt.

Onze gezichten staan vervreemd verstrakt,
Naar de bestemming durft geen mens te vragen.
't Is over als een man vraagt: zal 'k uw koffer dragen.
O graag! Ja weet u, ik heb een displaced person in mijn hart.

Ik heb het niet altijd alleen op reis,
O nee, ook wel eens chic gekleed bij een première:
Daar zit mevrouw De Leeuw. We zitten goed, parterre.
Zeg, weet je dat, die Mies de Leeuw heeft ook haar rijbewijs.

Kijk, die mijnheer heeft daar een foute plaats bezet,
Een zaalsuppoost komt druk gesticuleren:
Mijn displaced person kan zich plotseling niet verweren,
'k Zie de suppoost niet meer, ik zie alleen: De Pet,

De Pet gaat, er loopt iemand achteraan,
Er is een deur achter hem dicht gevallen,
'k Zie om me heen hoe in alle
Gezichten de ogen strak en bleek en roerloos staan,

Mevrouw De Leeuw d'r haar zit in de war,
Mijn man probeert z'n handen niet te laten beven.
Maar 't doek gaat op, schijnwerpers brengen een decor tot leven.
't Was niks, mijn displaced person in mijn hart.

Ik heb het ook wel, als ik zo naar mensen kijk,
Zoals naar u nou, nu ik u zo zie zitten.
Dat zie ik ze opeens, met wat ze nog bezitten
Gebonden in een laken, op een donk're modderige dijk

Voortsjokken. Moe, onwetend en verward,
Ineens geen naam, geen baan meer, geen positie,
Alleen maar vluchtend, met hun kinderen en hun eruditie...
't Is niks, gewoon, mijn displaced person in mijn hart.
Maar wanneer zou zoiets nou es over zijn?

ANNIE M.G. SCHMIDT
Het is over 1965

't Is over.
Hij zegt me niets meer.
Ik ben vrij.
't Is over.
Het doet me niks meer
En ik ben blij. Hij is voor mij zo maar een
Heer en al die
Toestanden, dat hoeft niet meer.

Die man die thuiskwam, 's avonds laat,
Zo moedeloos en prikkelbaar,
Dat alles is mijn zorg niet meer.
Dat is nou allemaal voor haar.
Ze mag hem hebben.

Het wachten in het grote bed
Dat was het ergste, o, mijn God,
Het aldoor wachten op zijn tred
En op de sleutel in het slot.
Ze mag hem hebben.

Z'n leugens en z'n draaierij,
Z'n minderwaardigheidscomplex,
Z'n sympathie voor Feijenoord,
Z'n bril, z'n sokken en z'n sex.
Ze mag hem hebben.

Z'n auto en z'n fotoboel,
Z'n rothumeur, z'n romantiek,
Z'n dia's en z'n schuldgevoel
En ook z'n whisky-erotiek.
Ze mag hem hebben.

Z'n politiek, z'n *Elsevier,*
Z'n status en z'n overwerk,
Z'n moppen over kapelaans,
Z'n overhemden en z'n kerk.
Ze mag hem hebben.

En al de reisjes naar Parijs.
Toen, lang geleden, was het fijn,
Maar ja, toen waren we nog arm.
Alleen maar stokbrood en wat wijn.
Wij liepen zorgeloos en vrij
Te slenteren op Montparnasse.
Maar later ging hij zonder mij,
Kwam thuis met lipstick op zijn das.
Ze mag hem hebben.

Hij drinkt te veel. Dat is haar zorg.
Al drinkt ie hele emmers rum,
Ik trek m'n handen d'r van af.
Dan maar een fijn delirium.
Ze mag hem hebben.

Het valt niet mee, hoor, mooie poes!
Je hebt er tact voor nodig, meid.
Nou leef je in een roze roes,
Maar dat gaat over mettertijd.
Dan moet je tonen wat je kan.
Dat wordt een hele zware test.
't Is niet eenvoudig met die man.
Ik hoop maar dat je het verpest!

Wacht even, waarom zeg ik dat?
Wil ik hem terug? Voor geen miljoen.
Ik hoef niet meer. Ze wou zo graag.
Nou goed dan, laat ze het dan doen.
Ze mag hem hebben.

Ik geef haar bitter weinig kans.
Ik weet niet, of ze van hem houdt.
Nu wel, maar op de lange duur?
Ook als hij ziek zal zijn en oud?
Hij is een kwetsbare figuur,
Zoals je er maar weinig vindt.

Nu geef ik, net als in mijn jeugd,
Mijn speelgoed aan een ander kind.
Hier is het.
Je mag het hebben.
Het is voor jou.
Pak aan dan.
Je mag het hebben,
Want het is nou niet meer van mij. En veel geluk,
Maar een ding vraag ik je. Maak het niet stuk.

RAMSES SHAFFY
5 uur   1966

't Is 5 uur
5 uur
't Feest is geweest
De zon stijgt in de stad
'k Sta voor 't raam
En drink nog wat
M'n hart is vol
M'n hoofd is zacht
M'n vrienden
Ach m'n vrienden
't Gaat
Als het gaat
En we moeten toch maar door
Dag lieve mensen
Waar ik bij hoor
'k Laat jullie uit
'k Ga voor

Misschien was ik vanavond wat stil
Er is iets
Dat ik nu wel vertellen wil

M'n liefde
M'n lief komt niet meer terug

Da's alles
Ga nu maar vlug
Want 't is 5 uur
Al 5 uur
Het feest is geweest
Ik krijg 't wel voor elkaar
't Is even rot nu
Zonder haar
Maar ga nu weg
En laat me maar

LENNAERT NIJGH
Vrienden van vroeger   1967

't Is eindelijk een feit:
Ik weet: ik ben volwassen,
Ik moet nu op gaan passen
Met werk en geld en tijd.
De jaren zijn voorbij
Van luieren en leren,
Onschuldig potverteren.
Beschonken zijn en blij.
Ik heb een vrouw, een kind,
Een doel om voor te leven,
Maar gisteren dacht ik even:
Waar is m'n beste vrind,
Met wie ik indertijd
Het leven attaqueerde
En Franse thema's leerde
En met dezelfde spijt
Het meisje heb gekend
Dat onze harten roofde
En zich daarna verloofde
Met een derdejaars student.

Die jongen uit m'n klas,
Die ouder was in jaren

En daardoor meer ervaren,
Van wie dat boekje was,
Dat later op een dag
Door vader werd gevonden,
Waarin die plaatjes stonden
Waarop je alles zag.
De vriend die alle pret
En zorgen met me deelde,
De stoerheid die we speelden:
De eerste sigaret,
De eerste kuise zoen,
Gekregen van een meisje,
In ruil voor 't chocoijsje
Waarvoor ze 't wel wou doen.
De vrienden uit die tijd,
Waar zijn ze nu gebleven,
En soms denk ik dan even:
Raakte ik mezelf soms kwijt?

De onschuld van een kind,
Alleen te zien wat waar is,
Wat vriendschap voor elkaar is,
Terwijl je later vindt
Dat alles anders is
Dan vroeger in je dromen,
Niets is ervan gekomen:
Zo heb je je vergist.
Ook ik heb vroeg of laat
Dat liedje wel gezongen
Van beste brave jongen,
Maar met een hart vol haat.
Waar zijn m'n vrienden heen,
Die 'k moeiteloos vertrouwde,
Op wie ik dromen bouwde,
'k Ben nu helaas alleen,
Omdat ik nu wel weet:
Je kunt op niemand bouwen,
Je kunt geen mens vertrouwen,
Dus droom ik maar – en vergeet.

ERNST VAN ALTENA
De sleur   1968

Het ochtendlicht te grauw,
De ochtendlucht te kil, het ochtendvel te wit.
De ogen nog te klein,
De smaak van hete thee nog stroef aan het gebit
Zo staan ze op de bus,
Slaapwalmend lijf aan lijf maar mijlen van elkaar...
Elk dromend voor zich uit
En met misschien nog geur van passie in hun haar.
Op weg naar borderel
Naar grootboek en factuur, naar iets-moet-je-toch-doen.
Op weg naar volgend jaar,
Naar gisteren, vandaag en dan naar het pensioen.
Vijf sneetjes wittebrood,
Twee hagelslag, drie kaas, een appel en een reep.
Als dat genuttigd is,
Dan zijn ze weer een uurtje dichter bij de streep.

    Hoera, hoera en dat was dat!
    Hoera, hoera alweer een blad
    Van de scheur-
    Kalender van de sleur!

Het avondlicht te vaal,
De avondlucht te nat, het avondvel te geel.
De ogen rood en moe,
De stadse dieselstank te bitter in de keel.
Zo staan ze op de tram,
Gelaten lijf aan lijf maar mijlen van elkaar...
Zo staan ze voor hun deur
Met druppels op hun bril en hagel in het haar,
En zelfs de welkomstzoen
Van hé-ben-jij-daar-al, is flets en uitgebloeid.
Terwijl de avondkrant
Met Nasser en Vietnam hen ook al weinig boeit.
Twee borden boerenkool
En zeven schijfjes worst, een schoteltje compôte.
Als dat genuttigd is
Dan zijn ze weer een dagje dichter bij het slot.

Hoera, hoera en dat was dat!
Hoera, hoera alweer een blad
Van de scheur-
Kalender van de sleur!

En eenmaal in het jaar,
Als het vakantie is dan gaan ze allemaal:
De wegen veel te vol,
De zon weer veel te heet, de wind weer veel te schraal.
De kleintjes veel te druk,
De groten te brutaal en krijgt een mens nóóit rust?
Het middaglicht te fel,
De middaghuid te rood en 's avonds... uitgeblust...!
'Oh, was ik maar weer terug
Achter het schrijfbureau in m'n gewone doen...
'k Heb al zo vaak gezegd,
Een mens leeft toch het best bij orde en fatsoen!'
Een thermosfles met thee,
Wat lauw vanilleijs besmeurd met bosrandvuil.
Als dat genuttigd is,
Dan zijn ze weer een jaartje dichter bij de kuil.

Hoera, hoera en dat was dat!
Hoera, hoera alweer een blad
Van de scheur-
Kalender van de sleur,
Van uw en mijn
Van onze
Sleur!

MICHEL VAN DER PLAS EN FRANS HALSEMA
Kees 1971

Verdomme, Kees, alweer een jaar vandaag
Dat jij begraven bent,
Gek toch, hoe vlug dat went.
Want god, je weet, ik mocht je erg graag,
Ik wist wat 'k aan je had.
Nou ja, hoe noem je dat.
Behalve dus dat ik je een beetje mis,

Nou ja, op mijn manier,
Is alles eender hier.
Denk niet Kees, dat er veel veranderd is,
Hoogstens een kleinigheid,
In nauwelijks één jaar tijd.
Er is nog altijd STER-reclame,
Maar bij de politieke namen
Is er één nieuwe: Drees.
En er zijn intercitytreinen
En jij hebt andere gordijnen
Gekregen, naar ik vrees,
Kees.

Verdomme, Kees, een jaar is toch wel lang
Als je elkaar niet ziet.
Ik weet het eig'lijk niet.
't Gaat allemaal toch doodgewoon zijn gang,
En 't draait, bedenk ik nou,
Hier ook wel zonder jou.
Carmiggelt schrijft nog steeds in *Het Parool*
En de Apollo's gaan
Nog altijd naar de maan.
Nou ja, je dochtertje gaat nu naar school
En volgend jaar je zoon.
Och, dat is heel gewoon.
En toch als ik mij zo hoor praten,
Vallen er opeens hiaten
Tussen mijn clichés;
Want dat jouw rozen niet meer bloeien,
Omdat ze niet voldoende sproeien,
Dat zegt iets, naar ik vrees,
Kees.

Verdomme, Kees, ik weet het nou niet meer,
'k Denk steeds aan wat je zei:
"'t Gaat allemaal voorbij.'
En dat de tijd van leven telkens weer
Gewoon opnieuw begon;
'Niks nieuws onder de zon.'
Maar da's niet waar, want jij was enkel jij.
Jij hebt hier rondgedwaald

En dat wordt nooit herhaald.
Als ik jouw huis zie, dan hoor jij daarbij.
En naast zo'n kinderfiets
Mis ik toch ook wel iets.
Maar verder valt er niets te melden;
Er drijft nog olie op de Schelde,
Er zijn nog steeds cafés.
En verder hoorde ik zoëven
Hiernaast het lied: 'Lang zal ze leven.'
Geweldig, naar ik vrees,
Kees.

WIM KAN
Er leven haast geen mensen meer 1971

Er leven niet veel mensen meer die het hebben meegemaakt,
De vijand heeft er ongeveer ééénderde afgemaakt,
Die slapen in een jutezak, de Burmahemel is hun dak,
De kampen zijn verlaten, leeg de cellen.
Er leven niet veel mensen meer die het kunnen navertellen.

Wat aan die railroad is gebeurd weten de doden alleen.
Daar, onder elke dwarsligger ligt welgeteld er één,
Maar die houdt in de Burmagrond tot in de eeuwigheid zijn
               mond.
Wat hier gebeurde had hij nooit kunnen voorspellen.
Er leven niet veel mensen meer die het kunnen navertellen.

Die alles weten nog van toen: de drie pagodenpas,
De dodenspoorlijn bij Rangoon, ontvluchten, hoe dat was.
Je werd zonder te zijn verhoord op keizerlijk bevel vermoord.
Maar wie wil dat nu nog ten toon gaan stellen?
Er leven haast geen mensen meer die het kunnen navertellen.

En toch leeft er nog altijd één die het navertellen kan.
Die de geschiedenis kent als geen: de keizer van Japan.
Nou hij niet opgehangen is had op Soestdijk toen aan de dis
Tenminste toch eens iemand kunnen vragen hoe dat zat destijds
               in Burma,
Aan die railroad, met die doden, en die zieken, en die honger en
               die cellen.

Wat had hij dat,
Terwijl hij at,
Mooi kunnen navertellen.

WILLEM WILMINK
Ochtend in de stad   1971

Licht gaat branden achter sommige gordijnen
Hier en daar een mens op straat ietwat verwaaid
Rokershoest weerklinkt alom, lantarens kwijnen
Als er hier een haan was had ie al gekraaid.

Mensen overwegen om in bed te blijven
Zien er toch maar weer van af uit goed fatsoen
En een oude man wordt wakker met een stijve
Maar heeft niemand om een vluggertje te doen.

Ergens laat zich al de helse toeter horen
Van een matineuze heer in het verkeer
Achter grote gele vensters van kantoren
Zijn de werksters met hun emmers in de weer.

En wie in zijn diepste nachtelijke dromen
Is gezworven naar de bron van zijn bestaan
Mag zo dadelijk weer op het matje komen
Aangezien hij een vergissing heeft begaan.

Net als vroeger is er weer een dag geboren
Maar de jaren van verwondering zijn voorbij
En ook zijn er hier geen vogels meer te horen
Behalve twee minuten op de vierde mei.

Ach het leven nam ons allen op de korrel
En de dood genaakt met een klapperend gebit
Ja wij verlangen naar het uur dat de eerste borrel
Goed en wel weer achter onze kiezen zit.

LENNAERT NIJGH
Ik zal je iets vertellen 1972

Ik zal je iets vertellen
Voor we slapen gaan
Ik was vandaag de hele dag aan 't werk
Ik had vandaag geen tijd voor jou
Ik ben kortaf geweest
Maar er waren zoveel vragen
En zoekend naar een antwoord
Schiep ik weer problemen
Ik heb zoveel gezien
Dat ik nu in 't donker
Mijn ogen niet kan sluiten
Maar ik zou je iets vertellen
Voor we slapen gaan

Ik zal je iets vertellen
Voor we slapen gaan
Ik kwam vandaag tot niets, 'k heb niets gedaan
Ik ben zoveel van plan geweest
Maar ik weet niet meer waarom
Want als je na gaat denken
En je zorgen maakt om anderen
Zullen anderen je voorbij gaan
En ik heb te veel gezien
Ik had mijn ogen open
En ik kan ze niet meer sluiten
Maar ik zou je iets vertellen
Voor we slapen gaan

Ik zal je iets vertellen
Voor we slapen gaan
Ik weet ik heb me veel te druk gemaakt
Misschien dat ik vergeten wou
Dat ik zo eenzaam ben

Dat wou ik je vertellen
Voor we slapen gaan
Dat ik je nodig heb.

GUUS VLEUGEL
Je laat ze echt niet in de steek 1972

Je laat ze echt niet in de steek,
Zo een of twee keer in de week
Ga je geregeld naar ze toe.
De laatste tijd wat minder vaak,
Maar dat is een normale zaak,
Het is per slot een heel gedoe.
Je hebt je werk en je gezin,
Je ouders zien dat zelf wel in,
Ze zijn de laatsten om te klagen
En ze zijn kinderlijk verrukt
Als het je eindlijk weer eens lukt,
Zo één keer in de veertien dagen...

 Dan zit je bij ze in je stoel
 Met dat vervloekte schuldgevoel
 Omdat de strijd is uitgestreden
 En zij de nederlaag hebben geleden.

Nadat er eerst, naar het behoort,
Naar de gezondheid enzovoort
Omstandig is geïnformeerd,
Komt er meer gloed in het gesprek,
Aan stof natuurlijk geen gebrek,
Er is weer heel wat gepasseerd.
Ze waren naar een huwlijksfeest,
Was jij er ook maar bij geweest,
Het was een dagje om te stelen.
De bruid in 't lang, en prachtig weer,
En ze vertellen nog veel meer
Wat je niet ene moer kan schelen.

 Maar je hebt tact, dat scheelt een boel
 En bovendien dat schuldgevoel
 Omdat de strijd is uitgestreden
 En zij de nederlaag hebben geleden.

Jouw aandacht is gesimuleerd
Maar zij zijn echt geïnteresseerd

In hoe je zo je leven vult.
En je bericht ze mondjesmaat
Over hetgeen je doet en laat,
Het vergt wel veel van je geduld.
Precies zoals ie vroeger dee
Slurpt pa luidruchtig van zijn thee,
Een tic die hem is ingeschapen.
Maar ach, de opgewonden griet
Die zich zo vreeslijk daaraan stiet
Die is nu zacht en kalm ontslapen.

Je geeft ze nooit meer een groot smoel
Want je hebt nu dat schuldgevoel
Omdat de strijd is uitgestreden
En zij de nederlaag hebben geleden.

Je kijkt die vreemde mensen aan,
Ze hebben heus hun best gedaan,
Ze deden wat je noemt hun plicht.
En straks verteren ze tot stof,
Mijn God, wat is het leven tof,
Wat is het enig ingericht.
Want zelf bedoel je het ook goed,
Je toon is nu zo honingzoet
Dat het niet langer valt te dragen.
En 't afscheid komt al taamlijk gauw,
Eigenlijk vlugger dan je wou.
't Zit er weer op voor veertien dagen.

Dan is er, zonder zin of doel,
Weer dat vervloekte schuldgevoel
Omdat de strijd is uitgestreden
En zij de nederlaag hebben geleden.

JOOST NUISSL
Eenzaam zonder 1975

Moe van alle misverstanden
Wil ik eigenlijk weg van haar

Met mijn tong tussen mijn tanden
Maak ik een hulpeloos gebaar
En zo sta ik dan te zwijgen
In mijn eigen dode taal
Ik kan de deur niet open krijgen
En voor de zeventigste maal
Voel ik haar ogen in mijn rug
En voor het donker ben ik terug
Want ik ben eenzaam zonder haar
Voor de avond keer ik om
Ik ga naar huis en vraag waarom
Zijn wij zo eenzaam met elkaar

In haar moegekeken ogen
Is altijd dezelfde vraag
Hoeveel jaren zijn vervlogen
Tussen gisteren en vandaag
En zo staat ze dan te kijken
Zonder blijdschap of verdriet
Het zal vanzelf wel blijken
Of het blijkt vanzelf niet
Ze brandt haar ogen in mijn rug
Ze kijkt me weg ze kijkt me terug
Dat is de eenzaamheid in haar
Als het weer eens zover is
Zegt ze ach wat is er mis
Zijn wij zo eenzaam met elkaar

We zullen het wel leren
Want we hebben alle tijd
Wat we ook zullen proberen
We raken toch elkaar niet kwijt
We zullen het wel weten
Want we weten het allang
Aan het eind van alle veten
Zijn we samen nooit meer bang
Soms dan hebben we verdriet
Meestal hebben we het niet
Altijd hebben we elkaar
Al zijn we samen soms alleen
We kunnen nergens anders heen
We zijn eenzaam – zonder

FRISO WIEGERSMA
Het lachen 1975

Het lachen dat we samen deden
Het is voorbij het is voorbij
En wat we waren ik en jij
Is onherroepelijk doorgesneden
Nu is de winter ingetreden
Een bar en bitter jaargetij
Het lachen dat we samen deden
Het is voorbij het is voorbij
Maar uit een ver voorbij verleden
Komt altijd weer omhoog in mei
Als water in een woestenij
Een lachen lachen zonder reden
Het lachen dat we samen deden

Nu dat het lachen me vergaat
En mij het huilen nader staat
Nu alles mis is alles mis
En niets meer niets meer over is
Van alles wat we samen waren
Van alles wat weloverdacht
Was opgekweekt tot bloei gebracht
Nu van die tuin van onze tuin
Niets over is dan enkel puin
En dode bloemen dorre blaren
Nu alles weg is en verloren
Blijf ik de hemel weet waarom
Nog steeds dat lachen in me horen

Het lachen dat we samen deden
Het is voorbij het is voorbij
En wat we waren ik en jij
Is onherroepelijk doorgesneden
Nu is de winter ingetreden
Een bar en bitter jaargetij
Het lachen dat we samen deden
Het is voorbij het is voorbij
Maar uit een ver voorbij verleden
Komt altijd weer omhoog in mei
Als water in een woestenij

Een lachen lachen zonder reden
Het lachen dat we samen deden

Nu ik weer leer alleen te zijn
Om 's morgens op te staan met pijn
Te werken enkel met het doel
Verdoving van te veel gevoel
Nu van mijn vrienden geen van allen
Nog redden kan wat is vergaan
Nu ik weer voor dat bed moet staan

Met te veel pillen te veel drank
En weten dat ik godzijdank
Straks weer een keer in slaap mag vallen
Nu alles weg is en verloren
Blijf ik de hemel weet waarom
Nog steeds dat lachen in me horen

Maar uit een ver voorbij verleden
Komt altijd weer omhoog in mei
Als water in een woestenij
Een lachen lachen zonder reden
Het lachen dat we samen deden

ROBERT LONG
Thorbeckeplein 1977

'k Heb je ontmoet op het Thorbeckeplein
Je wachtte op iets blijkbaar, stond er voor niets blijkbaar
Je leek zo ontroostbaar en eenzaam te zijn
We keken en wachtten wat, praatten en lachten wat
Toen ik je vroeg: 'Ga je mee?', zei je: 'Fijn'
En miste je laatste trein

Na het ontbijt zei je: ' 'k Ga nu dan maar
't Was heel erg fijn bij jou, dag, en ik bel je gauw'
Uren nog rook ik de geur van je haar
Ik lachte en floot die dag, god, ik genoot die dag
'k Voelde me beter dan sedert een jaar
Totdat ik je zag... met haar

Ik zag jullie vaker, een vrouw met d'r vent
Eerst me zo warm gevoeld, nu me zo arm gevoeld
Ook je adres was me toen niet bekend
Eensklaps daar belde je, huilend vertelde je
Dat je soms vreselijk moedeloos bent
En dat je daar nooit aan went

Zo gaan we door en ik wen d'r maar an
Maanden verstom je weer, plotseling kom je weer
Meestal alleen als je niet verder kan
Dan streel en omarm ik je, troost en verwarm ik je
Kun je 't leven dan 's morgens weer an
Dan ga je weer terug... naar je vrouw

FRANS MULDER
Jaloezie 1978

Ik moet mezelf leren
Jou vrij te laten
Ondanks de piraten en kapers op de kust.
Ik moet mezelf leren
Jou te respecteren
En erop vertrouwen... Dat je nooit een ander kust...

En mezelf genezen van m'n jaloezie.
En mezelf genezen van de utopie.
Van het altijd en eeuwig hand in hand samenzijn,
Het eeuwig samenzijn...

Ik moet mezelf leren
Met vallen en opstaan,
Ik moet mezelf leren
Dat je een eigen leven hebt.
Ik moet mezelf vertellen
En het ook onthouwen
Dat ik op je kan bouwen en niets te vrezen heb.

En mezelf genezen van m'n jaloezie.
En mezelf genezen van de utopie.
Van het altijd en eeuwig hand in hand samenzijn,
Het eeuwig samenzijn...

Ik moet mezelf leren
Je niet te willen binden,
Te houwen van je vrinden
Die houwen ook van jou.
Ik moet mezelf leren
Je niet te controleren.
Je te laten blijken dat ik je vertrouw…

En mezelf genezen van m'n jaloezie.
En mezelf genezen van de utopie.
Van het altijd en eeuwig hand in hand samenzijn,
Het eeuwig samenzijn…

Ik moet er maar aan wennen
Aan jouw doen en laten
Ik kan erover praten,
Ik kan het bij je kwijt.
Ik moet er maar aan wennen
Niets meer op te zouten,
Te leren van m'n fouten
Want ik wil je nooit meer kwijt

En mezelf genezen van m'n jaloezie.
En mezelf genezen van de utopie.
Van het altijd en eeuwig hand in hand samenzijn,
Het eeuwig samenzijn…

GEORGE GROOT
Vage angst   1978

Ik schrik niet zo van alarmerende berichten
Over geweld, wat je in alle kranten leest
En ik schrik ook niet van gestegen werkeloosheid
Dan denk ik: Ja, dat zal, dat is wel meer geweest
Er zal ook binnenkort wel weer een crisis komen
Dat heb je eenmaal na zo'n hoge conjunctuur
Nou, ja dan doen we maar wat minder, nee die dingen,
Daar raak ik niet van overstuur

Maar ik heb altijd van die vage angsten
Waarvan ik zelf weet dat dat nergens op slaat

Bij voorbeeld: dat er zo maar op een dag gebeld wordt
En dat er dan een onbekende voor me staat
Die zegt: U weet het niet, maar ik hoor eigenlijk bij u
Ik volg u dagelijks, vanaf uw derde jaar
Nu kom ik bij u wonen, ik blijf altijd bij u
Niet dat die man er staat..., maar ja het is toch raar

Ik ben nooit bang voor enge kerels in het donker
En in een vliegtuig heb ik ook geen centje pijn
Dan denk ik: Als we gaan, dan gaan we met zijn allen
Het kan tenslotte elke dag je laatste zijn

Nee, ik heb hele andere, onbestemde angsten
Waar ik zelf van denk: Hoe kom ik daar toch aan
Bij voorbeeld: dat ik bij de slager wil bestellen
En dat ik denk dat ik niet meer praten kan
Of dat ik bij de giro geld ga halen
En dan ineens zal roepen: Dit is een overval
Nee, niet als grap, zo zonder het te willen
Iets in je hersens, gewoon volslagen mal

Ik heb zo'n hekel aan die vage angstgevoelens
Nee, geef mij dan maar een ramp, gewoon, concreet
Een insektenoorlog, honderdduizend doden
Of een botsing met een andere planeet
Of al het drinkwater in Nederland vergiftigd
En hoewel dat straks gebeurt, dat ziet een leek
Schrik ik daar niet van, nee, ik lig nachten wakker
Bij het idee, dat ik ooit uit een bibliotheek
Een roman zal lenen, met mijn eigen leven
Waar mijn hele levensloop beschreven staat
En dat ik ergens in het midden stop met lezen
Want ik wil niet weten hoe het verder gaat

Dood en rampen zijn gedachten
Waar ik geloof ik wel aan wen
Nee, mijn angst is denk ik meer,
Dat ik er eigenlijk niet ben

JELLE DE VRIES
De kastanje 1981

Waar eens m'n vaders vader een kastanje heeft gepoot
(En jaar na jaar zie 'k weer z'n trotse bloemen)
En waar de namen van de mensen blijven leven na hun dood
(In de avondstond hoor je ze dikwijls noemen)
Daar is m'n huis
Daar weet ik al m'n vrinden
M'n eigen huis
Ik zal je nooit meer vinden

Daar vieren fiere rododendrons elke lente feest
En bij de sloot vertoeven salamanders
Je voelt er tot in je gebeente: 't is altijd zo geweest
Hier wonen wij – en anderen ergens anders
Dit is je huis
Een huis voor heel je leven
Je eigen huis
Waar is 't toch gebleven

Hier op de starre daken groeit een star metalen woud
Dat ons vergast op starre surrogaten
Ze hebben in de starre stad een starre straat voor ons gebouwd
Die we als 't even mag in ademnood verlaten
Waar is ons huis
't Is ons afgenomen
Ons eigen huis
En onze eigen bomen

IVO DE WIJS
Om alles 1982

Om alles
Het was om alles
Om de stilte van de allerlaatste nacht
Het gemis aan moed en het tekort aan kracht
Ik kon niet doodgewoon alleen gaan slapen
En ik had de telefoon, mijn laatste wapen
Ik won een beetje tijd

462

Al streed ik een verloren strijd
Dus vergeef me als ik zeurde
Wat uiteindelijk gebeurde was
Om alles
Om alles
Om alles

Om alles
Het was om alles
Om de optelsom van wanhoop en verdriet
En angst, het was om alles, anders niet
Probeer maar niet te raden naar de feiten
Ik zal niemand overladen met verwijten
Wees gelukkig, pak 'n glas
En weet wat ik gedaan heb, was
Om alles
Om alles
Om alles

Om alles
Het was om alles
Breng me zonder al die vragen naar m'n graf
Al ik 'om alles' zeg dan ben ik er vanaf
Ik geef geen stille wenken of terzijdes
Zodat niemand hoeft te denken: 't was om mij dus
Schud het stof maar van je jas
En weet wat ik gedaan heb, was
Om alles
Om alles
Om alles

Om alles
Het was om alles
Alle eenzaamheid en wanhoop neem ik mee
Maar alle goeie dingen, leuke dingen... nee
Ik had er geen houvast aan in m'n leven
Maar ik zal ze enthousiast aan jullie geven
Dus vergeet die ene dag
Vergeet wat ik gedaan heb, lach
– Om die vele andere dagen
Al die andere andere dagen, lach

Om alles
Om alles
Om alles

YOUP VAN 'T HEK
Pijn Suzanne   1983

Doet het pijn nu ik je heb verlaten
Steeds minder even naar je bel
Steeds minder eventjes kom praten
En als ik kom steeds minder vertel
Doet het pijn de foto's te bekijken
Van die vakantie op dat eiland bij Bordeaux
Waarop we samen zo gelukkig lijken
Maar je trouwring ligt nu los in een la
Van je bureau

    En dat doet pijn Suzanne, pijn Suzanne
    Pijn, pijn, pijn, pijn, pijn Suzanne
    Pijn Suzanne, pijn Suzanne
    Vreselijke pijn

Doet het pijn voor jezelf alleen te koken
En de afwas dagenlang te laten staan
Je hebt een vakantie met een vriendin besproken
Dat is gezelliger dan om alleen te gaan
En doet het pijn als je 's avonds gaat slapen
En je doet zelf je gordijnen dicht
En d'r is niemand tegen wie je huiverig kan gapen
En niemand voor het knopje van het licht

    En dat doet pijn Suzanne, pijn Suzanne
    Pijn, pijn, pijn, pijn, pijn Suzanne
    Pijn Suzanne, pijn Suzanne
    Vreselijke pijn

En doet het pijn nu mijn vrienden komen
Zich al luisterend in een stoel hebben gezet
Een hele avond begripvol met je bomen
Maar ze willen maar één ding en dat is met jou
Naar bed

En dat doet pijn Suzanne, pijn Suzanne
Pijn, pijn, pijn, pijn, pijn Suzanne
Pijn Suzanne, pijn Suzanne
Vreselijke pijn

En dat doet pijn dat wil ik ook bekennen
Met mij gaat het even kloterig en slecht
Maar daarmee zeg ik niet dat ik terugkom
Want dan begint weer hetzelfde gevecht

En dat doet nog veel meer pijn Suzanne, pijn Suzanne
Dat doet veel meer pijn Suzanne
Pijn Suzanne, pijn Suzanne
Wij moeten nooit meer samen zijn

FRED FLORUSSE
Thuis 1987

Opstaan, wassen, kleden, eten
God, ik ben weer veel te laat
Drie maal vierentwintig treden
'k Weet niet waar mijn auto staat
Gister te laat thuisgekomen
Nou, dan ga 'k wel met de tram
Wacht, daar staat ie, naast die Volvo
Hè verdomme, in de klem
Amsterdam
Nou, dan zal ik maar gaan fietsen
Wel zo snel, hier in de stad
Hé, mijn fiets, waar is mijn fiets nou
Jesus Christ, alweer gejat
Klote stad

Als ik dan weer in mijn dorp ben
Eens per maand of soms wel meer
Dan geniet ik van de stilte
Van de zuiv're atmosfeer
'k Zie de dennen mij herkennen
'k Hoor ze zeggen tot elkaar:
Kijk nou toch, dat stadse meissie
Ze ziet bleek, ze heeft het zwaar

Dan verspreiden ze hun geuren
Doen ze extra goed hun best
Geven mij weer schone longen
Wat de stad dan weer verpest

Na het werk op een terrasje
Heerlijk op het Leidseplein
Mooie heren, gekke kleren
Obers met hun eigen gein
Fijn uit eten, naar theater
Naar de fillem, keus genoeg
En daarna een lekker wijntje
In mijn eigen warme kroeg
Amsterdam
Na dat wijntje nog wat wijntjes
Dan om twee uur een kroket
Jammer dat de avond om is
Heerlijk rozig in mijn bed
Einde stad

Maar als ik weer in mijn dorp ben
Eens per maand of soms wel meer
Dan geniet ik toch van stilte
Van de zuiv're atmosfeer
'k Zie de dennen mij herkennen
'k Hoor ze zeggen tot elkaar:
Kijk nou toch, dat stadse meissie
Ach, wat bleek, ze heeft het zwaar
Laten we wat extra waaien
Kruinen, naalden, takken, stam
Morgen ademt ze die troep weer
Is ze weer in Amsterdam

Files, junkies, demonstraties
Vuilniszakken in de gracht
Tassenrovers, zakkenrollers
Meisje in het park verkracht
Blauwe lichten en sirenes
Ruzie tussen zwart en blank
Olieplassen, uitlaatgassen
Etenslucht, wat een stank

Amsterdam
Dan verlang ik naar mijn dorpje
Ja, dan sla ik op de vlucht
Richting: geur van dennenbossen
Richting: schone buitenlucht
Vieze stad

In de auto bij mijn dorpje
Ruik ik door mijn autodak
Penetrante vieze geuren
Het ruikt naar ammoniak
Ben ik dichterbij gekomen
Lopen duizend varkens rond
Op de plaats waar bomen stonden
Badend in hun eigen stront
Al mijn dennen zijn gesneuveld
Stronken liggen op de grond
En ik hoor ze niets meer zeggen
Z'ademden de lucht van stront.

JAAP BAKKER
De jokers 1987

Ik weet, ik kan ze overal ontmoeten
In 't zwembad, voor het busstation en op de braderie
Toch schrik ik telkens weer als ik een rolstoelrijer zie
Dan maak ik mij het liefste uit de voeten
Ik wend m'n ogen af om niet te kijken naar dat smoel
En loop me te generen voor de walging die ik voel

Het zijn de jokers
Die wij gedogen
Maar niet teveel, omdat ze pijn doen aan de ogen
De jokers zijn het zinnebeeld van kommer en van kwel
De jokers zijn de kaarten die niet passen in het spel

Ik griezel van die socuterakoppen
De veel te dikke bril, het vals gebit, de speekseldraad
De veel te dunne benen in een Levi's die niet staat
De gympies met de nutteloze noppen

De stuurloze bewegingen, het spastische gegrom
Ze werken op m'n lachlust en ik haat mezelf erom

Het zijn de jokers
Het zijn de narren
Het zijn de wezens die ons wereldbeeld verwarren
De jokers blijven over als de kaarten zijn gedeeld
Althans in alle spelletjes die hier worden gespeeld

Het zijn de jokers
Die zich verbazen:
Waarom zien wij alleen de tienen en de azen?
De jokers, die vertellen ons wat elke joker weet
Ze zeggen: zonder jokers is het kaartspel niet compleet

Ze leven onopvallend en bescheiden
In ruime paviljoenen aan het randje van de stad
Bekwaam aan 't oog onttrokken, goed verzorgd en dat is dat
Dus waarom doe ik moeite, ze te mijden?
Waarom voel ik m'n maag als ik er één voorbij zie gaan?
Misschien dat ik niet vaak genoeg voor joker heb gestaan.

YOUP VAN 'T HEK
Niks meer te vieren 1988

Ik schreef je duizenden gedichten lieve lieve
Ik ken ze allemaal nog uit mijn hoofd
Net zoals jouw urenlange brieven
Waarin je mij een rozentuin belooft
Ik weet nog hoe we wandelden in Zandvoort
Zonsondergang en een nog warm strand
Jij gaf mij op al mijn vragen antwoord
En kneep daarbij zachtjes in mijn hand
Nu zeven jaren later weet ik niet wat ik wil
We zwijgen allebei, het is zo angstaanjagend stil

Niks meer te vieren. Niks meer te vieren
Er is echt niks waarmee ik jou nog kan versieren
De koek is op, er liggen kruimels op de plank
We zitten elke avond verslagen op de bank

Ik weet niet waarmee ik jou nog kan versieren
Er is niks, maar dan ook echt niks meer te vieren

We liftten naar Venetië en Londen
We sjouwden dwars door Rome en Parijs
Uitgelaten als twee jonge honden
We gingen over halve nachten ijs
We zagen alle kroegen, kathedralen
We zagen enkel vuur en nog geen as
Ik vertelde jou fantastische verhalen
Waarin elke minnaar overwinnaar was
Nu zeven jaren later zijn we aan elkaar gewend
En we denken allebei aan het sluiten van de tent

Niks meer te vieren. Niks meer te vieren
Er is echt niks waarmee ik jou nog kan versieren
De koek is op, er liggen kruimels op de plank
We zitten elke avond verslagen op de bank
Ik weet niet waarmee ik jou nog kan versieren
Er is niks, maar dan ook echt niks meer te vieren

Nu zijn wij twee kinderen later
En zwijgen tot het middernachtelijk uur
Dan kijken we jaloers naar onze kater
Die gaat na het laatste nieuws op avontuur
Je vraagt of ik de asbakken wil legen
Terwijl jij jezelf lui de trap op gaapt
Ik kom jou vannacht niet meer echt tegen
Ik weet als ik boven kom dat je al slaapt
Maar volgens jou mijn liefste is er met ons niets mis
Omdat het bij alle vrienden precies hetzelfde is

Van onze correspondent

NEGENTIEN
OOGGETUIGENVERSLAGEN

GERARD COX
Rotterdam-Zuid 1964

Regen, miezerige regen in Zuid.
Vermoeide straten glimmen mat en nat,
'n Grijze ochtend in 'n grijze grauwe stad
Geblinddoekte huizen, aan elkaar geregen,
Uitgevloerd asfalt, niemand kom je tegen,
Zuid slaapt uit.
De gevels gapen hun verlopen geeuw
Onbewoonbaar erfdeel van 'n uitgewoonde eeuw.
Rotterdam-Zuid op 'n grauwe zondagmorgen...
Blijf stil in je huizen verborgen...

Regen, miezerige regen in Zuid.
'n Vroege tram schuurt geel door de bocht,
Pas begonnen aan zijn rammelende tocht
Door brakke straten, naar boven de rivier,
Daar is de stad pas, niet hier,
Troosteloos Zuid.
De Maasbrug hijst gelaten z'n stalen vlag,
Geeft zich maar weer over aan alweer 'n nieuwe dag.
Rotterdam-Zuid op 'n grauwe zondagmorgen...
Draai je nog 's om in je zorgen...

Regen, miezerige regen in Zuid.
Achter de huizen klagen hoorns monotoon,
Onzichtbaar aanwezig drijven schepen op de stroom.
De vreemde verre wereld vaart binnen in de haven,
Maar 't leven zelf ligt heel diep begraven,
Diep in Zuid.
De zondag moet om, maar niemand heeft er zin,
't Stadion waakt als 'n dikke zwarte spin;
Uit z'n deur gestapt staat 'n man zich te bezinnen...
't Voetballen zal zo wel beginnen...

JAAP VAN DE MERWE
Drie patroeljes 1965

Drie eskadrons huzaren zijn gereden
Op die Pinksterdag in mei.

Drie patroeljes – geen is weergekeerd
Uit de Gelderse Vallei.

Elk van die drie patroeljes,
Die moest verkennen waar de vijand stak,
Is in hinderlaag gelopen.
In de pan gehakt.

Drie eskadrons huzaren zijn gereden
Op die Pinksterdag in mei.
Drie patroeljes – geen is weergekeerd
Uit de Gelderse Vallei.
Simon Thomas was erbij, en Cruyff
Kooistra, Scholten, kleine Bruinsma,
Beemsterboer en Duif.
Drie patroeljes – geen is weergekeerd
Uit de Gelderse Vallei.

Scholten sneuvelde schietend,
Toen hij door overmacht omsingeld was;
Rozendom kwam dagen later
Pas weer bij in 't gras.
Op de eis tot overgave
Heeft Simon Thomas luid geroepen: 'Nooit!'
Stervend heeft hij
Nog zijn laatste handgranaat gegooid.

Drie eskadrons huzaren zijn gereden
Op die Pinksterdag in mei.
Drie patroeljes – geen is weergekeerd
Uit de Gelderse Vallei.
Simon Thomas was erbij en Cruyff,
Kooistra, Scholten, kleine Bruinsma,
Beemsterboer en Duif.
Drie patroeljes – geen is weergekeerd
Uit de Gelderse vallei

Duif heeft nog lopen zeulen
Met Beemsterboer, gewond, en later dood;
Jankend kroop hij
Waar de mof zijn heetste vuur verschoot.
Bruinsma, de kleine schutter,

Heeft bij SS-ers zo'n paniek gesticht;
Krijgsgevangen,
Werd zijn eigen spuit op hem gericht.

Drie eskadrons huzaren zijn gereden
Op die Pinksterdag in mei.
Drie patroeljes – geen is weergekeerd
Uit de Gelderse Vallei.
Simon Thomas was erbij, en Cruyff,
Kooistra, Scholten, kleine Bruinsma,
Beemsterboer en Duif.
Drie patroeljes – geen is weergekeerd
Uit de Gelderse Vallei.

RAMSES SHAFFY
Kleine kinderen   1968

In de nacht
Lopen kleine kinderen
Op hun tenen
Ze zijn stiekem uit bed gegaan
Ze hebben hun pyjamaatjes aan
Ze lopen op blote voeten
Op de stenen
Zo koud, zo koud
Maar nee, de kindertjes zijn stout
't Is de nacht dat alle kleine kinderen samenkomen
Hun vader en moeder weten 't niet
Het is al zo laat
Dat niemand ze ziet
En iedereen denkt dat ze lekker dromen
Zo zacht, zo zacht
Maar nee, ze lopen zachtjes
Door de nacht
Aan het eind van de straat is het bos
Ze gaan zitten op 't zachte mos
De één heeft een zuurtje
De ander een zuurstok
De één heeft een ijsje, de ander een radijsje
Ze snoepen d'r op los
In de dauw

Lopen kleine kinderen
Snel naar huis
't Wordt al lichter in de stad
Ze hebben zo'n plezier gehad
En nog even hollen
En dan zijn ze thuis
Naar bedje toe, naar bedje toe
En mammie zegt 's morgens:
'Schat, je ziet wat moe…'

FONS JANSEN
Kerstdiner 1968

Bij ons in de stad was een kerstdiner
Waar je inclusief een goed werk mee dee
Men maakte bekend dat vijftig procent
Der opbrengst van al wat men at aan die dis
Bestemd was voor landen
Waar hongersnood is.

Men had als hors d'oeuvre een kreeft gedacht
De opbrengst per man was een piek of acht
Konijn, rode wijn, kalkoen per rantsoen
Dan perziken, koffie en Franse cognac
Waarna dan de leiding
Een dankwoordje sprak.

Men kwam, men zag, men at voor twee
Wel wetend hier help ik een ander mee
Kom schenk nog eens in en red een gezin
Wanneer men begaan is met nood en verdriet
Neemt men nog wat vlees
Ook al blieft men dat niet

Zo kwam dus het punt van verzadigdheid
Gelijk met het eind der liefdadigheid
Iemand zei aan het end:
Ik hoop niet dat u denkt
Dat ik mij voor hongersnood niet interesseer
Ik heb nog wel geld
Maar ik kan echt niet meer

MICHEL VAN DER PLAS EN FRANS HALSEMA
Zondagmiddag Buitenveldert 1969

Het weer is net wat opgehelderd.
't Is zondagmiddag, Buitenveldert.
De flats zijn hoog en goed gebouwd.
Daartussen is het kaal en open.
De jongen en het meisje lopen
Er eenzaam en verliefd en koud.
De groenstrook langs de supermarkt
Ligt nog te jong, te aangeharkt,
Tussen de voorrangswegen.
Hij zegt: 'Ik wil met jou naar bed.'
Zij hoort het niet, want er daalt net,
Gierend, een DC-negen.

Mannen met stommefilm-gebaren
Staan doelloos uit het raam te staren,
Tot het begin van 'Monitor',
En volgen langs de AVRO-bode
Daarbuiten, om de tijd te doden,
De twee in 't troosteloos decor.
Het meisje zegt: 'Ik hou van jou',
De jongen denkt: Waar kan het nou?
De hele boel zit tegen.
Hij drukt zijn nagels in haar hand,
En laag scheert over 't wijde land,
Alweer een DC-negen.

Ze staan verloren in de vlakte.
Hij denkt: Als ik haar hier eens pakte,
Voor 't oog van heel de nette buurt?
Zij denkt: Wat ze in de verte bouwen
Is misschien klaar als wij gaan trouwen.
Maar God weet hoelang dat nog duurt.
't Is zondagmiddag, eindeloos.
In blokkendoos na blokkendoos
Zeggen ze: 'Er komt regen.'
De twee gaan schuilen in 't portiek
Voor regen, leegte en publiek.
Er gaat al licht aan hier en daar.
Zondag half vijf, het glas staat klaar.

476

Er worden zakjes frites gehaald.
Laag over Buitenveldert daalt,
Huilend, een DC-negen.

JAN BOERSTOEL
Opa's verjaardag 1969

De morgen van zijn honderdste verjaardag
Kreeg Opa een beschuit bij zijn ontbijt
En deden alle zusters even aardig,
Per slot is honderd jaar een hele tijd.
Hij mocht de hele dag bezoek ontvangen,
Er werden stoelen rond zijn bed gezet
En roodpapieren slingers opgehangen,
Dat gaf meteen zo'n feestelijk cachet.

Om half elf kwam de directeur persoonlijk,
Gewapend met een potplant en een speech,
Te lang en slaapverwekkend als gewoonlijk,
Maar Opa hoorde toch al jaren niets.
Met zware stem en machtige gebaren
Besprak de directeur de tijd, die vloog,
Wat misschien gold voor Opa's honderd jaren,
Maar vast niet voor des directeurs betoog.

Daarna kwam er een stroom familieleden,
Uit Siddeburen zelfs en uit Goeree,
Vol jaren opgespaarde hart'lijkheden,
En ieder bracht cadeautjes voor hem mee.
Voornamelijk tabak en confituren,
Maar ook een paar pantoffels en een vest
En drie kisten sigaren, hele dure,
Want zijn gezichtsvermogen was nog best.

Des middags, na 't verplichte uurtje rusten,
Werd hij opnieuw bewonderd en verwend
Door bloed- en aanverwanten, die hem kusten
Nog voordat hij ze eig'lijk had herkend.
Rechtop in bed, met blosjes op de konen,
Omringd door al wat hem gegeven was,
Leek hij, tussen zijn oudgeworden zonen,
Een feniks, rijzend uit sigare-as.

477

Maar 's avonds is de hoofdzuster gekomen,
Nadat de gasten waren weggegaan,
En heeft al die cadeautjes weggenomen,
Waarvan 't gebruik hem niet was toegestaan:
Tabak en zoetigheid, zelfs 't vest met mouwen,
Daar wol nog wel eens irriteren wou.
Alleen het paar pantoffels mocht hij houên.
Toch jammer, dat hij nooit meer lopen zou.

ROB CHRISPIJN
Jacob Olle 1969

Jacob Olle die reed tachtig
En het stoplicht sprong op rood
Het ligt nog vers in het geheugen
Want hij is pas één dag dood
Veertien regels, bladzij zeven
Vond ik in het ochtendblad
Maar de tijd heelt alle wonden
Men vergeet, men vergat
Via de Karel Doormankade
Langs het standbeeld van Calvijn
Over de Pieter Mauritssingel
Naar het Wilhelminaplein
Grote woorden
Grote namen
Olle's naam was niet zo groot
Toch is er een overeenkomst
Want hij is nu net zo dood

Vroeger vocht hij voor de vrede
In een ver en vochtig land
Schoot hij dertig man aan stukken
En stak daarna het dorp in brand
Hiervoor kreeg hij toen het grootkruis
In de Nederlandse leeuw
Maar soms werd hij 's nachts weer wakker
Met een kreet, met een schreeuw
Over de Gouverneur van Heutzlaan
Langs het standbeeld van Colijn

Rijdt hij naar z'n laatste rustplaats
Aan het Keizer Karelplein
Grote woorden, grote namen,
Olle's naam was niet zo groot
Maar misschien komt hij ze tegen
Want hij is nu net zo dood

Aan het graf wat mooie woorden
En met een soldaat op wacht
Troost het vaderland een moeder
Die een held ter wereld bracht
Vrolijk lachend voor de foto
Met z'n blonde bibophaar
Staat hij in een zilveren lijst
Twintig jaar op het dressoir
Jacob Olle, wij beloven
Dat jouw naam blijft voortbestaan
Nee, we zullen nooit vergeten
Wat je voor ons hebt gedaan

Er is een pad naar hem genoemd
Want een straat kon er niet af
Onkruid groeit er, duinroos bloeit er,
't Ligt een stuk buiten de stad
Weinig mensen kom je tegen, op het Jacob Ollepad
Zelfs een hond keert halverwege weer terug,
Het loopt dood

JULES DE CORTE
De poort   1970

Ik heb een half uur bij de poort gekeken
Die aan het eind ligt van het laatste pad
Er ging een man doorheen die kanker had
Naast een oud vrouwtje aan de tijd bezweken
Wat hongerlijders uit een hongerland
Wat slachtoffers geveld in het snelverkeer
En tien soldaten, vijf aan elke kant
Met elk in het lijf een brokje lood van eer

Ik zag een man die net nog op kantoor zat
Hij kreeg een teken en hij had te gaan
Een dronken lor die nauwelijks nog kon staan
Een huisvrouw die haar keukenschort nog voor had
Wat oproerkraaiers uit een oproerland
Een kerkeling die in zijn bijbel las
En in Vietnam tien kindertjes verbrand
Omdat het die dag napalm-zondag was

Ik heb een half uur bij de poort gekeken
Die aan het eind ligt van het laatste pad
Ik heb geen troon gezien waar God op zat
Noch engelen de bazuinen horen steken
Maar wel vloog er een witte duif voorbij
Met in haar bek een takje levensgroen
Dat God ons in het uur genadig zij
Als wij de laatste kruisgang moeten doen

RAMSES SHAFFY
Maurits 1970

Het huis ligt verscholen achter gras
In de sloot speelt het eendje Maurits
Als je 'Maurits' roept dan hoort ie je
En waggelt ie met wiggelende biggelende
Vriendjes naar je toe

In de tuin spelen kinderen met afgevallen peren
En het jonge hondje banjert door de modder heen en weer
En Marina kookt het eten op het hout
En Chiem is de man die van haar houdt

DRS. P
Veerpont 1973

Wij zijn hier aan de oever van een machtige rivier
De andere oever is daarginds, en deze hier is hier
De oever waar we niet zijn noemen wij de overkant
Die wordt dan deze kant zodra we daar zijn aangeland

En dit heet dan de overkant, onthoudt u dat dus goed
Want dat is van belang voor als u oversteken moet
Dat zou nog best eens kunnen, want er is hier veel verkeer
En daarom vaar ik steeds maar vice versa heen en weer

    Heen en weer
    Heen en weer
    Heen en weer
    Heen en weer

Ik breng de mensen heen, ik breng weer anderen terug
Mijn pont is als het ware ongeveer een soort van brug
En als de pont zo lang was als de breedte van de stroom
Dan kon hij blijven liggen, zei me laatst een econoom
Maar dat zou dan weer lastig zijn voor het rivierverkeer
Zodoende is de pont dus kort en gaat hij heen en weer
Dan vaart hij uit, dan legt hij aan, dan steekt hij weer van wal
En ondertussen klinkt langs berg en dal mijn hoorngeschal

    Heen en weer
    Heen en weer
    Heen en weer
    Heen en weer

En als de pont dan weer zijn weg zoekt door het ruime sop
Dan komen er werktuigelijk gedachten bij me op
Zo denk ik dikwijls over het geheim van het bestaan
En dat ik op de wereld ben om heen en weer te gaan
Wij zien hier voor ons oog een onverbiddelijke wet
Want als ik niet de veerman was, dan was een ander het
En zulke overdenksels heb ik nu de hele dag
Soms met een zucht van weemoed, dan weer met een holle lach

    Heen en weer
    Heen en weer
    Heen en weer
    Heen en weer

ROB CHRISPIJN
Kletsnatte clowns 1974

Er lopen kletsnatte clowns
In een optocht
Maar de mensen langs de kant
Dragen veel betere maskers
Tegen weer en wind bestand
Zelfs de vrouw van de bakker
Verbergt haar blauwe plekken
Het leed gaat keurig aangekleed over straat
En in de tram
En ondertussen valt de regen
En kinderen soppen hun kaplaarzen
Lekker in iedere plas
En moeders die klagen
En vegen hun kinderen schoon aan het gras

Men collecteert voor de oorlogsbestrijding
De straten zijn versierd
Heren weten dat geld gaat rollen
Zodra men de teugels viert
In het park staat een standbeeld
Van een dief uit zestienhonderd
Het loon van stelen in het groot
Iedereen kijkt opeens omhoog
Honden vluchten
De lucht betrekt en lijkt van lood
Moeders proberen te schuilen
De hemel huilt van geluk
Dat lucht op; het weerlicht
God maakt een foto
Van een stad onder druk

Dertig manieren om borsten te verpakken
Rubber en seks in blik
Winkels vol rose suikerbeesten
Mensen maken zich dik
Uit de muur haalt een man
Een bal met gele kledder
En stopt hem haastig in zijn mond

Spreeuwen controleren wat ie weggooit
Het eten ligt hier op de grond
De straten glimmen als zilveren spiegels
De stad is een kuil
Waar auto's verdrinken in stinkende plassen
Vol olie en vuil

IVO DE WIJS
Vlotte jongelui 1974

Vouw je lichaam maar in drieën, leg je benen in de knoop
Hang je jas over je knieën: je zit in de bioskoop
Het programma zal beginnen met reklame en jawel
Van die prikkels voor de zinnen via een of ander stel
Dat in zwemslip en bikini ligt te dollen op het strand
Met een heerlijk glas martini in de bruingebrande hand
Dat met vrienden en vriendinnen – echt zo'n jonge frisse club
Ligt te draaien en te spinnen rond een grote fles met up
Dat aan iedereen laat weten door zijn opgewekte trui
En zijn opgewekte kreten:
    Wij zijn vlotte jongelui

Kijk daar gaan ze met zijn beiden zo romantisch op de fiets
Door de grote stille heide onderweg naar iets of niets
Kijk ze dorrepjes ontdekken, kijk ze woelen in een schaap
Kijk hem haar eens teder wekken na een korte, diepe slaap
En nu rijden ze het meer rond en ze lachen alle twee
Want die schipper op de veerpont lijkt op doctorandus pee
Dan die koele zachte regen, kapuchons omhoog gezet
Ha, daar kunnen ze wel tegen, nu een milde sigaret
Nee, de ban wordt niet gebroken door zo'n onverwachte bui
Ze staan opgewekt te roken:
    Echte vlotte jongelui

En ze skiën en ze sleeën en ze plonzen in de plas
En ze zeilen op de zeeën en ze rollen door het gras
En ze dansen en ze springen, nou ze kunnen het – en hoe
Hoor ze leuke liedjes zingen bij zo'n hippe barbecue
Al die rappe meisjesbenen, iedereen doet lustig mee
De interne hygiëne is in handen van o.b.

Nee, ze laten zich niet kennen, ze zijn jong en bij de tijd
Kijk ze langs de grachten rennen volgetankt met vrolijkheid
Gauw een damesblaadje kopen bij de AKO op het Spui
En de wereld gaat weer open:
　　Wat een vlotte rijkelui

Met je jas over je knieën hoor je keer op keer op keer
De herkenningsmelodieën van de frisdrank en de teer
En je ziet die jonge lijven op een paard of een kameel
Eeuwig in de stemming blijven voor een trekje weetikveel
Voor een hapje licht en lekker, voor een slokje doe maar vol
Met gemeutel en gemekker met gedartel en gedol
Ach, laat nu de film beginnen, nee het geeft niet wat het is:
Cowboys killers koninginnen, toekomst of geschiedenis
Het mag trager dan een slak zijn, flauwer dan een Kamper ui
Maar niet voor cola of tabak zijn
　　En zonder vlotte jongelui

CEES RUTGERS
Een dagje Zandvoort 1977

　　Er zit een Turk in de trein
　　Naar Zandvoort aan de zee
　　Tegenover hem een meisje
　　Reist uitdagend met hem mee
　　Aan haar make-up is wel te zien
　　Dat zij de mannen graag behaagt
　　Met haar super sexy kleding
　　Het is alsof ze erom vraagt

　　De overvloed aan vrouwenvlees
　　Puilt uit haar krappe jurk
　　Zo prikkelt zij de mannen
　　En zo prikkelt zij de Turk

　　Er zit een Turk in de trein
　　Die zich tot nu toe goed gedraagt
　　Tegenover het meisje
　　Dat de mannen graag behaagt

Maar als hij vraagt of zij wil roken
Zegt ze zenuwachtig nee
Ze pakt haar tas, staat op en wandelt
Naar een andere coupé

Er zit een Turk in de trein
Er stapt een Turk uit de trein
Er loopt een Turk op het perron
Er komt een Turk uit het station
Daar loopt een Turk over het naaktstrand

Er loopt een Turk over het naaktstrand
In de zon en hij geniet
Maar als wij kijken of-ie kijkt
Dan doet-ie net of-ie niks ziet
Hij heeft zijn ogen goed verborgen
Achter zonnebrilleglas '
En hij houdt al zijn kleren aan
Zijn broek, zijn hemd, zijn jas

En schoenen naar de jaren zestig
Zoals mijn vader vroeger droeg
Een Turk hoeft niet bruin te worden
Turken zijn al bruin genoeg

Er loopt een Turk over het naaktstrand
Van Zandvoort aan de zee
Hij koopt voor zestig cent een ijsje
En kijkt in zijn port'monnee
Daar zit een foto van zijn vrouw
En hij denkt eventjes aan haar
Aan haar gezicht vol diepe rimpels
Ze is pas tweeënveertig jaar

Een ouwe vrouw in zwarte lappen
Die nu de was doet aan de bron
Hij ziet een strand vol blote wijven
In de Nederlandse zon

Er loopt een Turk over het naaktstrand
't Heeft nu lang genoeg geduurd

Ga naar huis toe gore smeerlap
Ben je nog niet uitgegluurd

En met zijn handen in de zakken
Van zijn grijze pantalon
Loopt-ie quasi-onverschillig
Weer terug naar het station

Er loopt een Turk op het perron
Er stapt een Turk in de trein
Er zit een Turk in de trein

Er zit een Turk in de trein
Uit Zandvoort aan de zee
Tegenover hem een meisje
Reist uitdagend met hem mee

HANS DORRESTIJN
De kerkhofganger 1979

Wat ritselt op de Achterweg
De Dalmse Steeg voorbij?
Er glipt een schaduw langs de heg
Onder de bomenrij.
De wind kreunt in de oude eiken,
Hij kan geen hand voor ogen kijken,
Maar de maan breekt door het wolkendek
En hij klimt over de muur, de gek.

   Het kerkhof, het kerkhof,
   Het kerkhof bij nacht.
   Het kerkhof, het kerkhof,
   Het kerkhof bij nacht.

Bij een vers gedolven graf
Werpt hij zijn mantel af.
Hij stoort een dode in haar rust
Want zie, hij bukt en bukt en kust.
Bij de maan haar schaarse licht
Kust hij haar marmerbleek gezicht.

Dan scheurt hij zijn hemd van 't lijf,
Bespringt de dode koud en stijf.

Het kerkhof, het kerkhof,
Het kerkhof bij nacht.
Het kerkhof, het kerkhof,
Het kerkhof bij nacht.

Hij rukt de kleding van de vrouw,
Huiverend van genot en kou.
Levende vrouwen zijn hem te heet,
Te willig met hun lucht van zweet.
Bij het kreunen van de eiken
Schendt hij nog een drietal lijken.
Daar krast de raaf, daar roept de uil,
Hij opent nog een verse kuil.

Het kerkhof, het kerkhof,
Het kerkhof bij nacht.
Het kerkhof, het kerkhof,
Het kerkhof bij nacht.

Van vrouwenlijken met lang haar
Breekt hij de benen van elkaar.
We zien een dode, half vergaan,
Maar daar trekt hij zich niets van aan.
Haar borsten zijn al weg aan 't rotten,
Kaal haar schedel, broos haar botten.
Eindelijk komt hij hijgend af
En kruipt bevredigd uit het graf.

Het kerkhof, het kerkhof,
Het kerkhof bij nacht.
Het kerkhof, het kerkhof,
Het kerkhof bij nacht.

Voor hij huiswaarts zal gaan keren
Klopt hij de maden uit zijn kleren.
En na het horen van dit lied
Is een pedofiel zo erg nog niet.

FLIP BROEKMAN
Niets is meer waar　1979

De hemel staat in lichterlaaie
Het knalt en knettert om ons heen
Kinderen hou oma's hand vast
We moeten snel naar tante Leen
Tante Leen heeft chocolade
Dat is de laatste tijd heel duur
Maar dan moeten we wel snel zijn!
Want 't smelt met al dat vuur
Nee papa is niet doodgeschoten
Mama is ook niet verkracht
Dat hebben jullie liggen dromen
't Was ook zo benauwd vannacht
Kijk toch uit! Dat zijn granaten
Nee niet huilen het is niets
Maar straks zit je weer vol met modder
Wordt tante Leen d'r bankstel vies
Daar hangt niemand in de boom nee
Praat niet zo, het is niet waar
Let nou op waar jullie lopen
Anders plof je zelf uit mekaar
Oma heeft een beetje pijn nu
Kinderen gaan jullie snel
Geef oma nog een heel klein kusje
Omaatje komt later wel
Kinderen sta niet zo te kijken
Er is echt niets, eerlijk waar
Jullie moeten me geloven
Momenteel is niets meer waar

JOOST NUISSL
Strangers in the dark　1979

Er rent een dame in een trainingspak
Om de zandbank in het park
Een zonderling staat op het ruiterpad
De film heet: *Strangers in the dark*
En uit de huizen rond het park

488

Verdwijnt ook inderdaad het licht
De mensen uit de parkbuurt
Doen lampen uit gordijnen dicht
En kijk de dame in het trainingspak
Rent nog een rondje volle kracht
De zonderling duikt dieper in z'n jas
Rolt zware shag terwijl hij wacht

De regisseur roept in een vreemde taal
Wat is dit mooi – dit is het helemaal
Dit is een beeld dat raak je nooit meer kwijt
Maar is het film of is het werkelijkheid?

De zonderling loopt langs het ruiterpad
Hij wil niet naar z'n hospita
Dat lege huis heeft negen kamertjes
En stinkt naar warme chocola
De dame in het trainingspak
Verliet eergisteren haar gezin
Ze kon er niet meer tegenop
En holt nu naar een nieuw begin
Vlak langs de zandbak loopt het ruiterpad
En daar ontmoeten zij elkaar
De zonderling opent zijn regenjas
Z'n volle glorie toont hij haar

De regisseur roept in een vreemde taal
Wat is dit mooi – dit is het helemaal
Dit is een beeld dat raak je nooit meer kwijt
Maar is het film of is het werkelijkheid?

Een trainingspak loopt naast een regenjas
Ze blijven bij een tuinhek staan
En met de mouwen in elkaar gehaakt
Kijken ze binnen door een raam
Ze zien een man een vrouw alleen
En ook een spelende teevee
Daar knalt een ruzie overheen
Je hoort ze krijsen alle twee
De vrouw loopt razend naar haar echtgenoot
En slaat hem stevig op z'n bek

Dan valt ze stil en zegt: O lieveling
Er staan twee gekken bij het hek

De regisseur roept in een vreemde taal
Het lijkt verdomme wel een kerstverhaal
Dit is een beeld dat raak je nooit meer kwijt
Maar is het film of is het werkelijkheid?

FRANS HALSEMA EN GUUS VLEUGEL
Vrouwencafé 1981

In het vrouwencafé zit je prima als vrouw
Want het bier is er best en de rook is er blauw
In het vrouwencafé wordt geboomd aan de tap
En geen woord over kroten of havermoutpap

In het vrouwencafé wordt gebrast en gelald
Worden moppen getapt, worden vuisten gebald
Al zit er ook altijd een dwarsige meid
Die demonstratief aan een jumpertje breit

In het vrouwencafé danst dat volk lijf aan lijf
En er zit voor het eerst een vrouw aan je wijf
Het hart op z'n plaats en al lachend de mond
Een hand op een tiet en een hand op een kont

In het vrouwencafé voelt geen mens zich bekocht
Want daar soppen de dijen in 't hitsige vocht
Daar zwabberen de borsten, niet langer bekneld
Daar is Anja de god, daar is Anja de belt...

In het vrouwencafé, bij het raam op de grond
Daar hurkt de praatgroep van Pijkel in 't rond
Daar gaan de verhalen van 't grimmige lot
Dat vrouwen een prooi maakt van mannengenot

De mijne, klaagt iemand, die vent is zo leip
Die ligt maar te zaniken of ik hem pijp
Nou, doe het vanavond, zegt Pijkel kortaf
En bijt dan die smeerlap zijn eikel eraf!

In het vrouwencafé staat een wrakkige plee
Daar doet een jong vrouwtje d'r broek naar benee
En leest op de muur met een kreet van plezier:
'Ageeth, lik me reet' en 'd'Ancona was hier'

En de rockmuziek klinkt er zo hard, zo keihard
De vriendschap is heet en de haat is er zwart
De lach is er gul en de drank niet te duur
En ik ben de lul en de druiven zijn zuur…

In het vrouwencafé!
In het vrouwencafé!
In het vrouwencafé!

JACK GADELLAA
Nicaragua 1981

Het bloed van Gonzalo Hernandez
Liep vrijdag gewoon in de goot
Zijn misdaad: Gonzalo had honger
Zijn straf van de garde: de dood

De naam van het land: Nicaragua
De naam van de stad: León
De tijd: kwart voor een in de middag
De naam van de straat: el Callegón

Ze waren de trots van de Barrio
Hun enig bezit was hun jeugd
Hun kracht was de kracht om te sjouwen
Hun fierheid hun enige deugd

Porfirio Altamirano
Stond vrijdag gewoon in de deur
Ze schoten hem bijna in tweeën
Met kogels uit 'n mitrailleur

De moeder van Victor Pineda
Zag niet dat haar zoon werd gewond
Ze lag op bevel van de garde
Omlaag, het gezicht op de grond

Een moord is een simpel karweitje
Om één uur was alles voorbij
Het aantal vermoord: eenentwintig
Hun leeftijd: daar om en nabij

Een garde-soldaat op een tractor
Een rat, een burgerlijk zwijn
Die schoof ze als vuilnis een gat in
Somoza kan trots op 'm zijn

Ze hadden zo weinig te geven
Hun leven, da's al, kameraad
't Is moeilijk om zomaar te sterven
Op vrijdag, des middags, op straat

Flavio Paiz Barrers
Clemente Paiz Barrers
Julio Paiz Barrers
Gonzalo Hernandez
Carlos Hernandez
Hilario Martinez Ramirez
Luis Alberto Ramirez
Pedro Vilchez Poveda
Salvador Vilchez Poveda
Gonzalo Luna Ruiz
Ernesto Luna Ruiz
Miguel Centeno
Pedro Vargas Alvarez
Julio Lemaza Alvarez
Porfirio Paiz Altamirano
Victor Torres Pineda
Pedro Pérez Padilla

JAN-SIMON MINKEMA
Honderd piek en je mag   1982

Herman kwam zo van 't platteland
Centraal-Station
Meteen z'n eerste klant
Hij woont nu al jaren in de stad

Hij heeft ze allemaal gehad
Hij zegt: 'Dag schat
Honderd piek en je mag schat
Honderd piek en je mag'

Blonde Karel weet heel goed van wanten
Op de pisbak heeft ie vaste klanten
Maar hij neemt niet alles in de mond
Alleen gewassen en gezond
Hij zegt: 'Dag schat
Honderd piek en je mag schat
Honderd piek en je mag'

Willem-Jan zegt wel eens dat ie baalt
Maar hij gaat mee
Als je maar goed betaalt
En geef je meer dan hij verwacht
Dan blijft ie soms de hele nacht
Dan vraagt ie zacht: 'Schat
Zal ik blijven vannacht, schat
Zal ik blijven vannacht?'

Johnny-boy is blond en zeventien
Een jonge god
Hij lijkt wat op James Dean
Hij rijdt in grote auto's rond
In spijkerjack en leren kont
Zegt ie: 'Dag schat
Honderd piek en je mag schat
Honderd piek en je mag'

Robbert is getrouwd en woont in Oss
Maar in 't weekend
gaan de remmen los
Dan komt ie naar de grote stad
Dan drinkt ie veel en zoekt 'n schat
Die zegt: 'Dag schat
Honderd piek en je mag schat
Honderd piek en je mag schat
Wil jij blijven vannacht, schat?
Honderd piek en je mag.'

Zou dat nou

NEGENENTWINTIG LOOPJES
MET DE WERKELIJKHEID

WIM KAN
Met me vlaggetje, me hoedje en me toeter   1966

Wanneer je in de kranten leest
't Is op Soestdijk weer druk geweest,
Men schat de massa op een kwart miljoen,
Denkt u dan nooit: Wie zijn dat nou?
Wie gaan daar staan vóór dag en dauw?
Wie krijg je nou zo gek om dat te doen?
Dan moet ik eerlijk zeggen tot mijn schrik:
Ik! ik! ik!

   Ik vertolk, ik vertolk
   De gevoelens van het volk
   Met m'n vlaggetje, m'n hoedje en m'n toeter
   Ik sta uren te verlangen
   Om een glimp op te vangen
   Met m'n vlaggetje, m'n hoedje en m'n toeter
   Oranje boven! Oranje boven!
   Leve de koningin...

Al regent het ook dat het giet,
Ik zing spontaan het volkslied,
Het hartverwarmend welkom, dat ben ikke!
Al rijdt de stoet bij beestenweer,
Voor mij moeten de kappen neer:
De koningin wordt net zo nat als ikke.
Geregeld raak ik in het gedrang gewond,
Dat geeft het feest zo'n diepe achtergrond

   Ik vertolk, ik vertolk
   De gevoelens van het volk
   Met m'n vlaggetje, m'n hoedje en m'n toeter
   Ik sta te juichen als een gek
   Achter een gesloten hek
   Met m'n vlaggetje, m'n hoedje en m'n toeter
   Oranje boven! Oranje boven!
   Leve de koningin...

U ziet me langs de wegen staan
Waarlangs de gouwen koets zal gaan

'k Was bijna met Ireentje mee naar Rome!
Maar hogerhand zei: 'Doe het niet!'
Maar straks, met Pieter en Margriet,
Dan mogen wij opeens weer volop komen...
Want o, ze hebben ons zo stevig vast
Met één woord haal ik m'n jurkie uit de kast

    Ik vertolk, ik vertolk
    De gevoelens van het volk
    Met m'n vlaggetje, m'n hoedje en m'n toeter
    Gaan tot slot de hekken open,
    Word ik onder de voet gelopen
    Met m'n vlaggetje, m'n hoedje en m'n toeter!
    Oranje boven! Oranje boven!
    Leve de koningin...

Zo hou ik door de eeuwen heen
De vorstenhuizen op de been,
Hoofdzakelijk door juichen en betuigen
Ze mogen ons wel dankbaar zijn:
Hoe zou er ooit een koning zijn,
Als ik zou zeggen:
Ik blijf vandaag maar leggen...
Een koning zonder volk, dat wil geen mens,
Dat is een Beatle zonder fans

    Ik vertolk, ik vertolk
    De gevoelens van het volk
    Met m'n vlaggetje, m'n hoedje en m'n toeter
    Ik heb de hele monarchie
    In m'n handen met die drie,
    Met m'n vlaggetje, m'n hoedje en m'n toeter
    Oranje boven! Oranje boven!
    Leve de koningin!
    Weg met de socialen! Weg met Vondeling!
    Oranje boven! Oranje boven!

FRISO WIEGERSMA
Moeder 1967

Een moeder is altijd een weelde
Maar de mijne is buitengewoon
Zij heeft me gemaakt en ze zegt ook
Een parel ben jij aan mijn kroon.
Die lieverd ze stond er alleen voor
Mijn vader die ging ervandoor
Toen ik nog heel klein was maar later
Gaf ma haar verklaring daarvoor.
Nooit zal ik die avond vergeten
Haarfijn heeft ze me uitgelegd
Wat vader precies van haar wilde
Hoe dierlijk dat was en hoe slecht
Ze zei: 'Jongen dat seksuele gedoe is zo vunzig
Geen vrouw weet dat beter dan ik
Laat mammie je daarvoor bewaren'
O 't was een gewijd ogenblik
Met het licht op haar beeldige kapsel
Ik voelde me bijna devoot
Iets zei mij: zij zal je geleiden
En ik legde mijn hoofd in haar schoot.

    Daarom blijf ik altijd bij moeder
    Bij moeder die edele schat
    Ik zou nooit zijn geweest wat ik nu ben
    Als ik moedertje niet had gehad.

De jongens op school waren vreeslijk
Zo wild maar mijn moeder die zei:
'Zo gauw het kan lieve jongen dan
Kom jij in de parfumeriezaak bij mij.'
Een goeie vriend van d'r, een dokter,
Heeft me toen voor de dienst afgekeurd
O, als ik denk aan die ruwe soldaten
Wat er toen met me kon zijn gebeurd.
Toen het oorlog werd zei ma, die slimmerd:
'Jongen, met jou neem ik geen enkel risico'
En mijn moeder maakte voor mij een stel jurken
Heel simpel en keurig en o, we leken wel zusters

En één keer riep een beeldige Duitse officier
Liebling tegen mij hè dat was geestig
Wat hebben we samen gegierd.
Vaak als we zo stil bij elkaar zijn
Zegt ze nog: 'Jongen, wat was je elegant'
Dan geef ik die lieverd een pakkerd
En we zitten heel lang hand in hand.

Daarom blijf ik altijd bij moeder
Die lieve begrijpende schat
Ik zou nooit zijn geweest wat ik nu ben
Als ik moedertje niet had gehad.

Mijn moeder is reuze godsdienstig
Voor vrinden komt er eens in de twee weken
Een heer van oosterse wijsheid vertellen
En dan maak ik met wierook wat sfeer.
Laatst ook nog toen bracht er iemand
Een keurig mevrouwtje, een weduwe mee naar ons huis
Sindsdien liep ze vaak even aan hè,
Vorige week ook nog, mama was niet thuis.
Ze lachte zo vreemd, en toen toen greep ze
Me plotseling beet, maar ik zei:
'Hè dat vindt ma vast niet leuk hoor'
'Hou nou es op met je moeder,' zei zij.
Toen zei ik: 'Heb jij iets tegen mijn moeder.'
Toen zei ze: 'Je moeder nee zeg
Ze moesten haar enkel verzuipen, da's alles'
En toen liep ze weg.
Sindsdien heb ik akelige dromen
Ik ben reuze nerveus, moeder vindt:
'Je moet voortaan maar niemand meer zien schat
Ik moet zuinig op jou zijn hoor kind.'

Daarom zie ik enkel nog moeder
Die lieve opofferende schat
Ik zou nooit zijn geweest wat ik nu ben
Als ik moedertje niet had gehad.

TONY VAN VERRE
Ik heb jouw hand in de mijne 1967

'k Heb jouw hand in de mijne, Madeleine,
Je hand in de mijne, Madelon

Ik drink een kopje thee,
Ik kijk naar de teevee,
Er wordt een vrouw vermoord
Met een zwart zijden koord
't Kan mij niet schelen, want
Ik heb jouw kleine hand
Vast in de mijne, Madeleine...

De moordenaar steekt weer
Een ouwe dame neer
Het is een psychopaat
Die ouwe dames haat
't Is reuze zielig, hoor
't Komt door zijn moeder, die,
Ze ging, hij was toen drie,
Er met zijn oom vandoor

'k Heb jouw hand in de mijne, Madeleine,
Je hand in de mijne, Madelon

Het wordt me haast te veel,
Ik krijg een droge keel
Het gaat door merg en been:
Daar gaat er weer al een
Mij kan 't niet schelen, want
Ik heb jouw kleine hand
Vast in de mijne, Madeleine...

Daar is de vierde, kijk,
Dat wordt het vierde lijk
Da's voor vandaag genoeg,
Nou gaat ie naar de kroeg
Want achteraf altijd
Dan barst ie van de spijt,
Maar morgen na kantoor
Gaat ie weer vrolijk door...

'k Heb jouw hand in de mijne, Madeleine,
Je hand in de mijne, Madelon

Het is een arme man
Die het niet helpen kan,
Een beetje excentrieke
Vorm van erotiek
Mij kan 't niet schelen, want
Ik heb jouw kleine hand
Vast in de mijne, Madeleine...

O jee, nou gaat het mis,
Hij grijpt een vrouw, die is
Een vrouwelijk' agent
Die jiu-jitsu kent
Hij wordt gearresteerd,
Dat ging geraffineerd
Nou moet ie levenslang
Gaan zitten in 't gevang

'k Heb jouw hand in de mijne, Madeleine,
Je hand in de mijne, Madelon

't Is uit, ik ga naar bed,
Het toestel afgezet
Ik leg je handje vlug
Weer in de ijskast terug
't Spijt me dat jij, Madelon,
Hier niet meer bij zijn kon
Als jij dit had gezien
Begreep je nu misschien
Waarom ik verleden week,
Toen jij niet naar me keek,
De drang niet kon weerstaan
En het toen heb gedaan...

'k Heb jouw hand in de mijne, Madeleine,
Je hand in de mijne, Madelon

GUUS VLEUGEL
De werkelijkheid 1968

Het is haast zover.
Nog even de Ster,
De schijnwereld van de reclame,
En dan is het tijd
Voor de werkelijkheid.
Da's andere koek voor een dame.
Dan ziet ze geen wasgoed, nog witter dan wit,
Dan ziet ze een wereld die zwart is als git,
Een wereld die voos is, wormstekig en rot.
Wacht, even een lepeltje thee in de pot.

Klinkt straks de bekkenslag van het Journaal
Dan zit ik trouw aan de buis.
't Is elke avond een droevig verhaal,
Vol van rumoer en gedruis.
Bittere armoe en bombardementen,
Stakende arbeiders, boze studenten,
Brandende dorpen en brandende steden...
O wat een hel is de wereld van heden!
Maar mijn man en ik, wij zeggen altijd:
Je mag je ogen niet sluiten voor de werkelijkheid.

En toch, in 't begin
Was 'k echt geen heldin.
Te meer daar ik zwak van gestel ben,
En niet veel verdraag
Met 't oog op mijn maag,
Zodat ik vrij spoedig onwel ben.
Hoe dikwijls heb ik niet de boel schoongemaakt
Omdat ik weer op het tapijt had gebraakt...
Maar toch bleef ik kijken, naar rampspoed en nood,
Al nam ik ook later een emmer op schoot.

Soms als ik, bleek en verkild tot het bot,
Achter het Nieuws gadesloeg,
Werd ik wanhopig, en bad ik tot God,
Aan wie ik nederig vroeg:
Here, aanschouw mijn benarde positie.

Strakjes brengt Brandpunt een extra editie.
Kunt U vanavond, bij wijze van spreken,
Frits van der Poel niet een been laten breken?
Maar daadlijk daarna had ik alweer spijt.
Je mag je ogen niet sluiten voor de werkelijkheid.

't Was vreeslijk, die tijd.
Maar 'k ben het nu kwijt,
Omdat je aan alles gaat wennen.
En wat er geschiedt,
Geschokt ben ik niet.
Ik laat me niet langer meer kennen.
Ik drink van mijn thee, en geniet van mijn sprits,
Ik kan tegen Herman, ik kan tegen Frits,
En Televizier, en ook Hier en Nu.
Ik vind niets te erg en ik vind niets te cru.

Keiharde beelden van 't Negerprobleem
Brengen mij niet in de knel.
Zie ik een baby met hongeroedeem,
Dan zeg ik enkel: 'Wel wel.'
En ik zeg: 'Lodewijk, moet je es kijken.
Zie je die linker daar van die twee lijken?
Die draagt warempel jouw zondagse sokken.'
't Gas kan nu uit, want de thee is getrokken.
Het is ook hoog tijd. Vooruit met de geit.
Je mag je ogen niet sluiten voor de werkelijkheid.

JAAP VAN DE MERWE
Party conversatie   1969

'Kijk, het gaat…'
(Sprak de rechter tot de diplomaat)
'…in het kort…'
(En hij nam van 't blad zijn zesde port)
'…volgens mij…'
(En hij pikte er een zoutje bij)
'…weliswaar…'
(En hij greep een verse feestsigaar)
'…bij de mens…'

(En zijn lippen sabbelden intens)
'...om 't bestaan...'
(En de butler gaf een vuurtje aan)
'Maar de jeugd...'
(En zijn schedel glansde vroom van deugd)
'...ziet niet in...'
(En het speeksel drupte van zijn kin)
'...dat het bed...'
(En hij morste mosterd op 't parket)
'...allereerst...'
(En hij boerde luchtig doch beheerst)
'...en vooral...'
(En hij likte aan een bitterbal)
'...dient voor slááp!'
(En hij onderdrukte snel een gaap)

    Naast hem lachte dromerig zijn vrouw.
    Die had allang
    Een hele andere opinie
    En ging zelf haar gang.

'Principieel...'
(Zei 't premiertje tot d'industrieel)
'...steunt de staat...'
(En hij ridderde deez' geldmagnaat)
'...'t grootbedrijf...'
(En hij boog devoot zijn minilijf)
'...want dat helpt...'
(Van sociaal gevoel thans overstelpt)
'...Jan Boezeroen...'
(En hij kuste de big shot zijn schoen)
'...eiglijk óók!'
(En ter plaatse ging hij op in rook)

    Naast hem lachte dromerig de kleine *ex*-premier.
    Die was al jaren
    Commissaris,
    Oók bij die NV.

''k Zeg u dit...'
('t Linkse tot het rechtse Kamerlid)

''k Haat de rel...'
(Zijn emotie gaf hem kippevel)
''t Wordt te gék!'
(En de haren rezen in zijn nek)
''t Heil van 't land...'
(En zijn pik schoot in de stijve stand)
'...eist een tijd...'
(En hij moest opeens een windje kwijt)
'...streng gezag!'
(En zij groetten samen vroom de vlag)

Naast hem lachte dromerig
De kloeke kolonel:
Van hún geen last.
Straks bij de staatsgreep...
Helemaal vrij spel!

ELI ASSER
Bijlmermeer 1969

Waar nog de wind het stof verstuift
Over het kale land.
Waar nou de bulldozer nog schuift
Door een woestijn van zand.

Daar zal straks, stoer en nieuwerwets
Een trotse wijk verrijzen.
Met grote, grijze torenflats.
Nog mooier dan paleizen.

En ik kijk uit mijn vensterraam
Op het gewemel neer.
Met op mijn lippen deze naam:
Bijlmermeer... Bijlmermeer.

Elk plekje daar heeft in mijn hart
Al een vertrouwde klank.
Die sloot daar wordt een supermarkt,
Die plas de Amro-bank!

Dat gat wordt een parkeerterrein.
Die kreek een Vroom en Dreesmánn.
In deze struik komt Albert Heijn,
We maken d'r een feest van!

Dat neonlicht, ik zie het al.
Die baaierd van verkeer.
Ik voel, da'k van je houen zal,
Bijlmermeer... Bijlmermeer...

Die troosteloze woestenij,
Wordt een betonnen wijk,
Met duizend huizen op een rij,
En allemaal gelijk!

Hier komen de teevees te staan,
En daar de kamerplanten.
En hier de warmwaterkraan,
En daar de ledikanten!

Het hele blok is ingedeeld
In één volmaakte sfeer
O, wat een heerlijk toekomstbeeld,
Bijlmermeer... Bijlmermeer!

GEORGE GROOT EN JACQUES KLÖTERS
De K 1969

JACQUES
Kouwe voeten kun je krijgen, eksterogen heb je al
Druipers moet je niet verzwijgen, want dat kost je gauw een bal
Nagelbijten is niet best hoor, pas op voor een darmkoliek
Laat de breipen uit je oor, denk toch aan je akoestiek
Puistje is nu nog goedaardig, pus en etter komt nog wel
Mond- en klauwzeer is slagvaardig, lintworm heet je metgezel
Geef een vleesboom weinig water, dat verhoogt je levenskansen
Dat zeg ik u, Mozes Jansen van de Eerste Nederlandse

ANKE
Kouwe voeten, warme sokken, druiper pas na heel veel lol

Prikken tegen pest en pokken, eksterogen, dokter Scholl
Rotte kiezen, gouden kronen, lintworm eet een hapje mee
Smeer wat rouge op je konen, onzichtbaar is je tbc

GEORGE
Maar wat is dat bultje hiero, voelt nog heel onschuldig aan
Haal uw geld maar van de giro, want het is met u gedaan
'k Zal nu even eerlijk wezen, stootje hebben kunt u wel
'k Moet echt voor uw leven vrezen, als u maagd bent, wees dan
                snel
Laat u toch vooral bestralen, dat verzet de zinnen weer
Pillen kunt u ook gaan halen, helpen doen ze toch niet meer
Waar ik u wel mee kan dienen is een glaasje formaline
Dat zeg ik u Van der Kwasten, van de DRAAGT ELKANDERS
          KISTEN

ANKE
Hela, niet zo heetgebakerd, opereren, flauwekul
Ik laat mij maar eerst masseren door zo'n knappe negerknul
Men moet toch bij dit soort zaken niet meteen het ergste vrezen
Het kan toch, bij nader inzien wel mijn talenknobbel wezen

JACQUES
Maar in dit tijdsgewricht dame van veranderende waarden
Heeft de huidige ontkerstende mens de sjanker geruild voor de
          kanker

ALLEN
Ja ja ja, nu schrikt u even, want de kanker da's niet mis
Kanker kunt u niet om lachen, kanker is geen kattepis
Ja de kanker als zodanig staat bijzonder slecht bekend
Iedereen die kan het krijgen, ouwe bes en jonge vent
Ja, de kanker is aan leeftijd niet gebonden
En de oorzaak is nog immer niet gevonden
Ja, men zegt je kunt het krijgen van te veel geroosterd brood
En van roken, dat staat vast en uitlaatgassen
Vroeger zei men zelfs dat je het ook
Van masturberen kreeg, van masturberen kreeg
En wat dacht je van 't bespuiten van gewassen
Er is zelfs een dokter die het wil gaan zoeken
In het dragen van te krappe onderbroeken

En als je op je lijf een bultje hebt en je gewicht neemt af
Ga je heus niet naar de dokter, daarvoor ben je dan te laf
Ja, zo brengt de kanker zwijgend vele mensen in het graf
Niemand weet hoe je eraan komt, maar je komt er nooit meer af
Ja de kanker, dat zal iedereen beamen
Is nog steeds een ziekte om je voor te schamen

Nu denkt u wat hebben die jongens een lef
Ze hebben van 't menselijk leed geen besef
Wij maken hier schaamteloos pret en plezier
Want de angst voor de kanker zit ons tot hier!

JULES DE CORTE
Kleine Anita   1970

Nu is kleine Anita nooit meer bang
Niet voor de grote honden van oom Jozef
Niet voor de ogen van de vreemde mensen
En ook niet 's nachts, al is het nog zo donker
En als het stormt vindt ze dat echt niet erg

Kleine Anita is ook nooit meer stout
En lastig met het wassen of het eten
Niet huilerig of plagerig of kattig
Broertje mag voortaan best met alles spelen
Ja, als hij wil zelfs met het poppenhuis

Kleine Anita is ook nooit meer moe
En nooit zal zij meer pijn hoeven te lijden
En zeker niet zo erg meer als die middag
Toen ze haar stervend van de straat opraapten
Wat weer eens oponthoud gaf in het verkeer

SIETO HOVING
Als foto sta ik zo   1971

Als foto sta ik zo
Zo op mijn mans bureau
Al jaren lach ik zo

Naar hem aan zijn bureau
De zaken blijven steeds floreren
Onder mijn glimlach zo charmant
In mijn zo haute-couture kleren
Met parels en met diamant
En dat mijn haute-couture misschien de ander zijn dood is
Dat is, wat van het leven nou eenmaal gênant is
Maar als zijn vrouw sta ik toch lachend aan zijn kant
Al is mijn man ook wapenfabrikant.

Want in de wapenfabrikant blijf ik de man en de vader zien
Die voor zijn vrouw en het gezin steeds zorgzaam 't daaglijks
        brood verdient
En dat dat brood dan hoogst waarschijnlijk een ander zijn dood is
Dat is iets, wat van het leven nou eenmaal zo gênant is
Maar ach, wat wil u nou
Ik ben au fond zijn vrouw
En daarom sta ik zo
Zo op mijn mans bureau
En daarom lach ik zo
Naar hem aan zijn bureau
Hij zit daar druk te confereren
Onder mijn glimlach zo charmant
't Gaat om een nieuw soort snelgeweren
Dat moet geleverd aan een land
En 't is natuurlijk sneu, dat door hun druk confereren
Er sneller straks weer elders mensen creperen
Maar als zijn vrouw sta ik nu eenmaal aan zijn kant
Want hij is mijn man, al is hij wapenfabrikant
En dan, mijn man werkt niet alleen, hij heeft zijn mensen om
        zich heen
Hele knappe koppen, allemaal werkzaam in 't groot- en
        kleinmetaal
En dat de één zijn CAO de ander zijn dood is
Da's iets, wat van de maatschappij wel heel gênant is
Maar 't geeft toch ook een reuze werkgelegenheid
Een vaste baan geeft velen toch een zekerheid
Daarom vraag ik nooit thuis

Gezeten voor de buis:
'Die fragmentatiebom

Was ook jouw werk, hè Tom.'
Waarom zou 'k hem zijn werk vergallen
Zijn arbeidsvreugde, zijn plezier
Zolang dit werk hem blijft bevallen
Lach ik naar hem als foto hier.
En 't is natuurlijk sneu, dat elders and're vrouwen
Niet naar hun man meer lachen, maar om hem rouwen
Maar ook die vrouwen stonden aan hun man zijn kant
Toevallig is mijn man nu wapenfabrikant.

In heel de wereld staan we zo
Wij vrouwen zo op hun bureaus
En lachen zo naar onze man
Die door die lach weer verder kan
O, onverstoorbaar lachend blijven we naar hen kijken
Al gaat die glimlach elders misschien wel over lijken
Want ja, er is veel leed, want ja er is veel rouw.
Maar wat wil u nou, we zijn au fond hun vrouw.

En daarom staan we zo
Als foto's op bureaus
We blijven lachen zo
Naar hen, aan hun bureaus
En onze glimlach blijft hen inspireren
Nee, onze glimlach zakt nooit af
Ze mogen 's werelds welvaart investeren
In 's werelds grootste massagraf
Nee, onze glimlach laten we nooit zakken
Naar onze mannen in hun goed gesneden pakken
Al boren ze een wereld in de grond
Wij zijn hun vrouw nietwaar, en lachen is gezond.

ALAIN TEISTER
Lieve jongen 1971

Lieve jongen, zachte jongen, blonde jongen
Met je artistieke inslag en je lach
Met je feeling voor Von Beethoven en Bach
Toen ik je maandag in de trein naar Gorkum zag
Was het of de Wiener-Sängerknaben zongen

Mooie jongen, goeie jongen, wrede jongen
Met je culturele voorkeur en je smile
Met je mij zo zeer verwante hang naar stijl
Jouw fluwelen ogen zagen mij terwijl
In mijn hart de Wiener-Sängerknaben zongen

    Ik zal je nooit vergeten, zolang ik besta
    Hei-fiedeldei-hei
    Hei-fiedeldei-hei
    Hopla

Gave jongen, slanke jongen, fijne jongen
Met je beige corduroy-pak en je mond
Die zo zalig melancholisch openstond
Toen ik jou in mijn gedachten haast verslond
Was het of de Wiener-Sängerknaben zongen

Tedere jongen, fijne boy, intense jongen
Met je heimwee naar een lang vervlogen tijd
Toen jouw anders zijn niets had van schandelijkheid
Toen ik jou ging vergelijken met een meid
Was het of de Wiener-Sängerknaben zongen

    Ik zal je nooit vergeten zolang ik besta
    Hei-fiedeldei-hei
    Hei-fiedeldei-hei
    Hopla

O, wat hield ik van je, introverte jongen
In de trein naar Gorkum nam ik toen de gok
En ik streelde je en vroeg je om een lok
Maar toen jij zo nuffig aan de noodrem trok
Was dat klerekoor uit Wenen uitgezongen

    Ik zal je nooit vergeten zolang ik besta
    Hei-fiedeldei-hei
    Hei-fiedeldei-hei
    Hopla

WILLEM WILMINK
Kerstliedje 1972

't Is Kersemis! 't Is Kersemis!
De klokken beng'len blij!
Zo menig kerstboom in ons land
Die vreugde brengt en binnenbrand,
't Is Kersemis! Joechei!

't Is Kersemis! 't Is Kersemis!
De klokken beng'len blank!
Wij hebben een rollade thuis
En er zijn blinden op de buis,
't Is Kersemis! Goddank!

't Is Kersemis! 't Is Kersemis!
De klokken beng'len blij!
En wie zich deze nacht verhing,
Die bengelt als het klokgebling,
't Is Kersemis! Joechei!

ANNIE M.G. SCHMIDT
Goddank, er komt weer schaarste 1973

Goddank, er komt weer schaarste,
Er komt weer tekort.
Terug naar de armoe
En het lege bord.

Ah, de poëzie
Van m'n schamele jeugd...
Het vee dat terugging naar de stal,
De peppels langs de vaart.
En aan de bleke kim
Een rij wilde ganzen
Of wat waren het...

'k Zie m'n oude blinde moeder
In d'r blauwgeruite schort
En m'n ouwe dronken vader
Bij de pan met gort.

In de verte werd het varken
Gekeeld door ome Sjoerd.
Balkenbrij,
Aarrepels met zwoerd...

'n Feest,
Kom daar nou es om!

Achttien kinderen gebaard
In de plaggenhut
Waarvan negen zijn verdronken
In de regenput.

Ja, dat was het helemaal!

En nu?
Camembert en patrijs
En likeurbonbons.
Alles trommelgarant
Alles vol met champignons.
Bah!

Stikkend in de zalm
En pâté met malaga
En de diepvries à la crème
En de paprika.
Wij arme misdeelden.
Ik walg van de weelde.
Ik walg van de wijn en de kaasfondue
En ik walg van Wina Born in de *Avenue.*
't Zit me allemaal tot boven in de strot
En ik bid: o God,
Geef me de gruwel met krenten weer
En de sappige worm in me juttepeer
En in plaats van de Berend-Boudewijnkwis
Een preek over hel en verdoemenis.

Goddank er komt weer schaarste,
Er komt weer tekort.
Terug naar de balkenbrij,
Terug naar de gort
Met bessensap.

Aaaach, de poëzie!
Achttien kinderen gebaard
Waarvan negen nog in leven,
Maar de wasketel viel om
En toen waren er nog zeven.

En de winterhanden
Van m'n zieke zuster Aag,
Die 'n miskraam kreeg
Bij de ligusterhaag.
Bij de plaggenhut,
Ja dat was het helemaal!
Een feest, kom daar nou es om!
Torremolinos!
Neckermann!

Wij arme misdeelden.
Ik walg van de weelde.
Geef me de walmende olielamp weer
En de turf en de schapenschurft, o Heer,
En de eerlijke kraamvrouwenkoorts enzovoorts
Enzovoorts enzovoorts enzovoorts.
Geef me de ontbering
En de vliegende tering
En de bijbel als enige tijdpassering.
En kaantjes!

Goddank er komt weer schaarste,
Er komt weer tekort.
Terug naar de armoe en het lege bord.
Weg met de taart en de ruimtevaart.
Weg met de auto en terug naar het paard.
Terug naar de gort.
Want dat was het helemaal!
Terug naar het stempellokaal!

ALEXANDER POLA
Zwitserland 1974

De koeien die loeien
En dragen een bel,

Jodelijododelijodoelo
En de alphoren zingt er
Van Wilhellem Tell
Jodelijodelijodelijo.
En daar in Tell's land wordt – dat staat toch rotsvast –
Al eeuwenlang goed op Tellen gepast...
Ze tellen en tellen.
Geen frank wordt vermorst
Dat zijn Tell's appels... voor de dorst.

Want safe zijn de Zwitserse banken
Trajodelitrajodeli liho.
En safe zijn de Zwitserse franken
Trajodelitrajodeli liho.
Je klimt en je klimt en bereik je de top,
Wat let je, dan zet je, je centen daarop,
Waarvoor ze je ook nog bedanken,
Traddijodelijodelio.

Ze hebben er bergen
En bergen van geld...
Jodelijodeliodelijo.
Van wie al dat geld is
Wordt nimmer verteld,
Jodelijodelijodelijo.
Het bankgeheim geldt voor al 't geld, dat er zit,
Of het nou pikzwárt is of grijs is of wit,
En kapitalist of
Dictator of vorst,
Heeft daar Tell's appels... voor de dorst.

ANNIE M.G. SCHMIDT
Ze hadden gelijk 1975

Ik wou even vertellen
Hoe het kwam.
M'n dochter studeerde
In Amsterdam
In de jaren zestig.
Ze was er nét

Toen het Maagdenhuis
Werd bezet.

Ze was erbij,
En ze deed méé
Met d'r vrind Gertjan van Wijk
En ik was blij
Dat ze het dee,
Want ze hadden zo gelijk.

En toen ik hun daar,
In die nacht,
Een pannetje
Met eten bracht,
Werd ik gebeten
Door een politiehond,
Och ja, dat kwam
Omdat mijn fiets daar stond.
Ik heb er nu geen last meer van,
Alleen sleep ik altijd nog een beetje met dat been.

U weet toch hoe ze waren
Toen...
In de zestiger jaren.
Vastbesloten om de wereld OM te ploegen,
Héél 't systeem moest grondig uit z'n voegen.
We aten macrobiotisch
Want dat moest,
Rijst met zaagsel
Waarvan ik nou nog hoest,
Ik mocht geen vaatmachine,
Dat vervuilt,
Ik mocht geen auto
En ik heb gehuild,
Want ik had vlooien in 't karpet
En ik had mieren in m'n bed,
Maar de spuitbus was taboe
En ik gaf toe,
Want Ankie en haar vrind Gertjan van Wijk,
Ze hadden gelijk
Ze hadden gelijk.

Ik wou naar Kreta
Maar ik durfde niet te gaan.
Ik was bang dat die twee
Me in mekaar zouden slaan.
Ik ging er dus niet heen
Het werd de Veluwe,
Te voet
Met dat been.

D'r mocht niet veel.
Alleen de seks was vrij
Maar dat was nét
IETS te laat voor mij,
Die was voor hen, in het kraakpand op 't Rokin,
Communes waren in.

Ze kregen uitslag
En zweren allebei
En daarom vroeg ik ze een keer
Te eten, want ik zei:
Straks ben je ziek
Van de macro-biotiek.

Ik had canard à l'orange
Op 't menu,
Een eend
Met sinaasappel in de jus,
Maar dat was FOUT,
Want ga maar na:
Het waren sinaasappels
Uit Zuid-Afrika.
En de canard
Ging achter mekaar
In 't vuilnisvat
En dat was dat.

Maar och, als ik het achteraf bekijk:
Ze hadden gelijk
Ze hadden echt gelijk.

Zo vastbesloten om de wereld te veranderen,
Ook al werd het soms wat moeilijk voor de anderen.

En toen ineens
Gebeurde er dit:
Ze gingen trouwen
Zij was in 't wit.
Vlak voor de kerkdienst
Zei Ank:
Moeder
Loop toch niet zo mank.

Gertjan is nu doctorandus
In de economie,
Zondags maait hij het gazon
In hun tuin in Overschie.

D'r is een vaatwasmachine
En de allernieuwste grill
En de spuitbus
Staat nimmer stil.

Ze gaan naar Kreta
In hun Audie,
Want dat woudie
En dat zoudie.

En gisteren zei m'n schoonzoon
– En dat was een hele eer –
We komen bij je eten,
Hè, maak nog es een keer
Canard
à l'Orange voor ons klaar.

Hij stond daar zo op z'n gemak
In z'n donkerblauwe pak,
Maar bij mij was er een snaar
Die brak.

't Was in m'n drift dat ik het deed,
Dat ik 'n dooje botulisme-eend
Bij hun naar binnen smeet
Met nog een sinaasappel
D'r achteran.

Ik riep: hier heb je het dan!
DAAR!
Hier is je canard
à l'Orange bij je thuis!

En huilend
Hinkte ik naar huis.

Nou heb ik spijt,
't Was dom van mij,
De jaren zestig
Zijn voorbij
En iedereen
Zit heel gewoon
Weer in dat ouwe
Rotpatroon,
Ook ZIJ.

Ze willen leven, profiteren,
Zich amuseren, potverteren.

En de wereld maar zo laten
En er niet meer over praten,
Want wat zet dat nou voor zoden aan de dijk?

Dus, wat wil ik nou...

Ze hebben gelijk.
O, wat hebben ze gelijk.

IVO DE WIJS
Ome Gerard 1975

Van een glas bier naar een glas whisky-on-the-rocks;
Dit is een lied voor Ome Gerard Cox.

Gisteravond was je weer eens voor de TROS, Ome Gerard,
Je moest je weer een keer komen vertonen
Met Vader Abraham en zijn debiele zonen
En de overige Nederlandse shit.

Dus je ging er weer pretentieloos op los, Ome Gerard,
Je kreeg zowaar een hand van Chiel Montagne.
Als effect van een geoliede campagne
Heb je weer een grote, ijzersterke hit.

   Pak de poen, Ome Gerard,
   'n Miljoen, Ome Gerard,
   Het zou stom zijn als je zoiets niet zou doen, Ome Gerard.
   Want een Edison is prachtig,
   Maar blijft altijd surrogaat
   Naast een prijzenkastje met een gouden plaat.

Eens verklaarde jij de charmezang voor gek, Ome Gerard,
Jij hebt de jongens zonder idealen,
Die hun emoties eeuwig uit het Frans vertalen,
Al bij Lurelei bezeken tot en met.
Jij had vroeger een verrekte grote bek, Ome Gerard,
Willem Duys vond je totaal niet te vertrouwen
En je greep de koningin in 'Arme ouwe',
Want je maakte scherp en cynisch cabaret.

   Dat was toen, Ome Gerard,
   Elk seizoen, Ome Gerard,
   Kwam jij met een nieuwe zure scheut citroen, Ome Gerard.
   Nu zing je eikelige liedjes
   Van de zomer en de mei,
   Wel, die zomer is wat ons betreft voorbij.

Indertijd was er bij jou en Ome Frans, Ome Gerard,
Een nummer over Toon en Toon zijn handen,
Want hij dreigde volgens jullie te verzanden
In massaal en te gemakkelijk vermaak.
Ja, toen vroeg jij God-de-vader nog ten dans, Ome Gerard,
Nu wordt het cheek-to-cheek Henk van der Meyden.
Ook de hitparade belooft je gouden tijden
En de kassa snort in elke platenzaak.

   Pak de poen, Ome Gerard,
   Altijd doen, Ome Gerard,
   Kampioen van het verdwaasde legioen, Ome Gerard.
   Duik met temerige teksten

En met melige muziek
In de armen van je kwijlende publiek.

Pak de poen, Ome Gerard,
Altijd doen, Ome Gerard,
Geef Montagne met zijn snor nog maar een zoen, Ome
  Gerard.
Johnny Hoes heeft weer een kraker
En Ben Cramer breekt weer door…
Doe je best, Ome Gerard,
Zet hem op, Ome Gerard,
Blijf ze voor!

GEORGE GROOT
Hobbelpaard 1976

We hadden net een bank gekocht
Van onverwoestbaar skai
We zouden naar een caravan
Gaan kijken in de Rai

En toen kwam dus mijn man
Met het bericht van zijn ontslag
Ik weet precies de dag nog
Het was een donderdag

O, dat m'n man geen werk meer had
Dat speet me niks, o nee
Ik heb nooit stommer werk gezien
Dan het werk dat hij dee

Ik ben een keer gaan kijken
Er was een open dag
Dan mag je zien hoe stom je man
Z'n werk wel wezen mag

Ik zag dat ie daar steeds
Een hendel over zat te halen
Ik dacht: Dat moet jij doen dus
Om de slager te betalen

Hij zei altijd: 'Ik heb wel
Twintig mensen onder mij'
Dat klopte want hij zat eenhoog
Boven de smederij

Maar goed, hij is nu eindelijk
Dat klerebaantje kwijt
Het scheelt wel in de centen
Maar ook in de vrije tijd

En o, hij is zo handig
Eerst dus die open haard
Die heeft ie zelf gemetseld
En toen dat hobbelpaard

Voor als het kind komt, zei ie steeds
Dan zijn we een gezin
Nou ik ben nu drieënvijftig
Dus het zit er niet meer in

'k Heb veertien boekensteunen
En een pas getimmerd bed
Laatst kwam ie met twee wieltjes aan
Voor een autoped

Toen ik zei dat dat niet hoefde
Toen keek ie zo verrast
Daarna is ie begonnen
Aan z'n vierde pocketkast

Hij heeft het koninklijk paleis
Van lucifers gebouwd
Dat staat nu op de tafel
Want het kan niet meer versjouwd

Het ergste is dat hobbelpaard
Dat staat daar week na week
Mijn man merkt niet dat ik er soms
Een poot of oor afbreek

Dat gooi ik in de open haard
Die brandt dan weer een poos

We moeten immers zuinig zijn
Mijn man is werkeloos

GEORGE GROOT
Laten wij moeder eens verwennen 1976

Zeg, wat doen we nou met moeder
Wat wanneer, nou in april
In april? O, met de Pasen
Nou, weet iemand wat ze wil
O, da's waar ook, met de Pasen
Zijn wij dit jaar niet in 't land
Ja, we gaan een week naar Rhodos
Zeker met *de Volkskrant*
Niet met Pasen, d'r verjaardag
Ze wordt zestig toch, dit jaar
O, dat kan weer lollig worden
't Hele zwikkie bij mekaar
Wat bedoel je met: wat doen we
Wil ze soms een feest of zo
O, dat moet ik haar nog vragen
Nee, het gaat om het cadeau
Oooooooh het cadeau
Ja, het cadeau

Nou, ik had gedacht een plaid
Of een aardig tafelkleed
Een tafelkleed heeft niemand meer
Of een mooie poef van leer
Ach, wat heeft ze daar nou an
Nou, wat dachten jullie dan
Geef haar maar een snelkookpan
Dat is toch met hoge druk
En zo'n knop om aan te draaien
Nee, dat is bij haar zo stuk

Weet je nog dat radiootje
Dat ze kreeg op moederdag
'k Geloof dat dat na veertien dagen
Achter bij de vuilnis lag
Elke klok die moeder opwindt

Staat na twee minuten stil
Geef d'r een meccanodoos dan
Kan ze moeren wat ze wil

Zeg jij liever eens wat zinnigs
Hè wat ben je toch een zak
Laten we met haar gaan eten
Avi Fauna, Jan Tabak
Eten is toch niets bijzonders
Jij doet net of ze nooit eet
Nou, je hoeft niet zo te blaffen
Vraag dan niet of ik iets weet

We geven haar een koffiemolen
Die ze nu heeft wordt zo oud
Alles wat ze heeft wordt ouder
Het wordt tijd dat ze hertrouwt
Met een beetje rijke vent
Kan al die ouwe rotzooi weg
Wat ben jij toch ook een hufter
Het is zonde dat ik 't zeg.

Is dat wat, een koffiemolen
Ach, zo'n ding van veertig piek
O, het moet per se weer duur zijn
Anders is het weer niet chic
Het hoeft geen kapitaal te kosten
Geef jij een plantje van een riks
Of een leuke kop en schotel
Als het zo moet geef ik niks

En het moet iets aardigs wezen
Niet te groot en niet te klein
Iets waaraan ze af kan lezen
Hoe dankbaar we haar zijn

We geven haar een schilderij
Weer zo'n kudde op de hei
Nee, die heeft ze al genoeg
Geef een tegoedbon voor de kroeg
Kan ze eens goed dronken worden

Ja, dat is best leuk misschien
Ach, ze drinkt toch nooit een druppel
Nou, dat heb ik laatst gezien
Toen zag ik haar in Krasnapolsky
In de lounge met tante Cor
Volgens mij waren ze allebei
Zo dronken als een tor
Jij bent gek, dat was 'r vast niet
Wel, ze zwaaide toen ik keek
Wat deed jij? O, ik zat te praten
Over een tweede hypotheek

God, dat moeder aan de drank is
Ja, jij hebt het dus van haar
Zeg, kijk jij es naar je eigen
Nou, hou jij je mond nou maar
Ik hoef niet om de zoveel maanden
Naar Veenhuizen voor een week
Jij moet niet verwonderd wezen
Als ik straks jouw benen breek

Kom nou jongens, geen geruzie
Zeg eens wat ze hebben moet
Wat dacht je van een leren handtas
Met een bijpassende hoed
Geef 'r een paar nieuwe kousen
Kreeg ik vroeger ook van haar
Of zes nieuwe onderbroeken
Ja, hou jij je mond nou maar
Heeft ze niks nodig voor in huis
Ja, een mooie stoel of zo
Of een aardig smyrna-kleedje
Nee, dat vindt ze geen cadeau.

    En het moet iets aardigs wezen
    Niet te groot en niet te klein
    Iets waaraan ze af kan lezen
    Hoe dankbaar we haar zijn

Laten we haar een huisdier geven
Een boxer of een papegaai

Kan ze 's avonds leuk mee praten
Geef 'r maar een witte haai
Kan ze 's morgens mee gaan zwemmen
Nee, da's onzin, weet je wat
We geven haar een abonnement
Op een of ander aardig blad
Heb jij moeder ooit zien lezen
Nou de *Story* leest ze wel
Jongens wacht es, ja ik weet het
Ze krijgt een reis naar Israël

Ja, ze kan op dak gaan zitten
Ja, dat is toch veel te duur
Als ze wat wil klagen
Doet ze dat maar aan haar eigen muur
Ik heb net een nieuwe Volvo
Ik ben aan vakantie toe
Kijk, dat is de ware liefde
Van de kinderen tot hun moe
Nee, dat doen we niet met zestig
Met vijfenzestig doen we dat
God, dan kan ze al wel dood zijn
Nou, dan heeft ze pech gehad
Nee, we geven haar een face-lift
Heeft ze niet zo'n ouwe kop
Kan ze weer aan trouwen denken
Hè, hou daar eens over op

Zullen we haar een bromfiets geven
Ja, da's ook een leuk idee
Moeten we haar hoog verzekeren
Anders zitten wij ermee
Ja, want met die Volkswagen
Reed ze iedereen in puin
Krijgt ze ook een bromfietshelm
Is ze net André van Duin

Nee, zo komen we niet verder
Niemand heeft een goed idee
Laten we maar bloemen sturen
En dan 's avonds een diner

Zou er nou niks aardigs wezen
Niet te groot en niet te klein
Iets waaraan ze af kan lezen
Hoe dankbaar we haar zijn

Zeg, is moeder wel verzekerd
Is ze bij een dooienfonds
Nee, ik geloof niet voor d'r eigen
Ze betaalde wel voor ons
Nou, dat moet dan snel geregeld
Dit is de gelegenheid
Als we steeds maar langer wachten
Zijn we steeds meer centen kwijt
Wou je dan een graf bestellen
Ja, een grafsteen en een kist
Jij bent mal, ze is pas zestig
Nodig heeft ze hem beslist
En dat krijgt ze als cadeau dus
We bestellen het alleen
En dan geven we haar bloemen
Doe dan maar een krans meteen

Ja, een beetje leuke grafkrans
Niet te groot en niet te klein
Op het lint kan zij dan lezen
Hoe dankbaar we haar zijn.

JULES DE CORTE
Lydia   1976

Lydia heeft een aardig snuitje,
Echt een stukje lenteshow
Plus een helder stemgeluidje,
Waar ze leuk mee zingt en zo
En ambitie heeft ze ook,
Zeker, zeker, nou, en hoe!
Zij wil graag de trap bestijgen
Tot de hoogste trede toe
Niemand brengt haar van de kook,
Geen geweld of aardse macht

En ze doet op tal van plaatsen
Mee aan de talentenjacht.

Lydia zingt van zomernachten
Zwoel van geur en maneschijn,
Van vergeefs op Pedro wachten
En van heel erg eenzaam zijn
En haar stem slaat keurig door
Telkens als de tekst dat eist
Zonder uit de maat te raken,
Wat toch wel talent bewijst
'k Zeg het nergens om of voor,
Maar het is zeker volgens mij
Dat ze gauw contact zal maken
Met een platenmaatschappij.

Lydia blijft haar koers bepalen
Onvervaard en energiek,
Met als einddoel volle zalen,
Volle zalen vol publiek
Telkens wordt haar repertoire
Aangevuld en uitgebreid,
Want een lied mag nog zo klinken,
Maar 't is gauw weer uit de tijd
Kenners geven haar een jaar
Van successen bij de vleet
Daarna zal ook zij wegzinken
Uit de weggooi-hitparade...

GEORGE GROOT
Ontvoerd 1978

Ons jongste broertje is ontvoerd
Ze hebben lang op ons geloerd
Maar nou hebben ze de jongste toch gegrepen
Gister, midden op de dag
Terwijl iedereen het zag
Voor de oprit van ons buitenhuis in Epe
Papa zei ontzettend kwaad:
'Hè wat doet ie ook op straat

Hij is nou zestien, hij had wijzer moeten zijn'
God, we zijn nou eenmaal rijk
En dus zeer aantrekkelijk
Voor zo'n communistisch terroristisch zwijn

De losprijs die is twee miljoen
Paps wist niet wat ie moest doen
Want hij heeft het geld natuurlijk wel voorhanden
Maar hij riep: 'Ik geef geen cent
Aan zo'n vuile dissident
Dat gaat allemaal toch naar de Oostbloklanden'
Maar toen zei mama: 'Bedaar
Jij haalt alles door elkaar
En je gaat het geld nu van de bank afhalen
Ja, want op de golfbaan
Schijnt het praatje rond te gaan,
Dat we maar een half miljoen kunnen betalen'

Paps is reuze in paniek
Hij is half zenuwziek
Hij begrijpt niet hoe het heeft kunnen gebeuren
Want onze huizen zijn bewaakt
Er is een Heras-hek gemaakt
En er staat voortdurend stroom op alle deuren
Maar wij zijn juist reuze blij
Eindelijk horen wij erbij
Eindelijk rekent men ons werkelijk tot de rijken
Want het is beslist beroerd
Zolang je nog niet bent ontvoerd
Blijven al je kennissen erover zeiken

Laatst nog, bij een roeiwedstrijd
Zei zo'n hele rijke meid:
'Jullie kunnen de ontvoerders niet zo boeien, hè
Zeker niet zo interessant
Betalen zeker niet contant'
Nou het is toch echt om nooit meer te gaan roeien
Maar dat is nu niet meer zo
Paps geeft twee miljoen cadeau
En dat legt ie morgen neer in een portiek
En dan komt ons broertje thuis

En dan komt het op de buis
En dan zijn wij voortaan dus bijzonder chic

En toch voelen we ons eigenlijk een tikkeltje bezwaard
Want die hele zaak dat is natuurlijk doorgestoken kaart
Wij hebben paps maar niks verteld
Maar alles is door ons besteld
Die ontvoerders zijn door ons gehuurde boeven
Ja, dat kun je namelijk doen
Als je bulkt van de poen
Dan kun je andere rijke mensen overtroeven.

SIETO HOVING
En in dat kader valt dan soms een schot   1979

De maatschappij is slecht en door en door verrot,
Dat is een ding dat zeker is, jazeker!
En daarom moet die maatschappij verbeterd
En in dat kader valt dan soms een schot
Omdat de maatschappij zo slecht is en verrot.

En kijk, zo'n schot dat valt, dat is een vallend schot
En soms valt daarmee ook wel een douane
Of een politieman, die dan ten grave
Ten grave moet gedragen onder luid gesnotter
Van verloofde soms, die nooit zijn vrouw meer wordt.

Maar ja, dat is het risico nu van zo'n vak
En ook het risico van zo'n verloofde
En zoiets komt zo'n mens wel weer te boven
Maar wat wel erg is: als de dader wordt gepakt,
Dan wordt er isolatie
Dan wordt er isolatie
Dan wordt er isolatiefolter op hem toegepast.

Hoewel
Een cel
Kan open
Dat 's het voordeel van een cel
Boven

Een kist
Die ook nog
Nog dichtgeschroefd en wel
Een keer daar in zo'n gat gaat, waaroverheen weer grond
Douane en politie, houden daarin hun mond

Maar wat nu d'ergste vorm van isolatiefolter is
Of in zo'n cel te zitten of te liggen in zo'n kist
Het is natuurlijk allebei heel erg geïsoleerd
Alleen als tegen allebei dan wordt geprotesteerd
Blijft zo'n kist gesloten: dat 's een ding dat zeker is

En is dat nou niet kloterig van zo'n gesloten kist
Ja, ja dat is heel kloterig
En is dat nou niet kloterig
Ja, ja dat is heel kloterig
Van zo'n gesloten kist.

En isolatiefolter
Komt van geïsoleerd
Ja, isolatiefolter
Is vreselijk verkeerd
Wat isolatiefolter?
Ja, isolatiefolter!
Dan zit je in zo'n cel en dan mag je nooit bezoek
Dan mag je ook geen krant, geen grammofoonplaat of een boek
Ja, dat is toch heel vreselijk
Dat is toch vreeslijk erg
Dat tast een mens toch aan tot
In het diepste van zijn merg
Ja, isolatiefolter is vreselijk verkeerd
Dan worden mensenrechten
Toch ook weer gepasseerd
Dus daar moet ook weer tegen
Dus daar moet ook weer tegen
Gedemonstreerd
Gedem-ja gedemon-gedemonstreerd.

JAN BOERSTOEL
Lente 1983

De lente is gekomen, de natuur is weer ontwaakt,
In heel het land worden weer kleine katjes afgemaakt.
En mooie malse lammetjes, die dansen in de wei,
Dus dat wordt bij de barbecue straks weer een smulpartij.
In sloten en in vaarten krijgt de vis ook al weer zin
In dikke vette wormen met zo'n leuke haak erin.

    Lente, lente, mensen wat een schik.
    En een vrije vogel zoals ik
    Voelt zich in de lente op zijn best,
    Dus heel de mooie meimaand,
    Heel de mooie meimaand,
    Heel de mooie meimaand
    Blijf ik lekker in mijn nest.

De lente is gekomen, alle bomen botten uit,
Die hangen straks weer boordevol met door te draaien fruit.
En ook al is het nog een beetje vroeg in het seizoen,
De eerste jonge alg die kleurt het water alweer groen.
In alle zachte bermen bloeit het gras al bijna weer,
Ik merk het aan mijn hooikoorts, dat duurt vast geen weken
        meer.

    Lente, lente, mensen wat een schik.
    En een vrije vogel zoals ik
    Voelt zich in de lente op zijn best,
    Dus heel de mooie meimaand,
    Heel de mooie meimaand,
    Heel de mooie meimaand
    Blijf ik lekker in mijn nest.

De lente is gekomen en dus zie je aan het strand
Weer overal de vellen van gezonde zonnebrand.
En in de buurt van Rotterdam ervaart men met een schok
De prikk'lende sensatie van de eerste voorjaarssmog.
Het liefdeleven van de buurvrouw schalt weer door de straat,
Nu zij in zwoele nachten weer de ramen openlaat.

MARIJKE NEKEMAN
Ademloos   1984

Ademloos zwijgend in stille aanbidding
De held van 't verhaal heeft z'n intree gedaan
Ze zwijmelt en knippert en kijkt hem verlegen
Van onder haar wimpers verwachtingsvol aan

Hij, donker en krachtig, verpletterend machtig
Verstrakt en doordringend kijkt hij haar aan
Met soepele passen doorkruist hij de kamer
Buigt zich voorover en kijkt uit het raam

Ze stamelt, ze stottert, ze fluttert, ze fluistert
Gloeiende wangen, haar hart gaat tekeer
Ze hakkelt en aarzelt en wil hem wat zeggen
Hij buigt zich voorover, ze weet het niet meer

Hij, donker en zwijgend, verlammend bedreigend
Bekijkt haar van over de rand van z'n glas
Met soepele passen doorkruist hij de kamer
Kijkt in de spiegel en trekt aan z'n das

Onzeker en blozend, dociel en timide
Bescheiden en schuchter, bleek en bedeesd
Verwarde gevoelens, hoopvolle gedachten,
Dwarrelen rond in haar koortsige geest
Ze moet hem, ze wil hem, hoe zal ze 'm krijgen
De techniek is verouderd, de wapens verkeerd
Hij staat daar verdomme maar krachtig te zwijgen
Ik moet hem, ik wil hem, maar ik ben het verleerd

Ik moet je, ik wil je, kom hier en ga liggen
Ik zal je wel krijgen, me Tarzan you Jane
Wat sta ik hier nou toch vertwijfeld te krijsen
Daar gaat ie, mijn held blaast de aftocht, alleen

HANS DORRESTIJN
De grote stad   1986

Aan de Amstel en het IJ
Is de beschaving lang voorbij.
Daar wordt iemand die niet waakt
Voor honderd gulden koud gemaakt.
Een eerlijk mens wordt weggehoond
Waar misdaad zeer de moeite loont,
Waar men schiet en steekt en knalt
En almaar banken overvalt.
Waar geen kassier meer uitbetaalt
Als je geen trekker overhaalt.
In het mensdom zit de klad,
Daar in de stad, daar in de grote stad.

Waar niemand bidt en niemand werkt
En waar men de verslaving sterkt.
Daar zijn kindertjes van zes
Nooit met hun hoofd meer bij de les,
Vergeten potlood, pen en gum
Beneveld door de opium.
Ikzelf houd ook wel van een shot
En mijn priknaald is al bot,
Maar ik vind het glad verkeerd
Als men peuters spuiten leert.
Het hele onderwijs ligt plat
Daar in de stad, daar in de grote stad.

Men is dolgedraaid en mal
Door zedeloosheid en verval.
Men trekt en rukt en masturbeert
Als men niet schuiner nog marcheert,
Open en bloot, midden op straat.
Je glibbert voort over het zaad.
Meisjes van drie zijn veelgevraagd.
Amper drie zijn ze geen maagd.
Daar maken mannen goede sier
Met een heroïnehoer van vier.
Het zijn net beesten, weet u dat
Daar in de stad, daar in de grote stad.

534

Daar is stampij, rumoer, krakeel
En dikwijls wordt het mij te veel.
Toch, jij blijft de Parel aan het IJ.
Je bent de mooiste stad voor mij.
Ik heb je lief, dat is het rare
Ondanks duizenden bezwaren.
En ik wed dat ik je nog bezing
Als ik van de ouwe Wester spring.
En dat ik van louter geestdrift druip
Als ik in de Herengracht verzuip.
Voor mij op aard geen groter schat
Dan deze stad, dan deze grote stad.

GEORGE GROOT
Gespleten 1987

't Begint vaak al als kind
Je ouders in conflict
Dan willen ze jouw standpunt
Daar word je voor gestrikt
Al ben je nog een dreumes
Al heb je nog geen stem
Je moet nu kiezen: paps of mams
Dus jij zit in de klem

  Ze dwingen je te kiezen,
  Ze dwingen je te kiezen
  Maar je wilt de ene houden
  En de ander niet verliezen
  Links, daar zit je ma
  Rechts, daar zit je pa
  Nou wat moet je doen
  Ja, ga jezelf maar eens na

  Je moet een ietsie-pietsie gespleten zijn
  Wil je het redden in de maatschappij
  Je moet een ietsie-pietsie uit mekaar gereten zijn
  Anders kom je er niet bij
  Dus je deelt jezelf in twee
  Je deelt jezelf in twee

En de ene helft gaat met de één
De andere met de ander mee
En de tol die je betaalt die komt pas later
In de kamer van de psychiater

En later met relaties
Een vriendje of vriendin
Die heb je trouw gezworen
Dat klopt ook in 't begin
Al gauw zie je een ander
Die wil je ook in bed
En als dat lukt dan roept de eerste
Vuile ploert of slet

Ze dwingen je te kiezen
Ze dwingen je te kiezen
Maar je wilt de ene houden
En de ander niet verliezen
Links, dat geile stuk
Rechts, morele druk
Waar moet je op gokken
Ter verkrijging van geluk?

Je moet een ietsie-pietsie gespleten zijn
Wil je het redden in de maatschappij
Je moet een ietsie-pietsie uit mekaar gereten zijn
Anders kom je er niet bij
Dus je deelt jezelf in twee
Je deelt jezelf in twee
En de ene helft gaat met de één
De andere met de ander mee
En de tol die je betaalt die komt pas later
In de kamer van de psychiater

Nu heb je dus die topbaan
Daar komt het goed van pas
Dat je zo door de jaren heen
Al vaak gespleten was
Want moet je mensen gaan ontslaan
En vind je dat gênant
Toch komen die ontslagen er
Dat doet je harde kant

En gaat het om de uitstoot
Van acythetyleen
Je vindt dat het niet kan
Maar je bent gelukkig schizofreen
De ene kant zegt menselijkheid
De andere kant zegt poen
Dus al is het nog zo'n klotestreek
Je kunt het altijd doen

    Je hoeft niet meer te kiezen
    Je hoeft niet meer te kiezen
    Je kunt het ene houden
    En het andere niet verliezen
    Links zit de moraal
    Rechts het kapitaal
    Je vreet uit beide ruiven mee
    En dat is heel normaal

Je moet een ietsie-pietsie gespleten zijn
Wil je het redden in de maatschappij
Je moet een ietsie-pietsie uit elkaar gereten zijn
Anders kom je er niet bij
Dus je deelt jezelf in twee
Je deelt jezelf in twee
En de ene helft gaat met de één
De andere met de ander mee
En de tol die je betaalt... dat mag niet hinderen
Want die is pas
Voor de kinderen van onze kinderen

MARCEL VERRECK
Kinderen voor ouderen 1987

In 't weekend heeft m'n vader vrij
Dan wast hij zijn Peugeot
Mijn moeder is naar therapie
Of naar een modeshow
Mijn broer zit in het schuurtje
En sleutelt aan zijn Solex
En ik lig op mijn kamertje
Te spelen met mijn Rolex

Dan hoor ik stappen bij de deur
De deurknop gaat omlaag en
Ik krijg meteen een rode kleur
Mijn pa zingt vol behagen:

   Je bent mijn aller, allergrootste schat
   Ik heb je altijd graag op schoot gehad
   Een echte vader is immers niet van steen
   Want niemand laat zijn eigen kind alleen

Ik was laatst op zondagmiddag
In de tuin vlakbij het schuurtje
Toen hoorde ik geluiden
Door het dunne houten muurtje
Ik verborg me heel voorzichtig
Bij de orchideeënkar
Mijn moeder kwam naar buiten
Haar haar zat in de war

Er kwam nog iemand uit de deur
Was dat mijn broertje niet?
Hij had een hele rode kleur
En zong een vrolijk lied:

   Je bent mijn aller, allergrootste schat
   't Was lang geleden dat ik in je zat
   Ik weet nu zeker dat ik mij niet vergis
   En mama van de wereld toch de liefste is

Maar op een zondagmorgen laatst
Wilden mijn broer en ik
Mijn ouders gaan verrassen
Maar toen bleek tot onze schrik
De toegang tot hun slaapkuil
Volslagen geblokkeerd en
Ze waren, zo te horen
Zich flink aan 't amuseren

Wij werden ongelooflijk kwaad
Ik greep de jerrycan
Uit pa's Peugeot, dit was verraad!
De vlam ging in de pan

Wat een onwijze turbofik werd dat
Mijn ouders gingen mooi voor eeuwig plat
Ik heb geen spijt van wat ik heb gedaan
Het is hun eigen schuld: zij zijn toch vreemd gegaan

Papapapa papa papa papa
Mamamama mama mama mama

Het is nu zeker, een dezer weken ga
Ik maar verhuizen naar Oude Pekela

Lalalala lala lala lala
Ik ga verhuizen naar Oude Pekela

JUSTUS VAN OEL EN ERIK VAN MUISWINKEL
De bejaardenberg 1987

De één die is tevreden
Met een pony of parkiet.
Maar gaat uw hart niet spreken
Als u een oudje ziet?
Toch is er voor het huisdier
Een humaan alternatief:
Probeer eens een bejaarde,
Ze zijn echt ontzettend lief.

Bejaarden eisen aandacht,
Veel liefde en geduld,
Maar kijk ze eens genieten
Als u hun bakje vult!
Wie hen met zorg behandelt
Wordt al snel door hen bekoord:
Ze maken niet veel leven
En ze planten zich niet voort!

Bejaarden zijn verkrijgbaar
In de bus en in de trein,
Ze trekken rond in groepen
Om maar niet alleen te zijn.
U lokt ze met een bolknak
En de wijfjes met bonbons… en

Wendt u voor subsidie
Tot uw eigen ziekenfonds.

De senior is zuinig,
Dus goedkoop in onderhoud.
Hij eet bescheiden hapjes,
Waarop hij uren kauwt.
Geef met een bosje bloemen
Hun dagverblijf wat fleur,
En kijk: het pienter kopje
Krijgt een purperrode kleur

(*Hatsjie!*)

Ze hebben niet veel toekomst,
Maar verleden bij de vleet,
Uw oudje denkt dus altijd
Dattie alles beter weet.
Zo kennen ze de oorlog,
En een enkeling zelfs twee, en...
Als u ze goed voedert
Pikken ze de Derde mee.

Probeer eens een bejaarde
Ze zijn echt heel snel tevrᴇᴇᴇᴇᴇᴇᴇᴇᴇᴇᴇᴇ... den

GEORGE GROOT
Waar moet ik heen   1987

Waar moet ik heen met m'n vaten tolueen?
Die zet je in Geleen met 'n zeil eroverheen
Waar moet ik heen met m'n natriumsulfaat?
Natriumsulfaat? Kind, dat dump je gewoon op straat
En waar moet ik heen met m'n methoxy-ethanol?
Methoxy-ethanol? Dat dump ik in Botshol
O, dump jij al in Botshol, nee dat wordt me dan te vol
Ik heb zóveel ethanol.
Nou, dan steek je 't in je hol
En waar leg ik nou toch m'n vaten dioxyne neer?
Die leg je maar het allerbeste in de Volmermeer

Ja, dat hadden we dan eerder moeten weten
Waarom komt u daar nou toch zo laat mee aan?
Kijk, dan had er nog een kansje in gezeten
Nee, dan hadden we het vast niet zo gedaan
Maar nu hebben we het eenmaal zo besloten
En een wijziging ligt niet in onze lijn
Ach, de wereld die gaat toch al naar de kloten
Nee, dan had u toch wat eerder moeten zijn

Waar moet ik met mijn overschot aan cyanide zijn?
Gewoon via een pijpje, 'n pijpje in de Rijn
Ik heb nog tonnen overschot aan Kalizout helaas
Gewoon via een pijpje, 'n pijpje in de Maas
Waar moet ik met mijn radio-actieve afval zijn?
We kunnen het proberen in een afgedankte mijn
En anders zetten we het heel voorzichtig op de trein
Dan gaat het naar de DDR ten oosten van Berlijn
En wat moet ik in Godsnaam met al die zakken lood?
Die dumpen we op het Kanaal via een ferryboot

Ja, dat hadden we dan eerder moeten weten
Waarom komt u daar nou toch zo laat mee aan?
Kijk, dan had er nog een kansje in gezeten
Nee, dan hadden we het vast niet zo gedaan
Maar nu hebben we het eenmaal zo besloten
En een wijziging ligt niet in onze lijn
Ach, de wereld die gaat toch al naar de kloten
Nee, dan had u toch wat eerder moeten zijn.

JAAP BAKKER
De Hand des Allerhoogsten 1988

Zo daad'lijk staan we in de blokken
Gespannen wachtend op het schot:
Atleten die verwoed gaan knokken
Om een plaats op het schavot
En hoewel de sfeer te snijden is
Blijf ik doodgemoedereerd
Want ik deed dit jaar belijdenis
Ik heb mij tot God bekeerd

De concurrentie wordt steeds feller
En de trainer wordt een kweller
Maar de Heere is mijn troef
En de rondjes gaan al sneller
Maar de Heer is mijn propeller
Ja, de Heere is mijn schroef
Om lauweren te oogsten
Zink ik neder in gebed…
En de Hand des Allerhoogsten
Geeft mij net
Die extra zet

Ik leef in strenge discipline
Met een verantwoord eetpatroon
Ik prop me vol met proteïnen
En m'n thee is isotoon
En de aardappels zijn zemelrijk
En de yoghurt linksgedraaid
Maar zonder hulp van 't hemelrijk
Is het zaad vergeefs gezaaid

Want de schema's worden vlakker
En de monden staan al strakker
Maar de Heer is mijn escape
De gewrichten worden wrakker
En de enkelbanden zwakker
Maar de Heere is mijn tape
Om lauweren te oogsten
Zink ik neder in gebed…
En de Hand des Allerhoogsten
Geeft mij net
Die extra zet

Wanneer Zijn engelen mij omringen
Voel ik me opgewekt en kwiek
Ik word niet moe, de lof te zingen
Van de reli-atletiek
Dat de bijbel naar de beker leidt
Daar twijfel ik niet aan
Alhoewel, voor alle zekerheid
Lees ik ook nog de koran

Want de topsport wordt ontaarder
En de vitaminen zwaarder
A, B, C, D, E en K
De hormonen worden raarder
En de benen steeds behaarder
Maar de Heere fluit mij na
Om lauweren te oogsten
Zink ik neder in gebed…
En de Hand des Allerhoogsten
Geeft mij net
Die extra zet
Ja, de Hand des Allerhoogsten
Geeft mij net
Die extra zet

MARIJKE BOON
Een smartlap   1988

Als 's avonds de bel gaat,
Dan doe ik een baby na
Die huilt in z'n bedje,
En daarna de stem van pa.
Ik loop de trap af,
Ik ben niet alleen.
't Gezin biedt bescherming,
Vandaar dat ik ween,
't Gezin biedt bescherming,
Vandaar dat ik ween.

Als 's avonds de bel gaat,
Dan blaf ik een keer of twee,
Niet als een teckel,
Maar als een bouvier.
Ik loop de gang door
En roep: Tarzan af!
Een hond biedt bescherming,
Vandaar dat ik blaf,
Een hond biedt bescherming,
Vandaar dat ik blaf.

Als 's avonds de bel gaat,
Dan volgt een verkleedpartij,
Mijn stem wordt dan lager,
Ik fluit er een liedje bij.
Ik bind een snor voor
En lach in mijn baard.
Zo blijft mij verkrachting
Tenminste bespaard.
Zo blijft mij verkrachting
Tenminste bespaard.

Ga toch uit elkaar

ZEVENENTWINTIG MENINGEN

Ik heb het lied al honderd maal gezongen
Van zonneschijn en het leven is zo zoet
En ik zing dat lied zolang ik lucht heb in m'n longen
Al giet het pijpestelen op m'n strooien hoed
La vie, la vie, la vie est formidable,
Zingt Chevalier, Montand of Aznavour
Maar ook al is dat leven soms wel miserabel,
Je zingt maar door, je bent tenslotte troubadour

Ik schreef 'n lied terwijl de anderen sliepen
Van rozegeur en louter lentelicht
Toch heb ik af en toe wel anders moeten piepen,
Maar dan ging net m'n trein naar Hamburg of Maastricht
Maar ik heb het lied weer steeds opnieuw gezongen
Van 'mensen, zie die zon daarboven staan'
Ook al klonk het af en toe wat verwrongen
als ik m'n eigen lieve zon zag ondergaan.

Maar ze komt terug, ook midden in misère
Ze komt terug, die veelbezongen zon
Het kan 'n glimlach zijn die straalt in de parterre,
Het kan 'n kind zijn met 'n blauwe luchtballon
O, 't is de kunst om juist wanneer het donkert
Het licht te zien, ook in een stil verdriet,
Die ene ster te zien die altijd nog wat flonkert
Dat is de kunst van ieder mens z'n levenslied

Ik vind de zon terug in al m'n liedjes,
Ik wou dat ik er een miljoen bezat
Dan ging 'k de straat op en ik strooide melodietjes
Als witte vlinders op het grijze zebrapad

En ik heb het lied al honderd maal gezongen
Van zonneschijn en het leven is zo zoet
En ik zing dat lied zolang ik lucht heb in mijn longen
Al giet het pijpestelen op m'n strooien hoed
Al giet het pijpestelen op m'n strooien hoed

GUUS VLEUGEL
Arme ouwe 1966

't Is Prinsjesdag vandaag
En alle andre Provo's zijn vertrokken naar Den Haag
Maar ik ben d'r niet bij,
'k Ben netjes thuisgebleven, want ze hebben niks aan mij.
Niet dat ik pro Oranje ben, ik haat de monarchie,
Ik kan wel kotsen als ik Trix of Claus of Bernhard zie,
En Juliaan is ook niet veel, dat geef ik dadelijk toe,
Ze is volstrekt verwerpelijk, maar ze lijkt zo op me moe.
Die heeft ongeveer hetzelfde soort figuur,
Die heeft ook zoiets onzekers in haar ogen,
Die kan ook zo prutsen aan d'r brilmontuur
Als ze bang is dat de mensen haar niet mogen...
En in Den Haag had ik dus nooit
Een rookbom naar d'r koets gegooid,
Ik had het echt niet opgebracht
En enkel maar gedacht:

    Arme ouwe, blijf maar zitten op je troon.
    Ach wat zouen we jou daar nou af gaan douwen...
    Blijf maar zitten, net als vroeger, doodgewoon,
    Arme ouwe, arme ouwe...

Laatst op het filmjournaal
Toen zag ik 'r weer staan, bij een of ander stoomgemaal.
Ze kreeg uiteengezet
Hoe of die dingen werken, door een klootzak in jacquet.
Ze luisterde geïnteresseerd naar al 't geouwehoer
Al snapt het mens van stoomgemalen heus niet ene moer.
En toch maar dapper knikken, als een vriendelijke koe.
Toen dacht ik weer: Verdomd, het is precies mijn eigen moe.
Er is heel wat aan d'r loos, dat weet ik best,
Maar mijn moeder heeft dezelfde mankementen.
Die is ook zo bijgelovig als de pest,
Die is af en toe ook aardig op de centen.
En toen ze over 't filmdoek schreed,
Als altijd niet te best gekleed,
Toen was het eigenlijk zo'n dot
En dacht ik weer: Ach god...

Arme ouwe, blijf maar fijn in je paleis,
Blijf maar fijn langs alle stoomgemalen sjouwen.
Heus, wij stellen dat ontzaggelijk op prijs,
Arme ouwe, arme ouwe…

Ik weet, het is gezeik.
Ze is geen arme ouwe, want ze is ontzettend rijk.
En als ik haar niet zie
Dan heb ik heus geen last van een teveel aan sympathie.
Ik ben nu voor ons blaadje aan het werk aan een cartoon,
Vandaag is 't immers Prinsjesdag, dan moet een mens wat doen.
Een dame met een kroontje en een bril zit op 't toilet
En veegt 'r gat af aan een duizendguldenbankbiljet.
Je kan zeggen, dat is niet bijzonder fijn.
En ik ben de eerste om dat toe te geven.
Maar dat zal me zo een grote rotzorg zijn
Als uiteindelijk die troep wordt opgeheven.
Al voeg ik daar meteen aan toe
Dat ik nou wel erg kranig doe,
Maar mocht ik 'r dan ooit nog zien
Dan dacht ik toch, misschien:

Arme ouwe, waarom hebben we 't gedaan.
Waarom hebben we je niet gewoon gehouwen.
Want je was toch onze brave Juliaan…
Arme ouwe, arme ouwe.

ELI ASSER
Vissen 1969

Voor mijn part word ik arm.
Heb ik het nooit meer warm.
Voor mijn part moet ik verder leven zonder blindedarm.
Maar d'r is één ding wat ik nooit zou willen missen.
En dat is vissen!

Voor mijn part mag ik nooit
Geen zout meer en geen vet.
Voor mijn part word ik eeuwig op een streng dieet gezet.
Maar d'r is één ding wat ik nooit zou willen missen:
Vissen!

Je zoekt een fijne stek.
Je rolt je zware shag.
Al wat je hartje verlangt.
De vogeltjes hoor je kwelen.
De lammetjes zie je spelen.
En 't kan je in feite geen donder schelen
Of je wat vangt!

Ik geef niet om bezit
en niet om broodbeleg.
Ik geef aan de liefdadigheid me laatste joetje weg.
Maar d'r is één ding wat ik nooit zou kunnen missen:
Vissen!

En ik leef ideaal
Wat geeft het allemaal.
Ik maak me niet meer druk als ik de laatste trein niet haal.
Maar d'r is één ding wat ik nooit zou willen missen:
Vissen!

Ik hoef niet naar een brand
Of naar een interland.
Ik zie 't wel op de beeldbuis of ik lees het wel in de krant.
Maar d'r is één ding wat ik nooit zou willen missen:
Vissen…

Zo'n brasem, die daar zwemt
Voor jou is voorbestemd
Zonder dat hij het nog weet.
Hij snuffelt es aan je deeg en
Je dobbertje gaat bewegen.
De spanning is bijna ten top gestegen.
Want je hebt beet!

Ik hoef geen bungalow
Geen huis met patio.
Het hele huwelijksleven krijg je zo van mij cadeau.
Maar d'r is één ding wat ik nooit zou willen missen:
VISSEN!

JULES DE CORTE
Aan Luther en de anderen   1969

Hoe kan de kerk nog blijven preken dat de wereld is verlost
Terwijl miljoenen levenslang het allernodigste ontberen
Terwijl er elke dag soldaten op de slagvelden creperen
Omdat de rijken als de dood zijn dat de vrede centen kost
En de regeerders niet geloven in gezag zonder geweren

Hoe kan de kerk maar steeds herhalen dat wij allen zijn bevrijd
Terwijl van uur tot uur de vreselijkste gevaren ons bedreigen
Terwijl de noden en problemen in getal en omvang stijgen
En de vooruitgang steeds gebonden is aan geldelijk profijt
En zij die vragen om het recht zullen het vragend nooit
          verkrijgen

Hoe kan de kerk nog steeds beweren dat de mensheid is gered
Terwijl die hele theorie eenvoudig nergens blijkt te kloppen
Er is geen God meer en geen duivel om je achter te verstoppen
Er is geen macht in het heelal die ons de ondergang belet
We zullen het samen moeten doen of we gaan samen naar de
          knoppen

JELLE DE VRIES
O damesblad!   1970

O damesblad, o damesblad, o blad vol damesleven
Eens was jij onze grootste schat,
Waar is die tijd gebleven?
Jij zong zo blij van trala lalala,
Van koek en ei, van tralala lala
Een soepje en een sausje,
Een jeugdportret van Clausje

Hoe jij ons hart veroverde
Met weer zo'n beeldig bloesje
Of met een praatje over de
Verzorging van ons poesje
Jij liet ons het fijne van het leven zien,
Het huis van Gert, de keuken van Hermien

Pikant gefruite uitjes
En trutterige truitjes
Helaas, helaas, ja duizendmaal helaas…

Een monstertje is uit zo'n truitje gekropen
En gretig de pagina's binnengeslopen
Het aarzelt niet onze beha los te knopen,
O Here, geef licht, alle ritsen gaan open!
Het monster geeft moeder een klets op de dijen:
Toe mens, ga toch fijn met de kolenboer vrijen!
Wat heeft het voor zin een pullover te breien?
Nee dames, niet doen, al af laten glijen!
Het stort ons in een sensuele roes
Met kerels die genieten van je doorkijkbloes

O damesblad, o damesblad, vol zoete damesdroompjes
Thans ben jij een reclameblad
Voor pilletjes en condoompjes
Voorheen besprak jij wat een dame doet
Als er godlof een baby komen moet
Nu propageer jij gratis
Je-weet-wel provocatus
Helaas, helaas, ja duizendmaal helaas…

Zo gaan onze zeden compleet naar de haaien
Wij passen ervoor in de modder te graaien
Een dame wil pudding en flensen en vlaaien
Een dame wil breien, een dame wil braaien!
Wij willen geen gezeik over dat bed,
Maar Willem-Alexander op een autoped!

O damesblad, o damesblad, o blad vol damesleven
Eens was jij onze grootste schat,
Waar is die tijd gebleven?
O, zing weer blij van trala lalala
Van koek en ei, van tralala lala
Dan zal geen enkele dame
Zich voor haar lijf
Zich voor haar lijf
Zich voor haar lijfblad schamen!

Opa 1970

Nadat hij 't lijden heel geduldig had gedragen
Mocht opa eind'lijk dood, was opa even blij
Ze hadden opa haast nooit horen klagen
Daarom stond er nog dat geduldig bij.

Opa was tachtig, seniel en versleten
En eigenlijk wou opa lang al dood
Maar daar wilden de artsen niet van weten
Zolang er leven is nietwaar, is er hoop.

Maar opa mompelde: 'Wat zal ik nou nog hopen
Met wat ik heb ga 'k liever rustig dood.'
Maar nee, ze maakten opa toch weer open
En opa kreeg de kans niet dat hij de ogen sloot.

Het was een drukte om hem heen met slangen
…'t Begon al 's morgens om een uur of vijf
Eerst wassen, een infuus, weer iets aftappen
En dan mocht opa na een tijdje weer naar huis.

Wat opa lekker vond, dat mocht hij echt niet hebben
En als je opa vroeg: 'Hoe is het er nou mee?'
Dan zei hij: 'Ach wat zal ik ervan zeggen
Ik leef nog, nietwaar, dus de dokters zijn tevree.'

En toen het toch weer dreigde af te lopen
Moest opa nog weer gauw naar het ziekenhuis
Maar dit keer viel er echt niets meer te hopen
Aan de zuurstoffles blies hij toch nog de laatste adem uit.

Er staat, dat opa kalm is overleden
't Was midden op een drukke ziekenzaal
Om 't bed gedrukt stonden familieleden
En door die slangen leek het bijna machinaal.

En toen is opa onopvallend weggereden
In van die stille auto's door het snelverkeer
Want doden hebben in de drukke steden
Als doden bijna geen bestaansrecht meer.

Een sterveling sterft eenmaal in zijn leven
Daarvoor is hij nou eenmaal sterveling
Maar nauwelijks wordt hem de kans gegeven
Want sterven is nou eenmaal niet meer in.

Want sterven is een kwestie van mislukking
En een mislukking geeft men nu eenmaal niet graag toe
Een streep, een dikke streep is 't door de reekning
In een maatschappij die leeft, is dood taboe.

En zij die sterven gaan, mogen niet groeten
Men zegt, kop op, en geen zorgen, hou je haaks
En zij die weten, dat ze sterven moeten
Denken: wat wij doen, dat is niet in de haak.

Zij zien ons levenden, die aan den lijve
Dezelfde dood eens zullen ondergaan
Beleefd, behoedzaam op een afstand blijven
Onsolidair, doodsbang en deloyaal.

In plaats dat we ons voor 't doodgaan doodgeneren
Daar helpt geen sterveling zijn medesterf'ling mee
Zou men het doodgaan moeten zien te leren
Als een vreemde taal, als een cursus voor teevee.

FONS JANSEN
Iedereen is bang   1971

De rijken zijn bang voor de armen
De armen zijn bang voor het geld
De linksen zijn bang voor de rechtsen
De rechtsen zijn bang voor verandering
Iedereen is als de dood voor een ander
En verzamelt dan de bangen aan zijn kant
Gaan ze hitsen gaan ze haten gaan ze stoken
En ze schrijven vuile stukkies in de krant.

De blanken zijn bang voor de zwarten
De zwarten zijn bang voor de macht
De massa is bang voor de homo's
De homo's zijn bang voor de hetero's

553

Iedereen is als de dood voor een ander
Wie 't toegeeft valt als lafaard door de mand
En de angst wordt zo de vader van agressie
Want wie bang is houdt z'n wapens bij de hand.

Arabieren zijn bang voor de joden
De joden zijn bang voor de Rus
De bazen zijn bang voor de bonden
De knechten zijn bang voor hun meerderen
Iedereen is als de dood voor een ander
Die gaat denken en die pijnigt z'n verstand
Hoe te zorgen dat hij banger is dan ik ben
En wie lacht dat is de wapenfabrikant.

De mannen zijn bang voor hun vrouwen
De vrouwen zijn bang voor een kind
Het zuiden is bang voor het westen
Het westen is bang voor de oosterling
Iedereen is als de dood voor een ander
En wie slim is krijgt de bangen aan zijn kant
Ook al noemen ze 't eerst nog wel defensie
Even later loopt de vrede uit de hand.

SETH GAAIKEMA
Een paus van vijfentwintig 1971

Een paus van vijfentwintig
Stel je eens even voor.
Een stralend jonge god
Brak in de curie door.
Een paus van vijfentwintig
Gewoon een fijne vent
Waar jij als jonge meid
Misschien verliefd op bent.
Een paus van vijfentwintig
Als hij kwam op het balkon
Dan huppelde hij, dan dartelde hij
Dan danste hij in de zon.
Een paus van vijfentwintig
Gewoon een jongeman

Die pakte alle problemen
Zonder mankeren an.

Het Vaticaan
Begon te swingen!
En stopte met
Dat nare dwingen.
De kwestie van de pil
Dat was een peuleschil.
De mens is nou volwassen
Weet wat hij wil.
Het Vaticaan
Begon te swingen!
En de kapelaan
Kon volop zingen.

Kijken naar de vrouwen
Zag men niet als vreemde drang.
En als hij graag wou trouwen
Ging hij meteen zijn gang.
Niet de oude koek
Waar zijn de normen?
Maar weer op zoek
Naar nieuwe vormen.
En in plaats van politiek
Pleidooi voor menselijkheid.
En gewoon nog wat geloven
In de kracht van deze tijd.

En het publiek
Begon mee te swingen.
Ja, het publiek
Zag plots de dingen
In een ander vlak
In een ander licht
De allermeest kortzichtige
Kreeg plots weer zicht.
En niet langer 'God is dood'
En 'de Kerk is op retour'
Maar 'volle kracht vooruit!'
Met een jonge vent aan 't roer.

Een paus van vijfentwintig
Wat zou het fijn zijn, dat
Hij niet slechts Christus' boodschap bracht
Maar ook Zijn leeftijd had.

ERNST VAN ALTENA
We gaan gelukkig dood   1973

Als huid aan warme huid zich vlijt
En mond aan hete mond
Als been aan been zich strekt en spreidt
Van nacht tot morgenstond
Als lust uit elke porie kiert
En wilde passie hoogtij viert
Wie denkt dan dat in veertig jaar
Het vuur dooft in de schoot
Zonder dat vuur is het leven naar
Maar
    Dan gaan we gelukkig ook dood
    Dan gaan we gelukkig ook dood

Als bier in hoge kroezen kroest
Of wijn in de bokaal
Als je in roes lichtrose soest
Of danst met luid kabaal
Als j'onbeschaamd schreeuwt, brult en stampt
En alle zorg de huid uit dampt
Wie denkt dan dat in veertig jaar
De buik de roes verstoot
Zonder die roes is 't leven zwaar
Maar
    Dan gaan we gelukkig ook dood
    Dan gaan we gelukkig ook dood

Als je door verre landen gaat
Langs Donau, Loire, Rijn,
Op Alpen of Cevennen staat
Of op 't Concorde-plein
Als reisstof in je ogen waait
Sirocco langs je schouders laait

Wie denkt dan dat in veertig jaar
Het lijf tot stilstand noodt
In stilstand is het leven zwaar
Maar
   Dan gaan we gelukkig ook dood
   Dan gaan we gelukkig ook dood

Als je niet meer poëtisch zwalkt
Maar zelf tot proza bent verkalkt
En aan het einde van je reis
Aan wal ligt met je boot
Dan is het leven dof en grijs
Maar
   Dan gaan we gelukkig ook dood
   Dan gaan we gelukkig ook dood

ERNST VAN ALTENA
Groot Nederlandse ballade   1973

Als ik het zie, die eindeloze lintbebouwing
Van Spa tot Hasselt en van Tienen tot aan Gent
En als ik voel hoe in kleinsteedse denkvernauwing
De Vlaming altijd door zijn eigen straatje rent
Als ik per auto over de kasseien martel
Met om de duizend meter een gekneusde band
Dan denk ik: Vlaanderen mag dan lustig zijn en dartel
Maar Lieve Heer geef mij het nette Nederland

Als ik ze zie, die eindeloze blokkendozen
Van Weesp tot Arnhem, van Terneuzen tot Terlet
En als ik merk hoe uitgekauwd en uitgeplozen
De Nederlander altijd op zijn buurman let
Als ik ze zie die tuintjes zonder avonturen
Gras zonder onkruid en liguster langs de rand
Dan denk ik: Nederland mag schoon zijn voor de buren
Maar Lieve Heer geef mij het dolle Vlaanderenland

Als ik de Vlaming vol van bier naar huis zie keren
De gang te wankel en de tong wat al te luid

Als ik hem bitter humorloos zie opmarcheren
Achter de klauwaard met te militair geluid
Als ik ze hoor, de Vlaamse grappen al te drollig
Vaak langs, vaak op, en heel vaak ook voorbij de rand
Dan denk ik: Vlaanderen mag dan driftig zijn en lollig
Maar Lieve Heer geef mij het kalme Nederland

Als ik ze zie, de Nederlanders in hun kerken
Hervormd, gereformeerd, nazaten van Calvijn
Met hun gezichten stijf als witgekalkte zerken
En met hun zekerheden uitgemalen fijn
Als ik ze galmende hun waarheid hoor verkonden
Nooit uit de nette plooi en nimmer uit de band
Dan denk ik: Nederland mag vrij zijn van de zonde
Maar Lieve Heer geef mij het zondig Vlaanderland

Oh Lieve God geef ons een kilo Vlaamse blijheid
Een kilo trouw en plichtsbesef uit Nederland
Dan mengen wij dat zelf in onze eigen vrijheid
Tot vriendschap zonder oog om oog en tand om tand

JULES DE CORTE
Ze weten niet wat ze doen 1976

Ze proberen uit alle macht
Om hun kinderen op te voeden
En ze letterlijk dag en nacht
Voor zelfstandigheid te behoeden
Ze vertrappen de teerste dingen
Met hun voeten van goed fatsoen
Elke vogel die durft te zingen
En ze weten niet wat ze doen

Ze benutten de mooiste tijd
Door elkander bedroefd te maken
En elkander in haat en nijd
Van minuut tot minuut te kraken
Al hun bloemen zijn doodgeslagen
Al hun bomen staan zonder groen
Zo vergallen ze al hun dagen
En ze weten niet wat ze doen

Kijk – ze draaien aan 't grote wiel
En ze sluiten zich op in zaken
Ze verpatsen hun hart en ziel
Want ze moeten carrière maken
Ze zijn bezig zich uit te knijpen
Tot de dood komt met zijn harpoen
En ze zullen het nooit begrijpen
Want ze weten niet wat ze doen

We vervuilen de oceaan
We vergiftigen heel de aarde
Want de welvaart staat bovenaan
En alleen het bezit heeft waarde
Zou de mensheid zijn afgeschreven
Driemaal duizend en meer miljoen
Of zou iemand ons toch vergeven
Want we weten niet wat we doen

SETH GAAIKEMA
Dat typisch Hollands vingertje   1976

't Hollands vingertje (1)

Dat typisch Hollands vingertje.
Daar gaat het weer omhoog.
Met een parmantig slingertje
Onderstreept het het betoog.

Dat typisch Hollands vingertje.
Daar gaat het weer van start.
Het zigzagt zoekend door de lucht.
Het heeft iets op zijn hart.

Soms gaat het heel belerend
En bezwepend op en neer.
Dan gaat het weer gekscherend
Zelfs waarderend heen en weer.

Soms tikt het aandacht vragend
Op het tafelblad.

O, als een Nederlander toch
Zijn vingertje niet had!

't Hollands vingertje (2)

'n Hollander is uitgerust
Met bemoeizucht in de ransel.
God zelf is al de kerk uit
Maar hij staat nog op de kansel.

Hij heeft het air van het gelijk
Rotsvast en ongebroken.
Uiteindelijk werd in het paradijs
Toch Nederlands gesproken?

Hij weet: in deze wereld
Staat hij vaak buiten spel.
Hij heeft geen echte macht
Maar 't vingertje heeft ie wel.

't Hollands vingertje (3)

't Vingertje van Nederland
Dat reist de wereld rond.
En overal waar het komt
Daar doet 't van zich spreken.

Wat hebben grote mogendheden
Vaak op hun neus gekeken
Als 't vingertje verontwaardigd
Iets niet in orde vond.

Voor hun verbaasde ogen
Maakt het opgewonden sprongetjes.
Verandert Presidenten
In kleine stoute jongetjes.

Het vingertje heeft nèt
Z'n standpunt uiteengezet
Op het Witte Huis:
'Er wordt op u gelet!'

In Moskou, de rode stad
Ging 't met de Russen in debat:
'Laat het niet weer gebeuren
Want anders zwaait er wat!'

En 't Kremlin vroeg Den Haag:
'Wat zwaait er dan voor iets?'
'Nou, 't Nederlandse vingertje
En verder zwaait er niets.'

't Hollands vingertje (4)

Toch hebben soms de kleintjes
De groten in hun greepje.
Voor Nixon bleek: het ongeluk
Zit in een heel klein 'teepje'
En David velde Goliath
Per kleine katapult.
Misschien dat dan zo'n vingertje
In 't klein iets groots vervult.
Daar gaat het weer de wereld in.
Ergens is alarm.
Succes hoor, dapper vingertje
Tegen de sterke arm.

Ik blijf in Holland achter
En als ik om mij kijk
Zie ik een bos van duizend vingertjes
En ieder heeft gelijk.
Die sputteren, die pruttelen
Betuttelen, waar het kan.
Die kibbelen, beknibbelen
Je wordt er ibbel van.
Hoe moet je reageren?
Nou... zonder een geluid.
Kruis de beide vingertjes.
Sliep uit!

ANNIE M.G. SCHMIDT
Sorry dat ik besta 1977

Al die honderdduizend liedjes
Waar je mee wordt overspoeld,
Songs en hits en melodietjes,
Die zijn nooit voor ons bedoeld.
Elke Schlager, ieder wijsje,
Altijd jongen, altijd meisje,
I love you en ik hou van jou,
Altijd man en altijd vrouw,
Ieder vers en elke aria:
Romeo en Julia.

Want zo is het toch m'n jongen,
Nooit is er een lied gezongen
Over de verboden kus
Van Romeo en Julius
Want daar zijn we nog niet aan toe –
Taboe taboe –
Geen aria's, nooit aria's
Voor de paria's

Veeg ons maar weg,
Wrijf ons maar uit,
We zijn een vlek op 't schone tafellaken
Van de nette erotiek
Voor ons geen achtergrondmuziek,
Maar de stilte en de schaduw
Van het portiek.

Liedjes klinken om ons heen,
Zo gewoon en zo algemeen
Als confectie van c & a,
Altijd Romeo, altijd Julia.
Daar is de liefde voor bedoeld:
Romeo en Julia,
En dit is wat je denkt en voelt:
Sorry dat ik besta.

Nooit in de zon,
Nooit in het licht,

Nooit op een feestje met ontroerde ouders.
Geen serpentines, versierde tent,
Geen tranen en geen sentiment,
Voor ons geen smachtende violen
Bij 't happy end.

Er moest toch ook een liedje zijn,
Al was 't alleen maar een refrein,
Al waren 't maar vijf regeltjes,
Over Romeo en Julius.

Maar we zijn er niet aan toe –
Taboe taboe –
Geen aria's, nooit aria's
Voor de paria's.

Maar over veertig jaar, wie weet,
Staan er liedjes op de hitparade,
Niet alleen maar over hij en zij,
Maar ook over hij en hij.
Liedjes over hem en hem
Zonder aarzeling of rem.
Dan speelt elke musicus,
Dan zingt iedere romanticus
Heel gewoon, zo is het dus:
Romeo en Julius.

JAN BOERSTOEL
De goeie ouwe tijd heeft nooit bestaan 1977

Je moet maar niet geloven wat de mensen je vertellen
Over een goeie ouwe tijd, die is voorbijgegaan,
Waarin het leven sudderde op peteroliestellen
En iedereen godvrezend was, tevreden en voldaan.
De tijd, dat alle wangen net zo blonken als de stoepen
Van louter melk en honing en des zondags krentenmik.
Die heeft misschien gegolden voor geselecteerde groepen,
Maar nooit voor doodgewone mensen zoals jij en ik.

En vast niet voor die mannen, op hun veertigste versleten,
Door dertig jaren slavenwerk en nauwelijks te eten

En veel te veel jenever om de honger te vergeten
En veel te weinig weerstand om de tering te weerstaan.
De goeie ouwe tijd heeft nooit bestaan.

Je moet ook maar niet luist'ren als de mensen zich beklagen
Over de tegenwoordige bedreiging van 't gezin,
Omdat er vrouwen zomaar om abortus durven vragen,
Dat klinkt misschien integer, maar geloof er maar niet in.
En laat de CDA-politici dan maar beweren,
Dat het in vroeger tijd zo zedig toeging allemaal,
Dat gold alleen voor hen, die het zich konden permitteren
En geld voldoende hadden voor een dubbele moraal

Maar vast niet voor de smalle bleke meissies uit die jaren,
Die zwanger werden van hun vader toen ze dertien waren
En niks meer te vertellen hadden dan het kind te baren
Om, als het tegenzat, aan de geboorte dood te gaan.
De goeie ouwe tijd heeft nooit bestaan.

Natuurlijk is er best wat op het heden aan te merken,
Natuurlijk is het paradijs nog steeds behoorlijk ver,
Tenminste als je niet bereid bent om je te beperken
Tot 't plastic paradijs uit de reclames van de STER.
Maar je bent stom als je je ouwe knollen laat verkopen
In dat geval, dat je jezelf citroenen had beloofd.
Want je verandert niks door in je oma's jurk te lopen
Met van die leuk geëmailleerde borden voor je hoofd.

En vast niet door voorbije eeuwen te romantiseren,
Waarin een kleine bovenlaag zich placht te amuseren
Ten koste van de rest, die van de armoe kon creperen.
De goeie ouwe tijd, geef mij de prullenbak maar aan.
De goeie ouwe tijd heeft nooit bestaan.

HANS DORRESTIJN
De lelijkheid 1979

Lelijkheid als 't zeldzaam was,
De vraag ernaar was groot.
Wie nu niet is om aan te zien,
Was dan een stuk of stoot.

Meisje met je paardebek
Vol groezel geel ivoor.
Op feestjes wordt ge niet genood,
In winkels dringt men voor.

Schoonheid is niet wezenlijk
Zij vergaat heel snel
Blijvend is de lelijkheid
Dus onderhoud haar wel.

Maar lelijkheid als 't zeldzaam was,
Men vond u mooi en puur.
Jij lelijkerd beleefde dan
Zo menig liefdesuur.

Gij ziet van mannen slechts de nek
En nooit hun fonk'lend oog.
Laat staan hun fiere apparaat,
Voor u kwam 't nooit omhoog.

Schoonheid is niet wezenlijk
Zij vergaat heel snel
Blijvend is de lelijkheid
Dus onderhoud haar wel.

Lelijkheid als 't zeldzaam was,
Dan scheen voor u de maan.
Een kilometer penis zou er
In uw nu verroeste schede gaan.

Helaas gij zijt vooralsnog
Gedoemd tot zedigheid,
Niet door uw sterk normbesef,
Maar door uw lelijkheid.

FLIP BROEKMAN
Het vingerlied 1980

Zijn charme moet zeer groot zijn
En in bed spant ie de kroon

Wie is die schone prins
Waar ieder meisje 's nachts van droomt

Dat is je vinger
Je eigen vinger
Dat is de prins, waar ieder meisje
's Nachts van droomt

Die stinkt niet naar jenever
Die kwijlt niet in je nek
Hij doet gewoon z'n werk
En dat doet ie lang niet gek
Je lichaam is een doolhof
Maar hij kent er elke heg
En als moeder plots'ling binnenkomt
Dan stop je 'm even weg

Stel dat je koningin bent
En je man is weer op reis
Wie helpt je dan
Wanneer de grote eenzaamheid verrijst

Dat is je vinger
Je eigen vinger
Die heeft tenminste geen maîtresse
In Parijs

De wereld is een rotzooi
Niemand houdt nog van elkaar
Alleen je eigen vinger
Staat altijd voor je klaar
En laat je niets verbieden
Want de priester en de paus
Staan elke nacht tot aan hun knieën
In hun eigen saus

Een vrouw, die zegt 'ik wil niet'
Zegt zoiets niet voor de grap
Soms kost het even moeite
Voor een man dat heeft gesnapt

Maar mijn vinger
Mijn eigen vinger
Heb ik nog nooit de ballen
In z'n maag getrapt

Lala

HERMAN VAN VEEN
Die met hem waren   1982

Ze zeggen dat hij is gezien
In Praag.
Dat hij zichzelf in brand gestoken heeft.
Weer anderen dat hij heeft gezeten
In de gevangenis van Stammheim.
Ik hoorde
Dat hij bij een wandeling in New York
Is doodgeschoten,
Ik geloof door een bewonderaar,
Iemand die geweldig op hem leek.
Weer anderen zeggen
Het is een Poolse vakbondsleider
En mijn buurman zegt
Het is zijn baas.

Ze zeggen dat hij lang en knap is,
Maar niet zo knap
Dat het vrouwelijk is.
't Is meer een grote jongen
Met de ogen van een grijsaard
En de handen van een moeder.

Ze zeggen dat hij is gezien
In Amersfoort.
Weer anderen in bosjes bij Den Haag.
Ik hoorde laatst van vrienden
Dat hij tijdens een Salve Regina
Was opgestaan
En met een diepe frons
De kerk is uitgegaan.

Ze zeggen dat hij lang en knap is,
Maar niet zo knap
Dat het vrouwelijk is.
't Is meer een grote jongen
Met de ogen van een grijsaard
En de handen van een moeder.

En als hij
Morgen bij jou
Voor de deur zou staan,
Zul je zeggen
Dat je al geabonneerd bent,
Zul je zeggen
Dat je messen al geslepen zijn
En je kinderen manen
Niet met vreemde mannen mee te gaan
Als hij
Zo'n Jesus dus
Bij jou
Voor de deur zou staan.

ROBERT LONG
Dag heren   1983

ROBERT
Dag, heren van het CDA
Soms als ik naar de hoeren ga
En in mijn blote toges sta
Schiet gij mij plots te binnen
Dan kan ik doen wat of ik wil
Mijn lid wordt slap, mijn kruis wordt kil
En hoe ik wrijf en schud en tril
Niks meer mee te beginnen

LEEN
Misschien is het u niet bekend
Hij wordt volslagen impotent
Want gij ontneemt hem permanent
De prikkel zijner zinnen

ROBERT

O, heren van het GPV
Wanneer ik soms op de wc
De broek gezellig naar beneê
Ga zitten in mijn uppie
Dan denk ik soms aan uw verbond
En vaak verstar ik dan terstond
Er valt geen bolus warm en rond
Geen plas ook, zelfs geen druppie

LEEN

Dus als er ooit een knal weerklinkt
En Robert uit elkander springt
En nooit meer mooie liedjes zingt
Dan komt dat door uw kluppie

Zeg, heren van de RPF
Ik kom opeens tot het besef
Uw Federatie heeft een klef
En muf soort fanatisme

ROBERT

Daar gij uzelven christen waant
En Nederland tot vroomheid maant
Terwijl gij zelf de wegen baant
Naar domheid en fascisme

SAMEN

Gij, Federatie, gij, Verbond
En gij, Appèl, fatsoenlijk front
Ga eerst eens met die grote mond
Uw eigen tuintje wieden
Voordat u zich aan and'ren stoort
En iemand anders mening smoort
Ik word niet graag geringeloord
Door machtbeluste lieden

Dictators van het ergste soort
Zoudt gij dit lied niet woord voor woord
Nog voordat gij het hebt gehoord
Terstond totaal verbieden?

WILLEM WILMINK
Signalen 1983

De dwaze moeders op het plein
Wier kinderen verduisterd zijn
En die nog steeds, de jaren door,
Roepen om gehoor.
Ze schuifelen door het journaal,
Geef hun een teken, een signaal:
Dat geen enkele deur eeuwig dicht zal zijn,
Dat aan 't einde van de tunnel weer licht zal zijn.

Gezinnen die de apartheidswaan
Meedogenloos uiteen liet slaan.
Ze komen toch weer bij elkaar,
Voor even maar.
Want liefde is daar illegaal.
Geen hun een teken, een signaal:
Dat geen enkele deur eeuwig dicht zal zijn,
Dat aan 't einde van de tunnel weer licht zal zijn.

Vervolgden om geloof of ras,
Vervolgden om wat vader was,
Vervolgden met het schietgebed
Van Jezus, Marx of Mohammed,
Vervolgden om een ideaal,
Geef hun een teken, een signaal:
Dat geen enkele deur eeuwig dicht zal zijn,
Dat aan 't einde van de tunnel weer licht zal zijn.

De dwaze moeders op het plein,
Wier kinderen verduisterd zijn
En die nog steeds, de jaren door,
Roepen om gehoor.
Zoals mijnwerkers in de mijn,
De redding moet al bezig zijn,
De anderen zijn hulp gaan halen,
Het wachten is op de signalen.

YOUP VAN 'T HEK
Ga toch uit elkaar 1983

Vroeger nam je rozen en cadeautjes voor d'r mee
Nu zit je met wokkels en een buik voor de teevee
De spanning is verdwenen, je leeft als broer en zus
Af en toe een poederdroge, impotente kus
Ach je kan niet zeggen dat je haar echt haat
Maar je bent met zijn tweeën uitgevreeën, uitgepraat
Het vuur dat is veranderd in een waakvlam, sudderpit
Je bent amper dertig, blijf niet zitten waar je zit
Maar ga toch uit elkaar, ga toch uit elkaar

Je vraagt nog uit gewoonte hoe het op z'n werk gaat
Maar hij antwoordt als een automatisch antwoordapparaat
Verder zijn de avonden zo angstaanjagend stil
Je vraagt je af: waarom slik ik in godsnaam nog de pil?
Uitsluitend uit routine ga je met elkaar naar bed
Maar je kijkt over z'n schouders of de wekker is gezet
Hij fluistert nu al jaren dezelfde woordjes in je oor
Maar hij denkt onderhand aan dat meisje op kantoor

   Ga toch uit elkaar, ga toch uit elkaar
   Waarom zou je in godsnaam langer blijven?
   De woorden uit de liefdesbrieven die zijn niet meer waar
   En je zou ze ook nooit meer kunnen schrijven
   Ga toch uit elkaar, ga toch uit elkaar
   Doe waarvan je al zo lang ligt te dromen
   Neem die foto uit het lijstje en pak een grote schaar
   En zoek een ander, een ander onderkomen

Het huwelijk was heilig toen je dat jawoord gaf
En om nu weg te lopen vind je eigenlijk maar laf
't Zou wat anders wezen zonder hypotheek en kind
Hoewel je ook beseft dat je nu nooit meer wordt bemind
Ga toch uit elkaar, ga toch uit elkaar
Je was ooit jongen / meisje en je bent nu vrouw en man
De vroegere verliefdheid noem je tactisch 'houden van'
Maar als je dan werkelijk echt van elkaar houdt
Maak elkaar dan gauw gelukkig en herstel die grote fout

Hé kleine pot daar, hé maak 's plezier,
Drink van de liefde en huil nu niet meer.
Omarm je vriendin en ga met haar mede,
Voel toch haar warmte en geniet van haar schede.
Schaam je niet voor anderen,
Schaam je niet voor god,
Maar wees een trotse en levenslustige, superieure, lieve warme…
            pot.

Hé kleine nicht daar, hé lekker dier,
Omarm toch de liefde en knies nu niet meer.
Grijp toch je vriend, hé fijne knul,
Voel toch z'n warmte en geniet van z'n lul.
Schaam je niet voor anderen,
Doe je ogen niet dicht,
Want jij bent een fijne en brutale, zelfbewuste en aardige en
            geile… nicht.

Ik denk vaak aan vroeger,
Aanschouw het geheel.
De eenzame dagen,
Die waren er veel.
Maar ook wel geluk,
Al ging dat gauw stuk,
Was somtijds mijn deel.
Ik zit voor het raam,
Zie planten die bloeien,
Een traan laat ik gaan,
Geen mens ziet 'm vloeien.
Nu denk ik aan jullie,
En weet wat ik miste.
Wees toch brutaal,
En laat je niet kisten.

Hé jonge mensen daar, maak 's plezier,
Ga op in de liefde en huil nu niet meer.
Voel je maar vrij en wees maar niet bang,
Koester haar gleuf en geniet van z'n stang.
Schaam je niet voor anderen en maak toch een feest,

En wees een vrolijk en moedig en opgewekt
En innemend en kunstzinnig... beest.

Want straks is het te laat.

HARRIE JEKKERS
Over de muur   1984

Oost-Berlijn Unter den Linden
Er wandelen mensen langs vlaggen en vaandels
Waar Lenin en Marx nog steeds op een voetstuk staan
En iedereen werkt, hamers en sikkels
Terwijl in paradepas de wacht wordt gewisseld
Veertig jaar socialisme, er is in die tijd veel bereikt
Maar wat is nou die heilstaat als er muren omheen staan
Als je bang en voorzichtig met je mening moet omgaan
Ach, wat is nou die heilstaat, zeg mij wat is hij waard
Wanneer iemand die afwijkt voor gek wordt verklaard

    Alleen de vogels vliegen van Oost- naar West-Berlijn
    Worden niet teruggefloten, ook niet neergeschoten
    Over de muur, over het ijzeren gordijn
    Omdat ze soms in het westen, soms ook in het oosten willen
       zijn

West-Berlijn, de Kurfürstendam
Er wandelen mensen langs porno- en peepshows
Waar Mercedes en Cola nog steeds op hun voetstuk staan
En de neonreclames die glitterend lokken:
Kom dansen, kom eten, kom zuipen, kom gokken
Dat is nou veertig jaar vrijheid, er is in die tijd veel bereikt
Maar wat is nou die vrijheid zonder huis, zonder baan
Zoveel Turken in Kreuzberg die amper kunnen bestaan
Goed, je mag demonstreren, maar met je rug tegen de muur
En alleen als je geld hebt, dan is de vrijheid niet duur

    En de vogels vliegen van West- naar Oost-Berlijn
    Worden niet teruggefloten, ook niet neergeschoten
    Over de muur, over het ijzeren gordijn
    Omdat ze soms in het oosten, soms ook in het westen willen
       zijn

Omdat er brood ligt soms bij de Gedächtniskirche
Soms op het Alexanderplein

ISCHA MEIJER
Wintertenen, luizen en eczeem 1986

Wintertenen, luizen en eczeem.
De tyfus en de kanker en de griep.
Hier een druiper, daar een stempoliep.
De mensheid lijdt, gematigd of extreem.

Jezus Christus, kruis en Pius Tien.
De racekak en de kinkhoest en het zuur.
Hier een priester, daar het stervensuur.
De mensheid lijdt, van ooit tot op den duur.

Maar wat er ook gebeurt, er klinkt muziek.
In kerken, ziekenhuizen, dranklokalen.
Maar wat er ook gebeurt, er klinkt muziek.
In tango's, walsen, foxtrots en koralen.

Ongedierte in het parlement.
Het leger, de corruptie en de pijn.
Hier een leider, daar een straatagent.
De mensheid lijdt, met liefde of venijn.

Liefdeskommer, mensen en verdriet.
De dromen en de zepert en de vloek.
Hier getrouwd en daar bordeelbezoek
De mensheid lijdt, en anders gaat het niet.

Maar wat er ook gebeurt, er klinkt muziek.
In cellen en kazernes en de kampen.
Maar wat er ook gebeurt, er klinkt muziek.
Zo liegt de mens zichzelf uit al zijn rampen.

Maar wat er ook gebeurt, er klinkt muziek.
In harten, hersens en in ledematen.
Maar wat er ook gebeurt, er klinkt muziek.
Voor dromers, denkers, weters en frustraten.

JACK SPIJKERMAN
De stoelen van belang   1986

De stoelen van belang
De stoelen van belang
De stoelen van belang

De stoelen van belang zijn meestal onbereikbaar
De stoelen van belang zijn nergens te koop
De stoelen van belang zie je nooit in een winkel
De stoelen van belang belanden nooit op de sloop

De stoelen van belang
De stoelen van belang
De stoelen van belang

Op de stoelen van belang
Zitten vorsten en vorstinnen
Op zo'n stoel van belang
Zit de minister-president
Op zo'n stoel van belang
Zit de hoofdcommissaris en zo'n stoel van belang
Is nooit anders gewend
En tegenover al die stoelen,
Die stoelen van belang
Staan de krukken, de krukken machteloos
De kruk van niets te zeggen,
De kruk van blijf maar zitten,
De kruk van geen invloed
En de kruk van waardeloos
De kruk van wees-maar-dankbaar
En de kruk van hou-je mond
De kruk van zelf-betalen
En als je dat niet kan, dan zit je op de grond

De stoelen van belang
De stoelen van belang

En één keer in de zoveel jaar
Staan ze van hun stoel op,
Want dan worden al die stoelen van belang

Opnieuw verdeeld
Ook de kruk komt overeind,
Hij doet mee aan het spel
En hoe wordt deze stoelendans gespeeld?
Niemand valt af; er wordt onderling gewisseld
En als ieder is gaan zitten
Heb je weer hetzelfde beeld.
Ik speel het spel niet mee.
Ik verplaats alleen mijn kruk
Ik ga zitten bij zo'n stoel van belang
Dan ga ik zitten zagen; zagen aan de poten
Aan de poten van de stoelen van belang
Want de poten van die stoelen zijn te lang.

ADELHEID ROOSEN
Ze timmeren op je los   1986

Ze timmeren op je los
Proppen je vol
Tot over je oren
Proppen je dicht
Ze
Tot je geslagen
Onder hun vragen
Eindelijk zwicht
En in je gezicht
Van alles wat lelijk is
Lelijk is lelijk is
Alles wat lelijk is
Zo maar kan worden beticht
Want geloof me zo is het gros
Ze timmeren timmeren
Timmeren timmeren
Timmeren op je los

Kijk uit
Zé hebben in me huisgehouden
Zé zijn met zo veel
Zé zijn met miljarden
En alles in me verwarde

576

Kijk uit
Zé hebben in me huisgehouden
Zé beten zich vast
Zé sloegen aan flarden
Dat alles in me verhardde
Kijk uit

Ze timmeren op je los
Klieven je hart en
Splijten je schedel
Rammen je ziel
Ze
Tot je gevlochten
In tientallen bochten
Je mond is verbouwd
Je tanden knock out
Bij iedere oogopslag
Iedere oogopslag
Iedere elke oogopslag
Uit wordt gejouwd
Want geloof me zo is het gros
Ze timmeren timmeren
Timmeren timmeren
Timmeren op je los

Kijk uit
Zé hebben wat ze hebben willen
Zé hebben de macht
Zé hebben het recht niet
Tot nu toe was ik te laat
Er uit
Zé krijgen wat ze hebben willen
Zé hebben me waar ze
Me niet willen hebben
Kijk uit
Zé hebben me kwaad
Er uit

Dus timmer ik er op los
Ik heb een hamer
Planken van hout
Een spijker per dag

Ik
Timmer me kwaad
En slaandeweg wijs
Iedere slag
Bewijst dat het mag
Een plek van een meter
Bij nog eens een meter
Bij nog eens een meter
Daar blijven ze allemaal af
Want geloof me zo is het gros
Ze timmeren timmeren
Timmeren timmeren
Timmeren op je los

Dit is mijn plek
En dít mijn besluit
Afgelopen uit!

LISELORE GERRITSEN
Jan van der Hoeve   1973

Al wat leeft is geschapen
Al wat groeit heeft een zin
Maar een schepping als Jan van der Hoeve
Daar zie ik het nut niet van in

Daar zij licht dat kan ik nog volgen
Want het was donker in het begin
Maar daar zij Jan van der Hoeve
Dat gaat er bij mij niet in

En als de wereld opnieuw wordt geschapen
Als alles dan nog eens over gaat
Als Jan van der Hoeve er dan weer is
Dan zeg ik dat God niet bestaat

JUSTUS VAN OEL
Vrede op aarde   1987

Alcohol is voor de heiden,
Allah legt zijn schaapjes droog,
Allah kan goed autorijden,
Allah krijgt hem steeds omhoog!

Allah zal dit land genezen,
Allah wordt door niets gestuit,
Allah is een opperwezen,
Allah deelt de lakens uit.

Allah weet meer van karate
Dan die lieve God van ons,
Allah heeft meer heilsoldaten,
Allah heeft meer pompstations.

Allah heiligt de traditie,
Geen tampon en geen condoom,
Botte bijl voor de justitie,
Zo houdt hij het tuig in toom.

Allah eist dat mannen trouwen
Met een onbespoten bruid.
Treft u een van Allahs vrouwen,
Pak haar dan vooral niet uit.

Varkens houden meer van Allah
Omdat hij geen varkens lust.
Wel lust Allah geiteballen,
Waarop Allahs zegen rust.

Moslims houden meer van Allah,
Moslims zijn vaak islamiet.
Nu kunt u wel denken: Allah!
Maar zo simpel is dat niet.

Allah houdt van tolerantie,
Dat wil zeggen: die van u.
Maar wie naakt zwemt op vakantie,
Gaat in Allahs vleesfondue.

Allah houdt van godsdienstvrijheid,
Dat wil zeggen: die van ons.
Maar wie Allahs wet bestrijdt,
Verdwijnt in Allahs veewagons.

Over tijd

ZEVENTWINTIG
ZELFPORTRETTEN

HENK VAN DER MOLEN
De makelaar van Schagen   1966

Er stond in een bos een oud huisje te koop
Het was zo te zien al geschikt voor de sloop,
Met muren van stammetjes
Vol vochtige zwammetjes.
Er stond op een bordje: Bevragen
Bij makelaar Jansen in Schagen.
Ik hoopte dat Jansen niet meer zou bestaan
En ben toen brutaalweg naar binnen gegaan,
Daar in dat groene biezebiezebos biezebiezebos,
Daar in dat groene bos.

Het bordje verbrandde ik in het fornuis,
Zo werd ik heel stiekem de baas van dat huis.
Ik boende de tegeltjes
En voerde de egeltjes,
Maar toch bleef er iets bij mij knagen
Vanwege die Jansen in Schagen.
Ik keek soms wat bang naar de makelaar uit
Want geld had ik niet, zelfs geen enkele duit,
Daar in dat groene biezebiezebos biezebiezebos,
Daar in dat groene bos.

En eens op een dag kwam een man uit het bos
Met ogen vol gloed, op z'n wangen een blos.
Hij stond wat te stamelen
En moed te verzamelen –
Hij zei: 'Mag ik u even plagen,
Mijn naam is Jan Jansen uit Schagen.
Hoe denkt u uw schuld nu aan mij te voldoen?'
Ik zei: 'Ik ben arm, mag het ook met een zoen.
Hier in het groene biezebiezebos biezebiezebos,
Hier in het groene bos.'

De makelaar trok nog die dag bij mij in,
De zoen van die middag was het prille begin
Van een tuin vol met stemmetjes
En een waslijn vol hemmetjes
Wat kan ik als vrouw nog meer vragen

Van makelaar Jansen uit Schagen?
Ons huisje, eerst louter geschikt voor de sloop
Is nu voor geen goud meer te huur of te koop,
Daar in ons groene biezebiezebos biezebiezebos,
Daar in ons groene bos.

PAUL VAN VLIET
Hand in hand met Jozef   1967

Hand in hand met Jozef
Slenteren door de zomernacht
Jozef zegt: 'Ik ben zo blij
Lieveling met jou en mij'
En Jozef, Jozef lacht

Hand in hand met Jozef
Op een bankje op het plein
Jozef zegt: 'Mmmm ruik nou es
Heerlijk toch die lathyrus'
Maar het was jasmijn

Hand in hand met Jozef
Staande bij een torenklok
Jozef zegt: 'Dit is uniek
Wat een prachtig stuk gotiek'
Maar het was barok

Hand in hand met Jozef
Flarden van een grammofoon
Klinken uit een open raam sssst
Zegt Jozef: 'Luister Brahms'
Maar het was Mendelssohn

Dansen dan met Jozef
Met zijn hand om mijn hals
Jozef zingt tevreden: 'Ha
Eindelijk een cha cha cha'
Maar het was een wals

Verder weer met Jozef
Jozef zoent in een portiek

Jozef fluistert in mijn oor:
'Wat ruik je lekker naar Dior'
Maar het was Replique

Hand in hand met Jozef
De vroege morgen aan de zee
Jozef zegt: 'Ik hou van jou'
En ik denk: Wie bedoelt hij nou
Bedoelt hij míj daarmee…?

LENNAERT NIJGH
Canzone 4711   1967

Er viel een hete schaduw over 't strand,
Die depressie had de zon dus toch gevangen,
De wind bleef onder 't wolkendeksel hangen,
De dag bleef stilstaan tussen een en twee.
Vanilleijs smolt in haar bruine hand,
Ze likte langzaam met een koel verlangen,
Ze had nog zilte parels op haar wangen,
Ze bracht de golven in haar haren mee
En in haar ogen de sterren van de zee.
In haar schelp van stilte zocht ik gaten,
Probeerde mij met haar te laten praten,
Ik keek naar boven en had geen idee
Vier cijfers vormden een reclamevlucht,
Toen hing er eau de cologne in de lucht.

Ze zei iets dat ik moeilijk kon verstaan,
Een man zat met een radio te spelen
Die mij daarop vierstemmig mee kwam delen
Dat liefde alles was wat ik nodig had.
Ze keek me een tijd later peinzend aan
En net toen ik haar schouder wilde strelen
Begon het haar waarschijnlijk te vervelen
Dat ik alleen maar zwijgend naast haar zat
En ze verdween half achter 't ochtendblad.
Tot haar navel toe was wereldnieuws te lezen,
Ze zei dat eau de cologne fijn zou wezen,
Het speet me dat ik dat niet bij me had.

Ze leek me onder haar bikini bruin,
Ze had een hoge schutting om haar tuin.

De eerste druppels vielen op mijn hand,
Tijd voor thee en om je aan te kleden,
Opeens leek alles jarenlang geleden,
Ze deed haar kleren aan en groette mij.
Een regensluier daalde over 't strand
En kinderen huilden hard en ontevreden,
De natte vlaggen zakten naar beneden
En iets dat nooit begon was al voorbij.
De zee zocht met haar zachte mond naar mij,
De regen deed me weer naar haar verlangen,
Haar golven hielden mij opnieuw gevangen
Haar kleine wrede hand liet mij niet vrij.
Steeds verder werd ik weggesleurd van 't strand,
De geur van eau de cologne woei van 't land.

BOUDEWIJN DE GROOT
Picknick 1967

De bloemenwei is groen getooid
We hebben bloemen rondgestrooid
Het goudgelokte lentekind en wij
Vriendinnen, vrienden allemaal
Gezeten rond de vruchtenschaal
Ook u bent welkom, lach en kom erbij

   We geven een picknick
   Onder wilgen, onder linden
   Tussen klaprozen en winden
   Teerbeminden, neem mijn hart
   En sluit je ogen, pluk een bloem

Daar zijn Tony Vos en Lennaert Nijgh
Van wie ik nog een tientje krijg
Het goudgelokte lentekind slaapt zacht
En zoete rook van blauwe kant
Omgeeft mijn hoofd als haartooiband
En druppelt honinggeuren op mijn vacht

We geven een picknick
Met tante Bet en pater Jansen
Die als elfen samen dansen
Leliekransen in hun haar
Kom maak muziek, pluk een bloem

Wij vragen u erbij
De rest verzorgen wij
Lennaert Nijgh en ik
We geven een picknick

Daar speelt de blikken blazersband
Die meer dan honderd nummers kent
Het goudgelokte lentekind speelt fluit
Gekleed in vijgeblad van schuim
Vliegt Dylan door het hemelruim
Speelt hymnen op zijn harp en gouden luit

We geven een picknick
Voor de elfen en de feeën
Voor de runderen en reeën
Voor zijn tweeën iedereen
Moet aardig zijn, pluk een bloem

JELLE DE VRIES
Mevrouw, uw dochter   1968

'Mevrouw, uw dochter'
'Ja, wat is er met mijn dochter?'
'Ik ben nog zo jong, mevrouw
Maar ik heb een goeie baan'
'Nou en?'
''k Wou met uw dochter'
'Ja, wat wilt u met mijn dochter?'
''k Zou met uw dochter voor het altaar willen staan'
''t Is niet waar, u met mijn dochter?'
''k Ben doodziek van uw dochter…'
'Een huwelijk meneer, u meent het positief?'
'Als zij zich nestelt aan mijn borst
Mevrouw, dan krijg ik toch zo'n dorst'

'Echt waar?'
'Mevrouw, ik heb haar boven alles lief!'

   'Van fidom falderaldera, van fidom falderaldera'
   'Straks is de lente in het land, gaat u uzelf maar na
   Van fidom falderaldera, van fidom falderaldera
   Straks is de lente in het land' 'Ja ja...'

'Meneer, mijn dochter'
'Ja, wat is er met uw dochter?'
'Z' is nog zo jong meneer,
Ze is pas achttien jaar'
'Nou en?'
'En ze is mijn dochter...'
'Heus mevrouw, ze blijft uw dochter!'
'Ik heb geen man meneer, ik leef alleen voor haar'
'Ik ook mevrouw!'
''k Heb maar één dochter...'
'O moeder, wat een dochter!'
'Ze zeggen allemaal, mijn dochter lijkt op mij'
'O ja mevrouw, da's juist zo fijn
U zou haar zuster kunnen zijn'
'Echt waar?'
'Dan denk ik er het minirokje bij!'

   'Van fidom falderaldera, van fidom falderaldera'
   'Straks is de lente in het land, gaat u uzelf maar na
   Van fidom falderaldera, van fidom falderaldera
   Straks is de lente in het land' 'O ja?'

'Mevrouw, uw dochter'
'Praat nu niet over mijn dochter... Wil je een sherry?'
'Graag mevrouw...'
'Toe, zeg nou Puck'
'Ja Puck, maar nou je dochter...'
'Nee, geen woord over mijn dochter! Hoe vind je mij?'
'Ja, ik geef toe, je bent een stuk
Rijper dan zij, maar toch, je dochter'
'Hou nou op over mijn dochter,
Dat wicht gelooft nog heilig in de rooie kool!
Lieve schat, ik weet bepaald

Waar Abraham de mosterd haalt
Hou op met fröbelen, hier is de hogeschool...'

'Van fidom falderaldera, van fidom falderaldera'
'Een kusje hier, een kusje daar
Een kus comme çi een kus comme ça
Van fidom falderaldera, van fidom falderaldera'
'En het is lente in het land, twee drie
Hè ja!'

IVO DE WIJS
Turken 1969

Ik denk nog dikwijls aan de crisistijd van vroeger
De tijd dat ik nog veertien werrekhuizen had
Mijn wijlen Piet en ik, wij waren echte zwoegers
En we hadden toch geen televisie en geen bad
Dat is veranderd, want ik kan nu alles kopen
Omdat voor mij een luxueus bestaan begon
De wereld van de haute couture ging voor mij open
Want ik nam 32 Turken in pension

Er liggen Turken onder het dressoir
Er liggen Turken in het bad en op 't gazon
Zelfs in de ijskast zitten er een paar
Oh, wat verrukkelijk zo'n Turrekenpension

Nou: mijn vriendinnen, weet u wat die meiden zeien:
Ze zijn venerisch allemaal – laat ze toch gaan!
Maar Venerië is een landstreek in Turkije
(En dat geroddel, daar trek ik me niks van aan)
En toen er van de week twee nieuwe kwamen vragen
Toen zette ik nog gauw een bed op het balcon
Leve de gastarbeiders, roep ik alle dagen
Toen had ik 34 Turken in pension

Er liggen Turken onder het dressoir
Er liggen Turken in het bad en op 't gazon
Zelfs in de ijskast zitten er een paar
Oh, wat verrukkelijk zo'n Turrekenpension

Ze zijn zo dankbaar, o, het zijn zo'n lieve Turken
Ze werken hard en sparen goed voor hun gezin
Ja, bij de Luyckx-fabriek sorteren ze augurken
Reuze afwisselend en reuze naar hun zin
Na het ontbijt deed ik de bedden van mijn Turken
Tot ik begreep dat ik die best benutten kon
Nu ligt er overdag een nachtploeg in te snurken
En heb ik 68 Turken in pension

    Er liggen Turken onder het dressoir
    Er liggen Turken in het bad en op 't gazon
    Zelfs in de ijskast zitten er een paar
    Oh, wat verrukkelijk zo'n Turrekenpension

Nou, en vanmorgen vroeg komt er een kerel bellen
Hij droeg een aktentas en kwam van B & W
Hij zegt: Mevrouw, zegt ie, ik kom uw Turken tellen
En is het werkelijk waar: heeft u maar één weecee?
De arme man – ik wist al wat er zou gebeuren
Want ze verschenen allemaal op m'n geroep
't Was zo gebeurd – z'n lieve vrouw zal om 'm treuren
Vanavond eten we hier ambtenaresoep

    Er liggen Turken onder het dressoir
    Er liggen Turken in het bad en op 't gazon
    Zelfs in de ijskast zitten er een paar
    Oh, wat verrukkelijk zo'n Turrekenpension

ROB CHRISPIJN
Ze boog zover voorover 1972

Ze boog zover voorover
Dat ik bang was dat ze brak
En ze fluisterde heel zachtjes in mijn oor:
'De rook is hier te snijden, o ik snak
Zo naar frisse lucht'
Ik ben met haar gevlucht

Buiten op de verlaten boulevard
Waait de wind de krullen uit haar haar

Meeuwen zeilen als snippers papier
Over en onderlangs de pier
De avond viel met windkracht elf

Het had al flink gevroren
Er lag ijs in de fontein
Ze lachte en ze zei: 'Ik zoek een man
Die desnoods op zijn sokken schaatsen kan'
Ik heb urenlang
Daar met haar geschaatst

    Zij is overal voor te vinden
    En ik ben nergens tegen
    We speelden als twee uitgelaten kinderen op het ijs
    Zij is overal voor te vinden
    En ik ben nergens tegen
    Want zij is niet verlegen
    En ik ben niet goed wijs

Deze stad is zo lek als een vergiet
Het tocht hier en beschutting is er niet
Overal is er die snijdende wind
Die ons in elk portiek weer vindt
Dit is geen stad
Dit is een gat

Om warm te blijven
Kochten we een grote zak patat
En voerden alle meeuwen uit die stad
Aan elke vogel vroeg ze heel beleefd
Of ie wel voldoende mayonaise had

    Zij is overal voor te vinden
    En ik ben nergens tegen
    We schreeuwden als twee uitgelaten kinderen naar elkaar
    Zij is overal voor te vinden
    En ik ben nergens tegen
    De één die ziet ze vliegen
    En de ander houdt van haar

RAMSES SHAFFY
De trein naar het noorden 1972

Je stond onbeweeglijk
In tranen op 't perron
Toen ik klein was
In de trein naar het noorden

We keken elkaar na
In de ondergaande zon
Toen ik klein was
In de trein naar het noorden

Onbewust besefte ik
Dat het nu voor mij begon
Hoewel ik klein was
In een trein naar het noorden

Ik zong ons slaapgebedje
Zo hard als ik maar kon
Omdat ik klein was
In 'n trein naar het noorden

Ik viel onbeheerd in slaap
In de schoot van een wagon
Toen ik klein was
In de trein naar het noorden

Je staat voor mij nog steeds
Op een wegstervend perron
Omdat God ons gebedje niet verhoorde

DRS. P
Dodenrit 1974

We rijden met de troika door het eindeloze woud
Het vriest een graad of dertig, het is winter en vrij koud
De paardenhoeven knersen in de pas gevallen sneeuw
't Is avond in Siberië en nergens is een leeuw

We reizen met de kinderen, al zijn ze nog wat jong
Door 't eindeloze woud, waarover ik zoëven zong
Een lommerrijk en zeer onoverzichtelijk terrein
Waarin men zich gelukkig prijst dat er geen leeuwen zijn

We zijn op weg naar Omsk, maar de weg daarheen is lang
En daarom vullen wij de tijd met feestelijk gezang
Intussen gaat zich iets bewegen in de achtergrond
Iets donkers en iets talrijks en dat lijkt me ongezond

Ze zijn nog vrij ver achter ons, ik zie ze echter wel
Het is een hele massa, en ze lopen nogal snel
En door ons achterna te lopen halen zij ons in
Wat onvoordelig uit kan pakken voor een jong gezin

De donkere gedaanten zijn bijzonder vlug ter been
Ze lopen op vier poten en ze kijken heel gemeen
Ze hebben grote tanden, dat is duidelijk te zien
Het zijn waarschijnlijk wolven en kwaadaardig bovendien

Al is de toestand zorgelijk, ik raak niet in paniek
Ik houd de moed erin door middel van de volksmuziek
We kennen onze bundel en we zingen heel wat af
Terwijl de wolven naderkomen in gestrekte draf

Het is van hier naar Omsk nog een kleine honderd werst
't Is prettig dat de paarden net vanmiddag zijn ververst
Maar jammer dat de wolven ons toch hebben ingehaald
Men ziet de flinke eetlust die hun uit de ogen straalt

We doen heel onbekommerd en we zingen continu
Toch moet er iets gebeuren onder moeders paraplu
En zonder op te vallen overleg ik met mijn vrouw
Wie moet eraan geloven? vraag ik. Toe bedenk eens gauw!

Moet Igor het maar wezen? Nee, want Igor speelt viool
Wat vind je van Natasja? Maar die leert zo goed op school…
En Sonja dan? Nee, Sonja niet – zij heeft een mooie alt
Zodat de keus tenslotte op de kleine Pjotr valt

Dus onder het gezang pak ik het ventje handig beet
Daar vliegt hij uit de troika met een griezelige kreet

De wolven hebben alle aandacht voor die lekkernij
Nog vierentachtig werst en o, wat zijn wij heden blij

We mogen Pjotr wel waarderen om zijn eetbaarheid
Want daardoor raken wij die troep voorlopig even kwijt
Zo jagen wij maar voort als in een gruwelijke droom...
Ajo, ajo, ajo, al in die hoge klapperboom

Daar klinkt weer dat gehuil en onze hoop is weer verscheurd
De wolven zijn terug en nu is Sonja aan de beurt
Daar gaat het arme kind, zij was zo vrolijk en zo braaf
Nog achtenzestig werst en in Den Haag daar woont een **graaf**

Ik zit nog na te peinzen en mijn vrouw stort meen'ge traan
En kijk, daar komen achter ons die wolven alweer aan
Dus Igor, 't is wel spijtig, maar jij wordt geen virtuoos
Nog tweeënvijftig werst en daar was laatst een meisje loos

Nu Igor is verwijderd hebben wij weer even rust
Maar nee, daar zijn de wolven weer, op nog een prak belust
De doodskreet van Natasja snijdt ons pijnlijk door de ziel
Nog zesendertig werst en in een blauwgeruite kiel

Mijn vrouw en ik zijn over, dus we zingen een duet
En als het even mee wil zitten, halen we het net
Helaas, ik moet haar afstaan aan de hongerige troep...
Nu nog maar twintig werst en hoeperdepoep zat op de stoep

Ik zing nu weer wat lustiger, want Omsk komt in zicht
Ik maak een sprong van blijdschap en verlies mijn evenwicht
Terwijl de wolven mij verslinden, denk ik: Dat is pech!
Ja, Omsk is een mooie stad, maar net iets te ver weg

Troika hier, troika daar
Ja, je ziet er veel dit jaar
Troika hier, troika daar
Overal zit paardehaar
Troika hier, troika daar
Steeds uit voorraad leverbaar
Troika hier, troika daar
Zachtjes snort de samovar
Troika hier, troika daar

Met een Slavisch handgebaar
Troika hier, troika daar
Doe hét zelf met naald en schaar
Troika hier, troika daar
Is dat nu niet wonderbaar?
Troika hier, troika daar
Twee halfom en één tartaar
Troika hier, troika daar
Een liefdadigheidsbazar
Troika hier, troika daar
Hulde aan het gouden paar
Troika hier, troika daar
Foei, hoe suffend staat gij daar!
Troika hier, troika daar
Moeder, is de koffie klaar?
Troika hier, troika daar
Kijk, daar loopt een adelaar
Troika hier, troika daar
Is hier ook een abattoir?
Troika hier, troika daar
Basgitaar en klapsigaar
Troika hier, troika daar
Flinkgebouwde weduwnaar
Troika hier, troika daar
Leve onze goede Czar!

ROB CHRISPIJN
Kind aan huis   1974

Ik viel in een gat van zesduizend zielen
En stond verbaasd op het sombere plein
Verlicht door de supermarkt van Dirkjan Visser
Die op school altijd al de sterkste wou zijn
Nu schrijft hij zijn naam in neon
Eindelijk zonder fouten
Op de gevel van de ouwe bakkerij
Waar je 's zomers zo fijn kon spelen
Het rook er naar meel
Maar die geur is verdwenen
Er gaat alleen maar af en er komt niets meer bij

594

Kind aan huis
Ik was hier kind aan huis
Het lijkt zo lang geleden
Maar eens was ik hier thuis

Onder de beuken is nu een parkeerplaats
Valt me mee dat ze de bomen lieten staan
Ook al lijken ze kleiner en kaler dan vroeger
De vooruitgang heeft ze geen goed gedaan
Tot diep in het bos staan borden
Hinderlijk te wijzen
Volg de pijlen naar de kinderboerderij
Waar de paarden staan te dromen
Van ver voor de ploeg
Toen het land nog van hun was
Er is meer vrije tijd maar niemand is vrij

Kind aan huis
Ik was hier kind aan huis
Het lijkt zo lang geleden
Maar eens was ik hier thuis

Vroeger liep hier alles vijftien jaar achter
Nu loopt zelfs de kerkklok vijf minuten voor
En niemand heeft zin om hem terug te draaien
Ook al gaat het dorp eronderdoor
Wriemelende mensenmassa's
Lijken op muizen
Die in hun eigen kooi zijn verdwaald
Op hol geslagen, op weg naar morgen
We draven maar door
Met een hekel aan bochten
Maken we van elke rivier een kanaal

Kind aan huis
Ik was hier kind aan huis
Het lijkt zo lang geleden
Maar eens was ik hier thuis

PETER BLANKER
Vader 1974

Vader weet je nog hoe of we door de polder zijn gegaan
Grote man met kleine jongen aan de hand
Ik moest mee, we gingen kijken, de natuur kleedde zich aan
Het was mei en licht en vrolijk was het land
En je leerde me de vogels, we bekeken ieder blad
En je zei me waar te kijken in het veld
Ik wist zeker dat er niemand in de buurt een vader had
Die z'n zoon zoveel geheimen had verteld

   En als dan de zwarte aalscholvers zich repten van hun nest
   Ons probeerden te verjagen van onz' plek
   Dan zei jij: 'Als je geen kwaad wilt doen, dan voelen ze dat
           best
   Wees niet bang, ze doen alleen een beetje gek'

Vader weet je nog hoe of we door de straten zijn gegaan
Met wel duizend mensen gingen we op pad
Ik moest mee, we gingen lopen, achter al die vlaggen aan
Het was mei en licht en vrolijk was de stad
En jij vertelde van die kerel met die grote grijze baard
En waarom die optocht eigenlijk wel was
En we liepen in de lentezon en wandelden bedaard
En we droegen rode bloemen op onz' jas

   En als dan de zwarte aalscholvers zich repten van hun nest
   Ons probeerden te verjagen van onz' plek
   Dan zei jij: 'Als je geen kwaad wilt doen, dan voelen ze dat
           best
   Wees niet bang, ze doen alleen een beetje gek'

Vader weet je nog hoe of je op een nacht bent doodgegaan
Oude man met grote jongen aan de hand
Ik ging niet mee, ik bleef nog kijken, de natuur kleedde zich aan
Het was mei en licht en vrolijk was het land
Maar je schonk me alle schatten die je zoal had vergaard
Zodat er niet eens zoveel gestorven is
Want ik heb ze allemaal en heb er nieuwe bij gespaard
Nu de zoon de vader zelf geworden is

En wanneer de zwarte aalscholvers zich reppen van hun nest
En ook mij zullen verjagen van m'n plek
Ik heb geleerd: als je geen kwaad wilt doen, dan voelen ze dat
       best
'k Ben dus niet bang, maar 'k vind het wel een beetje gek

RIENTS GRATAMA
Caravan 1975

Opgespaard van zeker vijftienhonderd overuren
Elke dag van acht tot 's avonds acht tussen de muren
Van de zaak. Sparen voor 'n appel voor de dorst
De dorst van elke vader om eenmaal als 'n vorst
Met z'n gezin in een caravan te gaan langs 's heren wegen
En verleden voorjaar had ik het voor mekaar gekregen...

    Caravan, caravan, wonder op wielen
    Eerst met tachtig op de teller in de file
    Naar het zuiden, naar 't beloofde mooie weer
    En daar kwak je je mobiele huis dan neer
    Met z'n allen onder het polyesterdak
    Wat een comfort, wat een plezier,
    Wat een genot, wat een gemak

's Avonds als je slapen gaat, besef je de gemakken
Kopjes, vaasjes van de tafel, tafel laten zakken
Kussens van de banken pakken, klap de banken open
Uit die banken pak je dan je slaapzak en de slopen
Kussens op de tafel en de banken klappen dicht
En je ligt...

Het licht, Jan... Ja, doe jij het licht?
Ja, ik doe het licht... En je ligt.
Je ligt als God in Frankrijk eindelijk in je bed
Dan verlang je plotseling hevig naar 'n sigaret
Een sigaret... waar zijn m'n sigaretten?
Hulpeloos tast je in het donker langs bagagenetten,
Rommelt in de kastjes, inspecteert de zesde plank,
Tot je plotseling weet: ze liggen in de linkerbank!
Slaapzak van de tafel en de lakens en de slopen
Kussens van de banken pakken, klap de banken open,

Ergens op de bodem naar je sigaretten dreggen
Banken dicht en kussens nog op hun plaatsen leggen
Eindelijk lig je naast mekaar, zalig moe en stil
God Jan, de pil…

De pil… Waar is de pil…?
De pil zit in de trommel 'Eerste hulp bij ongelukken'
Zoeken in de koffer, in het aanrechtkastje bukken,
Voelen langs het randje, daarna tasten op de plank.
Pil is nergens, moet dus zitten in de rechterbank.

Slaapzak van de tafel en de lakens en de slopen,
Kussens van de banken pakken, klap de banken open
Vloekend graaien in een stapel schone onderbroeken,
Trommel met de pil staat op een stapel badhanddoeken
Bank weer dicht en kussens op de plaats waar ze behoren,
En op dat moment gaat er iets suizen in je oren,
Voel je ergens in je schedel duidelijk iets knappen,
Even later zie je dan jezelf naar buiten stappen,
Met een grote jerrycan benzine in je hand,
En je hebt maar één gedachte: Ik steek 'm in de brand!
IK STEEK 'M IN DE BRAND!
Ik steek 'm in de brand!
Die klerecaravan, ik steek hem in de brand!

Geniet al in gedachten van het zwartgeblakerd wrak
Giet sardonisch lachend de benzine over het dak
Gilt waanzinnig van geluk: 'Hoera, 't is zover!'
Zoekt vertwijfeld in je zak, je hebt geen lucifer!

En beseft terwijl je luid hysterisch staat te janken:
Doosje lucifers ligt god in een van beide banken!
Strompelt weer naar binnen en valt op je slaapzak neer,
Snikkend in je kussen, en dan hoeft het al niet meer…

 Caravan, caravan, wonder op wielen
 Eerst met tachtig op de teller in de file
 Naar het zuiden, naar 't beloofde mooie weer
 En daar kwak je je mobiele huis dan neer
 Met z'n allen onder het polyesterdak
 Wat een comfort, wat een plezier,
 Wat een genot, wat een gemak

SIETZE DOLSTRA
Jopie 1976

Jopie is weer terug, voor een nacht weer terug
Zij is mijn verloofde van een jaar of wat geleden
God wat hebben we gelachen en wat hebben we gevreeën
Weer eens voor zichzelf op de vlucht
Jopie is weer terug

Ze draait van mijn laatste shag een soort gevleugelde sigaar
En zegt: 'Ach tenslotte hadden we geen hekel aan mekaar'
Ze dacht: Ik heb een vriend, waarom in eenzaamheid getreurd
Vergetend dat dat nou al voor de vierde keer gebeurt
Excuserend voor de rotzooi op mijn kamer
Excuserend voor mijn vale ouwe kloffie
Bedank ik voor de kaart met oud en nieuw
Hoe was 't ook weer, geen suiker in je koffie?

Jopie is weer terug, voor een nacht weer terug
Zij is Dolle Mina en een beetje aan de drank
Feministische pamfletten uitgelezen op de plank
Toch haar te versieren dat gaat vlug
Jopie is weer terug

Ze poneert de laatste stelling omtrent de rechten van de vrouw
Gut, wat heeft ze weer gelijk, ze drijft me steeds weer in het
                     nauw
Ze moet er niet aan denken dat ze met me was getrouwd
Ze had zichzelf als godvergeten burgertrut beschouwd
Ze kreeg het zo benauwd bij die verloving
Toen wij die fraaie linnenuitzet kregen
Het werkte bij haar net als een verdoving
Ik had nog niet geleefd zei ze verlegen

Jopie is weer terug, voor een nacht weer terug
Wil je een citroentje want de sherry is al op
Maar één glaasje, want jij staat al na de eerste op je kop
Dan kun je liggen grienen om het doodslaan van een mug
Jopie is weer terug

Na het tweede glaasje komt dan uit wat ik al had voorspeld
Met haar hoofd nu in mijn schoot ligt ze volkomen uitgeteld

Ze zegt: 'Ik ben een kreng soms, snap niet dat je me verwent'
Ik draag haar naar bed, zodat ze nu de reden kent
Kijk haar liggen en ze ademt regelmatig
Het kriebelt op mijn borst, ik trek wat aan
De allereerste slaafse Dolle Mina
De hele week geen oog nog dichtgedaan

Jopie is weer terug, voor een nacht weer terug
Zij is mijn verloofde van een jaar of wat geleden
God wat hebben we gelachen en wat hebben we gevreeën
Ik geef hele kleine kusjes op haar blote rug
Jopie is weer terug

DIMITRI VAN TOREN
Wanneer het allemaal niet meer hoeft   1977

Zeven zomers zonder regen
En ook de winters waren schraal
De prijzen uiteraard schandalig
De kranten schreeuwden harde taal
Maar geen enkele regering
Hoe corrupt en onbevoegd
Zal ik achteraf verwijten
Nu het allemaal niet meer hoeft

Er dreven vlekken op de zeeën
Net zo groot als Engeland
Zo smerig kun je het niet bedenken
Of de wind verstoof de stank
Ja de lucht was soms ondragelijk
En wie er schuld had daar aan toe
Maar dat we het zo ver lieten komen
Nu het allemaal niet meer hoeft

En dan die middag in november
Er was geen hond op straat te zien
Toen andermaal de aarde trilde
Luidden de klokken kort nadien
Ik zag de lucht in alle kleuren
Er huilden baby's veel te vroeg

Ik voel nog steeds hoe het gebeurde
Nu het allemaal niet meer hoeft

Ik vluchtte lukraak ergens binnen
Ik weet bij God niet meer bij wie
Er keken mensen televisie
Naar een journaal om half drie
Ik zag Parijs, New York en Moskou
En ik wist meer dan genoeg
Ik heb gehuild bij vreemde mensen
Sinds het allemaal niet meer hoeft

Ik rende halfgek het huis uit
Ik dacht aan jou en iedereen
Er was paniek in alle straten
En ook de regen was gemeen
Er vielen grote zwarte druppels
De hele nacht tot 's morgens vroeg
Ik heb allang niet meer geslapen
Sinds het allemaal niet meer hoeft

Zware stormen in Alaska
Er breken dijken in Japan
Levensgrote paddestoelen
Hangen dreigend boven het land
En vrijwel alle grote steden
Staan in brand en even woest
Tiert en bloeit de zwarte handel
Nu het allemaal niet meer hoeft

En ook de dagen die toen volgden
Bracht ik met verbijstering door
Soms in overvolle kerken
Soms in huizen slecht en goor
In gezelschap van fanaten
Fatalistisch opgeschroefd
Door halve gare predikanten
Waarvoor het allemaal niet meer hoeft

Er zijn tal van arrestaties
Rechtspraak in de open lucht

Waar de schijn wordt opgehouden
Die van orde en van tucht
Er gaan verhalen en geruchten
Die ontnemen alle moed
Men hamstert zelfs slaaptabletten
Nu het allemaal niet meer hoeft

Er wordt nu overal geplunderd
Er trekken bendes door het land
Rijdend op gestolen paarden
Met revolvers in de hand
En zij kennen geen genade
Een hand vol eten is genoeg
Om je daarvoor te vermoorden
Nu het allemaal niet meer hoeft

De mensen leven in hun kelders
Als bange dieren in hun hol
Iedere straat die heeft zijn knokploeg
De hospitaals zijn overvol
En ze sterven zonder uitzicht
Aan een geestelijk bankroet
In ieder huis is revolutie
Nu het allemaal niet meer hoeft

Ik hoor verlaten kinderen huilen
Ik zie chaos en verval
Mensen die massaal verhuizen
En desillusie bovenal
Ik zie duizend jaar ellende
In een dagenlange stoet
Het is met geen pen meer te beschrijven
Nu het allemaal niet meer hoeft

Er zijn massa-executies
Heksenketels in de nacht
En een razend gekke waanzin
Die mij geestelijk verkracht
En met de handen op de oren
Is het zo nog niet genoeg
Smeek ik om het uur en tijdsein
Waarop het allemaal niet meer hoeft

Er zingen mensen in de metro
Zachtjes samen met elkaar
En ik denk aan lang geleden
Het is kerstmis einde jaar
En ik drink voor het eerst weer koffie
En zo waar het doet mij goed
En voor het eerst denk ik aan morgen...

HANS DORRESTIJN
Oorlogswinter 1977

Vader,
Je bracht mij toen naar Friesland.
Winter van vierenveertig.
Er lag sneeuw. Het was koud.
Banden van hout.
Gladde weg vol met kuilen.
Na een kwartier ging ik huilen.
En ik zeurde om brood,
Het was hongersnood.

Je kwam langs een controle.
Ik was bang voor de Duitsers,
Die zo tegen je schreeuwden,
Maar je mocht door.
Klopte toen bij een boer aan.
Die liet ons in de kou staan.
Heb een slaapplaats gezocht.
Het was hongertocht.

En we sliepen in schuren
En de tocht bleef maar duren.
Tot je in Oosterwolde
Dan afscheid nam.
Je bent zelf teruggereden,
Hebt weer honger geleden.
Je was zwaar ondervoed.
Je had heldenmoed.

Vader,
Ik kreeg warmte en eten.

Ik was die reis zo vergeten.
En de kou ging voorbij.
Het werd groen in de wei.
Ik zat op vrede te wachten.
Het kwam niet in mijn gedachten
Dat je me nooit meer zou halen.
Je hebt me enkel gebracht.

ANNIE M.G. SCHMIDT
Over tijd   1977

Ik zei dokter, zei ik, dokter.
Maar dat kan niet, zei ik, dokter,
'k Ben alleen wat over tijd.
KOOR: Tja, maar toch, het is een feit.

Ik zei dokter, luister even,
't Komt me niet zo goed gelegen.
Zijn er dan geen middelen tegen?
Een of ander medicijn?
KOOR: Nee, dat zou misdadig zijn.

Ik zei dokter, zei ik, dokter,
Dokter van die éne keer?
Dat is uitgesloten dokter.
KOOR: Tja, maar dat gebeurt wel meer.

U moet trouwen, zei de dokter,
Heel gauw trouwen, zei de dokter,
Da's 't middel tegen 't kwaad.
Maar dat kán niet, zei ik, dokter.
KOOR: Tja, dan ben ik uitgepraat.

'k Weet niet eens hoe of die heette,
Ja, z'n voornaam dat was Piet
En hij had een blauwe pet op,
Verder kende ik hem niet.

Ik zei dokter, zei ik, dokter,
't Is zo'n kleine ingreep, dokter.

KOOR: 't Spijt me, nee en nog eens nee,
Nee daar doe ik niet aan mee.
Zo en gaat u nu maar gauw,
Dag juffrouw.

Over tijd –
Twee woorden die je pas beseft
Op het moment dat het je treft.
Over tijd –
De angst en de verslagenheid
En 't zelfverwijt.
Over tijd.

Wat dat betekent weet een vrouw alleen.
Dat hebben we dan met elkaar gemeen.
Door onwetendheid,
Onervarenheid,
Over tijd.

En daar sta je dan alleen,
En daar sta je dan op straat,
Maar de vrouwen om je heen
Geven je gelukkig raad:

KOOR: Achter op de motor rijden
Over hobbelige keien.
Aldoor van de trap afglijden
Op je billen, tree voor tree
Honderd keren naar benee.
Hete thee met aspirine.
En kinine en kinine.
Nee aluin, aluin, aluin.
Rollebollen van het duin.
Mosterdbaden, mosterdbaden.
Springen van de balustrade.
Bukken, bukken, alsmaar bukken
Op je hurken en dan drukken,
Heus, dat wil nog wel eens lukken.
Wasbenzine, wasbenzine.
En kinine en kinine.
Knieën buigen, knieën buigen
En op motteballen zuigen

En dan na de motteballen
Van de keukentrap af vallen.
En gaan skiën en gaan skiën.
Je moet bidden op je knieën.
Bidden tot de Lieve Heer,
Ook dat helpt wel eens een keer.
Grenadine met morfine.
En kinine en kinine.
Lopen, rennen, vliegen, draven.
Pak een schop en ga maar graven,
Werken op de boerderij,
Zwoegen, spitten in de klei.
Rijen op een dorsmachine.
En kinine en kinine.
Nee, aluin, aluin, aluin.
In de tuin, in de tuin.
Dansen dansen sjarleston.
Touwtje springen in de zon.
In een bad van honderd graden.
Mosterdbaden, mosterdbaden.
Maar wat je doet, het blijft een feit
Het helpt geen sodemieter, meid.

KOOR: Ik weet ergens een adres
In een zijstraat van de Nes
Die het met de zeepspuit doet.
'n Enkel keertje gaat het goed
En ze zeggen 't is een goeie,
Maar het blijft natuurlijk knoeien,
Meestal helpt dat ook geen pest.

KOOR: Ik weet ook nog een adres
En dat lukt nog wel het vaakste,
't Is een echte engeltjesmaakster.
Ja, toen bij m'n nichtje Lot
Hielp het, maar zij ging kapot
En m'n moeders zuster Sjaan
Is er ook aan doodgegaan.
Dat mens is reuzegoed
Maar je weet hoe ze het doet
En je weet wat ze erbij haalt:

De breinaald.
De breinaald op de keukentafel.
De breinaald.

KOOR: Moet dat heus?
Je hebt geen keus,
Want geen dokter die het doet,
Dus het móét.

KOOR: Over tijd, over tijd,
De angst en de paniek.
Was er maar een kliniek.

JOS BRINK
Dode dingen 1978

Een adressenboekje, een notitieblaadje:
Annie morgen jarig. Achtentwintig maart is
Annie blijkbaar jarig. Nooit gehoord van Annie…
Een paar sloffen vind je. En een filmsterplaatje,
Zomaar niks, een plaatje. Waarom dat bewaard is,
Weg ermee. Want alles willen houden kan niet.

Het Troskompasje, en Varopabrood,
Z'n bril, z'n Dentofix, een doosje schroeven.
Wees eerlijk, zou je zelf die rotzooi hoeven?
't Was van je vader ja, maar die is dood.
Wat is een potlood nog, een schemerlamp?
Wat is een foto van nog voor z'n trouwen?
Nou ja, die hou je dan, je mag toch wel iets houwen:
1921… Pinksterkamp.

En dat adressenboekje, een notitieblaadje,
Het portret van mama in een Hemalijstje
En naast de laatste post de sleutels van de wagen,
Een stapel foto's, achter in een laatje,
Nooit es ingeplakt. Hé, wie is dat meisje,
Is dat tante Mary? Moet ik 'r toch eens vragen.

'Hoe gaat het vader? Heb je weer wat trek?
Je hebt wat tijd nodig om uit te zieken!

We zullen 'n jonge vent van je fabrieken!
Je gaat niet dood. Welnee zeg, ben je gek.
De dokters zijn vandaag wel zò geleerd…
Kom, nou niet huilen pa, ik ben toch bij je?'
Je vader is een kind dat ligt te schreien…
Mijn God, de rollen zijn wel omgekeerd…

En dat adressenboekje, een notitieblaadje…
Annie morgen jarig… Annie of Trudy of Lize…
't Zijn levens in een leven, namen, namen, namen…
En die sloffen vind je. Sloffen! God wat haat je
Zo'n postume schoonmaak. En de directrice
Zeurde: 'Ach meneer, dat doen we morgen samen.'

En het kàn niet samen. Want zo'n afscheid is
Geen zaak van hem en mij met nog een vreemde.
Je zoekt je weg alleen als een ontheemde,
Je doet het nog es, de begrafenis.
Je legt zijn hele leven op een rij
In dode dingen die zijn uitgezworven.
De dingen die met hem zijn meegestorven.
Gestorven, net zoals het kind in mij.

YOUP VAN 'T HEK
Flappie   1981

Het was kerstochtend 1961, ik weet het nog zo goed:
Mijn konijnehok was leeg
En moeder zei dat ik niet in de schuur mocht komen
En als ik lief ging spelen
Dat ik dan wat lekkers kreeg
Zij wist ook niet waar Flappie uit kon hangen
Ze zou het papa vragen, maar omdat hij bezig was
In het fietsenschuurtje, moest ik maar een uurtje
Goed naar Flappie zoeken, hij liep vast wel ergens op het gras

Maar ik had het hok toch goed dichtgedaan
Zoals ik dat elke avond deed
Ik was de vorige avond zelfs nog teruggegaan
Ik weet ook niet waarom ik dat deed

Ik had heel lang voor het hok gestaan
Alsof ik wist wat ik nu weet

Het was eerste kerstdag 1961, wij naar Flappie zoeken
Vader? Die zocht gewoon mee
Bij de bomen en het water, maar niet in dat fietsenschuurtje
Want daar kon ie toch niet zitten en ik schudde 'nee'
We zochten samen, samen tot de koffie, de familie aan de
          koffie
Maar ik hoefde niet
Ik dacht aan Flappie en dat het 's nachts heel koud kon vriezen
Mijn hoofdje stil gebogen, dikke tranen van verdriet

Maar ik had het hok toch goed dichtgedaan
Zoals ik dat elke avond deed
Ik was de vorige avond zelfs nog teruggegaan
Ik weet ook niet waarom ik dat deed
Ik had heel lang voor het hok gestaan
Alsof ik wist wat ik nu weet

Het was eerste kerstdag 1961, er werd luidruchtig gegeten
Maar dat deed me niet zoveel
Ik dacht aan Flappie, mijn eigen kleine Flappie
Waar zou ie lopen? Geen hap ging door mijn keel
Toen na de soep het hoofdgerecht zou komen
Sprak mijn vader uiterst grappig: 'Kijk Youp daar is Flappie dan.'
Ik zie de zilveren schaal nog en daar lag hij in drie stukken
Voor het eerst zag ik mijn vader als een vreselijke man

Ik ben gillend en stampend naar bed gegaan
Heb eerst een uur liggen huilen op de sprei
Nog een keer scheldend boven aan de trap gestaan
En geschreeuwd: 'Flappie was van mij'
Ik heb heel lang voor het raam gestaan,
Maar het hok stond er maar verlaten bij

Het was tweede kerstdag 1961, moeder weet dat nog zo goed
Vaders bed was leeg
En ik zei dat zij niet in de schuur mocht komen
En als ze lief ging spelen
Dat ze dan wat lekkers kreeg

JAN BOERSTOEL
Schilder 1983

Ik heb een schilder dood zien vallen
Van driehoog aan de overkant
En op de tegels neer zien smakken
En stil zien liggen naderhand.
Hij stond gewoon zijn werk te doen
En wou zijn ladder wat verwrikken.
Een ongeluk komt nooit alleen,
Maar hij was dood voor ik kon schrikken.

Ik heb een schilder dood zien vallen
Op een betrokken voorjaarsdag.
Hij had een baard en bruine ogen,
Die ik als laatste open zag.
Zijn ladder hield hij tot het eind,
Alsof dat zin had, vastgegrepen,
Maar langs de muur huilde zijn verf
Nog door in trage witte strepen.

Wanneer in Nederland
De doodstraf zou bestaan
Met executies in het openbaar,
Dan weet ik zeker, dat
Ik daar nooit heen zou gaan,
Nog voor geen tien miljoen kreeg je me daar.
En toch heb ik niet eens
Mijn ogen dichtgedaan
Toen hij te pletter viel op het trottoir.

Ik heb een schilder dood zien vallen,
Misschien al meer dan duizend keer
En steeds als ik aan hem moet denken
Zie ik diezelfde beelden weer:
'Zoals een kaars in open veld…'
Want doodgaan overkomt ons allen,
Maar ik heb oog in oog gestaan,
Ik heb een schilder dood zien vallen.

ISCHA MEIJER
God de Vader   1983

O, God, wat was je goed voor mij als kind.
Toen ik je prees en loofde en de heleboel.
Ik had je innig lief, mijn God, als kind.
Jou te beminnen was mijn hoogste doel.

Daar stonden ze, wat joden in een sjoel,
En bogen naar Jeruzalem.
Ik luisterde heel zoet naar vaders stem.
Wat was toen het verschil tussen mijn God en hem?

O, God, wat was je slecht voor mij als man.
Toen ik je meed, verachtte en de heleboel.
Ik trapte je kapot, mijn God, als man.
Jou uit te roepen was mijn hoogste doel.

Daar stonden ze, wat joden in een sjoel,
En bogen naar Jeruzalem.
Ik luisterde niet meer naar vaders stem.
Wat was nog het verschil tussen die God en hem?

O, pa, wat was je goed voor mij als kind.
Toen ik je liefhad, eerde en de heleboel.
Ik adoreerde je, mijn pa, als kind.
Van jou te houden was mijn hoogste doel.

Daar staat hij nog, mijn vader, in die sjoel,
Hij buigt zich naar Jeruzalem.
Ik luister nu niet meer naar vaders stem.
Wat is nog het verschil tussen geen God en hem?

YOUP VAN 'T HEK
Vriendin   1983

Bij mijn vrouw ben ik een keertje weggelopen
Uit de doordeweekse sleur van het gezin
Ik zei: 'Ik ga even sigaretten kopen'
En bleef toen een maand of twee bij mijn vriendin

Een studente jong en mooi, het was een snoesje
Ze woonde op een kamer in de stad
En ze wilde steeds romantisch met mij douchen
Maar die romantiek had ik allang gehad
Verder moest ik hele nachten met haar praten
Of met haar lopen langs het Bloemendaalse strand
Maar ik kreeg al heel gauw in de gaten
Ik had dit al een keertje bij de hand
En elke dag kreeg ik een ontbijtje
Waarbij ze zei: onze liefde is zo echt
Ik keek dan wat vertwijfeld naar mijn eitje
En dacht: oh ik heb dit al zo vaak gezegd
Verder moest ik steeds zo derdewerelds eten
Er stond steeds weer iets uitheems op 't menu
'k Zat al die knoflook en die pepers uit te zweten
En verlangde zo naar doppertjes en jus
Ik moest ook nog mee naar donkerbruine kroegen
Of naar een of ander vaag studentenfeest
Waar ze stuk voor stuk in volgorde vroegen
Of ik al naar Freek de Jonge was geweest

We hadden weer een avond zitten discussiëren
En weer een of ander isme opgelost
Toen ik 't tijd vond om maar weer te deserteren
En ik zei: 'Ik moet nog even naar de post'
Alleen die brief is bij haar teruggekomen
En ik ben weer gewoon naar huis gegaan
Hoewel ik wel een omweg heb genomen
En wat onzeker bij mijn voordeur heb gestaan
En mijn vrouw was allerminst verbijsterd
Wat dat betreft is 't een fraaie schat
Mijn afwezigheid die had haar niet geteisterd
Ze vroeg alleen of ik mijn sigaretten had

Daarop had ik geen zinnig woord te zeggen
Waarom had zij geen woede opgekropt?
En zonder verder nog iets uit te leggen
Zei ik dat ik met roken was gestopt

GERARD COX
Elke avond een half uurtje joggen   1984

Elke avond 'n half uurtje joggen,
En de doden joggen met me mee.
's Avonds lekker 'n half uurtje joggen,
En de doden joggen mee.

Rechts van mij loopt blazend mijn vader,
Grijs en vierkant als in zijn beste tijd.
Hij zal bijten en doorgaan tot ie erbij neervalt,
Geeft nooit toe dat ie toch al 'n beetje slijt...
Naast hem, verend en soepel, loopt Ria,
Die reed jarenlang door de polder op ons paard.
Op een kwaaie dag door een auto overreden,
Nu rent ze mee met wapperende paardestaart.
Iedereen rent mee in perfecte cadans,
En achter in de rij loopt Frans...

Elke avond 'n half uurtje joggen,
En de doden joggen met me mee.
's Avonds lekker 'n half uurtje joggen,
En de doden joggen mee.

Ronnie Bierman in prima conditie,
Tennisracket klemmend onder haar arm.
Daarnaast puffend en steunend Elsa Lioni,
Nog altijd niet bepaald een magere darm.
Sonneveld fluitend met z'n ruiten petje,
Roept af en toe nog een grap of 'n grol,
Draaft in het midden samen met Guus Oster,
Die twee lopen samen te barsten van de lol.
Ko van Dijk hoor 'k achter mij constant vloeken,
Last van z'n heup en wordt nu echt te dik.
Willy van Heesvelde in een van zijn te wijde broeken,
Die zat liever in een goed restaurant op het ogenblik...
Iedereen rent mee in perfecte cadans,
En achter in de rij loopt Frans.

Elke avond 'n half uurtje joggen,
En de doden joggen met me mee.

's Avonds lekker 'n half uurtje joggen,
En de doden joggen mee.

Na dit weiland gaan we rechtsaf, het bos in,
Onder de bomen zie ik peinzend Bomans staan.
Ook deze modegril laat ie aan zich voorbijgaan,
Hij kijkt spottend naar al wat rent achter mij aan...
Georges Brassens als 'n grommende beer,
Z'n gitaar danst op zijn rug op en neer.
Samen met Jim Croce, ze lopen naast elkaar
In het hallef donker een dansend snorrenpaar.
John Lennon loopt of ie zit achter zijn vleugel,
Draaft zoals ie zingt zonder bit of teugel,
En blaffend en happend naar ieder z'n been,
Lopen m'n twee dooie honden er ook nog doorheen...
Iedereen rent in perfecte cadans,
En achter in de rij loopt Frans.

Elke avond 'n half uurtje joggen,
En de doden joggen met me mee.
's Avonds lekker 'n half uurtje joggen,
En de doden joggen mee.

Elke paar weken wordt de stoet weer wat drukker,
Danst 'n nieuw gezicht in onze steeds langere rij.
De dood gaat door als 'n trage, maar trouwe plukker,
Ik ben benieuwd: Wie loopt volgende week erbij...
Iedereen weer door in perfecte cadans,
En achter in de rij loopt Frans.

Elke avond 'n half uurtje joggen,
En de doden joggen met me mee.
's Avonds lekker 'n half uurtje joggen,
En de doden joggen mee...

JAAP VAN DE MERWE
Ballade van het wonderorgel   1986

Krijg je een ouwe Rotterdammer
Eenmaal aan de praat,

Dan maak je 'n goeie kans op het verhaal
Dat over 't orgel in die bios
Op de Hoogstraat gaat.
Dat kennen ze zo'n beetje allemaal.
    Dat was een wonder.
    Bijzonder!

Twee joodse landverhuizers
Hebben ruim een jaar gebouwd,
Voordat dat ding geluid gaf, goed en wel.
Maar toen...! Je wist niet wat je hoorde!
Je werd warm en koud,
Je zweefde, je kwam klaar, kreeg kippevel,

    Zó zwoel, zó dwepend.
    Meeslepend!

Want dat orgel had een ziel,
Die zong van-dik-hout-zaagt-men-planken.
Tranen kreeg je in je ogen
En je wist niet of het kwam
Van 't janken,
Van de lach,
Of soms van het Wilhellemus-gevoel.
Maar je wist:
Jij zou beslist
Voor elk mooi doel
Je leven geven.
't Orgel galmde heldenmoed,
Moord en brand en bloed.

Als horden ongecultiveerde
Indianen galoppeerden
Om te jagen op de scalp van Tom Mix.
Als Harry Piel met Asta Nielsen in de struiken dook
Kon je de kamperfoelie horen, en nog ruiken ook.
Dat orgel stond voor niks.

    't Orgel galmde heldenmoed,
    Liefde, seks en bloed.

Je kreeg een jungle, waar de wilde
Beesten brulden, krijsten, gilden,
Loeiden, sisten, kwinkeleerden als de hel.
De Niagara waterval, de Oriënt Express,
Een slagveld uit de Wereldoorlog en een jazz-orkès,
Een kloosterklokkenspel.

   't Orgel galmde heldenmoed,
   Vroomheid, rampen, bloed.

Een hele stad in lichterlaaie,
Zeekastelen naar de haaien...
Nou, dan gingen de registers effen open.
De vlammen sloegen uit je hoofd
En menigeen heeft soms geloofd,
Dat ie Op Hoop Van Zegen zelf was verzopen.

   't Orgel galmde heldenmoed,
   Moord en brand en bloed.

Toch kwam de sterkste gruwelfilm
Niet op het doek van 't huis
Uit de toverlantaren. Nee. Die kwam
Uit blauwe lucht vol
Bommenwerpers met een hakenkruis,
Loodrecht omlaag op 't hart van Rotterdam,

   Dat was veroordeeld
   Tot voorbeeld.

Eerst de ontploffingen.
Toen de brand – Eén helse baaierd van vuur.
De molenaar aan het Oostplein deed
Wat ze al sinds de middeleeuwen doen
Bij brandgevaar:
De wieken laten draaien.
Dan waaien de vonken weg.

Zijn molen bleef gespaard.

Maar mensen, woonhuizen, kerken, fabrieken,
Winkels, theaters...
Hebben geen wieken.

Zo is die bioscoop ontvlamd
En langzaam ingestort.
Toneel. Balkon. De muren. Het plafond.
Het wonderorgel kreeg de brokken
Op z'n toetsenbord:
Het kermde, dat je 't buiten horen kon,

Huiveringwekkend
Verrekkend.

Want dat orgel had een ziel
Die angst en schrik en pijn verraadde.
Eerst nog pianissimo
Een schietgebedje om genade.
Maar bij al 't gedonder
Van de bommen
Is dit God ontgaan.
Dus geen wonder,
Dat ook geen piloot
Het heeft verstaan.
Het hulpeloos schietgebedje raakte zoek
En het werd een vloek.

In de Oppert lag een jongen heel stil
Op de stoep van wat zijn huis was geweest.
Zijn horloge stond op tien voor half twee,
Het ogenblik van de eerste voltreffer.
Wie weet heeft hij meer geluk gehad dan honderden anderen,
Voor wie de dood uren later pas definitief werd.

Je kleren vlogen buiten
Van de hitte in de hens.
In de Pannekoekstraat deed een kastelein
Het luik voor 't raam.
Daar dronken lallend, biddend
Zestig mensen,
Tot ze door het vuur bedolven zijn,

Laten we hopen:
Straalbezopen.

Drie dienstmeisjes van de Oud-Katholieke Kerk
Aan de Torenstraat dachten:
In de kluis, daar zit je veilig voor de bommen.
Dat was waar.
Maar met een ingestorte kerk eroverheen
Krijg je achteraf de safe-deur niet meer open.
En vervolgens kwam de brand.
Toen later puinruimers de kluis opentrokken,
Troffen ze op de bodem één gesmolten massa aan.

De man die 's ochtends
Zijn gezin nog heelhuids achterliet
Vond half zijn Jonker Fransstraat platgelegd
En brulde naar de lucht:
'Dit neemt ik godverdomme niet!'
Nooit is Gods naam misbruikt
Met zóveel recht.

Voor zulke moorden
Bestaan geen woorden.

Bij Douwe Egberts
Lag een pakhuis vol koffiebonen,
Die werden voor de tweede keer gebrand.
Toen ging het bluswater eroverheen,
Dat aan de kook raakte.
Zo komt het, dat de binnenstad dagenlang geurde –
Niet alleen naar brandende vuilnisbelten
Maar ook schrijnend-gezellig naar een sterk bakkie troost,
Bittere, schrale troost.

Op de Noordsingel kreeg de gevangenis een voltreffer,
Dus hebben ze de deuren opengezet.
En in de ouwe diergaarde
Zijn de bloeddorstige beesten doodgeschoten
En de overige kooien opengezet.
Dus apen en papegaaien
In de bomen langs de Westersingel,

Kangoeroes op de Kruiskade,
Struisvogels in 't Zwaanshals,
De Zwart Janstraat.

En in het brakke
Grachtje langs de Molenwaterweg:
Een zeeleeuw. En giraffes op 't Hofplein.
Maar de verraderlijkste beesten
Vlogen alweer ver
Op thuisreis naar hun holen bij Berlijn

    Om zich te melden
    Als helden.

    In de lege bioscoop
    Heeft men het orgel horen zuchten.
    Vruchteloos probeerde 't
    Met z'n trappelende paarden
    Weg te vluchten.
    Brullend smeet het
    Heel z'n waterval
    Naar vuur en vlam.
    Stervend heeft het toen
    De doodsklok nog geluid
    Voor Rotterdam.
    Eén vals akkoord van heldenmoed,
    Moord en brand en bloed
    En 't wonderorgel zweeg
    Voorgoed.

DRS. P
Elfstedentocht 1986

Terwijl ik deze regels schrijf
Omgeven mij de fletse dampen
Van een veredelingsbedrijf
Ik heb met ademnood te kampen
En tranen branden in mijn ogen
Als een verterend vocht
Is het chemie of mededogen
O, mijn Elfstedentocht

Zwaar leunt de toekomst op het land
Het water sabbelt aan de oever
En deponeert een taaie rand
En ik word zienderogen droever
Dit land waar ik in het verleden
Mijn toekomstdromen vlocht
Des winters werd er schaats gereden
O, mijn Elfstedentocht

Ja, ieder jaar was het hier koud
Het water wekenlang bevroren
De kind'ren zochten sprokkelhout
Vergaarden afgevallen oren
En stonden in de donk're uren
Als het van Moeder mocht
Hun winterhelden aan te vuren
O, mijn Elfstedentocht

Zelf heb ik ook eens meegedaan
Verleden week (maand, jaar), het weer was prachtig
Ik kwam zowaar behouden aan
Als nummer 14080
Wel stonden officiële lieden
Niet zonder achterdocht
Mijn mooie trekpaard te bespieden
O, mijn Elfstedentocht

Terwijl ik deze regels schrijf
Hoor ik gejubel en aubaden
Ze bleven wel een uur of vijf
Mij met hun bijval overladen
O, de ontroering speelt mij parten
Dus nu genoeg gepocht
(Ik kan ook meesterlijk biljarten)
O, mijn Elfstedentocht

HENK ELSINK
Als ik aan vader denk   1986

Als ik aan vader denk, dan denk ik aan dat zitje op de fiets,
Aan die zomers waar geen eind aan leek te zijn

Als ik aan vader denk, dan denk ik aan die haard zo warm en
        rood,
Aan die handen als een kolenkit, zo goed, zo hard, zo groot

    Maar 't was te kort om je leven mee te doen,
    Veel te kort om al die jaren mee te doen
    Veel te kort en veel te weinig

Als ik aan vader denk, dan denk ik aan die knop-accordeon,
Aan die lach boven het glimmend parelmoer
Als ik aan vader denk, dan denk ik aan die klok van tien voor één,
Aan die fiets die hij dan pakte, aan die kus zo hard als steen

    Maar 't was te kort om je leven mee te doen,
    Veel te kort om al die jaren mee te doen
    Veel te kort en veel te weinig

Als ik aan vader denk, dan denk ik aan die ogen als de zee,
Aan die blik van zoveel eenvoud en zo goed
Als ik aan vader denk, dan denk ik aan dat schuurtje in de tuin
En toen de wereld weer eens brandde, aan z'n tranen bij het puin

    Maar 't was te kort om je leven mee te doen,
    Veel te kort om al die jaren mee te doen
    Veel te kort en veel te weinig

Als ik aan vader denk, dan denk ik aan die kouwe winternacht,
Aan berichten uit een land van Gründlichkeit
Als ik aan vader denk, dan denk ik aan dat wachten bij de deur,
En van blijdschap huilen op z'n jas met die kazernegeur

    Maar 't was te kort om je leven mee te doen,
    Veel te kort om al die jaren mee te doen
    Veel te kort en veel te weinig

Als ik aan vader denk, dan denk ik aan een veel te korte tijd
Scheiden is zo gril en altijd onverwacht
Als ik aan vader denk, dan denk ik hoe een mens veranderen kan
Maar je kunt niet blijven haten, en wat je kreeg, dat was het
        dan...

Maar 't was te kort om je leven mee te doen,
Veel te kort om al die jaren mee te doen
Veel te kort en veel te weinig

HARRIE JEKKERS
Het schaakspel 1988

Ik moet zo'n acht jaar zijn geweest
Toen ik op een koude zondagmiddag
Aan mijn moeder vroeg: 'Kan u me schaken leren?'
Ze zei: 'Dat is lang geleden
Dus ik weet niet meer zo goed
Hoe het moet, maar goed we kunnen het proberen'

Dus ik pakte de zes-spellendoos
Nam er het dambord uit
Waarop je op de achterkant kon schaken
Maar de stukken
Die zaten er niet bij
Mijn moeder zei: 'Die zullen we dan zelf maar moeten maken'

Ze knipte toen papiertjes uit
En gaf ze door aan mij
En zei er telkens bij wat ik erop moest schrijven
En toen we klaar waren
Plakten we samen
De namen van de stukken op de schijven
En ze zei:

'Dit is de koning alles draait om hem
Als hij valt dan heb je het verloren
Hij is machtig, hij kan alles, hij mag overal naar toe
Over het hele bord van achteren naar voren
Met de toren mag je recht
Met de lopers enkel schuin
En die dingen kunnen springen, dat zijn paarden
En die koningin die mag niet meer
Dan maar één vakje per keer
Het is eigenlijk een stuk van weinig waarde'

Dus wij samen aan het schaken
Het was zaak je koning vrij te maken
En dan naar de overkant om te plunderen en te roven
En die koningin
Stond wat lullig achterin
Werd in het hele spel zo goed als nooit verschoven

En ik moet zo'n zestien jaar geweest zijn
Toen ik logeerde bij een vriend
Die mij vroeg: 'Zullen wij een potje schaken?'
Dus ik aan 't rausen met die koning
En mijn vriend die vroeg verbaasd:
'Ga je lekker joh, dat ken je toch niet maken'
En ik vroeg kwaad: 'Hé, wat doe ik dan verkeerd?'
Want toen ik klein was heeft mijn moeder mij geleerd:

Dit is de koning alles draait om hem
Als hij valt dan heb je het verloren
Hij is machtig, hij kan alles, hij mag overal naar toe
Over het hele bord van achteren naar voren
Met de toren mag je recht
Met de lopers enkel schuin
En die dingen kunnen springen, dat zijn paarden
En die koningin die mag niet meer
Dan maar één vakje per keer
Het is eigenlijk een stuk van weinig waarde

Ik moet zo'n vijfentwintig jaar geweest zijn
Toen ik op een zondag aan mijn moeder vroeg
'Weet u nog dat u mij heeft leren schaken?'
Ze zei: 'Dat is lang geleden
Maar ik weet het nog precies
Toen moesten we de stukken zelf maken'

En ik zei: 'Maar ik heb jaren fout geschaakt
Want u heeft toen een fout gemaakt
En ik snap pas nu wat er toen is misgegaan
Want ja een sterke koningin
Zat er destijds nog niet zo in'
Mijn moeder vroeg: 'Wat heb ik dan verkeerd gedaan?'
En ik zei:

'Het gaat wel om de koning, alles draait om hem
Als hij valt dan heb je het verloren
Maar die koningin die mag veel meer dan maar één vakje per
      keer
Over het hele bord van achteren naar voren
Zou het kunnen dat u toen
De rollen omgedraaid heeft
Omdat je daar destijds niet zo op lette'
Toen zei ze een tijd lang niets
......
Stond ze op en zei: 'Ik ga even koffie zetten'

Het was op een koude zondagmiddag
Ik moet zo'n acht jaar zijn geweest
Ik heb van mijn moeder veel geleerd
Maar zij en ik, van die ene fout misschien nog wel het meest
Van die ene fout misschien nog wel het meest

SETH GAAIKEMA
Door de deur op een kier   1988

I
Door de deur op een kier
Zag hij beelden uit zijn jeugd.
Oorlog: 't Huis vol onderduikers.
Vraag: Wie wel en wie niet deugt.

Het bevrijdingsvertier,
Toen de twijfel echt begon
In de optocht liep hij achter
Tank gebouwd van bordkarton.

Als een kabouter aandoenlijk verkleed
En z'n vriendinnetje van vijf
Ging als Roodkapje.

Door de deur op een kier:
Die twee kinderen hand in hand.
Droomfiguurtjes tussen bordpapieren tanks
In bevrijd Nederland.

II

Door de deur op een kier.
Vierenveertig razzia.
Zondags vroeg, preek-preparerend,
Stond politie voor papa.

'U verbergt mensen hier',
Toen men twee warme kussens vond
En z'n pa als theoloog loog:
'Van de kat en van de hond.'

Grote Stilte, maar goed,
De smoes werd aanvaard.
'Nun, bitte, die andere Zimmer.'

M'n vrouw en zoontje slapen hier'.
En als vertedering vroeg misbruikt,
'n Acteurtje, van vijf jaar kraait van plezier.
Onder 't bed was het luik...

III

Door de deur op een kier
Zag hij een zaal vol vrolijkheid.
Andere mensen af te leiden
Zette hij door in vredestijd

Tussen ogen vol plezier
Zag hij soms een strak gezicht,
Dat niet begreep, waar toch vandaan kwam
Zijn grote hang naar lach en licht.

Ach gut Roodkapje is al jaren getrouwd,
Maar hij speelt op het toneel
Nog altijd zijn eigen sprookje.

Daar viel de deur in het slot
Door de nachtelijke wind.
En hij was weer alleen als voorheen...
In God's vrede oorlogskind.

Wat de dokter er van zegt

ACHTENTWINTIG ONDERZOEKEN

HANS VAN DEVENTER
Petruschka 1964

Ach waarom huil je, Petruschka, is het je grijze haar?
Valt het afscheid van je jeugd je dan zo zwaar?
Zijn je droge lippen zich opeens bewust
Dat zij al zo'n lange tijd niet zijn gekust?
Kom droog je tranen, Petruschka, kijk eens om je heen,
Er zijn er zo wel meer dan jij alleen.

Och waarom huil je, Petruschka, is het om een woord,
Dat je in je leven maar zo zelden hebt gehoord?
Of is het om de mensen die jouw hart van goud,
Ongevraagd tot klaagmuur hebben omgebouwd?
Kom droog je tranen, Petruschka, kijk eens om je heen,
Er zijn er zo wel meer dan jij alleen.

Ach waarom huil je, Petruschka, fluistert in je hoofd
Altijd weer de eenzaamheid die jou al was beloofd,
Toen je als een grap van onze Lieve Heer,
Schots en scheef ter wereld kwam, een nar, niet meer?
Kom droog je tranen, Petruschka, kijk eens om je heen,
Er zijn er zo wel meer dan jij alleen.

Je bent een spiegel, Petruschka, die aan ons vertelt
Hoe gezond en sterk wij zijn, hoe slim en welgesteld.
Jij huilt onze tranen, jij draagt ons verdriet,
Zonder het duister kan ook zelfs het zonlicht niet.
Dus droog je tranen, Petruschka, kijk maar om je heen,
Wij lachen dank zij jou en jou alleen.
Wij lachen dank zij jou en jou alleen.

RAMSES SHAFFY
Sammy 1966

Sammy loop niet zo gebogen
Denk je dat ze je niet mogen
Waarom loop je zo gebogen, Sammy
Met je ogen, Sammy
Op de vlucht

Hoog Sammy, kijk omhoog Sammy
Want daar is de blauwe lucht

Sammy loop niet zo verlegen
Zo verlegen door de regen
Waarom loop je zo verlegen, Sammy
Door de stegen, Sammy
Van de stad
Hoog Sammy, kijk omhoog Sammy
Want dan wor' je lekker nat

   Sammy, kromme kromme Sammy
   Dag Sammy, domme domme Sammy
   Kijkt niet om zich heen
   Doet alles alleen
   En vindt de wereld heel gemeen

Sammy wil bij niemand horen
Zich door niets laten verstoren
Toch voelt hij zich soms verloren, Sammy
Hoge toren, Sammy
Kan 't niet aan
Hoog Sammy, kijk omhoog Sammy
Want daar boven lacht de maan

Sammy wil met niemand praten
Maar toch voelt hij zich verlaten
Waarom voel je je verlaten, Sammy
Op de straten, Sammy
Van de stad
Hoog Sammy, kijk omhoog Sammy
Want dan wor' je lekker nat

   Sammy, kromme kromme Sammy
   Dag Sammy, domme domme Sammy
   Kijkt niet om zich heen
   Doet alles alleen
   En vindt de wereld heel gemeen

Sammy wil heus wel verand'ren
Maar is zo bang voor de and'ren

Waarom zou je niet verand'ren, Sammy
Want de and'ren, Sammy
Zijn niet kwaad
Hoog Sammy, kijk omhoog Sammy
Anders is het vast te laat

Sammy loopt maar door de nachten
Op 'n wondertje te wachten
Wie zal dit voor jou verzachten, Sammy
Want jouw nachten, Sammy
Zijn zo koud
Hoog Sammy, kijk omhoog Sammy
Er is één die van je houdt

SETH GAAIKEMA
Autoriteit 1966

'n Autoriteit
Die loopt niet maar schrijdt
Schrijdt, schrijdt, schrijdt.
Maar valt de voordeur dicht
En is ie uit 't gezicht
Van die nare langharige jongetjes
Moet zo'n autoriteit
Z'n energie heel even kwijt
En maakt ie kleine sprongetjes.

　　Autoriteiten bij volle maan
　　Huppelen, huppelen...
　　Autoriteiten bij volle maan
　　Huppelen achter de feiten aan.

'n President
Dat is bekend
Schrijdt, schrijdt, schrijdt.
Maar zie je hem 's avonds thuis
In 't lege Witte Huis
Door de lange gangen sjokken,
Als ie – 't is al laat –
Moe naar bed toe gaat
In pyjama en op sokken...

Presidenten bij volle maan
Huppelen, nee sukkelen…
Presidenten bij volle maan
Sukkelen achter de feiten aan.

Bisschop loopt met waardigheid
Of ie ten hemel schrijdt.
Maar in het Vaticaan
Zijn 's nachts de lichten aan
En menig late wandelaar
Die door de ramen spiedt
Die weet niet wat ie ziet
Bij 't schijnsel van een kandelaar…

Bisschoppen in de maneschijn
Huppelen, nee druppelen…
Bisschoppen in de maneschijn
Druppelen water in hun wijn.

Maar wist u dat 'n autoriteit
's Nachts soms even schreit?
In bed in z'n hansop
Met al z'n lintjes op
Huilt ie 't witte linnen nat.
Om 'n soort, dat herrie maakt
En lege huizen kraakt
Overal in de binnenstad.

Agenten 's nachts bij volle maan
Huppelen, nee knuppelen…
Agenten 's nachts bij volle maan
Knuppelen achter de feiten aan.

RAMSES SHAFFY
De een wil de ander 1966

'Zie je niets aan me?' vroeg een vrouw aan een man
En de man zei: 'Nee, wat is er dan?'
En de vrouw zei toen: 'Zie je dan niet
Hoe je me de keel uithangt, Piet'
En toen was het gebeurd

En toen was de boot aan
En toen zijn ze maar uit elkaar gegaan

Ik zie er iets in, dacht de man van een vrouw
En de man zei toen: 'Ik hou van jou'
En de vrouw dacht: Oh jee, en viel voor de bijl
't Eind van het liedje had niet zoveel stijl:
De wekker liep af
De morgen brak aan
En toen was hij er al stiekem vandoor gegaan

   De ene wil de ander
   Maar die ander wil die ene niet
   De ander wil een ander
   En die ene heeft verdriet.
   Zo ging het en zo gaat het
   En zo gaat het altijd aan
   En zo gaat het altijd uit
   En zo zal het altijd gaan

Hij is hoogst interessant, dacht een vrouw van een man
Want hij zwijgt zo mystiek, daar hou ik van
Maar na een tijd toen zei hij eens wat
En toen bleek dat hij niets te zeggen had
Weer nul op 't rekest
Zij ging weer op pad
Op zoek naar een man met meer woordenschat

Ach eindelijk, dacht een man van een vrouw
Deze blijft mij eeuwig trouw
Zij leek zo solide, met hoed en met vos
Maar na een tijd barstte het beest in haar los.
Ze scharrelde hier
En ze scharrelde daar
Ook deze twee bleven niet bij elkaar

   De ene wil de ander
   Maar die ander wil die ene niet
   De ander wil een ander
   En die ene heeft verdriet.
   Zo ging het en zo gaat het

En zo gaat het altijd aan
En zo gaat het altijd uit
En zo zal het altijd gaan

Zij kusten elkaar, een man en een vrouw
En de man zei: 'Ans, ik hou van jou'
Maar zij heette Els, de vergissing was groot
En Els was heel boos en de liefde was dood.
Bij onweer en bliksem
En wenende maan
Is hij toen weer naar Ans gegaan
Zij minden elkaar, een man en een vrouw
En de vrouw zei: 'Schatje, wat doe je nou?'
En de man zei: 'Lieverd, ik doe niets'
'Precies,' zei de vrouw en reed weg op de fiets.
De liefde doet pijn
De liefde slaat wonden
En de liefde is fijn en het is geen zonde

Kijk, de ene wil de ander
Maar die ander wil die ene niet
De ander wil een ander
En die ene...
Ach, gosje gosje...

IVO DE WIJS
Discriminatie 1968

Keizer Nero
In het circus
De Romeinen gaan tekeer
De arena
Veertig leeuwen
Lopen hongerig heen en weer
En de deuren zwaaien open
Het publiek dat tiert en brult
Want wie komt daar aangelopen
Een debiele homofiele joodse neger met 'n bult

Alle mensen zijn voortdurend ontevreden
Ontevreden ontevreden zonder duidelijke reden

Want de koffie werd weer duurder
En de tram wil maar niet komen
En die vlek in dat colbert
Is blijven zitten na het stomen
En die vis zit vol met graat
Wat een viezigheid op straat
Die verwilderende zeden
Ontevreden ontevreden
En wie krijgt er dan de schuld
Die debiele homofiele joodse neger met 'n bult

Ook Attila met z'n Hunnen
Heel die goddeloze stam
Wilde bende
Woeste horde
Die uit Oekraïne kwam
Vuur en vlam en rode luchten
Over tomeloos tumult
Wie moest rennen wie moest vluchten
Die debiele homofiele joodse neger met 'n bult

Alle mensen zijn voortdurend ontevreden
Heeft zich eentje bij het scheren in z'n onderkin gesneden
Heeft een tweede een verkoudheid
Of een beetje dikke voeten
Heeft een derde debiteuren
Die nog veel betalen moeten
Hebben ze een open wond
Een onzindelijke hond
Zijn ze bijna overreden
Ontevreden ontevreden
En wie krijgt er dan de schuld
Die debiele homofiele joodse neger met 'n bult

Ku Klux Klan
De Filistijnen
Adolf Hitler
't Kapitaal
Enoch Powell
Georgie Wallace
Steeds hetzellufde verhaal

Want wie werd er weer verdreven
Met geweer en katapult
Eeuwig vrezend voor z'n leven
Die debiele homofiele... precies

Alle mensen zijn voortdurend ontevreden
Ontevreden ontevreden zonder duidelijke reden
Misschien denkt u bij uw eigen
Nou zo'n liedje moest nie magge
Want zo'n arme joodse neger
Nou daar kan ik niet om lachen
Dat soort dingen nou hoor nee
Aan het eind klap ik niet mee
En uw duim gaat naar beneden
Ontevreden ontevreden
Nou dan geven wij de schuld
Aan die debiele homofiele joodse neger *met die dikke stapel
Telegrafen onder z'n jasje*

PAUL VAN VLIET
Meisjes van dertien 1969

Hebben van die wapperende voeten
Lopen altijd overal tegenop
Weten helemaal niet wat ze moeten
Kauwen dus de hele dag maar drop
Moeten oude jurken van hun grote zusjes aan
Die hun moeders hen nu juist zo énig vinden staan
Houden niet van zomerkampen moeten daar toch heen
En zijn daar met z'n honderden verschrikkelijk alleen...

Meisjes van dertien – niet zo gelukkig
Meisjes van dertien – er net tussenin
Te groot voor de poppen – te groot voor de merels
Te klein voor de liefde – te klein voor de kerels
Met een glimmende neus
En met knokige knietjes
En in hun dagboek
Staan de kleine verdrietjes
Meisjes van dertien – vlak voor 't begin
Meisjes van dertien – er net tussenin

Hebben van die dromerige koppies
Hebben van dat dunne steile haar
Willen niet meer samen met de jongens
Willen nou alleen nog met elkaar
Giechelen bij de naam van 't onbereikbare idool
Giechelen om hun vader en de leraren op school
Giechelen van ongemak en giechelen van spijt
Giechelen zich een weggetje naar een betere tijd...

    Meisjes van dertien – niet zo gelukkig
    Meisjes van dertien – er net tussenin
    Te groot voor de poppen – te groot voor de merels
    Te klein voor de liefde – te klein voor de kerels
    Nog nergens een vrouw – ja van boven voorzichtig
    Maar verder nog nergens – nog te dun en te spichtig
    Meisjes van dertien – droom er maar van
    Meisjes van dertien – giechel maar an!

MICHEL VAN DER PLAS
Sandra 1969

Heel de week speelt ze door zijn gedachten,
Heel de week mist hij haar stem en haar lach
Zes dagen lang kijkt hij uit naar die ene
Korte, maar zekere zaterdag.
Zaterdag is er dan eindelijk die middag.
Wat zal ze aan hebben? Komt ze te laat?
Zaterdag, klein en nerveus in zijn auto,
Wacht hij haar op, op de hoek van de straat.
Daar komt ze aan, hip en wel met haar krullen.
Weg is die angst van: Ze komt niet misschien.
Zaterdag is het en blij zit hij naast haar.
Zaterdag mag hij Sandra zien.

Iedere keer moet hij toch even wennen,
Wil hij iets liefs zeggen, weet niet goed hoe;
Aarzelt: Wat zullen we? en ze zegt vleiend:
'Artis weer, papa, en cineac toe.'
Godzijdank lacht ze, praat ze, vertelt ze:
De meester is duf en de poes is weer zoek.

Ongemerkt rijdt hij harder dan anders
En hij ziet klokken op iedere hoek.
Zo heeft de rechter beslist, en vier uren
Is ze van hem in een vast stramien.
Zaterdag is zijn alimentatie.
Zaterdag mag hij Sandra zien.

Sandra ronddansend in Artis, en daarna
Sandra doodstil in de cineac.
Onder de tekenfilm, veilig in 't donker,
Stopt hij een riks in haar mantelzak.
Daarna een ijsje en daarna nog cola.
Hij neemt er ook een, maar 't smaakt hem niet best.
't Laatste halfuur, er is niets meer te zeggen,
Rijden ze zomaar wat rond door Nieuw-West.
Zes uur zet hij haar af op het hoekje,
Denkt: Veel te wijs voor een meisje van tien.
Zaterdag laat heeft hij te veel gedronken.
Volgende week mag hij Sandra zien.

TOON HERMANS
Akke Fietje liedje 1969

Akke is een boerenzoon, een stille,
Altijd met een boek in de alkoof
Akke drinkt in plaats van bier kamille,
Akke is een echte filosoof.
Fietje is een stille boerendeerne,
Gaat nooit met de jonkheid naar het bal
Als de vrijers door het dorp flaneren,
Zit Fietje eenzaam in de koeiestal.

Maar 's nachts dan gaat de staldeur open op dat platteland,
En dan komt Akke binnen met de klompen in de hand, ja, ja,
    ja, ja…
Dan mag stille Akke Fietje in zijn armen pakken,
Akke Fietje, Fietje Akke bij de voederbakken
Het liefdesvuur laait hoog door 't hooi, en als de hond niet
    blaft,
Dan is de nacht verrukkelijk, dan zijn ze zo gelukkelijk,
Maar ik zeg erbij nadrukkelijk: als de polder maft!

637

Morgen, als de koeiebellen bellen,
Is Akke weer de slome tot en met.
Hij kijkt alsof ie niet tot tien kan tellen,
Met de warme eitjes in zijn pet
Fietje zit in zedig lange rokken
Bij de kakelkippen in het stro,
'n Lintje in d'r naïeve lieve lokken,
Te dromen van haar polder-Romeo.

Maar 's nachts dan gaat de staldeur open op dat platteland,
En dan komt Akke binnen met de klompen in de hand, ja, ja,
ja, ja...
Dan mag stille Akke Fietje in zijn armen pakken,
Akke Fietje, Fietje Akke bij de voederbakken
Het liefdesvuur laait hoog door 't hooi, en als de hond niet
blaft,
Dan is de nacht verrukkelijk, dan zijn ze zo gelukkelijk,
Maar ik zeg erbij nadrukkelijk: als de polder maft!

De moraal!

In mensenharten smeulen stille vuren
Maar aan de buitenkant zie je geen fluit
De wildste bloemen bloeien langs de muren
En helden zien er niet als helden uit.
Miss Striptease met 'n parel in d'r navel
Breit eenzaam wollen wanten in d'r flat,
En Akke met zijn uitgestreken snavel
Spreidt in de koeiestal z'n hemelbed!

Want 's nachts dan gaat de staldeur open op dat platteland,
En dan komt Akke binnen met de klompen in de hand, ja, ja,
ja, ja...
Dan mag stille Akke Fietje in zijn armen pakken,
Akke Fietje, Fietje Akke bij de voederbakken
Het liefdesvuur laait hoog door 't hooi, en als de hond niet
blaft,
Dan is de nacht verrukkelijk, dan zijn ze zo gelukkelijk,
Maar ik zeg erbij nadrukkelijk: als de polder maft!

Eigenlijk moet je kunnen leven van achteren naar voren
Stel dat ik werd geboren
Op mijn tachtigste jaar
Op een stil en vriend'lijk kerkhof weet ik waar
Ik klopte van mijn stoffelijk overschot een kluitje modder en wat
    stof
En slofte als een pasgeboren grijsaard in mijn kamertje in
    't bejaardenhof
En jij kwam een jaartje later en toen waren we getwee
En we zaten om te beginnen lekker in de AOW

    Trappetje af, trappetje op? Nee nee
    Trappetje af, trappetje af, rustig naar benee
    Naar de laatste tree
    Geen streberij geen sjouwerij geen douwerij
    En geen carrièrebouwerij
    Over iemands lijk en over iemands rug
    Bolleke olleke bolleke olleke alleen nog maar terug
    Trappetje af, trappetje af, kallempies an
    Niet te vlug

En op mijn vijfenzestigst zei ik: 'Kom ik ga 's wat werken'
En zonder het te merken
Werd ik chef op een kantoor
En ik deed mijn plicht en degradeerde rustig door
Zo werd ik ambtenaar der eerste klasse, tweede klasse, derde klas
Mijn haren kwamen weer terug mijn reumatiek genas
We werden weer zo groen als gras
En de kinderen werden kleiner en dat was een reuze feest
En ze hoefden niks te worden want dat waren ze al geweest

    Trappetje af, trappetje op? Nee nee
    Trappetje af, trappetje af, rustig naar benee
    Naar de laatste tree
    Geen streberij geen sjouwerij geen douwerij
    En geen carrièrebouwerij
    Over iemands lijk en over iemands rug
    Bolleke olleke bolleke olleke alleen nog maar terug

Trappetje af, trappetje af, kallempies an
Niet te vlug

En op mijn eenentwintigste gingen onze wegen scheiden
Dat vonden w'allebeiden
Op die leeftijd doodgewoon
Want jij moest nog wat scharrelen met Tinus Jan en Toon
En ik met Grietje en Marietje 't leven was verrukkelijk en tof
Al moest je later nog de rooie hond de waterpokken en de
          mazelen en de bof
En je kinderhand werd allengs steeds gemakkelijker gevuld
En je toekomst was in sluiertjes en luiertjes gehuld.

Trappetje af, trappetje op? Nee nee
Trappetje af, trappetje af, laatste avondrood
In de moederschoot
Olleke bolleke olleke bolleke einde van 't refrein
Trappetje af, trappetje af… pffft

JULES DE CORTE
Rijmloos 1970

Om half acht 's morgens dan is het zo ver
En slaat zijn wekker de ratelslag
Het vaste teken om op te staan
Hij stapt nog wat aarzelend de morgen in
Want dromen verruilen voor werkelijkheid
Is altijd toch even een moeilijk punt

Gewoontebrood met gewoontejam
Gewoontethee met gewoontekrant
Waar niks in staat dan gewoontenieuws
En rond half negen dan moet het wel
Dan reikt hij zijn vrouw de gewoontezoen
En haast zich op weg naar het kleurloos nut

Maar dromend bouw je geen status op
Hij weet dat zaken voor het meisje gaan
Zijn handen kneden de tijd door het geld
Zo rijgen de dagen zich één voor één

Te zamen tot jaren van welbesteed
Te zamen tot leven van nooit geleefd

Soms heeft hij ook wel een zwak moment
Dan denkt hij het leven moest leven zijn
Met wonderen erin en een warmte-vuur
De vlag in de hand en een rinkelbel
De kroon op het hoofd en het feestkleed aan
En naast hem zijn lief met de druiventros

Hij doet zoals hem is voorgedaan
Hij denkt zoals hem is voorgedacht
Hij zegt zoals hem is voorgezegd
Misschien aan het eind van de laatste dag
Dat dan hem de ogen zullen opengaan
En tonen hoe mooi het had kunnen zijn

RIKKERT ZUIDERVELD
De reiziger   1971

Hij is een reiziger in rook
Rook uit het oosten al heeft ie ook
Wel eigen teelt
Z'n reizen hebben hem gestenigd
En hij is enkel nog verenigd
Met z'n spiegelbeeld

Hij kan niet wachten op de herder
Hij wil altijd sneller altijd verder
Hij voelt zich goed god zij geloofd
Maar als het zonlicht is gedoofd
Heeft ie stenen te veel stenen in z'n hoofd

Nu spuit ie dromen in z'n arm
De naald is koud z'n bloed wordt warm
En alsmaar warmer
Zo duikt ie diepzee huizenhoog
Maar z'n mond is gips en z'n ogen
Zijn van marmer

Hij kan niet wachten op de herder
Hij wil altijd sneller altijd verder
Hij voelt zich goed god zij geloofd
Maar als het zonlicht is gedoofd
Heeft ie stenen te veel stenen in z'n hoofd

Hij is een stilleven van steen
Hijzelf is vol maar om hem heen
Lege vertrekken
En in z'n allerlaatste droom
Valt ie als een appel van de boom
Vol beurse plekken

Hij kon niet wachten op de herder
Hij wou altijd sneller altijd verder
Hij voelde zich goed god zij geloofd
Maar toen het zonlicht was gedoofd
Had-ie stenen, te veel stenen in z'n hoofd

DRS. P
Oost-Groningen   1973

Het land is vlak, de lucht bewolkt
Althans in 't algemeen
Een koppig mensenras bevolkt
Het afgegraven veen
En wat betreft de nijverheid
In deze barre streek
Ik hoop niet dat u mij verwijt
Dat ik vrijmoedig spreek

Dat gaat met strokarton
Dat gaat met strokarton
Gewoonlijk in de schuur en bij mooi weer op het gazon
Een arbeid die na achttienhonderdzeventig begon
Ik heb het uit de allerbeste bron

En als u in Oost-Groningen
Eens met de mensen praat
In hun bescheiden woningen

Of anders maar op straat
Dan onderkent u gauw genoeg
Hoe men hier leeft en lijdt
Hoe men bij voorbeeld 's morgens vroeg
Gezamenlijk ontbijt

Dat gaat met strokarton
Dat gaat met strokarton
In hard gebakken reepjes of gesnipperd in bouillon
Het kon geen kwaad als u zich daar eens even op bezon
Ik heb het uit de allerbeste bron

Hier geldt een zedenleer waaraan
Men grote waarde hecht
En wie een misstap heeft begaan
Wordt onverwijld berecht

Dat gaat met strokarton
Dat gaat met strokarton
Behalve Tweede Paasdag, dan gebruikt men een kanon
Ja ja, die fiere veenbewoners kennen geen pardon
Ik heb het uit de allerbeste bron

Maar ook bedrijft men spel en sport
Begrijp me niet verkeerd
Het kan erg leuk zijn, en er wordt
Vrij veel gemusiceerd

Dat gaat met strokarton
Dat gaat met strokarton
Al klinkt het niet zo melodieus als een accordeon
De burgemeester luistert meestal op zijn voorbalkon
Ik heb het uit de allerbeste bron

't Is verder nuttig dat u weet
In welk een vol ornaat
Men daar nog altijd wordt gekleed
Wanneer men trouwen gaat

Dat gaat met strokarton
Dat gaat met strokarton

Voor de geklede jas en de gestreepte pantalon
Natuurlijk wel een beetje dunner voor de bruidsjapon
Ik heb het uit de allerbeste bron

Soms wordt er in het veengebied
Een eeuwfeest aangericht
Waarbij dan iedereen geniet
Een kostelijk gezicht

Dat gaat met feestgedruis
Dat gaat met feestgedruis
U dacht misschien met strokarton, maar neen u bent abuis
Dat gaat gewoon met feestgedruis, de jubelzang incluis
Al hebben ze wel strokarton in huis

ROBERT LONG
Het leven was lijden 1974

Toen ik bij jullie at en je vader gebood
Dat ik tijdens het bidden m'n ogen sloot
Gaf ik toe, daar ik niet arrogant wilde lijken
Maar ik voelde hoe hij wel naar mij zat te kijken

En vanaf dat moment heb ik altijd geweten
Dat dat niet enkel gold voor 't gebed bij het eten
Zodat ik toen die maaltijd meteen al betreurde
Hij beheerste je leven tot in 't absurde.

En op zondag het bos in, dat mocht dan nog wel
Net als in de romances van 't weekblad *Libell'*
Maar als ik op zo'n dag dan je hand wilde vatten
Nou, dan keek je alsof ik je kuisheid wou jatten

Want het leven was lijden, als je danste een heiden
Als je lachte te luchtig, als je kuste ontuchtig
Als je niet wilde werken of je ging niet ter kerke
Als je lui in de zon lag of je fietste op zondag
Kortom, alles was verkeerd, want dat had je geleerd

't Was verdomde moeilijk om jou te versieren
Want je zag haast geen kans om je teugels te vieren

Elke keer moest ik weer je complexen verdringen
Ja, ik mocht naar de kerk, maar ik kon nooit eens zingen

Eén keer sliep je met mij, maar je was niet alleen
Want de satan of wie ook hing steeds om je heen
En als die er niet was, was je vader d'r wel
Met een spreuk uit de bijbel van zonde en hel

Want het leven was lijden, als je danste een heiden
Als je lachte te luchtig, als je kuste ontuchtig
Als je niet wilde werken of je ging niet ter kerke
Als je lui in de zon lag of je fietste op zondag
Kortom, alles was verkeerd, want dat had je geleerd

Ja, ze hebben je leven wel grondig vergald
En je kans op wat liefde en vriendschap verknald
Wat men jou heeft geleerd, is de angst om te leven
Om je borsten, je dijen, je hart echt te geven

Kom, ik stap maar eens op, want ik ben overbodig
Heel veel sterkte voor later, want dat heb je wel nodig

HANS DORRESTIJN
Drinklied 1974

Wie in 't café naar binnen kijkt,
Ziet door het raam gezelligheid.
Vergis je niet het is maar schijn:
Neem dat maar aan van Dorrestijn.

We verzuipen onze ellende
En vergooien ons geluk
En we slaan zo tussenbeide
Wel voor dertig gulden stuk.

Iedereen heeft hier wel wat,
Licht beneveld, ladderzat.
In ieders glas zit spijt en pijn:
't Meest in dat van Dorrestijn.

645

Treed rustig binnen, wandelaar!
Voor jou staat ook het glas al klaar.
Maar voor drank moet er een reden zijn:
Een jeugd als die van Dorrestijn.

En moet je er laveloos vandoor,
Dan komt er een taxi voor.
Daar moet dan wel nog geld voor zijn:
Ach, leen dat maar van Dorrestijn.

We verzuipen onze ellende
En vergooien ons geluk
En we slaan zo tussenbeide
Wel voor dertig gulden stuk.

TONY VAN VERRE
Gekke Jossie 1974

De mensen die voorbijgaan
Denken: Gossie
Als ze Jossie
Als ze gekke Jossie zien
Hij zit de hele dag
Op 't stoepje in de zon
Op 't stoepje in de regen
Alle dagen kermis in z'n leven
Kermis met attracties
Die alleen met hèm bestaan
Hij lacht naar iedereen
Is vrind van alleman
Een wolkeloze hemel
Zingt liedjes uit 'n verre vreemde wereld
Woordeloze versjes
Die de mensen niet verstaan
Paardebloem tussen de rozen
Die luidkeels te bloeien staat
Die na 't dagelijks verpozen
De schillen en de dozen
Voor de anderen achterlaat
Een ouwe lappenpop

Dat is z'n beste vrind
Ouwemannenclownsgezicht
De ogen van 'n kind
Z'n dagen gaan voorbij
Op 't stoepje in de zon
Op 't stoepje in de regen
Vreemde vogel die nooit goed leert vliegen
Lieve gekke Jossie
Ga maar fijn je eigen baan

Jossie
Gekke Jossie

JAN BOERSTOEL
Juffrouw Annie van kantoor 1979

Vader houdt van Juffrouw Annie, Juffrouw Annie van kantoor
En dat kan hij zich beslist niet permitteren, stel je voor.
Met een vrouw, die heel haar leven als een moeder voor hem was
En twee jonge kinderen. Wat is de kleine? Zeven pas?
En de oudste is per slot toch ook pas amper dertien jaar?
Half zo oud als Juffrouw Annie, maar zijn vader houdt van haar.

Vader houdt van Juffrouw Annie, maar hij blijft een brave pa,
Dus hij komt, als dat gevraagd wordt, zelfs zijn huw'lijksplichten
        na,
Ook al heeft hij daar de laatste tijd zijn ogen stijf bij dicht,
Want dan ziet hij Juffrouw Annie, Juffrouw Annie haar gezicht.
En soms mompelt hij haar naam, meteen tot zijn ontsteltenis,
Maar zijn vrouw die doet dan net of ze een goeie slaapster is.

Vader houdt van Juffrouw Annie, maar da's makkelijk gezegd
Met twee koters waar hij evengoed verschrikkelijk aan hecht.
Neem nou de manier waarop de kleine meid soms naar hem
        kijkt.
En zijn zoon, die volgens iedereen zo sprekend op hem lijkt.
Dat je dat niet zomaar in de steek laat snapt het kleinste kind,
Enkel Juffrouw Annie niet, die dat maar flauwe smoesjes vindt.

Vader houdt van Juffrouw Annie, Juffrouw Annie van kantoor,
Maar vraag niet waar dat naar toegaat, want het gaat gewoon niet
        door.
Mogelijk nog een paar weken, een paar maanden op zijn meest,
Dan zal alles weer gaan lijken wat het altijd is geweest,
Vóór die ene dronken avond in dat achteraf hotel.
Maar die zal hij nooit vergeten… Juffrouw Annie zal dat wel.

ROBERT LONG
Toen hij zei: 'Schat…'   1980

Toen hij zei: 'Schat, ik moet nu even met je praten'
Nee, toen ie binnenkwam, toen wist ze al: ''t Is mis'
Toen hij maar steeds naar buiten keek
En elke keer haar blik ontweek
Wist ze opeens: 'O god, hij wil me gaan verlaten'

Hij was heel rustig en beheerst, dat kon ze horen
Zonder gestotter en terdege voorbereid
En zij dacht: 'Lul, ik hou van jou
En nou, mijn god, hoe moet dat nou?'
Maar ze wist best dat ze hem lang al was verloren

Hij zei: ''t Is beter zo, we kunnen vrienden blijven
Als we weer vrij zijn, knelt de band ook niet meer zo
En na een poos ben ik misschien
Dan wel weer blij om je te zien'
Maar zij dacht enkel: 'God, ik haat gescheiden wijven'

Zijn stem ging verder, maar ze hoorde enkel klanken
Zoiets als 'sleur', 'identiteit' en 'rolpatroon'
Ze zag hem staan terwijl ie sprak
Z'n handen losjes in z'n zak
Welsprekend bezig om haar keurig af te danken

En toen ie eindelijk gestopt was met betogen
Keek ze hem aan en zei vrij toonloos: 'Geen probleem
Ik had toch ook niet meer zo'n zin'
Ze hield haar tranen dapper in
Want tegen hem had zij daarvoor nog nooit gelogen

TOON HERMANS
Café Biljart   1980

Ome Arie was ongeveer tachtig
Ome Willem was ook net zoiets
Ze vonden het leven nog prachtig
Ze zaten nog recht op de fiets
Ze zagen mekaar alle dagen
In het dorp, in het kleine café
En ze hielden van sarren en plagen
Als ze samen biljartten, die twee

    Café Biljart, Café Biljart,
    Klein stukkie groen voor het eenzame hart
    Het schuiffie zegt klik, balletje tik
    Die ene ben jij, die and're ben ik

Het was steeds een sigaar en een slokkie
Al hesen ze niet meer zo snel
Ze keken niet eens op hun klokkie
Zo gingen ze op in hun spel
En boven het groen van het laken
Daar leken ze jonger, zowaar
Ze probeerden mekaar af te maken
Maar ze konden niet buiten mekaar

    Café Biljart, Café Biljart,
    Klein stukkie groen voor het eenzame hart
    Het schuiffie zegt klik, balletje tik
    Die ene ben jij, die and're ben ik

Het was koud, het was eind januari
En Willem stond al aan de tap
Toen kwam iemand zeggen, dat Arie niet kwam
Eerst had het nog iets van een grap.
En Willem, het was een aparte,
Hij zei, toen ie de boodschap ontving
Alleen kan een mens niet biljarten
Hij zette z'n pet op en ging.

    Café Biljart, Café Biljart,
    Klein stukkie groen voor het eenzame hart

Het schuiffie zegt klik, balletje tik
Die ene ben jij, die and're ben ik.

RUUD ENGELANDER
De zwemmer 1980

Een zwemmer zwemt, hij zwemt in zee
Hij zwemt weg van het strand
Maar neemt bepaalde beelden met zich mee
Van wat hij achterliet op het land

Hij zwemt en denkt niet aan later
Hij heeft geen last van angst of aarzeling
Boven hem lucht onder hem water
Een zwemmer is een enkeling

Hij baant zich een weg door het water
Hij is al flink op weg naar Engeland
Achter zich hoort hij geschater
Iemand die achterbleef op het strand

Wat meegaat dat laat hij ook achter
Wat in de war van een herinnering
Kijkt hij eens om en zwemt wat zachter
Verdriet is een vertragend ding

De kust is een vage belofte
Het koude water de verzekering
Dat hij alles waarin hij geloofde
Niet zonder reden door iets nieuws verving

Een zwemmer zwemt, hij zwemt in zee
Hij zwemt weg van het strand
Maar neemt bepaalde beelden met zich mee
Van wat hij achterliet op het land

HERMAN VAN VEEN
Aanrecht 1980

Je liep van huis
Omdat je vader
Meer van Ajax
Dan van jou houdt.

Je moeder staat met doodsangst
Aan het aanrecht
En probeert zich
Te verdrinken
In de afwas.

Je broertje is een godsmajoor
En je zusje
Zit met haar oogjes
Op oneindig
Aan een oranje goeroe vast.

De man achter het loket
Kan je tranen
Niet formuleren
Je bent te jong
Voor dossier B
Te oud voor ordner vijf
En je past niet in la zestien.

Kortom
Je bestaat niet
Terwijl jij jezelf
Toch duidelijk vier keer
Vier keer in de ruiten
Van de draaideur ziet staan.

JELLE DE VRIES
Moeders portret 1981

Toen moeder dood was en de kinderen getrouwd
En vader heel allenig achter was gebleven

Dacht vader bij z'n eigen: Lang zal vader leven
Ik voel me nog niet oud
En daar ging de grijze bruigom met een vrouwtje aan z'n zij
Dat al gauw zo'n vijftien zestien jaartjes jonger was dan hij
Goed bekeken was 't ook geen hoofdprijs uit de loterij
Maar toch zeer de moeite waard
Beter dan 't hobbelpaard
Dat 'm in een ver verleden al die kinderen had gebaard

Hij stopte moeders foto's onder 't ondergoed
Diep in een laatje mochten ze ongezien vergelen
Een ander zou pensioen en woning met 'm delen
In voor- en tegenspoed
't Viel op dat vader ferm en vlot en jongensachtig dee
Maar hij bracht een serie levenslange rotgewoonten mee
En z'n libido ging zelden tot en met de hoge C
Rozegeur en maneschijn
Gleden in een diep ravijn
En daar zat z'n vrouwtje z'n aanstaande weduwe te zijn

En vader loopt z'n grijze haren achterna
Naar boven om tussen de hemden en de broeken
De trieste resten van 't verleden op te zoeken
Daar onder in die la
En daar staat ie tot ie zich de tranen in de ogen staart
Naar 't ouwe trouwe smoeltje van die uitgezakte taart
Samen hebben ze met guldentjes dit huis bijeengespaard
't Is hier eenzaam 't is hier koud
Vader voelt zich moe en oud
Wacht nog even – strakjes naast haar
Is 't warrem en vertrouwd

JAN BOERSTOEL
Ze hebben nooit op haar geleken   1982

Ze hebben nooit op haar geleken,
Daar heeft het altijd aan geschort.
Ze hebben nooit op haar geleken,
Dus kwam hij steeds aan hen tekort.

Soms was het om hun mooie ogen,
Hun mooie lichaam of hun stem,
Hij heeft ze ook wel eens gemogen
En dikwijls hielden ze van hem.
Maar in de radeloze uren
Voor elke nieuwe grijze dag,
Dan lag hij in de nacht te turen
En haatte wie er naast hem lag.

Ze hebben nooit op haar geleken,
Ze zijn gekomen en gegaan.
Ze hebben nooit op haar geleken,
Dat heeft hij zich nooit toegestaan.

Hij kon hun warmte niet verdragen
En zij niet altijd zijn verdriet,
Hij heeft ze er wel om geslagen,
Maar van ze houden kon hij niet.
Toch hadden ze hem veel te geven,
Zelfs waar hij altijd overvroeg,
Een enkele haar hele leven,
Maar dat was hem niet eens genoeg.

Ze hebben nooit op haar geleken,
Al kwamen sommigen een end.
Ze hebben nooit op haar geleken
En haar heeft hij nooit echt gekend.

WILLEM WILMINK
Hun huis is dood   1983

Al weer is alles misgegaan,
Weer een relatie van de baan.
Er houdt in heel ons Nederland
Vandaag de dag geen band meer stand.

Hier voelt de vrouw zich onderdrukt,
Daar is de therapie mislukt
Of gaat de liefste ervandoor
Met een bereisde kletsmajoor.

Hun huis, dat eens gastvrijheid bood,
Hun huis is dood.

Een man die aan zijn leeftijd lijdt,
Ontmoet een mooie kleine meid,
Verwart haar lichaam met haar geest.
Nog nooit zo ver van huis geweest.

Een vrouw is wonderlijk gestemd
Haar zelfontplooiing wordt geremd,
Zij legt zich op een avond neer
Bij een begrijpende meneer.

Het huis, dat eens gastvrijheid bood,
Dat huis is dood.

Alweer een man die niet beviel,
Het kindje maakt van play-mobil
De pappie die ze niet meer heeft,
Die ergens anders verder leeft.

Hun huis, dat eens gastvrijheid bood,
Hun huis is dood.

PAUL VAN VLIET
Papa 1984

De kinderen zijn naar bed
Papa rookt een stikkie
En zet een ouwe plaat op van Bob Dylan
Hij heeft nog lange haren
Zoals die vroeger waren
Maar zoals ze 't tegenwoordig niet meer willen

Papa loopt te dwalen
Papa kan niet slapen
Papa gaat weer bladeren
In het Grote Beatle Boek
Papa zit te dromen
Kan tot niets meer komen

Papa is de richting kwijt
Papa is op zoek
Papa denkt aan vroeger
Samen slapen op de Dam
Het leven leek één happening
Waaraan geen einde kwam.

Papa is blijven hangen aan de sixties
Papa is blijven steken in de tijd
Papa werd niet ouwer
Dan de flower power
Papa is een bezienswaardigheid
Waar hij voor heeft gevochten
Waar hij in heeft geloofd
Dat krijgt hij van zijn kinderen
Nu als verwijten naar zijn hoofd:

Papa doe normaal
Papa ruim je troep op
Papa kan de grammofoon wat zachter?
Papa ga naar de kapper
Papa niet die ketting
Papa doe niet stom want je loopt achter!

Papa ik wil slapen
Papa ik moet werken
Papa je loopt voor gek
In die achterlijke broek
Papa ga nou trouwen
En niet weer die Gouwe Ouwe
Lees nou eindelijk een keer
Eens een fatsoenlijk boek
Papa hou nou op
Met dat gezanik over toen
Papa word volwassen
En in godsnaam ga iets doen!

Papa is blijven hangen aan de sixties
Papa is blijven steken in de tijd
Papa werd niet ouwer
Dan de flower power

Papa is zijn zekerheden kwijt
Een vreemdeling in zijn eigen huis
Waar hij niet meer zeggen mag
Hoe mooi het nú had kunnen zijn
Met wat hij tóén voor zich zag.
Yesterday
All his troubles seemed so far away...

FRISO WIEGERSMA
De sneeuwman 1984

Het was op vrijdag al gaan sneeuwen
En zaterdag was alles wit
Hij dacht: De winter van het leven...
Geen bar origineel gegeven,
Maar wel iets waar ik mooi mee zit
Dat was zo zijn manier van denken,
Wat literair, misschien wat kil
Zijn huwelijk en zijn werkzaamheden
Behoorden tot een ver verleden
Hij leefde nu al jaren stil
Na een arbeidzaam, vlijtig leven
Met zelden maar een groot verdriet
Een huis, geen financiële zorgen
Toch dacht ie op die stille morgen:
Wel fraai, maar vrolijk is het niet

Als altijd kwam zijn zoon die middag
Met vrouw en kinderen op de thee
De jongens waren niet te houwen
Wilden graag een sneeuwman bouwen
Daar stond ie na een uur of twee
Met wortelneus en steenkoologen,
Met bezem, pijp en ouwe hoed
Zijn zoon zei: 'Jongens, handen wassen!
Loes, help jij ze in hun jassen
We gaan... Dag vader, hou je goed'
Daar stond ie samen met die sneeuwman
Hij dacht: We horen bij elkaar:
Twee heren die nog heel wat lijken

Maar elk moment kunnen bezwijken
Waar bleef de sneeuw van het vorig jaar?

De sneeuwman werd een soort obsessie,
Een ouwe vriend die sterven zal
De dooi kwam zonder mededogen:
Eerst viel de neus en toen de ogen,
Een langzaam, gruwelijk verval

Toen na een week zijn jongste kleinkind
Bedroefd de sneeuwman niet meer vond,
Toen zei ie: 'Luister goed, m'n kleine,
Zo gaat dat, alles moet verdwijnen
Straks valt ook opa op de grond.
Eerst valt z'n neus en dan z'n oogjes
Net als die sneeuwman gaat dat dan'
'Hè, toe nou, pa!' zei Loes geschrokken,
'Je opa zit maar wat te jokken!'
En keek veelzeggend naar haar man…

En toen ze weg waren gereden,
Nam hij een map uit de kast,
Iets wat ie nooit te voorschijn haalde:
Gedichten die hij eens vertaalde,
Heel vroeger, als gymnasiast
Nee, niet zo mooi vertaald, dat wist ie,
Maar vlijtig zocht ie toch naar iets
Twee regels waarin stond te lezen:
Al wil de mens van alles wezen,
Hij is en blijft in wezen niets
'Zo is dat,' zei d'ie, 'en niet anders'
En in de auto, onderweg,
Zei Loes: 'Ik wil je echt niet kwetsen,
Maar vader zat wel vreemd te kletsen
Die wordt niet wijs, wat ik je zeg…'

JAN-SIMON MINKEMA
Zusje in te groot tehuis   1986

Mijn kleine zusje woont in Bergen
Een mooi, maar veel te groot tehuis.
Als ik haar breng, zegt ze: 'Hier woon ik'
Ze weet logeren doet ze thuis.
M'n kleine zusje
M'n kleine zusje
Ze weet logeren doet ze thuis.

Mijn zusje heeft haar eigen woorden
Een vlieg of vogel noemt ze 'beest'
'Op schoot' betekent even vrijen
En koffiedrinken noemt ze 'feest'
M'n kleine zusje
M'n kleine zusje
En koffiedrinken noemt ze 'feest'

Mijn zusje telt nu veertien jaren
Maar diep van binnen blijft ze tien.
Toch lijkt ze soms opeens volwassen
Alsof ze ziet wat wij niet zien.
M'n kleine zusje
M'n kleine zusje
Alsof ze ziet wat wij niet zien.

Mijn zusje heeft haar eigen wereld
Waarin ik af en toe verschijn.
Als ik weer wegga zeg ik 'werken'
Dan zwaait ze lang en wordt heel klein.
M'n kleine zusje
M'n lieve zusje
Dan zwaai je lang en wordt heel klein.

ROBERT LONG
Hoop, geloof en liefde   1986

Hoop, geloof en liefde zijn de zaken waar het eigenlijk om gaat
Zonder anker nooit een haven

Zonder kruis geen overtuiging
Zonder hart geen warm verlangen
Naar geborgenheid en liefde
Naar een steun en toeverlaat
Hoop, geloof en liefde, 't lijkt eenvoudig inderdaad

Horen, zien en zwijgen zijn voortdurend met elkaar in tegenstrijd
Zonder oren geen geruchten
Zonder ogen geen getuigen
Zonder mond die weet te zwijgen
Geen geheimen, geen mysterie
En geen medeplichtigheid
Horen, zien en zwijgen, da's de grote moeilijkheid

Hoop, geloof en liefde zijn familie van de afgunst en de haat
Want als hoop verkeert in wanhoop
En geloof wordt tot cynisme
Als de liefde onbeantwoord blijft
Dan leidt dat onherroepelijk
Tot doodslag en verraad
Horen, zien en zwijgen, 't lijkt eenvoudig inderdaad

Horen, zien en zwijgen zijn de zaken waar het eigenlijk om gaat
Toen ze wist hoe vaak hij vreemd ging
En z'n leugens accepteerde
Bleef ze houden van de man die
Haar bedroog en geen sekonde
Dacht ze aan een advokaat
Horen, zien en liefde, 't lijkt eenvoudig inderdaad

Hoop, geloof en liefde zijn de zaken waar het eigenlijk om gaat
Zonder anker nooit een haven
Zonder kruis geen overtuiging
Zonder hart geen warm verlangen
Naar geborgenheid en liefde
Naar een steun en toeverlaat
Hoop, geloof en liefde, 't lijkt eenvoudig inderdaad

JACK SPIJKERMAN
Vader zwijgt   1986

Hij wist nog geeneens of zijn vader kon spelen
Want zijn vader speelde nooit mee
Hij wist nog geeneens
Of zijn vader kon zwemmen,
Hij nam zijn zoon nooit mee naar zee.
Hij wandelde niet met zijn pa door de duinen
Een zoen heeft hij hem nooit gegeven
Op zijn verjaardag kreeg hij dure cadeautjes
Maar zijn vader zong nooit:
'Lang zal die leven.'

Hij kende van vader totaal geen emotie
Wist niet of hij tranen bezat
En als hij eens vroeg waarom hij zo stil was
Dan zei zijn vader nooit wat hij had
Zijn vader zat vaak televisie te kijken
Of vader las lang in de krant
En als hij geslaagd was of overgegaan
Dan zei vader niets, hij gaf hem een hand.

Vader zwijgt!
Vader zwijgt!
Vader zwijgt!

Vorige week heeft hij vader gevonden
Hij lag zomaar dood op de grond
Het leek of ie eindelijk iets wilde zeggen
Hij stierf met geopende mond
Hij boog zich voorover
En schreeuwde naar vader:
'Waarom heb je nooit iets gezegd!
Waarom geen antwoord
Als ik vroeg naar de reden?
Waarom nooit jouw arm
Om mijn schouder gelegd?
Waarom speelde jij niet met mij in de duinen?
Waarom gingen wij nooit naar zee?

Door jou begon mijn leven
Waarom leefde jij nooit met me mee?'

Maar hoe hij ook schreeuwde,
Er kwam toch geen antwoord
En eigenlijk was hij niet anders gewend
Er veranderde niets nu zijn vader dood was
Hij had zijn vader nooit levend gekend.

Dat is zo'n beetje wat ik voel

ZESENTWINTIG MIJMERINGEN

PAUL VAN VLIET
Den Haag met je lege paleizen   1964

Wij hebben in Den Haag zo bedroevend weinig dingen
Waarvan je mooi gevoelig en lekker kunt staan zingen
Want wij werden nooit belegerd of verwoest in vroeger dagen
En behalve in de Kamers is hier niemand ooit verslagen
Wij hebben niet een Haags Ontzet met dankdiensten in de
            kerken
Wij weten niet van wanten of van Grote Waterwerken
En misschien verklaart dat ook waarom er in de lange loop der
            tijd
Aan ons brave 's-Gravenhage nooit een liedje is gewijd.

      Den Haag met je lege paleizen
      Den Haag waar de westenwind speelt
      Den Haag waar de wijzen in 's lands dienst vergrijzen
      En waar op de zolders Couperus vergeelt
      Den Haag met je standen en rangen
      Den Haag met de geur van een Indisch pension
      Je kunt je karakter in één woordje vangen:
      In dat beetje gewichtige
      Tikkeltje schichtige
      Altijd voorzichtige woordje: Pardon.

Wij die ternauwernood de naam van stad verdienen
Wij staan bij onze torens niet een nummertje te grienen
Wij smijten zelden 'trossen los'. Wij hebben geen rivieren
Maar enkel maar één haventje met veel te korte pieren
Wij voelen nooit de harteklop voor machtige bedrijven
Er kleeft maar weinig zwart en zweet aan onze nette lijven
Vandaar dan ook dat niemand ooit bij dauw bij dag bij nacht
Een mooi gevoelig liedje voor 's-Gravenhage heeft bedacht.

      Den Haag met je lege paleizen
      Den Haag waar de westenwind speelt
      Den Haag waar de wijzen in 's lands dienst vergrijzen
      En waar op de zolders Couperus vergeelt
      Den Haag met je standen en rangen
      Den Haag met de geur van een Indisch pension
      Je kunt je karakter in één woordje vangen:

In dat iets afgemetene
Beetje gespletene
Ook wat beschetene woordje: Pardon.

GUUS VLEUGEL
Het moderne repertoire   1964

Je hebt acteurs die houden 't allermeeste van klassiek toneel,
Maar het klassiek toneel dat dee mij nooit zoveel.
Ik was ontzettend gek op Shakespeare en op Tsjechov weliswaar
Maar toch nog meer op het moderne repertoire.
Maar om de een of andere reden had ik nooit zoveel geluk
Want ik zat altijd in zo'n quasi-grappig stuk,
En o dan voelde ik me dikwijls zo'n goedkope schnabbelaar
Want ik verlangde naar 't moderne repertoire.
Ik weet nog goed dat ik een keer dat grootse stuk van Beckett
                zag,
Dat stuk waarin Andrea Domburg kreunend in de modder lag,
En Henk van Ulsen zat de hele tijd te bijten op een schoen
En kijk dat leek me nou zo heerlijk om te doen.
Bij de stukken van Ionesco en van Pinter
Heb ik tranen van vertedering geschreid.
En dan zat ik met een keel van hier tot ginter,
Ach dat was een kwestie van affiniteit.
Want wie zijn hart heeft weggegeven aan 't moderne repertoire,
Die wijdt zijn hele verdre leven aan 't moderne repertoire.

Maar ondertussen speelde ik de ene na de andre sof,
Toen kwam er plotseling verandering godlof,
Want vorig jaar begin april schoot Kees van Iersel uit zijn slof,
Hij wou me hebben in een stuk van Adamov.
Ik was gelukkig als een kind, en van ontroering koud en klam
Toen ik de eerste keer op repetitie kwam,
Ik had een rol van Kees gekregen, o die rol klonk als een klok,
Ik was een man die aldoor de wc doortrok.
Er kwam een levensgroot closet in het toneeldecor te staan
En daar moest ik dan op gaan zitten met een grijze stofjas aan,
En ik moest telkens aan de trekker trekken met mijn
                rechterhand.
En daarna zetten ze 't geluid aan op de band.

Ach ik zie me daar nog trekken aan die trekker,
En ik hoor nog steeds dat vriendelijk geruis.
Ach ik zat daar toch zo ongelooflijk lekker,
En ik wist meteen, nu ben ik eindlijk thuis.
Want wie zijn hart heeft weggegeven aan 't moderne repertoire,
Die wijdt zijn hele verdre leven aan 't moderne repertoire.

Het enthousiasme van de pers en het publiek was unaniem.
Ze zeiden allemaal, je doet die rol subliem.
Alleen mijn vrouw die vond al dadelijk de toestand niet zo dol
Omdat ik zo volledig opging in mijn rol.
En als ik thuiskwam zei ze: 'Karel, drink nou eerst een kopje
        thee,
En ga nou niet op stel en sprong naar de wc.'
Dan zei ik: 'Lieveling, ik doe het toch per slot niet voor de pret,
En breng me maar een kopje thee op het toilet.'
Maar toen ik in een ander stuk een mooie rol gekregen had
Van een meneer die bovenop een Louis Seize-tafel zat,
En die dan om de vijf minuten harde boeren laten moest,
Toen werd mijn vrouw opeens zo ongelooflijk woest.
En toen zei ze: 'Karel, wil je 't wel eens laten,
Toe bewaar die grappen liever voor je werk.'
Maar het mocht natuurlijk allemaal niet baten,
Want de macht van de gewoonte was te sterk.
En wie zijn hart heeft weggegeven aan 't moderne repertoire
Die wijdt zijn hele verdre leven aan 't moderne repertoire.

Toen kwam mijn volgende creatie, wat een fijne rol was dat,
Ik zat de hele avond in een vuilnisvat.
Alleen mijn vrouw was erg verdrietig, ach ze trok het zich zo aan
Want ik was thuis niet uit de vuilnisbak te slaan.
En er verschenen op een dag drie broeders van de GGD,
Die namen mij toen in een ziekenauto mee.
Ach deze mensen deden enkel wat ze voelden als hun plicht
En ik zit nu alweer een poosje in 't gesticht.
Ik heb het prima naar mijn zin, want broeder Jansen is een schat,
En ik mag elke dag een uurtje van 'm in het vuilnisvat,
En ook de andere patiënten zijn een reuze leuke groep,
We hebben nooit een nare stemming in de troep.
Ach ze doen zo af en toe wat eigenaardig,
Ja ze doen zo af en toe een beetje raar.

Maar dat vind ik van die mensen juist zo aardig,
Dat is net als bij 't moderne repertoire.
En wie zijn hart heeft weggegeven aan 't moderne repertoire,
Die wijdt zijn hele verdre leven aan 't moderne repertoire.

RAMSES SHAFFY
't Is stil in Amsterdam   1966

't Is stil in Amsterdam
De mensen zijn gaan slapen
De auto's en de fietsen
Zijn levenloze dingen
De stad behoort nu nog
Aan een paar enkelingen
Zoals ik
Die houden van verlaten straten
Om zomaar hardop
In jezelf te kunnen praten
Om zomaar hardop te kunnen zingen
Want de auto's en de fietsen
Zijn levenloze dingen
Als de mensen zijn gaan slapen
't Is zo stil in Amsterdam
En godzijdank niemand
Die ik tegenkwam

't Is stil in Amsterdam
De mensen zijn gaan slapen
Ik steek een sigaret op
En kijk naar het water
En denk over mezelf
En denk over later
Ik kijk naar de wolken
Die overdrijven
Ik ben dan zo bang
Dat de eenzaamheid zal blijven
Dat ik altijd zo zal lopen
Op onmogelijke uren
Dat ik eraan zal wennen
Dat dit zal blijven duren
Als de mensen zijn gaan slapen

't Is zo stil in Amsterdam
Ik wou
Dat ik nu eindelijk iemand tegenkwam

LENNAERT NIJGH
Testament 1967

Na tweeëntwintig jaren in dit leven
Maak ik het testament op van mijn jeugd,
Niet dat ik geld of goed heb weg te geven,
Voor slimme jongen heb ik nooit gedeugd.
Maar ik heb nog wel wat mooie idealen,
Goed van snit, hoewel ze uit de mode zijn,
Wie ze hebben wil, die mag ze komen halen,
Vooral jonge mensen vinden ze nog fijn.
Aan mijn broertje dat zo graag wil gaan studeren
Laat ik met plezier 't adres na van mijn kroeg,
Waar 'k te veel dronk om een vrouw te imponeren
En daarna de klappen kreeg waarom ik vroeg.
En dan heb ik nog een stuk of wat vriendinnen,
Die welopgevoed en zeer verstandig zijn
En waarmee je dus geen donder kunt beginnen,
Maar misschien krijgt iemand anders ze wel klein.

Voor mijn neefje zijn mijn onvervulde wensen,
Wel wat kinderlijk, maar ach, ze zijn zo diep,
Ik behoorde immer tot die groep van mensen
Voor wie 't geluk nog altijd harder liep.
Aan mijn vrienden laat ik gaarne het vermogen
Om verliefd te worden op een meisjeslach,
Zelf ben ik helaas een keer te veel bedrogen,
Maar wie het eens proberen wil, die mag.
Mijn vriendinnetje, ik laat jou alle nachten
Dat ik tranen om jouw ontrouw heb gestort,
Maar onthoud dit wel: ik zal geduldig wachten
Tot ik lach — omdat jij ook belazerd wordt.
En de leraar die mij altijd placht te dreigen:
Jongen, jij komt nog op het verkeerde pad!
Kan tevreden zijn en hoeft niets meer te krijgen:
Dat wil zeggen: hij heeft toch gelijk gehad.

Voor mijn ouders is het album met de plaatjes
Die zo vals getuigen van een blijde jeugd,
Maar ze tonen niet de zouteloze praatjes
Die een kind opvoeden in eer en deugd.
En verder krijgen ze alle dwaze dingen
Terug die me mij te veel geleerd hebben die tijd;
Ze kunnen mij tenslotte ook niet dwingen
Groot te worden zonder diep berouw en spijt.
En dan heb ik nog tot slot mijn goede vrienden,
Maar die hebben al genoeg van mij gehad,
Dus ik gun ze nu het loon dat ze verdienden:
Alle drank die ze van mij hebben gejat.
Verder niets; er zijn alleen nog een paar dingen,
Die ik houd omdat geen mens er iets aan heeft:
Dat zijn m'n goede jeugdherinneringen
En die neem je mee zolang je verder leeft.

JAAP VAN DE MERWE
Honderdtachtig nachten   1968

De rechter vroeg: 'Getuige, kent u de verdachte?'
Wat had ik anders moeten zeggen dan 'Jawel!'?
Want daar zat jij, verdomde schoft.
Je hebt waarachtig nog geboft,
Dat uitgerekend dáár ons weerzien is gebeurd,
Want echt, ik zweer je, dat 'k je anders had verscheurd!

De rechter vroeg: 'Bent u familie van verdachte?'
Wel, dát ontbrak me d'r precies nou nog maar aan…
O ja, je huisde in mijn flat,
En halfjaar had 'k je in mijn bed;
'k Heb je te vreten en mooi ondergoed gegeven.
Alleen: 'Familie…', nee, da's me bespaard gebleven.

De rechter zei: 'De waarheid, en alléén de waarheid!'
Ik heb gezworen, dat ik die vertellen zou.
En God, dat was ik ook van plan.
Ik dacht: Nou moet ie d'r maar an,
De bigamist! Nou breekt het hem 'ns lelijk op!
Poelier-van-middelbare-kippen-zonder-kop!

De rechter vroeg: 'U hebt verdachte leren kennen?'
Ik kon niet laten om te zeggen: 'Nou! en óf!'
Daar zat je met je dikke nek,
Die ik – van God verlaten gek! –
Zo vaak met liefde en een schaar had schoongeschoren,
Net als de haartjes uit je neus en uit je oren.

De rechter vroeg: 'Hij maakte u veel geld afhandig,
Ruim dertig mille?' – Ik dacht: Verrek, da's óók niet niks!
En heet van wraak genoot ik
Dat jij in 't verdachtenbankje zat.
Je hand streek langs je ogen, zonder te bedoelen...
Maar 't was ineens of ik hem op mijn huid kon voelen.

En op de getuigenbank zaten vier vrouwen. Ze keken.
En ik keek terug. 'k Vroeg me af, of die nou op mij leken?
En stuk voor stuk schatten we, hoeveel volzalige nachten,
De andere vier in jouw armen schandalig doorbrachten.

De rechter vroeg: 'Hij maakte u veel geld afhandig?'
'k Dacht: Honderdtachtig nachten, ach, da's óók niet niks...
Een halfjaar heb ik in mijn hoofd
En hart aan laat geluk geloofd,
Daar moet ik verder maar op teren in mijn leven;
Als 'k ze nog had, zou 'k er wéér dertig mille voor geven, waarom
    niet?
En 'k zei hardop: 'Die man heeft mij nooit iets misdreven, *we zijn
    quitte.*'

LENNAERT NIJGH
Ballade van de vriendinnen van één nacht   1968

Wel ben ik liever thuis dan in een kroeg,
Maar daar sluipt 's nachts de stilte om me heen
En denken over jou deed ik genoeg,
Dus blijf ik dan maar liever op de been,
Want slapen gaat allang niet meer alleen.
Alleen is maar alleen, ik ken de stad,
Wanneer ik eenmaal lastig ben en zat
Is ieder lichaam even warm en zacht

En helpt vergeten wat ik eenmaal had.
Zo ken ik mijn vriendinnen van één nacht.

Wanneer de dag komt zie ik pas mijn prooi;
Daar naast me slaapt een onbekend gezicht
En blijkt ze 's morgens vroeg niet meer zo mooi
Als gisteravond met dat roze licht,
Dan doe ik maar weer gauw mijn ogen dicht.
Het was misschien wel fijn voor deze keer,
Ik ga en kom na deze nacht nooit meer
En als ze mij ontmoet en vragend lacht,
Dan denk ik: Wie ben jij nu ook al weer?
Zo ken ik mijn vriendinnen van één nacht.

Soms droom ik half dat ik weer iets herken:
Een geur van haar, een lach waarvan ik hou,
Maar al te goed weet ik dan waar ik ben,
Hier lig ik met een vreemde blote vrouw
En niemand op de wereld lijkt op jou.
Maar blijf ik 's avonds thuis, dan wordt het stil,
Die kamers vol van toen, ze zijn zo kil,
Ik vlucht de stad in en ga weer op jacht
En breng mezelf opnieuw waar ik niet wil.
Zo ken ik mijn vriendinnen van één nacht.

ENVOOI Prinsesjes lief, als iemand jullie kwetst,
Of sletten noemt, of over zeden zwetst,
Laat hem een ziekte krijgen vol venijn,
We sliepen met elkaar en dat was fijn
En daarom heb ik niemand ooit veracht,
Maar ik zal jullie altijd dankbaar zijn.
Zo ben ik, mijn vriendinnen van één nacht.

LISELORE GERRITSEN
De IJssel 1969

Iedereen heeft zijn rivier
En ik ik heb de IJssel
Langs de groene dorpen stromen
Glinsterende kinderdromen

Iedereen heeft zijn river
En ik ik heb de IJssel

In de zachte koeieogen
Spiegelt zich een heel klein strand
Kleine voeten in het water
Kleine klompen op de kant
In de zachte koeieogen
Spiegelt zich een kinderland
Kleine kolken in het water
Grote dromen op de kant

In de zachte koeieogen
Spiegelt zich de eerste mond
Grote woorden aan het water
Kleine liefde op de grond
In de zachte koeieogen
Spiegelt zich een kleine hand
En schrijft de allereerste naam
Met grote letters in het zand

Iedereen heeft zijn rivier
En ik ik heb de IJssel
Langs de groene dorpen stromen
Glinsterende kinderdromen
Iedereen heeft zijn rivier
En ik ik heb de IJssel

In de zachte koeieogen
Spiegelt zich het kleine strand
Schipper ik moet overvaren
Schipper naar een groter strand
In de zachte koeieogen
Spiegelt zich voor 't laatst een hand
Groet de dromen in het water
Afscheid van een kinderland

Iedereen heeft zijn rivier
En ik ik heb de IJssel
En de zachte koeieogen
Volgen alles onbewogen

Iedereen heeft zijn rivier
En in mij stroomt de IJssel

JULES DE CORTE
De arme gezel 1970

Een arme gezel in een sjofele jas
Die had een gitaar en daar speelde hij op
Zo mooi dat het haast ongelofelijk was
Een treurige wijs en een vrolijke mop
En dan weer een treurige wijs
Hij zong erbij van leven en dood
Water en brood, lente en geld
Lachen en wenen van het serene
En van het geweld

Hij trok door de straten langs iedere deur
En zong voor een elk die maar luisteren wou
Een liedje voor tegen de haast en de sleur
Voor tegen de winter vol duister en kou
En dan weer een treurige wijs
Een liedje voor een kindje in bed
Een man in een flat die speelde met tijd
Die speelde met rozen, allemaal rozen
Vol spettertjes spijt

Een arme gezel in een sjofele jas
Die nam zijn gitaar en hij brak hem in twee
Zo hard dat het haast ongelofelijk was
Want och als hij zong, zong er nooit iemand mee
En het werd maar een treurige wijs
Hij greep de bijl en sloeg op het brood
Leven is dood, lente is geld
Liefde verdwenen en al het serene
Komt om in het geweld

Maar de bijl is te zwaar
Voor een speelman als jij
Neem weer gauw de gitaar
Geef de bijl maar aan mij

WILLEM WILMINK
Voor een verre prinses 1971

En voordat ik ging slapen
Was er op de radio
Wat stemmige muziek
Een beetje weemoed voor de vaak
Een beetje heimwee in de maak
Een beetje treurigheid en zo.

Toen is mevrouw Herinnering
Met mij op stap gegaan
Helemaal naar jou
En ik dacht wat was het fijn
En ik dacht waar zou ze zijn
Een heel eind hier vandaan.

Een speelse jonge hond was jij
Een mooie gekke meid
We waren nog zo jong
En we dachten er niet aan
Met elkaar naar bed te gaan
En dat spijt me nog altijd.

Opeens toen was het uit
En ben ik doodgegaan
Dat wist je zeker niet
Nu ik die late platen hoor
Komt het verleden zuiver door
'k Heb medelij met mezelf.

Ach, wat heb ik in dat voorjaar
Veel van je gehouden
Het lijkt weer zo dichtbij
En daar doen we het maar mee
Want nu volgt het ANP
En het Wilhelmus van Nassauwe.

LISELORE GERRITSEN
Je maakt me zo mooi 1971

Je maakt me zo mooi dat ik denk dat mijn ogen
De mooiste van alle ogen zijn
Mijn ogen zijn geen gewone ogen
Mijn ogen zijn de mooiste ogen
Mijn ogen zijn de enige ogen
De enige in jouw ogen

Je maakt me zo mooi dat ik denk dat mijn mond
De mooiste van alle monden is
Want mijn mond is geen gewone mond
Mijn mond is de mooiste mond
Mijn mond is de enige mond
De enige mond voor jouw mond

    Op hoge golven van zelfvertrouwen
    Op hoge poten van trots
    Op de gulle lach van de zekerheid
    Geloof zo vast als een rots
    Laat ik me drijven zonder angst
    Meet ik me vleugels aan
    Die ik op een teken van jou
    Als een vogel uit kan slaan

Je maakt me zo vrij dat ik denk dat mijn leven
Het vrijste van alle levens is
Mijn leven is niet zo maar een leven
Mijn leven is het vrijste leven
Mijn leven is het enige leven
Want mijn leven is jouw leven

En je hebt me zo lief dat ik denk dat mijn dood
Het nooit van je zal kunnen winnen
Want mijn dood is geen gewone dood
Mijn dood is de enige dood
Is teruggaan naar mijn moeders schoot
Om dan weer met jou te beginnen

    Op hoge golven van zelfvertrouwen
    Op hoge poten van trots

Op de gulle lach van de zekerheid
Geloof zo vast als een rots
Ben ik voor niets meer werkelijk bang
Heb ik altijd een hart te vergeven
Zing ik de liefde een leven lang
Zal ik iedereen overleven

RIWKA BRUINING
Dat tedere gevoel 1971

Ik heb dat tedere gevoel
Voor elke zot, voor elke dwaas
Die buiten ronddaast zonder doel
Die niemands knecht is, niemands baas

Ik heb dat tedere gevoel
Voor ieder die zich luidkeels uit
Die elk gebaar ervaart als koel
Voor wie zich elke kudde sluit

Ik heb dat tedere gevoel
Voor wie zich in een droom verwart
En waar die droom de waarheid tart
Klinkt soms zijn lach net iets te hard

Ik heb dat tedere gevoel
Voor elke vrouw, voor elke man
Die in volkomen weerloosheid
Een ander mens beminnen kan

TOON HERMANS
Vier maten glimlach 1972

Mijn liefdesliedje is gemaakt
Van lachjes die jij lacht
Van warme broodjes bij 't ontbijt
En kleine stukjes nacht
Van stiekem zitten kijken,
Ik naar jou en jij naar mij
En van de appels op de tafelsprei

Vier maten glimlach,
Vier maten droef
Vier maten sofa,
Vier maten poef
Vier maten blij zijn
En vier maten rouw
Dat is m'n liedje voor jou

Mijn liefdesliedje is gemaakt
Van schemerlicht en zon
Van kussens, warme dekens
In een ligstoel op het balkon
Van kleine lieve woordjes
Die geen ander ooit zo zei
En van de appels op de tafelsprei

Vier maten winter,
Vier maten warm
Vier maten rijk zijn,
Vier maten arm
Vier maten mistig,
En vier maten blauw
Dat is m'n liedje voor jou

Mijn liefdesliedje is gemaakt
Van kleine stukjes zoen
En van papieren vliegers,
Kinderstemmen in het groen
Van bladeren van september
En een sterrennacht in mei
En van de appels op de tafelsprei

Vier maten heide,
Vier maten kust
Vier maten forto,
Vier maten rust
Acht maten liefste,
Vergeef het me nou...
Dat is m'n liedje voor jou...

GEORGE GROOT
Ik weet het nog precies 1973

Ik weet het nog precies hoe ze me vonden
Die avond liggend in de keuken aan het gas
Als ik er nog aan denk wat een paniek dat was
En toen ik bijkwam dacht ik: Weer mislukt – zonde
En ik zag al die gezichten om me heen
De kinderen huilden en toen kreeg ik bijna spijt
Ik dacht: Hoe kon je, maar nou zijn ze me toch kwijt
De psychiater zei: 'Een rustkuur nu meteen'

O eerst kwam er nog een zuster dag en nacht
Die altijd heel toegeeflijk met me praatte
Maar ze hield me wel voortdurend in de gaten
Zoals een van wie je steeds iets engs verwacht
En toen heb ik dan uiteindelijk toegegeven
Want ik kon mijn eigen angsten niet meer aan
En in dat huis wordt daar van alles aan gedaan
Ik ben al zo ver dat ik weer wil blijven leven

Want ik dacht ook: Iedereen rent maar door dat leven heen
En niemand komt er ooit aan denken toe
Ik moet voor allemaal gaan denken
Want ik heb hier alle tijd
En mijn man en mijn kinderen zijn gewoon te moe

En als ze eenmaal in de week bij me komen
Dan zeg ik: 'Je moet vaak wandelen in het bos
En goed met je handen voelen aan het mos
Want over tien jaar zijn er enkel plastic bomen
En aan het einde van de regenboog ligt nog altijd goud
En als je zonlicht in je jas naait heb je het nooit koud'
En dan zeggen ze alleen: 'Heus het komt allemaal terecht'
En ik zie ze denken: Het gaat erg slecht

En toen ik laatst tegen mijn man zei dat de zee
Hem meer vertellen kon dan twaalf professoren
Omdat je daarin alle waarheden kunt horen
Nam ie de keer daarop een bijbel voor me mee
En toen ik zei dat ik die zelf al had bedacht

Toen is ie zonder iets te zeggen weggelopen
Hun bezoeken zijn verminderd maar soms, voel ik 's nachts
De tranen over mijn wangen lopen

RUUD ENGELANDER
Jimmy 1973

Hoe sterk is de eenzame fietser die kromgebogen
Over zijn stuur tegen de wind
Zichzelf een weg baant

Hoe zelfbewust de voetbalspeler die voor de ogen
Van het publiek de wedstrijd wint
Zich kampioen waant

Hoe lacht vergenoegd de zakenman zonder mededogen
Die 'n concurrent verslagen vindt
Zelf haast failliet gaand

En ik zit hier tevreden met die kleine op m'n schoot
De zon schijnt: er is geen reden
Met rotweer en met harde wind
Te gaan fietsen met dat kind

Als ie maar geen voetballer wordt
Ze schoppen 'm misschien halfdood

Maar liever dat nog
Dan het bord voor z'n kop
Van de zakenman
Want daar wordt ie alleen maar slechter van.

FRITS LAMBRECHTS
Je kamertje is klaar 1974

Je kamertje is klaar,
Je zult er zijn met tussenpozen.
De spullen die er staan,
Hebben we samen uitgekozen.

Het kleed en de gordijnen
Zijn aan jouw smaak aangepast
En in de hoek bij het raam,
Staat je oude speelgoedkast.

Je kamertje is klaar,
Je kunt op ieder tijdstip komen.
En in je nieuwe bed,
Kun je dezelfde dromen dromen.
En als je het me vraagt,
Draag ik je uren op m'n rug.
Toch komt die tijd zoals het was,
Echt nooit meer terug.

Je kamertje is klaar,
Je kunt op school je vriendjes honen.
Want wie heeft het geluk om in
Twee kamertjes te wonen.
En wordt je soms gevraagd,
Waarom je vader er niet is,
Zeg ze dat hij met een ander woont
Die ook lief voor je is.

Je kamertje is klaar,
Ik weet: Je zou het anders wensen.
Maar fouten worden steeds gemaakt,
Vooral door grote mensen.
Ik zal het je nooit verwijten
Als je me niet begrijpen zou.
Als je maar blijft voelen,
Dat ik heel veel van je hou.

MICHEL VAN DER PLAS
Wat ik bedoel 1979

Ik hou zoveel van jou,
Daarvoor bestaat geen woord;
En wat jij van me hoort,
Dat is niet wat ik wou;
Dat is niet wat ik voel,

Niet half van wat ik ken
Sedert ik bij je ben,
En niet wat ik bedoel.

    Wat ik bedoel,
    Dat is: jij mag nooit uit mijn leven gaan,
    Nooit van mijn oog, nooit van mijn hart vandaan,
    Dat is gewoon: ik heb jouw liefde aan,
    Ach ik bedoel, –
    Dat is zo'n beetje wat ik voel.

Jij bent zo mooi en lief,
Dat is te veel voor taal;
Dat moet je allemaal
Maar geloven alsjeblief,
Wanneer ik bij je zit
En zomaar naar je kijk
En denk: wat ben ik rijk, –
O liefje, dat is dit:

    Wat ik bedoel,
    Dat is gewoon: alleen door te bestaan
    Doe jij mijn jaren mooie kleren aan,
    Mijn dagen zon, mijn avonden de maan,
    Ach ik bedoel, –
    Dat is zo'n beetje wat ik voel.

Ik hou zoveel van jou,
En alweer zoveel jaar,
Dat moet je weten, maar
Hoe zeg ik je dat nou;
Alleen nog maar misschien
In dit verliefd gebaar:
Mijn vinger in je haar;
Toe, kun je het niet zien?

    Wat ik bedoel,
    Dat is: jij mag nooit uit mijn leven gaan,
    Mijn dag en zon, mijn avond en mijn maan,
    Ik heb jouw hart, ik heb jouw leven aan,
    Ach, ik bedoel, –

Dat is zo'n beetje, beetje, beetje,
Dat is zo'n beetje wat ik voel.

HERMAN PIETER DE BOER
Zolang ik niet beweeg 1980

De dag verglijdt naar schemerlicht
De lucht is zacht en leeg
De wereld is in evenwicht
Zolang ik niet beweeg

Zolang ik met een stil gezicht
Mijn roerloosheid bewaar
Zolang ik zwijg en niets verricht
Bezweer ik elk gevaar

Ik voel me vreemd maar aangenaam
Heel vrij maar ook heel vroom
En alles wordt gewoon

Terwijl ik naar oneindig kijk
Verandert elk gevoel
Geluiden klinken heel nabij
Maar blijven zonder doel

Ik voel me vreemd maar aangenaam
Heel vrij maar ook heel vroom
En alles wordt gewoon

Ik weet niet of ik wakker bleef
Of wanneer ik deze woorden schreef
Ik weet alleen maar dat ik leef
Dat lijkt me wel genoeg

ISCHA MEIJER
Als vrienden 1983

Een slippertje in Leningrad.
Een wipje in Berlijn.

Wat hebben we een lol gehad
Toen we 't deden in de trein.
Waar werd oprechter trouw
Is iets van toen en niet van nou.

We gaan als vrienden uit elkaar.
Geen plicht, geen toekomst, geen verleden.
Toch gaan we vriendelijk uit elkaar.
Voor ons telde alleen het heden.

Een vluggertje in het portiek.
Wat handwerk tussendoor.
Wat koop je voor moreel geziek?
De wereld gaat toch eens teloor.
Want werd oprechte trouw
Niet vaak een hel voor man en vrouw?

We gaan als vrienden uit elkaar.
Geen plicht, geen toekomst, geen verleden.
Toch gaan we vriendelijk uit elkaar.
Voor ons telde alleen het heden.

Amour perdu in Leningrad.
Wat huilen in Berlijn.
Wat hebben we 't goed gehad.
Adieu, mijn lief, daar komt de trein.
Toch was oprechte trouw
Wel iets geweest voor mij en jou.

We gaan als vrienden uit elkaar.
Geen plicht, geen toekomst en geen heden.
Toch gaan we vriendelijk uit elkaar.
Voor ons telt nog alleen 't verleden.

ISCHA MEIJER
Proloog op het toneel   1983

Daar dooft het licht, hier gaat het aan.
Weer draal ik tussen werkelijkheid en waan.
Zoëven keek ik toe, nu ben ik de speler –

Dief van uw aandacht, van mijn eigen ik de heler
Kijk ik u aan.

Daar wordt het stil, hier klinkt gerucht.
Weer draai ik tussen 't drama of de klucht.
Hoe het ook moge lijken, ik maak alles mooier –
Klant van uw aandacht, van mijn eigen ik de pooier
Neem ik de vlucht.

Zit u wel goed? Hier sta ik nu.
Weer draai ik tussen eigenwaan en u.
Om beurten de gejaagde en belager –
Prooi van uw aandacht, op het eigen ik de jager
Kijk ik u aan,
Neem ik de vlucht,
Van, naar: u.

JUSTUS VAN OEL
Waanzicht op lustmoord   1984

Nee, ik woon niet slecht, ik leef hier stil in de natuur,
Mijn bed is schoon, het eten komt op tijd.
De vogels zingen en je hoort hier om het halve uur.
De intercity die hierachter rijdt.
Het groen rond de kliniek onttrekt de spoorbaan aan het zicht,
De snelweg verderop is niet te horen.
Dat komt door de bosschages, maar ik weet dat hij daar ligt.
Ja, sterker nog, ik wist het van tevoren.

Natuurschoon sterkt de mens, die door psychoses wordt
            geplaagd,
Het ziekenfonds voorzag ons ruim van bomen.
Al zijn de laagste takken daar uit voorzorg afgezaagd:
Het blijft een vreugde in het bos te komen.
Dit lommerrijk terrein loopt door tot aan een breed kanaal,
Dat scheelde de directie weer een hek.
Zelf ben ik vrij vrolijk, allerminst suicidaal,
Maar wie het wel is, woont hier echt te gek!

Mijn vriend Louis deed veel met touw op knutseltherapie,
Het bracht hem binnen korte tijd genezing.

Hij stierf daarop van vreugde, overleed aan euforie:
Althans, dat is de officiële lezing.
Daarna ontviel ons Henk, hij liet zich helpen door de Shell,
René verliet de kerk vanuit de toren.
Als je om je heen kijkt dan verwacht je zoiets wel.
Ja, sterker nog, je weet het van tevoren.

Dit hospitaal is een complot, een moordenaarspraktijk,
Ik zag ze komen maar vooral toch gaan:
Op een brancard de deur uit, als voorgoed genezen lijk,
Als halve schizofreen, als uitgebrande pyromaan.
Men heeft hier DE remedie voor krankzinnigheid ontdekt:
De dood, en wie hem zoekt zal nimmer falen.
Ik heb ze door, ik drink hun slappe koffie en ik wacht,
Want wie me hebben wil, die zal me moeten halen.

ANNIE M.G. SCHMIDT
Te lelijk en te oud   1984

Te lelijk en te oud.
Een bittere conclusie
En ik koester geen illusie
Dat je toch wel van me houdt:
Ik ben te lelijk
En te oud.

Een vriendelijke zoen
Is af en toe wel toegestaan,
Maar 't mag vooral niet verder gaan,
Daar moet ik het mee doen.
Een vaderlijk gebaar,
Een doekje voor het bloeden,
Maar God zal me behoeden,
Het is gewoon niet WAAR!
Want dát is zo verraderlijk,
Het is niet enkel vaderlijk,
't Is gloeiend en verschroeiend
En ook duizendmaal zo boeiend,
Maar je zou me gaan ontwijken
Als ik dat zou laten blijken,

Want je vindt me sympathiek,
Maar je walgt van me fysiek,
Dus ik hou me in, uit zelfbehoud:
Te lelijk
En te oud.

We hebben wel contact,
Maar meestal telefonisch
En zo absoluut platonisch
Als een koude bal gehakt.
Een vaderlijke vrind
Die aardig is en centjes heeft
En af en toe presentjes geeft,
Een soort van goede sint.
Soms denk ik dat ik stik,
Ik kijk opzij, zodat je niet
De honger in m'n ogen ziet,
Ik wil niet dat je schrikt.
Dat sensuele hongeren
Is enkel maar voor jongeren,
Ik moet je blik vermijden,
'k Heb angst voor medelijden,
Het zou me té veel krenken
Als je van me zou gaan denken:
Een ouwe geile bok
Met de vlag op halfstok.
Ik heb een hart van goud,
Maar de buitenkant is fout:
Te lelijk
En
Te oud.

PAUL VAN VLIET
Het touwtje uit de brievenbus   1984

Ze zeggen:
Laat hem los
En laat hem niet meer binnen
Ze zeggen:
Laat hem gaan

Hij moet het overwinnen
Ze zeggen:
Niet erheen
Je kunt hem niets meer geven
Ze zeggen:
Deur op slot
Je hebt ook een eigen leven.

Maar ik heb hem toch gevoerd
Hap voor hapje
Ik heb hem leren lopen
Stap voor stapje
Sinaasappels
Buitenlucht
Boterhammen mee
Wandelen hand in hand
Hollen langs de zee

Een tikje op zijn vingers
Een pluimpje op zijn hoed
Een klopje op zijn schouder
Van: jongen jij gaat goed
Een glimlach van vertrouwen
Er wordt van jou gehouen
Die hele lange weg
Die wij samen zijn gegaan
Nemen geven
Leren leven
Eigen benen staan
Mijn hart mijn huis
Mijn beide armen
Stonden altijd open
En een touwtje uit de brievenbus:
Hij kon zo naar binnen lopen.

Maar ze zeggen:
Laat hem los
Niet meer met hem praten
Ze zeggen:
Laat hem gaan
Je moet het overlaten

Dus ik ga daar niet meer heen
Ik maak daar niet meer schoon
Ik heb mijn eigen leven
Maar ook dat van een zoon...

Die ik heb gevoerd
Hap voor hapje
Die ik heb leren lopen
Stap voor stapje
Sinaasappels
Buitenlucht
Boterhammen mee
Wandelen hand in hand
Hollen langs de zee.

Hij is weer even hulpeloos
Als dat kereltje van toen
Maar ik laat hem nu alleen
Ik mag nu niets meer doen.
Maar ik laat toch voor de zekerheid
Mocht hij naar huis verlangen
Dat touwtje uit de brievenbus
Voorlopig nog maar hangen.

IVO DE WIJS
Trouw　1985

Niets saaiers, zegt men, dan het dichtstbijzijnde
Niets mooiers, zegt men, dan een open deur
Ieder nieuw begin heet altijd weer: het einde
En een lange smalle gang heet altijd: sleur

Ik spot graag nu ik een volwassen vrouw ben
Met vroeger, met die tijd van eer en deugd
Maar ik schaam me niet dat ik nog altijd trouw ben
Aan die ene vaste waarde uit m'n jeugd

Trouw
Blijven zitten waar ik zit
En blijven willen wat ik wou

688

Trouw aan wat ik ooit begonnen ben
Met hart en ziel begonnen ben
Aan wat ik ooit begonnen ben
Met jou

Ik heb het ondervonden aan den lijve:
Geen vorst wordt elke dag opnieuw gekroond
Na het grote feest begint het grote blijven
Ook al wordt dat nergens adequaat beloond

Een nieuwe spaarder oogst een luid bravo'tje
Een trouwe klant verzinkt in giro-grauw
Elke nieuwe abonnee krijgt een cadeautje
Maar een trouwe lezer niks – zelfs niet bij *Trouw*

Trouw
Blijven zitten waar ik zit
En blijven willen wat ik wou
Trouw aan wat ik ooit begonnen ben
Met hart en ziel begonnen ben
Aan wat ik ooit begonnen ben
Met jou

Niets saaiers, zegt men, dan het dichtstbijzijnde
Niets mooiers, zegt men, dan een open deur
Ieder nieuw begin heet altijd weer: het einde
En een lange smalle gang heet altijd: sleur

Ik neem de smalle weg, de oude zorgen
De ballast, waar geen mens een cent voor geeft
Want hoe vind ik ooit geluk, wanneer ik morgen
Moet vergeten dat ik gister heb geleefd

Trouw
Blijven zitten waar ik zit
En blijven willen wat ik wou
Trouw aan wat ik ooit begonnen ben
Met hart en ziel begonnen ben
Aan wat ik ooit begonnen ben
Met jou

HERMAN VAN VEEN
Anne 1986

Er waren mooie baby's bij,
Maar niet zo lief als jij,
Anne.

Van al dat wit
En zoveel licht
Gingen van schrik
Je ogen dicht,
Anne.

Even kreeg ik kriebels in mijn keel
Maar je had geen pink te veel,
Anne.

Ik stond te blozen,
Was zo blij,
Jij moest er haast van lachen,
Anne.

    Anne,
    De wereld is niet mooi,
    Maar jij
    Kan haar een beetje
    Mooier kleuren.

    Anne,
    Je hebt nog heel wat voor de boeg,
    Maak je geen zorgen,
    Daarvoor is het nog te vroeg,
    Veel te vroeg.

De wijzers van de klok gaan snel,
Dat merk je later wel,
Anne.

Van de pot naar de wc
Gaat één, twee, huppekee,
Anne.

Je hebt net je bromtol uitgepakt
Of bent alweer een jaar
Ouder.

Voor ik goeiemorgen zeg,
Ben jij op je brommer weg.
Anne.

Anne,
De wereld is niet mooi,
Maar jij
Kan haar een beetje
Mooier kleuren.

Anne,
Je hebt nog heel wat voor de boeg,
Maak je geen zorgen,
Daarvoor is het nog te vroeg,
Veel te vroeg.

Er waren mooie baby's bij,
Maar niet zo lief als jij,
Anne.

Alleen de ogen van je moeder,
Waren net zo mooi als jij,
Anne.

BRIGITTE KAANDORP
Hotel 1988

't Is nu al weer vier uur in de morgen
Ik lig al uren naast je op het bed
Midden in Parijs, een vreemde kamer
Ik rook van jou zo'n vieze sigaret

Buiten hoor ik vreemde straatgeluiden
Een of andere late nachtclub sluit
Toeterende auto's, mensen roepen
Lichtreclame knippert aan en uit

Door de dunne stof van de gordijnen
Komt het niet te stuiten neonlicht
Het beschijnt de vaalgebloemde muren
En jouw vredig slapende gezicht

Ik ken zo goed je hoofd, je neus, je slapen
En je mond, je korte steile haar
Ik ken je oren, je gesloten ogen
En je lippen wijken van elkaar

Maar hoe langer ik naar je blijf kijken
Des te vreemder wordt dan je gezicht
Lijnen worden steeds maar onbekender
In het knipperende neonlicht

In verwarring loop ik door de kamer
Ik kijk eens naar de vreemde in het bed
Hij ligt daar zo argeloos te slapen
Waar heb ik mijn koffers neergezet

Zachtjes schiet ik kleren aan en schoenen
Rustig ademen komt van de matras
Naast twee blote voeten bij het einde
Ligt vertrouwd mijn eigen regenjas

In het schemer laat ik iemand achter
Blote voeten en een open mond
Ik sluit de deur en ren hard naar beneden
Naar de metro, diep onder de grond

JEROEN VAN MERWIJK
Krappe schoenen 1988

Krappe schoenen
Ik heb te krappe schoenen aan
Ik had ze moeten laten staan
In plaats van ze te kopen
Nou ja kopen had misschien nog net gekund
Maar om er nou meteen zo'n eind op te gaan lopen
Op uitlopen te hopen
Wat een hufter, wat een rund

Krappe schoenen
'k Loop op te krappe schoenen rond
Er zitten mesjes in de grond
En de aardkorst staat in brand
Toch ben ik aan de buitenkant
Niets aan te zien en doe ik of ik net
Een pot met vet op tafel heb gezet
Ik vind strompelen gênant
Hoe lang gaat deze kwelling duren?
Elke seconde die duurt uren
Mijn kleine en mijn grote teen zijn buren
Nog even, zijn ze samen één
Is mijn voet een grote teen

Krappe schoenen
Ik heb te krappe schoenen aan
Was ik maar jeugdig dood gegaan
Het leer dringt in mijn voet tot aan mijn pezen
En mijn hiel ligt open tot mijn rug
Wat kost dat nou, zo'n voetprothese?
Langzaam, langzaam, niet zo vlug
Hoe lang gaat deze kwelling duren?
Elke seconde die duurt uren
Mijn kleine en mijn grote teen zijn buren
Nog even, zijn ze samen één
Is mijn voet een grote teen
Heb ik een hoef aan ieder been
Moet ik in een weiland
Met een hek eromheen

Te gek voor woorden

VEERTIEN ABSURDITEITEN

JAAP VAN DE MERWE
Blokkendoos boem ·1958

Jan de Boer woont in een flat,
Flet flet flet flet flet
Blokkendoos blokkendoos boem
En daar woont ie samen met
Tachtig andere gezinnen
Heel eendrachtig samen binnen
In die éne flat
Flet flet flet flet flet
Blokkendoos blokkendoos boem

Over het balkon der flat
Flet flet flet flet flet
Blokkendoos blokkendoos boem
Worden bomen opgezet
Bovenbuurman roept: We doen
Een goeie gooi naar twaalf miljoen
En Jan zegt: Wij zijn net
Net net net net net
Konijnen, konijnen, boem boem boem boem
Buurman boven in de boom,
Want buurman is andersdenkend
Toevallig heeft ie zelf
Een kindertal van elf
Men heeft hem net gezegd:
Jij doet het lang niet slecht
Buurman boven in de boom
En daar zit ie nou te miauwen

Buurman links voelt zich wat slap
Slap slap slap slap slap
Pillendoos pillendoos boem
Als excuus en voor de grap
Toont ie z'n verkouden neusje
Jan zegt: Ja, ik zie het, heus, je
Lust je glaasje best!
Best best best best best
Borreltje borreltje boem boem boem boem
Buurman boven in de boom

Want buurman is andersdenkend
Toevallig gaat ie mank
Aan het bestrijden van de drank
Vandaar dat ie te koop loopt
Met z'n blauwe knoop
Buurman boven in de boom
En daar zit ie blauw te miauwen

Buurman rechts kijkt ietwat zuur
Zuur zuur zuur zuur zuur
Harinkie, harinkie, boem
Hij is bang voor hogere huur
Jan zegt: Ja, daarmee verblij je
Nog de christelijke partijen
En Out is hun profeet

Die eet eet eet eet eet
Krentenbrood krentenbrood boem
Buurman boven in de boom
Want buurman is andersdenkend
Als fijn gereformeerd
Heeft hij altijd geleerd
Dat het ouwe testament
Geen krentenbollen kent
Buurman boven in de boom
En daar zit ie vroom te miauwen

Buurman van de zolderflat
Flet flet flet flet flet
Blokkendoos blokkendoos boem
Annonceert vast keurig net
Dat z'n zusje, dat u niet kent,
Komt logeren aanstaand weekend
Jan zegt: Ah, wat knus
Knus knus knus knus knus
Je zuster en m'n zuster
Buurman boven in de boom
Want buurman is andersdenkend
Toevallig is ie niet
Zoals je dikwijls ziet
Zo'n vent die elke maagd

Achter de rokken jaagt
Buurman boven in de boom
En daar zit ie sloom te miauwen

Ach, heel Holland is zo'n flat
Flet flet flet flet flet
Blokkendoos blokkendoos boem
Eén groot glazen kabinet
Met een stel papieren muren
Waar doorheen men op zijn buren
En hun woorden let
Let let let let let
Roddele roddele roem
...Andersdenkend
Het zijn er twaalf miljoen
Die allemaal zo doen
Eén zuilengalerij
Vol andersdenkerij
Nou ja, andersdenkend...
Denkend? Hèhè, welnee, dat denken wij!
En daar zitten we dan te miauwen

GUUS VLEUGEL
God is niet dood   1966

God is niet dood, al hoor je dat ook vaak beweren.
Je kunt wel degelijk met God communiceren.
Het wordt nog steeds gedaan met bijbels en brevieren
Maar het gaat ook op tal van andere manieren.
Neem Simon Vinkenoog die vroeger God niet bliefde
En niet geloofde in de goddelijke liefde,
Hij is veranderd in een kwispelstaartend hondje
Sinds God hem opgezocht heeft met een suikerklontje.
Ach ieder heeft zijn eigen religieuze roes,
Zo neem ik zelf een tangoplaatje uit een hoes,
Ik zet 't op op de pick-up en voor 'k het weet
Is het begonnen en heeft God mij stevig beet...

Ik dans met God zo goddelijk de tango
Want op een tango zijn wij allebei verzot.

Ik dans met God zo goddelijk de tango,
Soms leidt God mij, soms leid ik God.
Hij danst zo soepel en zo licht en zo veerkrachtig
En toch is Hij beslist al ver over de tachtig,
Hij danst zo statig en toch evengoed zo vlot.
Wat een genot, o gottegottegot.

God is niet dood, Hij leeft in hutten en paleizen
Waar iedereen met Hem verkeert op andre wijze,
Dominee Buskes door een beetje op te zwellen
En de Margriet door een enquête in te stellen.
Gerard Kornelis van het Reve brandt een kaarsje
Of strijkt verliefd een jonge ezel langs het aarsje
En in de kloosters doen ze 't meestal door te zwijgen
En op de Veluwe door polio te krijgen.
Dat doet mij deugd, ja dat verheugt mij werklijk zeer,
Ik kijk daar absoluut geen ogenblik op neer,
Maar 'k zoek het toch voor mijn persoonlijke mystiek
Steeds weer het liefste in die nooble dansmuziek…

Ik dans met God zo goddelijk de tango
En dat alleen stemt mij tevreden met mijn lot.
Ik dans met God zo goddelijk de tango
Van het begin, tot aan het slot.
En als het afgelopen is dan buig ik even
En 'k zeg, o God wat hebt Gij mij weer veel gegeven
Want al die meiden doen de tango zo verrot.
't Was een genot, o gottegottegot wat een genot.
't Was een genot, o gottegottegot.

DRS. P
Moedertje   1968

Prinses Victoria werd geboren
In achttienhonderd negentien
De zijkant van de Eiffeltoren
Is van opzij het best te zien
De inhoud van een pyramide
Is basis x een derde h
Met kwik en calciumchloride
Maakt niemand chocoladevla

Moedertje
Het Ertsgebergte ligt in Bohemen
Moedertje
De Po stroomt onder meer langs Turijn
Moedertje
En Hamburg is ten Oosten van Bremen
Moedertje
Moedertje mijn

De houder van een spaarbankboekje
Krijgt jaarlijks 3½ procent
De inhoud van een krentekoekje
Omvat gewoonlijk wel een krent
Het snelverkeer op voorrangswegen
Hoeft niet te wachten voor een koe
Op rijwielpaden daarentegen
Past men die regel dikwijls toe

Moedertje
Als U een keer naar Delft moet, of Leiden
Moedertje
Dan gaat het wel het vlugst met de trein
Moedertje
Hoewel er mooie bussen ook rijden
Moedertje
Moedertje mijn

Het vruchtbeginsel van een lelie
Is heel vernuftig ingericht
Bij schnitzel hoort wat peterselie
Maar taf is ook een leuk gezicht
Het land van tempel, thee en tijger
Wordt vaak, helaas, besmeurd met bloed
Wanneer een Cinghalese krijger
Een hebber in het bos ontmoet

Moedertje
Indien U zich als Turk wilt verkleden
Moedertje
Dan liefst niet op het Thorbeckeplein
Moedertje
Maar ook de Kalverstraat zij gemeden

Moedertje
Moedertje mijn

JELLE DE VRIES
Mannen te koop   1969

Hebt u ook zo'n last, mevrouwtje, met uw man?
Denkt u ook zo dikwijls 'had ik maar een ander'?
Ach lieve dames, was er maar een middenstander
Met een winkel waar je mannen krijgen kan.

   Te koop of te huur, mevrouw,
   Kijk eens wat een figuur, mevrouw
   Vrijwel zonder IQ, mevrouw
   Hij past prima bij u, mevrouw

Dames, wilt u niet aan dat kingsize-modelletje zitten prutsen? Kan u niet
zien dat er een bordje 'verkocht' aan hangt? Nee dame, u kan meneer niet
in de kleedkamer uitproberen... Laat u dat maar aan de verkoopsters
over...

Zoek maar uit, mevrouw, zolang de voorraad strekt
't Zijn uitsluitend knappe monogame knullen,
Allemaal zindelijk en zuinig op de spullen
Heus mevrouwtje, ze zijn stuk voor stuk perfect

   Te koop of te huur, mevrouw,
   Het is pure natuur, mevrouw
   Zit nou niet aan z'n kop, mevrouw,
   Want zo windt u hem op, mevrouw!

Die lange met dat snorretje, juffrouw, wilt u die effe voor me uitpakken...
eh... inpakken, bedoel ik. Ja, haal het prijsje d'r maar af... 't Is namelijk
een cadeautje, weet u... Voor m'n tante Jo. En die is nooit getrouwd ge-
weest, weet u wel, dus wil u d'r misschien een gebruiksaanwijzinkie bijvoe-
gen?

Ongelooflijk wat je hier te koop ziet staan,
Afgewerkt tot in de kleinste onderdelen
Denk eens in, mevrouw, wat pret zal 't zijn te spelen
Met zo'n harlekijn die nooit kapot kan gaan.

Zo trouw als een hond, mevrouw
'k Heb zoiets ook in blond, mevrouw
Een zalige vent, mevrouw,
Voor een seksperiment, mevrouw

*Duur, dame, duur? Hebt u d'r wel eens bij stilgestaan wat u d'r allemaal
mee kan doen? O, doet u dat nooit… Ga weg! Hoeft ie alleen maar de
vullisbak buiten te zetten? Nou, neemt u deze dan, dame… Ietsjes beschadigd, maar dat valt onder de bekleding, hoor! Je ziet er geen barst van!*

Gaarne ruilen wij uw oude kneusje in
Die wordt uitgedeukt en keurig bijgespoten
En weldra staat ie weer veel vaster op de poten,
Bijna net zo okselfris als in 't begin.

Neemt u deze op zicht, mevrouw
Wedden dat ie u ligt, mevrouw
Enorm viriel, mevrouw,
Lekker heterofiel, mevrouw!
Het prijsje valt mee, mevrouw,
Inclusief BTW, mevrouw
Voldoet u per giro,
Of betaalt u hem hiero?

Het is maar goed dat zulke winkels niet bestaan,
Want ze zouden zonder twijfel best floreren
Maar ach, dan kwam er ook zo'n zaak alleen voor heren,
Waar je vrouwen naar behoefte in kon slaan

Ik zie de echtgenoot al komen met zijn hele kapitaal
Hij kocht ze allemaal!

De slijmerd!

FREEK DE JONGE
Un koe 1970

Een koe stond lui te wachten
In een veel te grote wei
En zijn overvolle uier

702

Hing er als een doedelzakie bij
Hij had geen trek in eten
Al zijn magen zaten vol
Daar stond ie stom te kauwen
Op een stukje stimorol

De boer die hem moest melken
Was weer eens veel te laat
En niets doet meer pijn
Dan een uier die op springen staat
Dan strekken zich de tepels
En rekken zo het vel
Dat je als koe maar af moet wachten
Houdt ie het niet of
Houdt ie het wel

Nu is haast elke uier
Bestand tegen een stoot
Maar ditmaal was de spanning
Voor het uiervel te groot
De boer die aan kwam fietsen
Dacht: Die uier houdt het wel
Maar vlak voordat ie aankwam
Dacht ie: Verrek het regent melk

En toen ie rondkeek in de weide
Stond daar enkel nog die knol
En tussen de koeievlaaien
Lag een stukje stimorol

  Boe boe koetjeboe
  Boe boe koetjeboe

Dus zie je ooit een uier
En staat ie tepelstrak
Maak dan dat je weg komt
Het is zonde van je pak

JAAP VAN DE MERWE
Ballade van het leven en de dood 1971

Hij zou es gauw een kitje kolen scheppen
En daalde in de kelder van zijn huis.
Hij dacht: Wat ruikt dat gek!
Zit hier of daar een lek?
'k Moet toch es even zoeken langs de buis...

    En dat is nou het rare van het leven en de dood:
    De afstand is niet groot.
    Soms is de overgang
    Eén lucifertje lang
    Lala lala lala lala

Zij was vierhoog de ramen aan het lappen;
Ze had zo'n hekel aan een vuile ruit.
Daar stond ze, jong en slank,
Los in de vensterbank
En spaarde zo een glazenwasser uit.

    En dat is nou het rare van het leven en de dood:
    't Verschil is niet zo groot.
    Want soms is het precies
    Een kwestie van één nies.
    Lala lala lala lala

Het kind had dorst. Maar moe was naar de slager.
Dus keek het kind in 't keukenkastje rond,
Waar naast een staartje wijn
En zoutzuur en azijn
Ook bleekwater en limonade stond.

    En dat is nou het rare van het leven en de dood:
    Het scheelt ternauwernood.
    't Verschil is meestal slechts
    Eén greep meer links of rechts.
    Lala lala lala lala

Haar vriendje kleedde zich aan en stapte huiswaarts.
Zij stapte vrij vermoeid weer in haar bed.

Verzadigd van de seks
Nam zij voor de relax
Nog eventjes een laatste sigaret.

En dat is nou het rare van het leven en de dood:
De kloof is niet zo groot.
Soms is de hele breuk
Niet breder dan één peuk.
Lala lala lala lala

Pa vond condomen bij zijn zoon van vijftien.
Hij nam ze af. En bij gelegenheid
Gebruikte hij ze zelf
Maar na een maand of elf
Werd zijn gezin zijns ondanks uitgebreid.

En dat is nou het leuke van het leven, ja of neen...
Er zit hier menigeen,
Heus niet door God beschikt,
Maar door je broer, die indertijd
Geniepig met een speld uit nijd
Het voorbehoed slinks heeft kapotgeprikt.
Lala lala lala lala

MICHEL VAN DER PLAS
Onder de wollen deken 1971

Je kan me d'r midden in de nacht voor wakker maken
Het kan me niet schelen want ik vind het veel te fijn
Je kan me d'r midden in de nacht voor wakker maken
Ik doe het met liefde zonder enig centje pijn
Je kan me d'r midden in de nacht voor wakker maken
Het klinkt misschien gek als ik het zeg en plein public
Maar je kan me d'r midden in de nacht voor wakker maken
Want ik ben gek op een prachtig stuk... muziek

O Agaat, o Agaat
Loop eens naar de automaat
Want voorkomen is veel beter dan genezen
O Agaat, o Agaat

Strakjes is het weer te laat
En dan loop je weer een maand nerveus te wezen

Schijt aan de buren
Daar gaat ie nog een keer
Het is dat pokkenweer
Het is dat pokkenweer
En die dunne muren
Nou ja, het spijt me zeer
Ze zullen maar moeten wennen
Als ik schuiftrompet studeer

Moeder heeft een blouse
Van Beate Uhse
Maar zij doet hem enkel aan
Als mijn vader hem vindt staan
Vader heeft een standenboek
Uit de seks-shop op de hoek
Waar hij enkel wat om geeft
Als mijn moe die blouse aanheeft

Als vader ons voorleest uit *Sextant*
Dan kun je een speld horen vallen
Dan staan alle wangetjes in brand
Dan zijn we zo één met zijn allen
Als vader ons voorleest uit *Sextant*
Dan gaan we daarna rustig slapen
Dan denken w'in ons bedje naderhand:
Wat zijn we toch prachtig geschapen!

Ik wil best met je naar bed
Maar mijn pyjama ligt nog thuis
Vervelend is dat nou
Want ik bleef zo graag bij jou
Ik wil best met je naar bed
Maar mijn pyjama ligt nog thuis
O, jongens wat een kruis!

Hij van hiernaast was aan de deur
Je was je slipje weer vergeten
Altijd hetzelfde gezeur

En altijd net onder het eten
Dat zul je nooit eens zien van haar
Wij hangen alles op een hanger
Vorige week nog je peignoir
Lieverd, dat kan zo echt niet langer

De directeur was gisteren kwaad
Want Evelyn was weer te laat
En dat was een hoop gedonder
Dat gaf toch werkelijk geen pas
Dat Evelyn zo slordig was
Maar vandaag gebeurde 't wonder
De directeur noemde haar weer lieve kleine meid
Want sinds vanmorgen was ze niet meer over tijd

Schijt aan de buren
Daar gaat ie nog een keer
Het is dat pokkenweer
Het is dat pokkenweer
En die dunne muren
Nou ja, het spijt me zeer
Schijt aan de buren
En we draaien hem nog een keer

DRS. P
Goed nieuws 1972

Over een week of drie vindt er een opmerkelijk gebeuren plaats
In het spreekuur van een jonge, maar bekwame arts
Want dan krijgt hij een patiënte van een jaar of veertig, en die
    voelt zich niet gezond
Nu, dat wil hij best geloven, gezien de vale plekken op haar huid
Inderdaad, u bent niet helemaal in orde, zegt de dokter, steek uw
    tong eens uit
En dan gebeurt het: de tong valt op de grond
Voor een medicus, die nog maar net met zijn praktijk begint, is
    dat iets heel aparts
Hij zegt: Mevrouw, u kijkt daar vast wel gek van op: u bent
    melaats

Heuweuweuweuweuweuweuweuweuweu, zegt de dame (zij kan
        niet meer goed articuleren)
En de dokter geeft haar gauw een briefje voor de specialist
Hij hoopt dat die haar kan solderen
De optimist

Snel spuit de specialist een sulfonamide in de lijderes
Doch na haar vertrek heeft hij haar rechterhand nog vast
Haastig legt hij die opzij, hij geeft zich een injectie, maar het
        kwaad is al geschied:
De bacterie, of het virus, of wat het zijn mag, is heel vlug ter
        been
Reeds voordat de GGD er iets van weet, grijpt de besmetting
        woedend om zich heen
Er heerst verwarring op allerlei gebied
Na een rommelige zondagmiddag wordt de voetbalcompetitie
        afgelast
Er is ook geen vraag meer naar balletschool of pianoles

    Men ziet al spoedig neuzen en zelfs oren liggen in de tram, op
            trappen en in erkers
    Hier en daar een voet op vette klei of in het mulle zand
    Ook goochelaars en rietbewerkers
    Zijn zeer onthand

Artsen en onderzoekers staan van dit nieuwe ziektebeeld versteld
En een nationale actie helpt allang niet meer
Want zodra een collectant gaat rammelen, belandt zijn arm met
        bus en al op straat
En de vuilnisophaaldiensten zijn toch al radeloos van al het werk
In het buitenland is de vermindering aan lichaamsdelen trouwens
        even sterk:
Er is geen mens meer, die nog geheel bestaat
Maar dit heeft een zegenrijke invloed op de situatie in het
        stadsverkeer
En het doet wonderen voor het bemoeilijken van elk geweld

    Dictatoriale macht en terrorisme en het rijk der misdaad zijn
            in 't ongerede
    Zelfs de nette lieden zijn gedoemd tot onbeweeglijkheid
    En daarmee wordt de wereldvrede
    Dan toch een feit

DRS. P
Een moederhart 1974

O, een moederhart,
Dat is een ding apart
Pas op dat je zo'n hart niet met een ander ding verwart
Een hart dat alles tart, al wordt het nog zo hard gesard
Dat is beslist een moederhart

Het hart is absoluut onmisbaar voor de bloedsomloop
En als het bloed geen omloop heeft, dan is er weinig hoop
Dus of je hart van goud is of gebroken of vervet
Je kan gewoon niet zonder en je moet derhalve met

Maar een moederhart
Dat is een ding apart
Pas op dat je zo'n hart niet met een ander ding verwart
Bevat het meer dan 70% verkropte smart
Dan is het vast een moederhart

Men kent de hartekreet en menig ander hartgebrek
En bij het eten krijg je wel eens hardgebakken spek
De een gaat op safari in het hart van Afrika
De ander is tevreden met een hart van chocola

Maar een moederhart
Dat is een ding apart
Pas op dat je zo'n hart niet met een ander ding verwart
Het antwoord op de vraag: wie krijgt de koek en wie de gard
Dat weet alleen een moederhart

Het hart is vast en zeker het veelzijdigste orgaan
Je kan er iets op hebben of je drukt er iemand aan
Dan zinkt het in je schoenen en dan haal je het weer op
En ondertussen gaat het rustig door met zijn geklop

Maar een moederhart
Dat is een ding apart
Pas op dat je zo'n hart niet met een ander ding verwart
Je ziet het aan een zilveren lepel, meestal wordt die zwart
Behalve bij een moederhart

Ja een moederhart
Dat is een ding apart
Pas op dat je zo'n hart niet met een ander ding verwart
De armen hebben darmen en de bank heeft een milliard
Maar dat is nog geen moederhart

ANDRÉ VAN DUIN
Het hek van de buurvrouw   1974

Het hek van de buurvrouw staat open
Het hek van de buurvrouw is niet dicht
En ieder kan er zomaar binnen lopen
Het tocht en het is geen gezicht

Ik heb een buurvrouw Jansen die woont naast mij in het straatje
Zij heeft een heel leuk tuintje met wat bloemen en een paadje
Er staat een heel leuk hekje voor daar kun je door naar buiten
Maar jammer is: het hek kan niet op slot

Het hek van de buurvrouw staat open
Het hek van de buurvrouw is niet dicht
En ieder kan er zomaar binnen lopen
Het is toch zo'n slordig gezicht

Wanneer het hekje open staat moet buurvrouw weer naar buiten
Niet om het hekje dicht te doen maar om het hek te sluiten
Ze vond dat heel vervelend en ging naar een ijzerzaakje
Daar kocht zij voor haar hekje toen een slot

Het hek van de buurvrouw stond open
Het hek van de buurvrouw is nu dicht
Doordat zij een haakje is gaan kopen
Is het nu een veel beter gezicht

HERMAN PIETER DE BOER
De vrouw als hond   1976

De bakker bracht brood met een hondekar rond
Dat was zo de stijl in die tijd

Maar eens op een dag kwam hij zonder de hond
En onder de kar kroop een meid

Die meid bleek warempel z'n eigenste vrouw
Met lappen om iedere knie
Haar hoofd was bezweet en haar handen zo grauw
Zo trok ze de kar langs de Schie

  Ja, de bakker was blij met z'n vrouw Hillegond
  Zo rond en zo blond en zo handig als hond

De veldwachter werd van ontsteltenis rood
'Zeg bakker, hoe heb ik het nou!'
De bakker verklaarde: 'M'n trekhond is dood,
Dus wordt het de taak van m'n vrouw.'

De man van de wet zei, nog altijd verstoord:
'Dan koop je een andere hond.'
Maar daar had de bakker de centen niet voor
Maar wel had hij zijn Hillegond

  Ja, de bakker was blij met z'n vrouw Hillegond
  Zo rond en zo blond en zo handig als hond

De veldwachter boog zich nu diep naar benee
Waar zij in het tuig hing als hond
Ze zuchtte: 'Het moet maar, al valt het niet mee.
Per slot ben ik flink en gezond.'

De bakker zei trots: 'Nou, hoe vind je me dat
Is dat niet een liefdevol woord.'
Hij gaf haar goedmoedig een schop voor d'r gat
En zij trok de kar maar weer voort

  Ja, de bakker was blij met z'n vrouw Hillegond
  Zo rond en zo blond en zo handig als hond
  Ja, de bakker was blij met z'n vrouw Hillegond
  Zo rond en zo blond en zo handig als hond

HANS DORRESTIJN
Ik moest een schaap een tongzoen geven   1983

Motto: 'Als een schaap bèè zegt, bedoelt ze ook bèè!'

Ik moest een schaap een tongzoen geven,
't Bleek een hele ouwe ooi.
Ze keek me aan met gele ogen
In haar schaapskop lang niet mooi.

Wie was daartoe mijn opdrachtgever?
Een tongzoen dus, het was voor straf.
'k Perste mijn tong tussen haar lippen
En toen stond ik zelf paf.

Want langs de gele schapetanden
In het speekselrijke hol
Stuitte mijn tong toen op de hare
En proefde scherp de smaak van wol.

't Was zuiver scheerwol die ik proefde.
Dat herkende ik meteen.
'n Kwaliteitsprodukt, geen namaak:
Ik raakte door het dolle heen.

Een wolmerk had het niet van node:
De ooi die bracht me in een roes.
Ik leerde rammen te benijden,
De herder en de schapedoes.

Dus we sloegen aan het paren,
De vlokken stoven in het rond.
'k Dankte God dat ik na jaren
De ware liefde eind'lijk vond.

Wat eens begon als plicht, als opdracht,
Werd een hartstocht in één keer.
Wie eenmaal neemt een schaap te grazen,
Die wil nooit iets anders meer.

HANS DORRESTIJN
Jagerslied 1987

Ik ging een dag uit jagen
Al met mijn schietgeweer.
Ik ging een dag uit jagen
Met mijn hoedje met een veer.

Aldus zou ik gaan jagen,
Gaan jagen op het land.
Maar toen kwamen er twee haasjes aan
Die beten in mijn hand.

Toen kwam er nog een eekhoorn
Die trok me aan mijn haar.
Van overal, van overal
Loerde het gevaar.

Het leven van een jagersman
Is beslist geen grap.
Vanuit het dichte struikgewas
Gaf een hertje me een trap.

Ik zit vol met blauwe plekken
En hier en daar een bult.
Met wilde woeste dieren
Is de natuur gevuld.

Ik ging een dag uit jagen,
Maar ik doe het nooit weer.
In een stil en donker hoekje
Hangt het hoedje met de veer.

HERMAN FINKERS
Liefde is vreemd 1983

Niet van de kaartclub en niet van de zang,
Ik zag haar en dacht maar waar ken ik haar van?
Ze is niet m'n tante en ook niet m'n nicht,
Waarvan ken ik dan toch dat frisse gezicht?

Waar zag ik eerder die lachende blik?
Ik hield het niet meer en daarom vroeg ik:
'Zeg me je naam want ik weet hem niet meer.'
Zegt ze: 'Beatrix van Nassaue.' En toen wist ik het weer.

Ze zei mij: 'Ik weet een geweldig café.'
Ik zei: ''t Is oké,' en ging met haar mee.
Ze gloeiden zo mooi in het zachtrode licht:
Die lachende ogen, dat frisse gezicht

Toen ik zei: 'Wat drink jij?' gaf zij mij een snauw:
'Ik ben koningin, dus 't is meervoud voor jou.'
'Pardon!' zei ik blozend en ietwat van slag.
'Wat willen de dames drinken?' En toen schoot zij in de lach.

Ze vond mij, zo zei zij, een leuke Jan Drol
Ze lachte en danste, bracht m'n hoofd op hol.
'Kom dans ook jij slome!' Mijn hart is gezwicht
Voor die lachende ogen, dat frisse gezicht.

'Dat speelse-spontane heb je dat altijd?'
'Alleen als ik vrij ben, niet in de baas zijn tijd.'
Zij moest eens weten wat zij heeft aangericht.
Ik ben verliefd op dat frisse gezicht.

Bij het vallen van de nacht zei ze: 'Ik ben je bruid.'
Zij maakte mij een sprookje, maar blies het weer uit.
Ze moest naar haar werk en bij het ochtendlicht
Miste ik die ogen, dat frisse gezicht.

Op het journaal loopt ze stijf in 't gareel.
Menigeen zegt: 'Wat een trut!' Maar ik weet hoeveel
Spontaniteit en verliefdheid er ligt
Achter die lachende ogen, dat frisse gezicht.

Liefde is vreemd, liefde is vreemd,
Liefde is vreemd, liefde is vreemd.

Mijn kermisland

TWEEËNTWINTIG BESCHOUWINGEN

Als een Hollander een avond gaat genieten,
Naar de schouwburg in z'n splinternieuwe goed,
Zoekt ie zelf z'n eigen plaats, en zegt stralend tot z'n maats:
''k Hou een kwartje in m'n zak, dat doet me goed.
Al kost zo'n avond een flinke duit.'

   Kijk, een Hollander, een echte Hollander,
   Maakt toch een kladje van de kosten,
   Anders is tie niet echt uit.

In de Achterhoek, wanneer een man gaat trouwen,
Inviteert ie alle buren op het feest
En bij Brabants bruidsplezier horen veertig vaten bier,
Anders is het er niet echt plezant geweest
Dat is allure van wieg tot graf,

   Maar een Hollander, een echte Hollander,
   Maakt eerst een kladje van z'n kosten
   En dan ziet ie d'r van af.

Iedereen kent het verhaal van Sinte-Maarten
Die een bedelaar de helft gaf van zijn jas
Met dit stapelgek gebaar toonde hij wel zonneklaar
Dat ie niet van Hollandse familie was
Wij zijn nou eenmaal een ander ras,

   Want een Hollander, een echte Hollander,
   Maakt eerst een kladje wat 't gaat kosten
   En dan houdt ie z'n hele jas.

Geen Chinees bekreunt zich om gezinsbeperking
En konijnen staan er ook niet zo bij stil
Alles breidt zich zomaar uit,
Legt maar eitjes en schiet kuit,
En ik zwijg nog van KI en kikkerdril.
De sterke sekse is niet van steen

Maar een Hollander, een echte Hollander,
Maakt eerst een kladje wat 't gaat kosten
En dan neemt ie d'r nog één.

Ik heb een arme Turk z'n vrouw cadeau zien geven
Na een mooie voetbalmatch aan de midvoor.
Het was wel niet z'n laatste wijf, want hij had er thuis nog vijf,
Maar als breed gebaar kon het er toch mee door
Nou, voor ik Corry gaf aan eentje van die elf,

Want als Hollander, als echte Hollander,
Reken ik uit wat of ze inbrengt,
En dan zeg ik: Ik hou d'r zelf!

Als de schouwburg vijfenzeventig jaar oud is,
Zeggen B & W: Dat wordt een heel gedoe
Feestje bouwen voor 't geheel van het schouwburgpersoneel:
Wiener Sängerknaben en de Beatles toe,
Plus nog een musical met tachtig man.

Maar als Hollanders, als echte Hollanders,
Rekent men uit wat of 't gaat kosten
En dan komt alleen Wim Kan!

LISELORE GERRITSEN
Mijn kermisland 1969

Slappe rood vies blauwe vlaggen wuiven droevig in de wind
Nederland bestaat uit feestterreinen
Afgezette modderpoelen waarin ik verstrooiing vind
Gezichten draaien schudden en verdwijnen
Monden die maar open blijven
Monden volgepropt
Malen alles tot oranje brij
Ogen die naar buiten puilen vangen blind de beelden op
Ik maal ik schud ik draai ik hoor d'r bij

O Nederland mijn kermisland
Mijn eens per jaar geboorteland
Mijn smakkend schreeuwend zwetend land
Jouw feestterrein mijn vaderland

Gillend zweven calvinisten aan een ketting door de nacht
Schreeuwen zinnelijk vervoerd hun stille angst
Bij de kop van jut sadisten bleke monden niemand lacht
Ieder voor zijn eigen kracht het bangst
En de stille masochisten in de zwarte griezeltent
Prijzen slecht verborgen wellust aan als moed
Bij de schiettent pacifisten winnen rozen voor hun lief
Hun ogen zien geen rozen maar zien bloed

   O Nederland mijn kermisland
   Mijn eens per jaar geboorteland
   Mijn smakkend schreeuwend zwetend land
   Jouw feestterrein mijn vaderland

Handen vet van warme worsten grijpen giech'lend vrouwenvlees
Dronken hel en hemel is de nacht
De Nederlandse maagd die haar onschuld nooit bewees
Wordt met volle mond al kauwende verkracht
In de naam van 't vaderland grijpen handen altijd prijs
Eens per jaar wordt wanhoop tot een feest
Op de stoeprand kotst mijn landgenoot het treurige bewijs:
't Is weer koninginnedag geweest

   O Nederland mijn kermisland
   Mijn eens per jaar geboorteland
   Mijn smakkend schreeuwend zwetend land
   Jouw feestterrein mijn vaderland

GUUS VLEUGEL
Oom Bastiaan 1970

Oom Bastiaan, oom Bastiaan,
Hij woont in de Hemonylaan,
Hij heeft een reedlijk goeie baan,
En zo op 't oog een mooi bestaan.
Maar nee, maar nee,
Mijn oom is niet tevree.
Oom Bastiaan, oom Bastiaan,
Hij is getrouwd met tante Sjaan,
En het is altijd goed gegaan,

Nooit mokken kiften schelden slaan.
Maar ach, maar ach,
Voldaan is hij geen dag.

Hoe zit dat met oom Bastiaan?
Wat zou hem zo ternederslaan?
Ik vroeg het hem, en hij zei: 'Meid,
Ik hoor niet tot een minderheid.
Ik ben geen neger, geen Chinees,
Geen homofiel zoals neef Cees,
Geen hippie en geen Indiaan,
Dus al het kwaad heb ik gedaan.'

Oom Bastiaan, oom Bastiaan,
Hij voelde zich met schuld belaân,
En dikwijls zei mijn tante Sjaan:
'Kom, niet zo tobben, Bastiaan.'
Edoch, edoch,
Mijn oom die tobde toch.
En als hij televisie keek
Dan was hij altijd doodlijk bleek,
Dan zei hij: 'Dat heb ik gedaan!'
'Het is niet waar,' zei tante Sjaan,
'Ach jij, ach jij,
Hoe komt je daar nou bij!'

'Jawel,' zei oom, 'ik ben een ploert,
Ik heb de wereld mooi gemoerd,
Ik ben de grootste schoft op aard.
Was ik maar jong, of hoogbejaard!
Ik ben geen Jood, geen Arabier
En ook geen katholieke Ier
En nooit vertrapt en nooit verdrukt.
Waarom is mij dat nooit gelukt?'

Oom Bastiaan, oom Bastiaan,
Hij zei laatst tegen tante Sjaan:
'Ik ben toch zo jaloers op jou,
Jij wordt verdrukt, jij bent een vrouw.
O god, o god,

Wat een begeerlijk lot!'
'Zeg meen je dat,' zei tante Sjaan.
Ze keek hem even peinzend aan,
En toen zei tante Sjaantje: 'Hee,
Ik heb geloof ik een idee!
Joechei, joechei,
De zorgen zijn voorbij!'

Oom Bastiaan, oom Bastiaan,
Hij is naar 't buitenland gegaan,
Daar heeft een dokter iets gedaan,
Het heeft nog in de krant gestaan.
En nu is hij, of liever zij,
Een ander mens, wat is zij blij,
Want ze hoort nu sinds korte tijd
Tot een verdrukte minderheid.

Jawel, ze hoort er zelfs tot twee,
Dat viel natuurlijk dubbel mee.
Ze sloeg twee vliegen in één klap,
Is dat niet mooi, is dat niet knap?
En nimmer heeft ze meer getobd
Nu zij tweevoudig is verschopt,
Ik zeg maar zo, gelukkig maar,
Want ze zijn zo'n gelukkig paar...

De droom van iedere lesbiënne,
Mijn tante Sjaan,
Mijn tante Sjaan,
Mijn tante Sjaan en tante Bastienne.

ANNIE M.G. SCHMIDT
Vluchten kan niet meer   1971

Vluchten kan niet meer.
'k Zou niet weten hóé.
Vluchten kan niet meer.
'k Zou niet weten waarnaar toe.

Hoe ver moet je gaan?

De verre landen
Zijn oorlogslanden,
Veiligheidsraad –
Vergaderingslanden,
Ontbladeringslanden,
Toeristenstranden.

Hoe ver moet je gaan?

Vluchten kan niet meer.

Zelfs de maan staat vol met kruiwagentjes
En op Venus zijn instrumenten
En op aarde zingt de laatste vogel
In de laatste lente.

    Vluchten kan niet meer.
    'k Zou niet weten waar,
    Schuilen alleen nog wel,
    Schuilen bij elkaar.

Vluchten kan niet meer.
Vluchten kan niet meer.

    Vluchten kan niet meer,
    Heeft geen enkele zin.
    Vluchten kan niet meer.
    'k Zou niet weten waarín.

Hoe ver moet je gaan?

In zaken of werk
Of in discipline,
In Yin of in Yang
Of in heroïne,
In status en auto
En geld verdienen.

Hoe ver moet je gaan?

Vluchten kan niet meer.

Hier in Holland sterft de laatste vlinder
Op de allerlaatste bloem
En alle muziek die overblijft
Is de supersonische boem.

Vluchten kan niet meer.
'k Zou niet weten waar.
Schuilen kan nog wel,
Heel dicht bij elkaar.

We maken ons eigen alternatiefje
Met of zonder boterbriefje.
M'n liefje, m'n liefje,
Wat wil je nog meer?
Vluchten kan niet meer.
Vluchten kan niet meer.

WILLEM WILMINK
Zondag voor de gastarbeiders   1972

Voor al het rotste werk te huur
In onze hypocriete welvaartsstaat
Op zondagmorgen om tien uur
Lopen ze doelloos over straat.

De heldere huizen rij aan rij
Die zijn zo keurig ingericht,
Daar past geen enkele wanklank bij
En alle deuren zijn potdicht.

De hoeren trekken ook één lijn
Scheiden het koren van het kaf
Ook zij houden het liever fijn:
Weren die donkere jongens af.

Er is alleen
Nog een station
Met een terras half in de zon
De Nederlandse zon
Die kille
Nederlandse zon.

De ober kijkt verveeld en wrang,
Hij is er weer eens mooi mee klaar:
Die gasten zitten urenlang
Op één consumptie bij elkaar.

Hoe kom je hier nog ooit vandaan?
Een microfoonstem kondigt aan
Dat op het zoveelste perron
Een trein gereed staat naar Milaan.

Er klinkt een fluit – daar gaat-ie dan,
En straks kun jij vertrekken naar,
Kun jij vertrekken naar een hol
Dat je gehuurd hebt van een woekeraar.

    Er is alleen
    Nog het station
    Met een terras half in de zon
    De Nederlandse zon
    Die kille
    Nederlandse zon.

Berustend zonder zelfbeklag
Denk je aan de week die voor je ligt
Met weer aan 't eind die lange dag
En die ober met zijn zuur gezicht.

DRS. P
Winterdorp 1973

Het is een dorp
Niet ver van hier
Een boerendorp
Aan een rivier
Het is niet groot
En vrij obscuur
Maar 't heeft een naam
En een bestuur

Er is een school
Een harmonie

Een bankfiliaal
Een kerk of drie
Een communist
Een zonderling
Een zelfs een zang-
Vereniging

Nu is 't er stil
't Is wintertijd
Er heerst dus griep
En knorrigheid
De dag is kort
De hemel grauw
En pas maar op
Je vat nog kou

De grond is hard
De tijd is lang
Het leven gaat
Zijn loden gang
Er wordt gewerkt
Er wordt gespeeld
Er wordt vooral
Een hoop verveeld

Maar zie je 't van
De overkant
Het kleine dorp
In 't starre land
Een toevluchtsoord
Verpakt in sneeuw
Dan denk je aan
Een andere eeuw

De dag verkwijnt
En waakzaam gaan
Nu overal
De lichtjes aan
Dan is het knus
Dan is 't rustiek
Een mooie klus
Voor Anton Pieck

MICHEL VAN DER PLAS
De laatste wagen 1973

In de laatste wagen,
Da's de tiende wagen
Of de twaalfde wagen,
Hoe dan ook de laatste, –
In de laatste wagen
Wordt geen traan gelaten
Om de voorste wagen,
Da's de grootste wagen,
Da's de langste wagen,
De bekranste wagen,
Die ze zwaar beklagen
In de tweede wagen
En de derde wagen.

In de laatste wagen
Wordt geen zwart gedragen,
Hoor je lustig praten,
Zelfs gelach naarmate
Er steeds stiller straten
Worden ingeslagen
Door de eerste wagen,
De verkeerdste wagen,
Da's de zwartste wagen,
De benardste wagen,
Diep betreurd bij vlagen
Door de tweede wagen
En de vierde wagen.

In de laatste wagen
Wordt geen kruis geslagen,
Hoor je harde vragen
Over doen en laten
In de levensdagen
Van de arme brave
Die daar wordt begraven
In de omfloerste wagen;
De beroerdste wagen,
Die wordt uitgedragen
Door de zwaargeslagen

Lange tweede wagen
En de derde wagen
En de vierde wagen.

In de laatste wagen
Zitten jonge blagen
Zonder veel genade
Als de kronkelmaden
Die straks zullen knagen
Aan de uitgedragen
Dode en zijn daden
In de eerste wagen,
Da's de stilste wagen,
Da's de kilste wagen.
Maar er komen dagen…

Maar er komen dagen
Dat de kwade blagen
In de laatste wagen,
Da's de kaalste wagen,
Worden uitgedragen
In de voorste wagen
De ongestoordste wagen,

Da's de meest vrije wagen,
De enige blije wagen,
De 'See you later'-wagen,
De 'Ik weet nu beter'-wagen.

PETER SCHAAP
De hoge heren van het dorp   1975

De hoge heren van het dorp, ze zijn nu oud
In stilte slijten zij er nu nog slechts hun jaren
Met de herinnering die zij nu nog bewaren
Dat ze eens echte hoge heren zijn geweest
De jonge mensen begrijpen ze niet meer:
Ze wonen stil achter hun wit beslagen ramen
Slechts in de kerk vind je hun eeuwenoude namen
Uit steen gehouwen in de tegels op de grond

726

De hoge heren van het dorp, ze zijn nu oud
Ze leven enkel en alleen in het verleden
Ze schudden af en toe hun hoofd over het heden
Omdat het in hun tijd toch zo heel anders was
Dan trekken ze een sluier voor hun geest
Dan glijdt hun jeugd voorbij in roze avondkleuren
En daar, achter hun groen geverfde deuren,
Zijn nog de foto's van de mensen uit hun tijd

De hoge heren van het dorp, ze zijn nu oud
Hun hoge tronen zijn al jarenlang verdwenen
Alleen de echo van hun voetstap op de stenen
Klinkt af en toe nog in de straten van het dorp
Maar is het werkelijk wel zo anders nu als toen?
Al zijn er nieuwe mensen in het dorp gaan wonen;
Er zijn nu nieuwe hoge heren, nieuwe tronen,
Al staat hun naam niet in de tegels van de kerk

De hoge heren van het dorp, ze zijn er nog,
Al lijkt het of het anders is geworden
Ook zij eten nu van gouden borden
Hoewel de buitenkant wat anders suggereert
Maar over vijftig jaar dan zijn ook zij weer oud
Dan is er weer opnieuw een nieuwe tijd gekomen
Dan zitten zij achter hun ramen stil en dromen,
De oude hoge heren van het dorp

LENNAERT NIJGH
Almere 1977

De stad lijkt af en toe
Een beetje op een mooie vrouw,
Die niet zo jong meer is
En met haar charmes doelbewust
De aandacht afleidt van oud zeer.

Niet naar de afbraakbuurt,
Vlak achter haar Centraal Station,
Maar naar de zeventiende-eeuwse pracht,
Waarmee haar lakenhal zich spiegelt in de gracht:
Een slanke gordel rond haar gotisch silhouet.

En 's avonds lonkt ze met lichtreclames,
Als valse tanden, naar 't publiek;
Een oude vrijster met nepjuwelen,
Gerestaureerde romantiek.
Maar in 't donker gaapt
Achter de uitgaansbuurt een gat,
Waar ooit een woonwijk stond,
Die zo bouwvallig was, dat die nu plaats maakt voor een bank.

    Maar kijk de kinderen,
    Maar kijk de kinderen
    Scheppen in 't zand,
    Tussen het puin der huizen
    En rioleringsbuizen,
    Een heel nieuw land.

De stad lijkt af en toe
Een beetje op een ziek oud wijf,
Dat eens haar ziel verkocht
In ruil voor welvaart en voor macht
En nu verstikt in 't snelverkeer.

De planologen staan
Als toverdokters om haar heen,
Daar komen technisch tekenaar en de gemeente aan,
Ze slopen wijk na wijk.
De operatie slaagt, de zieke overlijdt.

Ze scheppen dromen op tekentafels,
Het is een sierlijk mooi lijnenspel.
Het is heel kunstig, mooi op maquettes,
Maar wie er wonen moet is niet in tel.
Want nee, zij meten niet
Met mensenmaten zoals wij,
Maar met een schuifmaat en
Ze schuiven ons en onze kleine mensenmaat opzij.

    Maar kijk de kinderen,
    Maar kijk de kinderen
    Scheppen in 't zand,
    Tussen betonnen dozen,

Tussen de blokkendozen,
Een heel nieuw land.

Hoe zal Almere zijn… een heel nieuw land,
Een stad, die uit 't niets gemaakt wordt
Op de bodem van de zee?

Ik ben zo benieuwd hoe Almere zal zijn.
Wordt 't een ontwerpersdroom?
Of zal Almere,
De tijd zal het leren,
Almere wordt zoals de kinderen doen;
Een stad uit het niets, uit het niets
Almere wordt een stad in de zee, wordt een stad in de zee,
Almere in het groen.

IVO DE WIJS
Verhaal   1977

Toen de rentevoet werd teruggebracht van vijfenhalf procent
          naar vijf procent
Met een aantal snelle folders: ook uw kwartje wordt in vijftig jaar
          een riks
Toen werd de Rambo- met de Bambobank tot een Rambambo-
          bank voor elke consument
En kregen alle jonge spaarders een kwartetspel gratis en voor
          niks

Toen de rentevoet werd teruggebracht van vierenhalf procent
          naar vier procent
Met wat spotjes op tv: een oude kous, kom kom, u doet uzelf
          tekort
Fuseerden Rimbo- en Rambambobank tot Rimbambambobank
          voor heel het continent
En kregen alle nieuwe spaarders een kwartetspel en een
          ganzebord

Toen de rentevoet werd teruggedraaid van driedriekwart procent
          naar drieënhalf
Het verhaal is wat eentonig en dat blijft ook zo, daarom: bereidt
          u voor

Besloten Rimbambambobank en Rambimbimbobank tot de n.v.
       Het Gouden Kalf
En gaf men elke trouwe klant een gratis foto van het
       hoofdkantoor

Toen de rentevoet werd teruggedraaid in alle stilte en in alle rust
Wegens partiële fluxie, regressieve slapte, inflatoir bestel
Werd de n.v. Het Gouden Kalf een onderdeeltje van de
       Mammon Moneymakers Trust
En kreeg de hele kudde spaarders haast voor niets een monopo-
       liespel

Toen de rentevoet werd teruggeschroefd van anderhalf procent
       naar nul procent
Toen er ook een kleine boete op het innen van een cheque werd
       ingesteld
Toen was elk recht en alle zelfstandigheid en vrijheid omgezet in
       dividend
En de conclusie is zo helder als kristal: ons leven is ons geld

FRANS HALSEMA
De vroeg grijze generatie 1978

De vroeg grijze generatie,
Streng en sober opgevoed,
Met het vechten voor prestatie
Staan ze in hun ondergoed
Klaar om partnertje te ruilen,
Vaag in het hoofd nog 'bloot slaat dood',
'Waar twee ruilen, moet één huilen',
'Schoon hun vader het hen verbood'.

De vroeg grijze generatie,
Luisterend naar 'Yesterday'
Denkend aan alimentatie,
Eens per week de kinderen mee
De huwelijkszee kent donkere wolken,
God beaamde het contract
Wensen die zijn uitgemolken
Het heeft anders uitgepakt

De vroeg grijze generatie,
Ruitenhemd en grijze das
Beetje bang van meditatie,
Stickies, LSD en hasj
Op de dansvloer niet die vrijheid,
In hun benen dixieland
Beetje rood of roomse blijheid,
Te luidruchtig op het end.

De vroeg grijze generatie,
Vrijdagavond, bruin café
Pils en grijze conversatie,
Auto's, wijven en tv
Super-stereo-installatie,
Grijs en regenachtig weer
In het weekend recreatie
Bij de fluit van Thijs van Leer...

Hé, vroeg grijze generatie,
Waarom ben je zo vroeg grijs?
Je hebt de woorden wel onthouden,
Maar je kent niet meer de wijs
Ga niet aan je jeugd ten gronde
Prijs jezelf niet uit de markt
Er is maar één echte zonde,
Da's je eigen hartinfarct...

CEES NOOTEBOOM
Meisjes van dertig   1979

Meisjes van dertig
Je ziet ze langs de grachten op hun fietsen
Eén kind voorop één achterop het dagelijkse transport
En verder niets – maar het begon met liefde
Meisjes van dertig
Naar school naar huis de was de dagelijkse dingen
En niet precies waar de chansons van zingen
Nu alles niet meer is zoals het leek
Toen je nog buiten stond en ernaar keek

731

We staan met al ons doen en laten in het *Hite Report*
Hoe vaak, alleen of met, en wat we erbij dromen
Liefde verkleed in cijfers op een hoop gestort
Met vrouwen of met mannen en hoe vaak we komen
De Algemene Rekenkamer van de lust
Maar niemand is erbij niemand is erbij als jij me kust

Meisjes van dertig
Te vroeg gevangen dieren op kantoren
Ze tikken Mijne Heren maar ze horen
Andere stemmen die daar niet bij horen
Meisjes van dertig
De eerste rimpels rond de ogen
Dat komt om wat we van onszelf niet mogen
Om wat er is gelogen en om wat we zien
Als je ons niet kunt zien

We staan met al ons doen en laten in het *Hite Report*
Hoe vaak, alleen of met, en wat we erbij dromen
Liefde verkleed in cijfers op een hoop gestort
Met vrouwen of met mannen en hoe vaak we komen
De Algemene Rekenkamer van de lust
Maar niemand is erbij niemand is erbij als jij me kust

Meisjes van dertig
We waren al getrouwd we zijn alweer gescheiden
Eén avond in de week de kroeg in met de meiden
Je laat je wel je laat je niet verleiden
Meisjes van dertig
We kijken in de spiegel wat ons lichaam met ons doet
We lezen in de bladen wat je dragen moet
Er is al veel voorbij er kan nog zoveel komen
Maar het wordt een andere kleur waarin we dromen

We staan met al ons doen en laten in het *Hite Report*
Hoe vaak, alleen of met, en wat we erbij dromen
Liefde verkleed in cijfers op een hoop gestort
Met vrouwen of met mannen en hoe vaak we komen
De Algemene Rekenkamer van de lust
Maar niemand is erbij niemand is erbij als jij me kust

ROBERT LONG
Die fijne Jordaan   1979

Aan Joop en zijn broers werd nooit aandacht geschonken
Zijn moeder die stierf reeds als kind
En zijn vader was werkloos en elke dag dronken
Omdat ie werkloos was en aan één oog blind
Vaak hadden zij samen slechts één droog stuk brood
Een schamel en karig bestaan
Toch bleven ze trots en ze hielden zich groot
In die mooie, in die fijne Jordaan

Toen Joop zestien jaar werd, ja, toen hij verjaarde
Kreeg hij voor het eerst een cadeau
Ach, het was slechts een kleinood en het had haast geen waarde
Maar o, het ontroerde de jarige zo
't Kwam niet van z'n vader of broers, maar van Nelis
De oudste zoon van tante Sjaan
Waarvan iedereen zei, dat ie homosueel is –
In die mooie, in die fijne Jordaan

Zo werden ze vrienden, want Nelis begreep 'm
Iets wat er een ander niet deed
Nee, want iedereen zei, in de buurt, Nelis kneep 'm
Wanneer ie de kans kreeg meteen in z'n reet
Zo werd er geroddeld en ze werden verguisd
Toch bleven ze samen voortaan
Ze vonden een woning en zijn toen verhuisd
In die mooie, in die fijne Jordaan

Maar helaas bracht hun nieuwe huis niks dan ellende
De buurt wist al gauw hoe het zat
Dus een steen door de ruit en een kind dat ze jende
Een pakje met stront en het lijk van een rat
Toch bleven ze trots en ze hielden zich groot
Als mensen op straat blven staan
En tegen ze riepen: 'Hé, smerige poot!'
In die mooie, in die fijne Jordaan

Maar toen op een morgen werd Nelis gevonden
Hij bungelde aan het plafond

733

Hij had een stuk touw om z'n nek heen gebonden
Omdat ie gewoonweg niet verder meer kon
Dat Mokum altijd één familie geweest is
Dat toont dit verhaal wel weer aan
Maar ook wel dat Mokum soms heel klein van geest is
  In die mooie, in die fijne Jordaan

JACK GADELLAA
Twee seconden 1981

Een... twee
Een... twee
Elke twee seconden
Wordt er ergens wel een oliebron gevonden
Verliest een vogel wel een veer
Elke twee seconden
Wordt er ergens wel gevochten door twee honden
Of knalt er ergens een geweer
Er valt een blad,
Na twee seconden valt er weer een blad,
Het dwarrelt in de wind.
Er geeuwt een kat
Er is een vrouw die wordt bemind.
Elke twee seconden
Landt er zeker wel een vliegmachien in Londen
En sterft van honger weer een kind.

Een... twee
Een... twee
Elke twee seconden
Valt er ergens wel een dode of gewonde
Of in het echt óf op teevee
Elke twee seconden
Wordt er ergens een verdrag of zo geschonden
Men geeft een koekje bij de thee.
Er krast een kraai
Na twee seconden krast er weer een kraai
Er blaft een hazewind
Er klinkt een woord
Een woord dat wegwaait in de wind.

Elke twee seconden
Klinkt er vast wel een gebed uit duizend monden
Maar sterft van honger ook een kind.
Een... twee
Een... twee
Een... twee

MARIJKE BOON
Amelisweerd 1982

Als ik een blaadje was, dan zou ik niet vallen
Als ik een tak was, dan brak ik nooit
Als ik een stam was, dan zou ik niet buigen
De vogels zongen, ik werd niet gerooid.

Amelisweerd
Dat loopt verkeerd
Af
Zeshonderd bomen
Staan op hun graf

Als ik een zaag was, dan zou ik gaan zingen
Als ik de Rijn was, dan bleef ik krom
Als ik die weg was, dan was ik weg (weg, weg!)
Als ik de Dom was, dan bleef ik dom.

Amelisweerd
Dat loopt verkeerd
Af
Zeshonderd bomen
Staan op hun graf

WILLEM WILMINK
Achterlangs 1982

De meeste treinen rijden achterlangs het leven.
Je ziet een schuurtje met een fiets ertegenaan.
Een kleine jongen is nog op, hij mag nog even.
Je ziet een keukendeur een eindje open staan.

735

Als je maar niet door deze trein werd voortgedreven,
Zou je daar zonder meer naar binnen kunnen gaan.

Zodra de schemer was gedaald,
Was je niet langer meer verdwaald.

En je ontmoette daar niet eens niet eens verbaasde blikken.
Je zou toch komen? Iedereen had het vermoed.
Ze zouden even haast onmerkbaar naar je knikken,
Want wie verwacht is, wordt maar nauwelijks begroet.
Je zou je zomaar aan hun tafel kunnen schikken
En alle dingen waren plotseling weer goed.

Zodra de schemer was gedaald,
Was je niet langer meer verdwaald.

Je hoefde daar geen druppel geen druppel alcohol te drinken,
Want grenadine zou je smaken als cognac.
Je zag het haardvuur achter mica-ruitjes blinken,
Er kwam een merel zitten zingen op het dak.
En die paar mensen die je nooit hebt kunnen missen,
Kwamen daar binnen met een lach op hun gezicht.
Je zou je voortaan nooit meer in de weg vergissen,
Je deed het boek van alle droefenissen dicht.

Maar ach, de trein is doorgegaan
En kilometers daarvandaan.

JAN BOERSTOEL
Op zijn zondags   1983

Een jong gezin op zondag aan de wandel,
De man loopt nogal duidelijk voorop,
De vrouw draagt een japon met zomersproeten,
De kleine heeft haar vaders hondekop.
Ze waren op visite bij haar ouders,
Die zeer genoten van de zondagsrust,
Dus hebben ze alleen maar soep gegeten.
Hij heeft zijn schoonfamilie nooit gelust.

Het park lijdt sterk onder de recreatie,
Het paar betrekt een haveloze bank
In weerwil van een mokkende bejaarde,
Die middenin blijft zitten, godzijdank.
Het kindje mag zich eventjes ontspannen,
Een woefwoef van een vrij omvangrijk ras
Staat vriendelijk over haar jurk te kwijlen
En loopt haar dan omver tegen het gras.

De zon begint hem aardig op te zetten.
Een lieve oom die veel van kind'ren houdt
Kijkt om zich heen en doet zijn das wat losser
En krijgt het ogenblikkelijk benauwd.
Een meisje met haar puistige verkering
Denkt: Hield hij nou zijn handen maar eens thuis.
Om zich er verder maar bij neer te leggen,
Want zó veel heeft ze ook weer niet in huis.

De man en vrouw besluiten op te stappen,
Want hun conflict kan tóch al niet meer stuk.
De vader pakt zijn dochter bij de lurven.
Het wordt weer tijd voor huiselijk geluk.
Zo straks een kopje thee en boterhammen,
Vervolgens de tv met sport in beeld
En daarna heel de avond ruzie maken...
Dat is het enige wat nooit verveelt.

FREEK DE JONGE
De kleine zwervers revisited 1984

Eens waren wij heel stout en
Dwars tegen de draad
Toen werden wij kabouters
En wij kwamen in de raad
Gedreven in kanalen
Weg van de rivier
Ze lieten ons verdwalen
In een molen van papier

Ik schopte tegen het leven
Ging als een gek tekeer

Maar het bleek mee te geven
Het bood geen weerstand meer
Dat hele ideale
Waarin ik had geloofd
Bleek niet meer dan verdwalen
In mijn eigen hoofd

Wij waren kleine zwervers
Wij zwierven erop los
Al onze dromen stierven
In open veld en bos
Ons restten de verhalen
Van hoe het kwam en ging
Je kunt alleen verdwalen
In je herinnering

Voor zwerven is ons land te klein
Het heeft geen enkele zin
Als je denkt dit is het einde
Dan sta je aan 't begin
Geen bergen en geen dalen
In dit vlakke koninkrijk
Wie kan er nou verdwalen
Op de Afsluitdijk

De infra is gestructureerd
De route uitgezet
Als je denkt ik zit verkeerd
Ga dan naar een loket
Daar kun je alles halen
Meneer daar zijn we voor
Je kunt hier nog verdwalen
In de gang van een kantoor

Wij waren kleine zwervers
Wij zwierven erop los
Al onze dromen stierven
In open veld en bos
Wij moesten wat verzinnen
Toen ze vroegen naar de zin
Ze lokten ons naar binnen
En wij stonken er in

Ons resten de verhalen
Van hoe het kwam en ging
Je kunt alleen verdwalen
In je herinnering

ALBERT VERLINDE
Een nieuwe tijd   1985

We dachten dat een nieuwe tijd was begonnen;
Het tijdperk van jeugd, vrij en blij in de wei.
We achtten de preutsheid voorgoed overwonnen
En waren de schaamte voorbij, dachten wij...

Er waren wel mensen die bleven vermanen
Met God en Gebod, 't Heilig boek in de hand.
Maar dat leken laatsten der Mohikanen;
Een uitstervend ras in een oplevend land.

Maar kijk, door iets kleins is dat alles gekenterd.
Een miezerig virus van ver over zee
Heeft laf ons idyllische scheepje geënterd.
De roes van het mogen in een klap passé.

De grootste versierder kiest het monogame.
Niet uit overtuiging, maar bangst leeft het langst.
En jongeren wonen weer kies en kuis samen.
Niet uit warme liefde maar uit kille angst.

Het liefdesspel is langzaam aan het verzanden,
Want alles wat mens is zit goed ingepakt;
We minnen elkaar met berubberde handen
En maken als robotten klinisch contact.

't Was eerst nog beperkt tot junks en wat heren,
Maar nu breidt het zich langzaam uit tot de rest.
En wij die de middeleeuwen adoreren
Hebben nu eindelijk ook een eigen pest.

AIDS is het virus. We mijden de kroegen.
Bevreesd als we zijn voor besmettingsgevaar.

En het volk met de bijbel aanschouwt met genoegen.
Goddank! Nederland is weer vies van mekaar.

PAUL VAN VLIET
Boven op de boulevard   1986

Boven op de boulevard
Zitten hand in hand
Twee oude mensen bij elkaar
Kijken naar het strand
In de schaduw van het leven
In de kantlijn van de tijd
In gedachten
Zitten wachten
Op de eeuwigheid.

En beneden ligt de kluwen
In een strijd op leven en dood
Zijn eigen ego op te duwen
Vechtend voor het bruinste bloot.

Aandacht trekken nek verrekken
In het nieuwe jachtseizoen
Je bewijzen overseizen
Want je moet er veel voor doen.

Om te scoren: borst naar voren
Adams grote egotrip
Modepose trucendozen
Langzaam kijken snelle wip.

Roodgeschroeide wentelteven
Glimmen zwetend in de zon
Met protectiefactor zeven
Son O Tal en Sal O Ton.

De relnicht en de winterschilder
De warme bakker van de hoek
De playboy en de bodybuilder
Onrust in de bandplooibroek.

En boven op de boulevard
Bij een kopje thee
Twee oude mensen bij elkaar
Denken alle twee:
Het is niet leuk om te vergrijzen
Maar dat zo hevig in de weer
Zo nodig moeten, je bewijzen
Hoeft goddank niet meer.

Waar de blanke top der duinen
Schittert in de zonnegloed
En de Noordzee vriend'lijk bruischend
Hollands smalle kust begroet:

Kleine tanga grote borsten
Moeder zoek en kind vermist
Frikadellen vette worsten
Hond die op een handdoek pist.

Oosterbuur in Unterhosen
Dáár is nog een meter vrij
Ligt met z'n vriendin te vozen:
Varkenskop met coupe soleil.

Surfer slaat op pier te pletter
Kleuterklas heeft hoge nood
Geef m'n schep terug vuile etter
Broertje drukt z'n zusje dood.

Zanger breekt met 8 ampère
Zingend uit z'n onderlijf
Schel door de geluidsbarrière
Met z'n nieuwe troetelschijf.

Lekgeslagen opblaasboten
Achterhoofd met bloedend gat
Weer een middag naar de kloten
Je bent jong dus wil je wat!

En boven op de boulevard
Zitten hand in hand

Twee oude mensen bij elkaar
Kijken naar het strand
In de schaduw van het leven
In de kantlijn van de tijd
Veel verloren
Maar gebleven
Is de tederheid.

HERMAN FINKERS
Geluk   1987

Het zit in beschuitjes met muisjes,
Als ooievaar zich heeft gemeld.
Het zit in de oma die 's ochtends
Door kleindochter wordt opgebeld.
Geluk zit in heel kleine dingen:
Een weekend aan zee met z'n twee,
Een liedje dat staat in een bundel,
En ook nog es op een elpee.

De moordenaar, wiens executie
Een weekje nog werd uitgesteld.
Geluk is een weerloos oud vrouwtje
Alleen op straat met een bom geld.
Geluk zit in heel kleine dingen:
Positief staan op de bank,
De moeder, die kraaiend en lachend
Haar alimentatie ontvangt.

Het leven is een automobiel,
Wij allen zijn een deel van het wiel,
Liefde is een bouwvakkerstas,
Vreugde de waterpas.
Geluk dat is een klauwhamerkop,
Je grijpt zijn steel en timmert erop,
Maar als de kop er wat losje op zit,
Dan klapt het geluk op 't gebit.

Een meisje dat denkt ik word moeder
En daardoor geheel is ontsteld,

Maar opgelucht merkt op een ochtend,
Ze had zich gewoonweg verteld.
Geluk zit in heel kleine dingen:
Een dammer, die fijn heeft gedamd,
Of een jongetje, dat door zijn vader
Nog nooit in elkaar is geramd.

Het leven is een keihard bestaan,
Toch is het ooit nog uit liefde ontstaan,
Maar vaak was dat niet meer dan ma uit haar sas,
Vanwege weer extra was.
Geluk dat was die fiets die je kreeg
En als jarig jobje besteeg,
Een gleden je voetjes eraf per abuis,
Dan trok het geluk door je kruis.

GERARD COX EN RIENTS GRATAMA
Perestrojka   1988

We hebben Perestrojka en de Russen komen vrij
De toekomst ziet er prachtig uit en iedereen is blij
Want alles wat wij hebben krijgen zij ook op den duur
Ze vreten nu al hier en daar uit de Berlijnse muur
Het ijzeren gordijn splijt open als een reuzengulp
En alle communisten kruipen juichend uit hun schulp
Ze dansen in Siberië met vlag en rode roos,
Maar niet de kampbewaarders, want die zijn nu werkeloos.

Perestrojka, perestrojka, wat een prachtidee,
Pjotr, Iwan en Natasja, iedereen doet mee.
Perestrojka, perestrojka, ik heet Joke Bruijs,
Stap maar in de trojka en we gaan nog niet naar huis.

Die Gorbatsjov die krijgt natuurlijk wel een reuzenklus.
Wij dachten hier tot nu toe: Elke Sovjet is een Rus.
Maar het is daar net als hier, hier ben je Tukker, Drent of Fries,
Daar ben je dus Tartaar, Turkmeniër, ja zelfs Kirgies.
Dan heb je nog Kozakken, en die zitten op een paard,
In Moskou Moskovieten, soms zelfs met een open haard.
En al die volken waren nergens zonder oliestook,
Ze hebben nog Mongolen, maar die hebben we hier ook.

Perestrojka, perestrojka, wat een prachtidee,
Ivan Lendl, Boris Becker, iedereen doet mee,
Perestrojka, perestrojka, alles is oké
Stap maar in de trojka en we nemen Bona mee.

Je hebt dus al die volken, maar nou komt pas het probleem,
Want vroeger zat dat allemaal heel braaf in het systeem.
Want Stalin heeft er indertijd heel wat op reis gestuurd,
Maar nou wil iedereen weer wonen in zijn eigen buurt.
Zodat men nu Siberië en masse de rug toekeert;
En men dus daag'lijks files in de Oeral signaleert.
Ze staan daar dan met al die Lada's op 'n grote kluit,
Al staat de hele rotzooi stil, tóch gaan ze flink vooruit.

Perestrojka, perestrojka, lumineus idee,
Horowitz en Iwan Rebroff, iedereen doet mee.
Perestrojka, perestrojka, hoort en zegt het voort,
'k Sta hier met m'n trojka uren voor de Brienenoord.

Dus iedereen zit straks weer fijn op z'n geboortegrond
Maar daarmee is het zaakje nog bij lange na niet rond
U weet, het Russisch spreekwoord zegt: de dam is van het hek
Dus alle minderheden krijgen ook een grote bek.
Zoals bij voorbeeld God die spreekt ook weer een woordje mee
Ook Sinterklaas liep op 1 mei weer in de optocht mee
Op zondag ruikt het al naar wierook op het Rode Plein,
Ze gaan daar weer geloven in wat wij vergeten zijn.

Halleluja, perestrojka, in de gloria
In Excelsis Deo en de paus heet Woytilla
Perestrojka, perestrojka, helemaal te gek
Lenin ligt te lachen met een hostie in zijn bek.

Er zijn ook homofielen, ook al wisten ze dat niet
De Robert Long van Rusland zingt dus straks het hoogste lied
Het straatbeeld wordt veelkleurig van Kiev tot Leningrad
Het barst al van de potenrammers in de binnenstad
Ja de vrijheid is een zegen, hier en daar wordt al gestaakt
En 't grootste deel van 't Kremlin is inmiddels al gekraakt.
Ze zijn daar alle dagen met een spandoek op de been
Voor d'absolute minima, want dat is iedereen.

Perestrojka, perestrojka, dit is het begin
Karpov en Dynamo Kiev iedereen is in
Anna Kerenina en de hoofden van Lebak
Met z'n allen in de trojka lekker naar het GAK.

Ook voor de vrouwen komt de vrijheid als een godsgeschenk
Ze hoeven nu niet langer op een tractor of een tank
Ze hoeft niet in de topsport omdat de partij dat wil
In plaats van anabolen slikt ze lekker weer de pil.
En volop vrije seks, net als bij ons en in de States
Dus hier en daar heeft men ook al een heel klein beetje Aids
En ook de nul-zes-lijnen vindt men daar al heel gewoon
Wanneer je belt komt Raiza hijgend aan de telefoon

Perestrojka, perestrojka aan het Wolgastrand
Met de hamer en de snikkel juichend in de hand
Perestrojka, perestrojka, elke bolsjewiek
Spoedt zich in de trojka zingend naar de seksboetiek.

Perestrojka, perestrojka, ja het gaat daar goed
Hand in hand, de kameraden, allen in the mood
Perestrojka, perestrojka, gooi maar af het juk
Samen in de trojka en op weg naar het geluk

BRONNEN EN AUTEURS

Achter de titel staat tussen haakjes de componist van het lied vermeld. De volgorde van de titels is chronologisch bepaald.

ERNST VAN ALTENA (1933)
De sleur (H. van Dijk) **448**
Ernst van Altena, *Ballade van het optipessimisme: Liedjes voor iemand.* Amsterdam, 1969
We gaan gelukkig dood (M. Cools) **556**
Groot Nederlandse ballade (M. Cools) **557**
LP Miel Cools, *Miel Cools zingt Van Altena,* 1973

ELI ASSER (1922)
Circus Ellende (K. Bruyn) **238**
Liedje van de zee (K. Bruyn) **62**
De zusjes (K. Bruyn) **181**
Eli Asser, *Dat is het leven.* Nijgh & Van Ditmar, 's-Gravenhage, Rotterdam, z.j. [1961]
Vissen (H. Bannink) **548**
Bijlmermeer (H. Bannink) **505**
LP Diverse artiesten, *'t Schaep met de vijf pooten,* 1969
Blijf uit onze buurt (H. Bannink) **421**
LP Diverse artiesten, *'t Schaep met de vijf pooten,* 1970

JAAP BAKKER (1955)
De jokers (B. Nicodem) **467**
Morgen neem ik bloemen voor je mee (B. Nicodem/E. Brey) **435**
manuscript, 1987
De hand des Allerhoogsten (D. Kuijs) **541**
manuscript, 1988

LOU BANDY (1890-1959)
Louise, zit niet op je nagels te bijten (L. Bandy) **44**
bladmuziekuitg. Buschmann, Utrecht, z.j.

JACK BESS (1908-1964)
Marietje van Pietje (L. Noiret) **173**
bladmuziekuitg. P.J.W. Jongeneel, Gouda, z.j.

ANTON BEUVING (1902-1977)
Ketelbinkie (J. Vogel) **224**
bladmuziekuitg. B.H. Smit, Amsterdam, 1940

MAUP BIEMANS (?-?)
De ooievaar komt (A. de Laat) **261**
bladmuziekuitg. A. de Laat, Tilburg, z.j.

PETER BLANKER (1939)
Vader (P. Blanker) **596**
LP Peter Blanker, *Neem de tijd*, 1974

CHIEL DE BOER (1896-1978)
De rovers van de Rijn (Ch. de Boer) **266**
Tok tok **171**
Chiel de Boer, *Een leven tussen kiezen en coulissen.* typoscript
z.p., z.j. [Aerdenhout, ca 1968]

HERMAN PIETER DE BOER (1928)
De vrouw als hond (A. Nijgh) **710**
LP Astrid Nijgh, *In het teken van de ram*, 1976
Zolang ik niet beweeg (B. de Groot) **682**
LP Boudewijn de Groot, *Van een afstand*, 1980
Annabel (B. de Groot) **335**
LP Hans de Booy, *Hans de Booy*, 1982

JAN BOERSTOEL (1944)
Lente (H. Bannink) **532**
Jan Boerstoel, Hans Dorrestijn en Willem Wilmink, *Verre Vrienden: 44 nieuwe liedjes.* Bert Bakker, Amsterdam, 1983
Opa's verjaardag (P. van Empelen) **477**
Zijn vrouw (P. van Empelen/H. Bannink) **383**
De goeie ouwe tijd heeft nooit bestaan (P. Nieuwint/M. van Dijk)
563
De bokken en de schapen (H. Bannink/F. Ehlhart) **355**
Juffrouw Annie van kantoor (H. van der Molen) **647**
Ze hebben nooit op haar geleken (P. van Empelen) **652**
Van de gekken (H. Westrus/H. van der Molen/M. van Dijk) **357**
Op zijn zondags (T. Scherpenzeel/M. van Dijk) **736**
Schilder (H. van der Molen) **610**
Jan Boerstoel, *Eerste Keus: Liedteksten 1968-1986.* Bert Bakker, Amsterdam, 1987

MARIJKE BOON (1951)
Amelisweerd (M. Boon) **735**
manuscript, 1982
Een smartlap (M. Boon) **543**
Verlangen brandt (M. Boon) **339**
Marijke Boon, *Ik fiets door het leven op het zadel des tijds.* Veen, Utrecht, 1988

BRAMMETJE (1887-1951)
Heer op leeftijd **147**
Als je later stil gaat wonen (H. Beuker) **97**
Onze kinderen... **148**
M.H. du Croo, *Eigenwijze liedjes van Brammetje.* Leiter-Nypels, Maastricht, z.j. [1941]
Adieu, vaarwel! **149**
M.H. du Croo, *De dagen in Indië. Indische eigenwijze liedjes van Brammetje.* Leiter-Nypels, Maastricht, 1946

JOS BRINK (1942)
Dode dingen (H. Bokkinga) **607**
LP Jos Brink, *Leven kan je leren,* 1978
Fout (H. Bokkinga) **427**
Tekstpierement, AVRO-tv 31-5-1979
Er was een tijd (H. Bokkinga) **338**
Diverse artiesten, musical *Max Havelaar* 1987/88

FLIP BROEKMAN (1954)
Niets is meer waar (W.J. Gevers/M. van Dijk) **488**
manuscript, 1979
Het vingerlied (N. van de Linden/M. van Dijk) **565**
manuscript, 1980

RIWKA BRUINING (1925-1976)
Dat tedere gevoel (H. van Veen) **676**
LP Herman van Veen, *Goed voor een glimlach,* 1971

JACK BULTERMAN (1909-1977)
Weet je nog wel, die avond in de regen? (J. Bulterman) **303**
bladmuziekuitg. J.P. Poeltuyn, Amsterdam, z.j.

WILLY CHANSON (1883-1942)
De begrafenis van tante Bet (W. Chanson) **273**
bladmuziekuitg. W. Chanson, Amsterdam, z.j.

ROB CHRISPIJN (1944)
Jacob Olle (H. van Veen) **478**
Kind aan huis (H. van Veen, E. van der Wurff) **594**
Herman van Veen en Rob Chrispijn, *Dinges*. Harlekijn, West-
broek, z.j. [1974]
Kletsnatte clowns (H. van Veen, E. van der Wurff) **482**
Rob Chrispijn, Herman van Veen en Willem Wilmink, *Sig-
nalen: 32 liedteksten*. Harlekijn, Westbroek, 1983
Ze boog zover voorover (Ch. Pilgram) **589**
Hoe dikwijls (H. van Veen, E. van der Wurff) **333**
Rob Chrispijn, *15 jaar liedteksten*. Harlekijn, Westbroek, 1984

JAN DE CLER (1915)
Maar in de winter (J. de Cler) **91**
Van Tutte (J. de Cler) **234**
Jan de Cler & Alexander Pola, *Klokspijs. Een keur van gedichten
en liedjes*. P.N. van Kampen & Zn, Amsterdam, z.j. [1952]

J.P.J.H. CLINGE DOORENBOS (1884-1978)
Brief van een bakvis aan een bakvis over inkwartiering (W. Clinge
Doorenbos-de Blécourt) **124**
Het vogeltje op Nellies hoed **162**
Sissie (W. Clinge Doorenbos-de Blécourt) **69**
bladmuziekuitg. Scheltens & Giltay, Amsterdam, resp. 1916,
1916 en 1923

MICHEL DE COCK (1876-1961)
Jantjes vuile vingertjes (M. de Cock) **263**
bladmuziekuitg. M. de Cock, Amsterdam, z.j.

EDUARD COENRAADS (1883-1936)
Stijn de matroos (D. Witte) **129**
bladmuziekuitg. G. Alsbach & Co, Amsterdam, 1924

JAMES COHEN VAN ELBURG (?-?)
Revolutie in 'n plattelandsgemeente (J. Cohen van Elburg) **254**
bladmuziekuitg. Cohen van Elburg, z.j.

JULES DE CORTE EN JACQUES VAN KOLLENBURG
Als jij het wilt (J. de Corte) **309**
Jules de Corte, *Liedjes*. Ad. Donker, Rotterdam, 1960

GERARD COX (1940)
Door jou (T. Hermans) **423**
LP Gerard Cox, *Wie wijst Gerard Cox de weg...?* 1971
Rotterdam-Zuid (R. Bos) **472**
Elke avond 'n half uurtje joggen (B. Nicodem) **613**
Hoe lang nog liefje...? (B. Nicodem) **359**
Gerard Cox, *Jongen, rook jij wel genoeg?* De Fontein, Baarn,
1988

GERARD COX EN RIENTS GRATAMA
Perestrojka (W. de Koning) **743**
manuscript, 1988

LOUIS DAVIDS (1883-1939)
Een reisje langs de Rijn (P. Lincke) **243**
bladmuziekuitg. TAVENU, Abrahamson & Van Straaten, Am-
sterdam, 1907
Brief van een landbouwer aan zijn zoon (L. Davids) **112**
bladmuziekuitg. Magazijn De Voordracht, J.J. Crollaer, Amsterdam, 1911
De bokswedstrijd (M. Morris) **259**
bladmuziekuitg. Appeldoorn, 's-Gravenhage, z.j.
Zandvoort bij de zee! (L. Darewski) **247**
Moeder wil dansen (L. Davids) **38**
bladmuziekuitg. Vennootschap Muziek & Letteren, Amsterdam, z.j.
Afscheid bij het vertrek naar Indië (M. Morris) **142**
Naar buiten (L. Davids) **264**
Scheidingsfeest (L. Davids) **269**
bladmuziekuitg. Ph. Hakkert, Rotterdam, z.j.
Hengelen (L. Davids) **279**
bladmuziekuitg. Cor B. Smit, Amsterdam, z.j.

LOUIS DAVIDS, RIDO EN JACQUES VAN TOL
De kleine man (L. Davids) **25**
bladmuziekuitg. Leib/Jongeneel, Gouda, z.j.

LOUIS DAVIDS EN JACQUES VAN TOL
Als je voor een dubbeltje geboren bent (M. Morris) **93**
bladmuziekuitg. Nagel, Amsterdam, 1935

LOUIS DAVIDS EN OTTO ZEEGERS
Liedje bij de wieg (L. Davids) **22**
Lies Pelger en Renée Waale, *De mooiste liedjes van Louis Davids*.
De Harmonie, Amsterdam, z.j. [1980]

WILLY DERBY (1886-1944)
Hallo! Bandoeng! (W. Derby) **145**
bladmuziekuitg. Willy Derby, 's-Gravenhage, z.j.

HANS VAN DEVENTER (1934)
Petruschka (H. van Deventer) **628**
EP Hans van Deventer, *Hans van Deventer 3*, 1964
De drie bellen (H. van Deventer) **376**
De mars van de leuzen (H. van Deventer) **420**
EP Hans van Deventer, *Hans van Deventer 4*, 1965

CHEF VAN DIJK (1892-1943)
Onder de bomen van het plein (M. Tak) **143**
bladmuziekuitg. J. Elte, Den Haag, z.j.

SIETZE DOLSTRA (1946)
Jopie (S. Dolstra) **599**
LP Sietze Dolstra, *Vandaag is alweer gisteren*, 1976

HANS DORRESTIJN (1940)
Drinklied (H. Dorrestijn) **645**
Hans Dorrestijn, *Bofkont en andere liedjes*. C.J. Aarts, Amsterdam, 1974
Oorlogswinter (H. Bannink) **603**
Hans Dorrestijn, *Guichelheil: Liedjes*. C.J. Aarts, Amsterdam, 1979
De lelijkheid (I) (H. Dorrestijn) **564**
LP Hans Dorrestijn, *Mooi van lelijkheid*, 1979
De moeder (P. van Empelen/H. Dorrestijn) **428**
Ik moest een schaap een tongzoen geven (H. Dorrestijn) **712**
Jan Boerstoel, Hans Dorrestijn en Willem Wilmink, *Verre Vrienden: 44 nieuwe liedjes*. Bert Bakker, Amsterdam, 1983

De kerkhofganger (P. van Empelen/H. Dorrestijn/F. Ehlhart) **486**

De grote stad (H. Dorrestijn) **534**

De bezorgde vader (H. Dorrestijn/M. van Dijk) **437**

Hunkering (H. Dorrestijn) **361**

Jagerslied (H. Dorrestijn) **713**

Hans Dorrestijn, *Huiselijke omstandigheden: Liederen van wanhoop en ongeloof.* Bert Bakker, Amsterdam, 1986

DORUS (1921-1972)

Met zulke roze... (Dorus) **83**

Dorus (Tom Manders), *Plakboek van Dorus.* De Arbeiderspers, Amsterdam, 1958

DRS. P (1919) [zie ook Heinz Polzer]

Het hart eener deerne (H. Polzer) **375**

Moedertje (H. Polzer) **699**

Goed nieuws (H. Polzer) **707**

Oost-Groningen (H. Polzer) **642**

Winterdorp (H. Polzer) **723**

Veerpont (H. Polzer) **480**

Een moederhart (H. Polzer) **709**

LP Drs. P, *Hoep hoep hiezee voor Drs. P*, 1987

Dodenrit (H. Polzer) **591**

Cocosnoot (H. Polzer) **358**

Elfstedentocht (H. Polzer) **619**

Drs. P, *Heen en weer. Honderd liedteksten.* Bert Bakker, Amsterdam, 1986

ANDRÉ VAN DUIN (1947)

Het hek van de buurvrouw (H. van Hoof) **710**

LP André van Duin, *De grootste successen van André van Duin 2*, 1974

Mijn allergrootste fan (C. van Orsouw jr) **410**

LP André van Duin, *Wij*, 1982

MAURICE DUMAS (1878-1937)

Japie is getrouwd! (L. Lust) **201**

bladmuziekuitg. TAVENU, Abrahamson & Van Straaten, Amsterdam, 1911

O lieve Mathilde! (G. Krier) **155**

bladmuziekuitg. P. Roem, Amsterdam, z.j.
Je ouwe tante houdt er ook wel van (J. Bruske) 110
Leentje heet ze! (M. Dumas) 199
bladmuziekuitg. G. van Biene, Rotterdam, z.j.

DUMONT (1880-1956)
Brief van een bedrogen meisje (Dumont) 116
Het boefje (Dumont) 193
Kerstnacht in Indië (Dumont) 140
Kunstbeschermers (Dumont) 40
manuscript collectie Dumont Theater Instituut Nederland,
Amsterdam
Stille nacht, vreetzame nacht (Dumont) 31
Jaap van de Merwe, *Gij zijt kanalje, heeft men ons verweten! Het
proletariërslied in Nederland en Vlaanderen.* A.W. Bruna & Zoon,
Utrecht/Antwerpen, 1974

HENK ELSINK (1935)
Als ik aan vader denk (H. Elsink) 620
LP Henk Elsink, *One Man Show*, 1986

RUUD ENGELANDER (1940)
Jimmy (B. de Groot) 679
LP Boudewijn de Groot, *Hoe sterk is de eenzame fietser*, 1973
De zwemmer (B. de Groot) 650
LP Boudewijn de Groot, *Van een afstand*, 1980

LOUIS ENGELS (1947)
Hij had het (L. Engels) 416
manuscript, 1988

RINUS FERDINANDUSSE (1931)
Rosalinde (H. Punt) 308
Jaap van de Merwe, *Nederlandse chansons.* De Arbeiderspers,
Amsterdam, 1960

FERRY (1892-1965)
De drie vaders (L. Noiret) 216
bladmuziekuitg. Louis Noiret, Amsterdam, z.j.

HERMAN FINKERS (1954)

Vrachtwagenchauffeur (= Thuis daar wacht mijn wijffie) (H. Finkers)
334
Herman Finkers, *Op zwart zangzaad*. Harlekijn, Westbroek,
1980
Geluk (H. Finkers) **742**
Liefde is vreemd (H. Finkers) **713**
Herman Finkers, *Verhalen voor in het haardvuur: De meest
brandbare teksten uit zijn theaterprogramma's*. Novella, Amersfoort, 1987

FRED FLORUSSE (1938)

Thuis (H. Westrus) **465**
manuscript, 1987

SETH GAAIKEMA (1939)

Het lelijkste meisje van de klas (S. Gaaikema) **327**
LP Willeke Alberti, *Zingt liedjes van...*, 1972
Autoriteit (= Huppelliedje) (S. Gaaikema) **630**
Een paus van vijfentwintig (S. Gaaikema) **554**
't Hollands vingertje **559**
Seth Gaaikema, *Terug naar de bron*. Elsevier, Amsterdam, 1980
Door de deur op een kier (vrij naar C. Trenet) **624**
manuscript, 1988

JACK GADELLAA (1942)

Twee seconden (H. Westrus) **734**
manuscript, 1981
Nicaragua (H. Westrus) **491**
LP Diverse artiesten, *De stamtafel*, 1981
Goed-gelovigen (H. Westrus) **434**
manuscript, 1986

LISELORE GERRITSEN (1937)

De IJssel (R. van Kreeveld/J. Hollestelle) **671**
Mijn kermisland (R. van Kreeveld) **717**
Jan van der Hoeve (L. Gerritsen) **578**
Je maakt me zo mooi (H. van Veen) **675**
Wie (C. Lara) **356**
Liselore Gerritsen, *Oktoberkind*. Uitgeverij Villa, Bussum, 1982

PIETER GOEMANS (1925)
Aan de Amsterdamse grachten **295**
bladmuziekuitg. Metro-Music, Amsterdam, z.j.
Nu niet meer (P. Goemans) **322**
LP Marianne Delgorge, *Marianne Delgorge*, 1967

RIENTS GRATAMA (1932)
Trappetje af (J. Verbeke) **639**
LP Rients Gratama, *Vingertjes in de pap*, 1969
Caravan (C. Blijstra) **597**
Meisjeskamer (H. Bannink) **396**
LP Rients Gratama, *Aldus naar waarheid ingevuld*, 1975

RIENTS GRATAMA EN GERARD COX
Perestrojka (W. de Koning) **743**
manuscript, 1988

BOUDEWIJN DE GROOT (1944)
Picknick (B. de Groot) **585**
LP Boudewijn de Groot, *Picknick*, 1968

GEORGE GROOT (1942)
Ik weet het nog precies (P. van Empelen) **678**
Laten wij moeder eens verwennen (P. van Empelen) **523**
Hobbelpaard (P. van Empelen) **521**
Vage angst (W.J. Gevers) **460**
Ontvoerd (W.J. Gevers) **528**
Don Quishocking, *Zolang het maar niet dichterbij komt*.
Uitgeverij De Viergang, Aarlanderveen, 1980
Waar moet ik heen (P. van Empelen) **540**
Gespleten (P. van Empelen) **535**
cassette VDQS, *Instituut Zwagerman*, 1987

GEORGE GROOT EN JACQUES KLÖTERS
De K (P. van Empelen) **506**
Don Quishocking, *Zolang het maar niet dichterbij komt*.
Uitgeverij De Viergang, Aarlanderveen, 1980

ARMAND HAAGMAN (1884-1942)
Tranen (A. Haagman) **214**
bladmuziekuitg. B.H. Smit, Amsterdam, z.j.

ALEX DE HAAS (1896-1973)
Ik denk alleen aan jou! (A. de Haas) **122**
Alexander de Haas, *Cabaretliedjes.* Masereeuw en Bouten, Rotterdam, z.j. [1922]
In de petoet (M. Tak) **70**
bladmuziekuitg. Cor B. Smit, Amsterdam, z.j.
Dadaïstische wijzang (A. de Haas) **54**
Johanna (A. de Haas) **61**
Vrouwenrevolutie (A. de Haas) **271**
Het gezellige zussie en de ongezellige buurvrouw (A. de Haas) **281**
typoscripten collectie Alex de Haas Theater Instituut Nederland, Amsterdam

NICO DE HAAS SR (1854-1924)
Na de spoorwegstaking (F. Gilbert) **242**
bladmuziekuitg. N. de Haas, Rotterdam, z.j.

HELLA HAASSE (1918)
Herfstliedje (W. de Vries) **296**
Je spreekt over Darwin... (W. de Vries) **304**
Yvonne de spionne (W. de Vries) **226**
typoscripten collectie Wim Sonneveld Theater Instituut Nederland, Amsterdam

HELLA HAASSE EN FIEN DE LA MAR
Circusvrouwen (C. Lemaire) **218**
typoscript collectie Fien de la Mar Theater Instituut Nederland, Amsterdam

PAUL HAENEN (1946)
Hé, kleine pot (C. van Mechelen) **572**
Margreet Dolman, *Buk nog een keer: Een vrouw klapt uit haar leven.* Bert Bakker, Amsterdam, 1986

JAN HAHN (1902-1963)
De brief van een onbestorven weduwnaar aan z'n vrouw (J. Hahn) **132**
typoscript collectie Jan Hahn Theater Instituut Nederland, Amsterdam

FRANS HALSEMA (1939-1984)
De vroeg grijze generatie (F. Halsema) **730**
Jeanet de Bruin-Van Gelder (F. Halsema) **400**
LP Frans Halsema, *Hoogtepunten uit de one man show*, 1978

FRANS HALSEMA EN GUUS VLEUGEL
Vrouwencafé (J. Brel) **490**
LP Frans Halsema, *Je moet er geweest zijn*, 1981

MEYER HAMEL (1895-1965)
Een hemelgeschiedenis (F. Bogaert) **210**
bladmuziekuitg. Vennootschap Muziek & Letteren, Amsterdam, z.j.

D. HANS (1882-1945)
Collega (H. Kaufmann) **213**
bladmuziekuitg. G. Alsbach & Co, Amsterdam, z.j.

YOUP VAN 'T HEK (1954)
Ga toch uit elkaar (B. Ruiter, O. Huysdens) **571**
Pijn Suzanne (Y. van 't Hek, B. Ruiter) **464**
Vriendin (Y. van 't Hek, B. Ruiter) **611**
LP Youp van 't Hek, *De eerste officiële echtscheidingselpee*, 1983
Flappie (J. Kokken) **608**
LP Youp van 't Hek, *Niet verbaasd*, 1985
Niks meer te vieren (T. Scherpenzeel) **468**
manuscript, 1988

MARINUS VAN HENEGOUWEN (1908-1986)
Ik durf niet... (M. van Henegouwen) **232**
Riwka Bruining, *Cabaret*. Bruna, Utrecht, 1957

HENVO (1892-1967)
De garnalenpelster (L.J. Toscani) **57**
manuscript collectie Henvo Theater Instituut Nederland, Amsterdam

TOON HERMANS (1916)
Zo'n zomeravond op het Leidseplein (T. Hermans) **89**
De jeep van Jansen (T. Hermans) **283**
bladmuziekuitg. Basart, Amsterdam, z.j.

Wandelclub (T. Hermans) 180
typoscript collectie Toon Hermans Theater Instituut Neder-
land, Amsterdam
Ik heb het lied al honderd maal gezongen (= Pijpestelen) (T. Hermans)
546
LP Toon Hermans, *One Man show*, 1964
Vader gaat op stap (T. Hermans) 377
single Toon Hermans, *Toon Hermans*, 1965
Akke Fietje liedje (T. Hermans) 637
single Toon Hermans, *Toon Hermans*, 1969
Vier maten glimlach (= De appels op de tafelsprei) (T. Hermans)
676
Wie is wie (T. Hermans) 349
LP Toon Hermans, *Liedjes voor jou*, 1972
Café Biljart (T. Hermans) 649
LP Toon Hermans, *One Man Show*, 1980

WIM HOGENKAMP (1947-1989)
Ome Jan (W. Hogenkamp) 402
LP Wim Hogenkamp, *Heel gewoon*, 1978

SIETO HOVING (1924)
Ik heb een displaced person (W. Denijs) 442
Weesperstraat (W. Denijs) 343
Opa (F. Lambrechts) 552
Als foto sta ik zo (R. Bos) 508
En in dat kader valt dan soms een schot (W. Cnossen) 530
Clairy Polak, Marijke en Sieto Hoving, *Het is nooit beloofd dat
het leuk zou worden*. La Rivière & Voorhoeve, Kampen, 1986

HUGO EN EDUARD
Ontboezeming 55
Hugo en Eduard, *Rotte Blaren. Leidsche studentenliedjes* etc. z.p.;
z.j. [Nijgh en Van Ditmar, Rotterdam, 1905]

BER HULSING (1907-1980)
Van jou heb ik niets meer gehoord (B. Hulsing) 46
Wim Ibo, *Nederlands Cabaretalbum. Deel 1*. G. Alsbach, Naarden,
1972

WIM IBO (1918)
Het lied der oppervlakkigheid (C. Rus) **34**
typoscript auteur

WILLEM VAN IEPENDAAL (1891-1970)
Een brief (W. van Iependaal) **131**
Ja, meheer! (W. van Iependaal) **274**
Willem van Iependael, *Liederen van den zelfkant*. Querido,
Amsterdam, 1932
Dikke dinges (W. van Iependaal) **179**
Willem van Iependael, *Over de leuning en langs de kaai*.
Querido, Amsterdam, 1934

EDUARD JACOBS (1868-1914)
Zij had hem lief (E. Jacobs) **22**
typoscript collectie Eduard Jacobs Theater Instituut Neder-
land, Amsterdam
De hoerenvloot (E. Jacobs) **152**
Familie Van Dam en Van Dijk (E. Jacobs) **194**
Op de Ruysdaelkade (E. Jacobs) **191**
Eduard Jacobs, manuscript met 60 liedjes, gedateerd: Am-
sterdam, 4.6.1903 collectie Theater Instituut Nederland,
Amsterdam
't Aristocraatje (E. Jacobs) **197**
bladmuziekuitg. TAVENU, Abrahamson & Van Straaten, Am-
sterdam, 1904
Brief van een dienstmeisje aan haar moeder (E. Jacobs) **108**
Eduard Jacobs, *'In 't leven', liederen en monologen*. 2de druk, C.
Daniëls, Amsterdam, z.j. [1905]
Werkmanskind (E. Jacobs) **190**
Alex de Haas, *De Minstreel van de mesthoop. Liedjes, leven en ach-
tergronden van Eduard Jacobs, pionier van het Nederlandse cabaret*.
De Bezige Bij, Amsterdam, 1958
*Brief van een trouwlustige juffrouw naar aanleiding der volgende
advertentie* (E. Jacobs) **117**
*Antwoord van de steller der advertentie (een zeekapitein) aan de
trouwlustige dame* (E. Jacobs) **119**
Dominees preek (E. Jacobs) **160**
Eduard Jacobs, *Chansons Internationales*. Bandoeng, z.j. [1913]

FONS JANSEN (1925-1991)
Weet je nog wel oudje (L. Davids) **344**
Fons Jansen, *De lachende kerk*. B. Gottmers Uitgeversbedrijf, Nijmegen, z.j. [1965]
Kerstdiner (F. Oudhoff) **475**
Fons Jansen, *Driemaal andermaal: Volledige kabarettekst*. Nijmegen, 1971
Iedereen is bang (F. Oudhoff) **553**
Fons Jansen, *Kwartetten*. B. Gottmers Uitgeversbedrijf, Nijmegen, 1975

HARRIE JEKKERS (1951)
Over de muur (L. Smit/H. Jekkers) **573**
LP Klein orkest, *Later is allang begonnen*, 1984
Het schaakspel (L. Smit) **622**
manuscript, 1988

JOHNNY & JONES (1916-1945 & 1918-1945)
Mijnheer Dinges weet niet wat swing is (J. de Leur) **43**
bladmuziekuitg. Metro-Music, Amsterdam, z.j.

FREEK DE JONGE (1944)
Un koe (B. Vermeulen) **702**
manuscript, circa 1970
Elsje (B. Vermeulen) **385**
LP Neerlands Hoop, *Neerlands Hoop in Panama*, 1971
Opa (B. Vermeulen) **389**
LP Neerlands Hoop, *Plankenkoorts*, 1972
Mayonaise (B. Vermeulen) **391**
LP Neerlands Hoop, *Neerlands Hoop Express*, 1974
Vogelvrij (B. Vermeulen) **395**
LP Neerlands Hoop, *Ingenaaid en gebonden*, 1975
De oude vrouw (B. Vermeulen) **398**
LP Neerlands Hoop, *Neerlands Hoop Interieur*, 1977
De kleine zwervers revisited (W. Breuker) **737**
Freek de Jonge, *Stroman en trawanten*. De Harmonie, Amsterdam, 1985

BRIGITTE KAANDORP (1962)
Op de grote stille heide (J. Worp) **411**
cassette Brigitte Kaandorp, *Waar gaat zij helemaal heen*, 1985

Pianoleraar (B. Kaandorp) **412**
Protestlied (B. Kaandorp) **431**
LP Brigitte Kaandorp, *Brigitte Kaandorp 1*, 1986
Hotel (R. ten Bokum) **691**
manuscript, 1988

WIM KAN (1911-1983)
Met me vlaggetje, me hoedje en me toeter (R. van Veen) **496**
single Wim Kan en Corrie Vonk, premieplaat 1966
De maan schijnt op de Jordaan **276**
't Konijn is dood **79**
Fragmenten uit het leven van de heer en mevrouw Jansen **32**
Jazz bij de nozempjes (R. van Veen) **342**
Er leven haast geen mensen meer (= *Railroadliedje 1971*) (R. van Veen)
451
Zwart-wit-liedje (R. van Veen) **351**
Wim Ibo, *40 jaar Wim Kan met Corrie aan zijn zijde*. De Bezige
Bij, Amsterdam, 1976
Meester, meestertje (R. van Veen) **354**
LP Wim Kan, *Oudejaarsavond 1976*, 1977

JACQUES KLÖTERS (1946) EN GEORGE GROOT
De K (P. van Empelen) **506**
Don Quishocking, *Zolang het maar niet dichterbij komt*. Uit-
geverij De Viergang, Aarlanderveen, 1980

SIMON KOSTER (1900-1989)
Het verkeerde verkeer (Franz S. Bruinier) **267**
Weekblad voor Cinema en Theater, jrg. 1928

FRITS LAMBRECHTS (1937)
De ballade van de twee oudjes (F. Lambrechts) **392**
Je kamertje is klaar (F. Lambrechts) **679**
LP Frits Lambrechts, *De geur van je huid*, 1974
Zegeningen van het kapitaal (F. Lambrechts) **426**
LP Frits Lambrechts, *Van embryo tot politicus*, 1976

FREEK VAN LEEUWEN (1905-1968)
De begrafenis (F. van Leeuwen) **29**
Jaap van de Merwe, *Gij zijt kanalje, heeft men ons verweten! Het
proletariërslied in Nederland en Vlaanderen*. A.W. Bruna & Zoon,
Utrecht/Antwerpen, 1974

ALBERT VAN LEUVEN (?-?)
Den Haag... (A. van Leuven) **88**
bladmuziekuitg. Les Editions Basart, Amsterdam, 1953

WOUTER LOEB (1897-1972)
Zeer goed, dokter! **64**
Wouter Loeb, *Lichtzinnige liederen*. Johannes Morks, 's-Gravenhage, z.j. [ca 1925]

ROBERT LONG (1943)
Het leven was lijden (R. Long) **644**
Thorbeckeplein (R. Long) **458**
Die fijne Jordaan (R. Long) **733**
Toen hij zei: 'Schat...' (R. Long) **648**
Dag heren (R. Long) **568**
Vader op een fiets (R. Long) **337**
Robert Long, *Jij wou mij totaal*. Sijthoff, Amsterdam, 1987
Hoop, geloof en liefde (R. Long) **658**
Papa (R. Long) **438**
LP Robert Long, *Hartstocht*, 1988

LUCIËN (1870-1934)
Het angstige bruidje (Luciën) **164**
bladmuziekuitg. G. Alsbach & Co, Amsterdam, z.j.

ISCHA MEIJER (1943-1995)
God de Vader (J. Stokkermans) **611**
Proloog op het toneel (F. Lambrechts) **683**
Als vrienden (F. Lambrechts) **682**
Wintertenen, luizen en eczeem (H. van der Meulen) **574**
Ischa Meijer, *De handzame Ischa Meijer*. Veen, Utrecht, 1986

KOOS MEINDERTS (1953)
De baksteen (L. Smit) **409**
LP Harrie Jekkers, *Yoghurt met banaan*, 1988

JAAP VAN DE MERWE (1924-1989)
Blokkendoos boem (= Buurman boven in de boom) (J. van de Merwe) **696**
EP Jaap van de Merwe 1962
Een echte Hollander* (J. van de Merwe) **716**

LP Wim Kan, *Een uurtje komische humor*, 1971
Drie patroeljes (= Drie eskadrons) (J. van de Merwe) **472**
Honderdtachtig nachten (= Huwelijkszwendelaar) (J. van de Merwe) **669**
Party conversatie (J. van de Merwe) **503**
Ballade van het leven en de dood (R. Bos) **704**
Jaap van de Merwe, *Buurman boven in de boom*. Uitgeverij Corrie Zelen, Maasbree, 1979
Ballade van het wonderorgel (J. van de Merwe) **614**
manuscript, 1986
Mag je zoveel van iemand houen (J. van de Merwe) **361**
manuscript, 1986
Ballade van het schortje van geel (J. van de Merwe) **413**
manuscript, 1987
* *Het eerste en het laatste couplet zijn van Wim Kan*

JEROEN VAN MERWIJK (1955)
Krappe schoenen (J. van Merwijk) **692**
manuscript, 1988

JAN-SIMON MINKEMA (1950)
Honderd piek en je mag (J. Fluitsma) **492**
LP Jan-Simon Minkema, *Voor dag en nacht*, 1982
Zusje in te groot tehuis (J. de Corte) **658**
LP Jan-Simon Minkema, *Meer dan een mooi woord*, 1986

MOESTAFA (1899-1979)
De mummie van de Pharao (Moestafa) **65**
bladmuziekuitg. Liederen van Moestafa. Ed. Basart, Amsterdam, z.j. [1956]
© Les Editions Internationales Basart B.V. – Naarden – Holland
Tusse de tijger en de leeuw (Moestafa) **55**
© Les Editions Internationales Basart B.V. – Naarden – Holland

HENK VAN DER MOLEN (1920-1992)
De makelaar van Schagen (H. van der Molen) **582**
Martine Bijl en Henk van der Molen, *Martines tekstboek*. Uitgeverij Omniboek, Den Haag, 1981

JAAP MOLENAAR (1918-1987)
Zeven kikkertjes (J. Molenaar) **51**
Adri Kaan, *Kijk eens in de spiegel. Een bundel cabaretliedjes*. De Arbeiderspers, Amsterdam, 1963

FREDERIK VAN MONSJOU (?-?)
Artistje (H. Kaufmann) **212**
bladmuziekuitg. Nieuwe Muziekhandel, Amsterdam, z.j.

G. MOUSSAULT (1886-1976)
Het afscheid (W. Corsari) **298**
Weekblad voor Cinema en Theater, jrg. 1922

ERIK VAN MUISWINKEL (1961) EN JUSTUS VAN OEL
De bejaardenberg (E. Eygenraam) **539**
manuscript, 1987

FRANS MULDER (1953)
Jaloezie (F. Ehlhart) **459**
LP Adèle Bloemendaal, *Adèles keus*, 1983

MARIJKE NEKEMAN (1954)
Ademloos (M. Nekeman, I. Verdoner, E. Eysker) **533**
LP Marijke Nekeman, *Lastig*, 1984

LENNAERT NIJGH (1944)
Almere (J. Stokkermans) **727**
Een wonderkind van zestig (H. Elkerbout, P. Nieuwerf) **398**
LP Jasperina de Jong, *Hoe wordt een mens een ster*, 1977
Vrijgezel (B. de Groot) **319**
Vrienden van vroeger (B. de Groot) **446**
Canzone 4711 (B. de Groot) **584**
Testament (B. de Groot) **668**
Ballade van de vriendinnen van één nacht (B. de Groot) **670**
Ik zal je iets vertellen (B. de Groot) **453**
Lennaert Nijgh, *Tachtig teksten*. Uitgeverij Strengholt, Naarden, 1975

CEES NOOTEBOOM (1933)
Meisjes van dertig (Janschen en Janschens) **731**
Stien (B. de Groot) **405**

JEAN-LOUIS PISUISSE EN MAX TAK
De fancy-fair (M. Tak) **157**
bladmuziekuitg. J.Ph. Kruseman, 's-Gravenhage, 1916
© Les Editions Internationales Basart B.V. – Naarden – Holland

MICHEL VAN DER PLAS (1928)
Onder de wollen deken (F. Halsema) **705**
LP Frans Halsema, *Portret van Frans Halsema*, 1971
Tearoom tango (H. Bannink) **370**
Michel van der Plas, *Schuinschrift: satires 1946-1971*. Ambo,
Bilthoven, 1971
Ik mis (F. Halsema) **329**
LP Gerard Cox en Frans Halsema, *Wat je zegt... dat ben je zelf*,
deel 2, 1975
Sandra (R. van Otterloo) **636**
De laatste wagen (H. Elsink) **725**
Wat ik bedoel (H. Elsink) **680**
Zeg Jules (J. de Corte) **346**
Kees (H. Bannink) **449**
Michel van der Plas, *Frater Venantius enzovoorts: Verzameld
cabaret*. Uitgeverij Villa, Weesp, 1984

MICHEL VAN DER PLAS EN FRANS HALSEMA
Zondagmiddag Buitenveldert (H. Bannink) **476**
Michel van der Plas, *Frater Venantius enzovoorts: Verzameld
cabaret*. Uitgeverij Villa, Weesp, 1984

ALEXANDER POLA (1914-1992)
Zo'n klein pension (A. Kaan) **91**
typoscript auteur
Zeg, kunnen we niet nog eens samen... (R. van Houten) **323**
Wim Ibo (sam.), *Nederlands Cabaret Album deel 4: Liedjes van
toen en nu*. G. Alsbach & Co, Naarden, 1973
Gastarbeiders (= Buitenlandse gasten) (H. Bannink) **424**
Bio-industrie (H. Bannink) **425**
Zwitserland (= Oe-appels voor de dorst) (H. Bannink) **514**
Alexander Pola, *Schrijfkramp: Light verse & cursiefjes*. De
Fontein, Baarn, 1984

HEINZ POLZER (1919) [zie ook Drs. P]
De commensaal (H. Polzer) **72**
Zusters Karamazov (H. Polzer) **287**
Drs. P, *Heen en weer. Honderd liedteksten*. Bert Bakker, Amsterdam, 1986

KEES PRUIS (1889-1957)
Kindjes laatste wens (W. Ciere) **130**
bladmuziekuitg. Appeldoorn, 's-Gravenhage, z.j.
Zij die niet slapen (W. Ciere) **42**
De kleine vrouw (L. Davids) **27**
Een ongeval op straat (K. Pruis) **222**
bladmuziekuitg. K. Pruis, Amsterdam, z.j.

RIDO (1882-1956)
Omdat ik zoveel van je hou (J. Brookhouse/Mc.Cartney) **98**
bladmuziekuitg. Cor B. Smit, Amsterdam, 1934

RIDO, LOUIS DAVIDS EN JACQUES VAN TOL
De kleine man (L. Davids) **25**
bladmuziekuitg. Leib/Jongeneel, Gouda, z.j.

RIDO EN JACQUES VAN TOL
Weet je nog wel, oudje? (L. Davids) **298**
bladmuziekuitg. Leib/Basart, Amsterdam, z.j.

ADELHEID ROOSEN (1958)
Ze timmeren op je los (E. Brey) **576**
manuscript, 1986

BEN ROWOLD (1937-1984)
Zondagmiddag **310**
Guus Dijkhuizen, *Nieuw cabaret*. Bruna, Utrecht, z.j. [1962]

CEES RUTGERS (1951)
Een dagje Zandvoort (G. Ponsioen) **484**
LP Diverse artiesten, *Cabaret dl 22*, 1977

PETER SCHAAP (1946)
De hoge heren van het dorp (P. Schaap) **726**
LP Peter Schaap, *Als een kameleon*, 1975

De een wil de ander (R. Shaffy) **631**
Marije (R. Shaffy) **318**
Sjaantje (R. Shaffy) **320**
5 uur (R. Shaffy) **445**
Kleine kinderen (= Kinderen) (R. Shaffy) **474**
Maurits (R. Shaffy) **480**
De trein naar het noorden (R. Shaffy) **591**
Ramses Shaffy, *Ramses: Liedteksten*. Uitgeverij Tiebosch, Amsterdam, 1979

JOKE SMIT (1933-1981)
Er is een land waar vrouwen willen wonen (R. Bos; berijming Cobi Schreyer) **336**
Joke Smit, *Er is een land waar vrouwen willen wonen; teksten 1967-1981*. Uitgeverij SARA, Amsterdam, 1984

J.H. SPEENHOFF (1869-1945)
De vegetariërs (J.H. Speenhoff) **166**
Moeders brief (J.H. Speenhoff) **104**
J.H. Speenhoff, *Liedjes, wijzen en prentjes. Eerste bundel*. W.L. & J. Brusse, Rotterdam, 1903
't Broekie van Jantje (J.H. Speenhoff) **76**
De schutterij (J.H. Speenhoff) **169**
De vrije vrouwen (J.H. Speenhoff) **153**
Tantes testament (J.H. Speenhoff) **159**
J.H. Speenhoff, *Liedjes, wijzen en prentjes. Tweede bundel*. W.L. & J. Brusse, Rotterdam, z.j. [1904]
Afscheidsbrief van een lelijk meisje aan haar vrijer (J.H. Speenhoff, R. Bos) **111**
Opoe (J.H. Speenhoff) **101**
J.H. Speenhoff, *Liedjes, wijzen en prentjes. Derde bundel*. W.L. & J. Brusse, Rotterdam, z.j. [1905]
Twee verlaten stakkers (J.H. Speenhoff) **207**
J.H. Speenhoff, *Liedjes, wijzen en prentjes. Vijfde bundel*. W.L. & J. Brusse, Rotterdam, z.j. [1907]
Onze Indische gasten (J.H. Speenhoff) **141**
J.H. Speenhoff, *Liedjes, wijzen en prentjes. Zesde bundel*. W.L. & J. Brusse, Rotterdam, z.j. [1911]

JACK SPIJKERMAN (1948)
Vader zwijgt (J. Spijkerman, A. van der Wulp en J. van Dijk) **660**

De stoelen van belang (J. Spijkerman, A. van der Wulp en J. van Dijk) **575**
LP Dubbel en dwars, *Verkeerd gekozen*, 1987

MAX TAK (1891-1967) EN JEAN-LOUIS PISUISSE
De fancy-fair (M. Tak) **157**
bladmuziekuitg. J.Ph. Kruseman, 's-Gravenhage, 1916
© Les Editions Internationales Basart B.V. – Naarden – Holland

ALAIN TEISTER (1932-1979)
Lieve jongen (P. van Empelen) **510**
Don Quishocking, *Zolang het maar niet dichterbij komt*. Uitgeverij De Viergang, Aarlanderveen, 1980

TODDIE (?-?)
Potverdikkie, poetsie, pats (H. Davids) **249**
bladmuziekuitg. J.Ph. Hakkert, Rotterdam, z.j.

JACQUES VAN TOL (1897-1969)
Ik wil gelukkig zijn (H. May) **293**
bladmuziekuitg. B.H. Smit, Amsterdam, 1934
Het hondje van Dirkie (L. Davids) **276**
typoscript collectie Wim Sonneveld Theater Instituut Nederland, Amsterdam
Concertgebouw (C. Lemaire) **174**
kopie manuscript collectie Louis Davids Theater Instituut Nederland, Amsterdam
Als op het Leidseplein de lichtjes weer eens branden gaan (C. Steijn) **306**
bladmuziekuitg. G.J. van Zuylen, Amsterdam, 1943
De olieman heeft een Fordje opgedaan (L. Davids) **220**
bladmuziekuitg. Cor B. Smit, Amsterdam, z.j.
De voetbalpool (= Ome Thijs) (W. Sonneveld) **373**
manuscript, 1963

JACQUES VAN TOL EN LOUIS DAVIDS
Als je voor een dubbeltje geboren bent (M. Morris) **93**
bladmuziekuitg. Nagel, Amsterdam, 1935

JACQUES VAN TOL, LOUIS DAVIDS EN RIDO
De kleine man (L. Davids) **25**
bladmuziekuitg. Leib/Jongeneel, Gouda, z.j.

JACQUES VAN TOL EN RIDO
Weet je nog wel, oudje? (L. Davids) **298**
bladmuziekuitg. Leib/Basart, Amsterdam, z.j.

DAVID TOMKINS (1880-1952)
De dominee (C. Heynen) **209**
bladmuziekuitg. G. Alsbach & Co, Amsterdam, 1917

SAM TRIP (1864-1944)
De kleine steentjes (M. Tak) **252**
bladmuziekuitg. G. Alsbach & Co, Amsterdam, 1918

DIMITRI VAN TOREN (1940)
Wanneer het allemaal niet meer hoeft (D. van Toren) **600**
LP Dimitri van Toren, *Uiterlijk wel, innerlijk nooit*, 1977

HERMAN VAN VEEN (1945)
Aanrecht (H. van Veen) **651**
Die met hem waren (H. van Veen) **567**
Rob Chrispijn, Herman van Veen en Willem Wilmink,
Signalen: 32 liedteksten. Harlekijn, Westbroek, 1983
Anne (H.J. Büchner) **690**
Herman van Veen, *De zaal is er: Draaiboek van een voorstelling*.
Harlekijn, Westbroek, 1986

MARTIE VERDENIUS (1908-1997)
Voorbij... (C. Lemaire) **100**
typoscript collectie Fien de la Mar Theater Instituut Neder-
land, Amsterdam
Rotterdam 1940 (M. Verdenius) **301**
LP *Uit liefde. Twaalf cabaretnummers van Martie Verdenius.*
Philips, 1974
De angst om oud te worden (W. de Vries) **95**
De zangeres (W. de Vries) **228**
Het is erger dan bij de moffen (W. de Vries) **47**
typoscript collectie Wim Sonneveld Theater Instituut Neder-
land, Amsterdam

ALBERT VERLINDE (1961)
Een nieuwe tijd (A. van Dijk) **739**
manuscript, 1985

BRAM VERMEULEN (1946)
Pauline (B. Vermeulen) **407**
LP Bram Vermeulen, *Bram Vermeulen en de toekomst*, 1980
Eén hap (B. Vermeulen) **433**
single Bram Vermeulen, circa 1986

TONY VAN VERRE (1937)
'k Heb jouw hand in de mijne (T. van Verre) **500**
LP Leen Jongewaard, *Leen-al-Leen*, 1967
Gekke Jossie (H. Bannink) **646**
LP Edwin Rutten, *Hoe later op de avond*, 1974

MARCEL VERRECK (1960)
Kinderen voor ouderen (M. Verreck) **537**
manuscript, 1987

GUUS VLEUGEL (1933)
Call-girl (H. Reiziger) **366**
Het moderne repertoire (R. van Houten) **665**
Arme ouwe (R. van Otterloo) **547**
God is niet dood (R. van Otterloo) **698**
De werkelijkheid (B. de Groot) **502**
Na de seksuele revolutie (R. van Otterloo) **345**
Oom Bastiaan (J. Stokkermans) **718**
De man die zelfmoord wilde plegen (J. Stokkermans) **386**
Meisje uit de provinsie in het Magies Sentrum (J. Stokkermans) **390**
Je laat ze echt niet in de steek (J. Stokkermans) **454**
Guus Vleugel, *Teksten*. Querido, Amsterdam, 1973

GUUS VLEUGEL EN FRANS HALSEMA
Vrouwencafé (J. Brel) **490**
LP Frans Halsema, *Je moet er geweest zijn*, 1981

PAUL VAN VLIET (1935)
Den Haag met je lege paleizen (R. van Kreeveld) **664**
Hand in hand met Jozef (P. van Vliet) **583**

Meisjes van dertien (R. van Kreeveld) **635**
Veilig achterop (R. van Kreeveld) **330**
Papa (= Vader is blijven hangen aan de sixties) (B. van der Linden) **654**
Het touwtje uit de brievenbus (B. van der Linden) **686**
Boven op de boulevard (B. van der Linden) **740**
Wie dan wel? (J. Eskes) **362**
Paul van Vliet, *Er is nog zoveel niet gezegd...* De Fontein, Baarn, 1988

HERRE DE VOS (1877-1948)
Dát... (H. de Vos) **126**
Henri Wallig, *Levensliedjes.* uitg. Nieuwe Muziekhandel, Amsterdam, z.j.
Haar antwoord (H. de Vos) **127**
bladmuziekuitg. Rut Snel, Amsterdam, z.j.
Strooiavond op 't atelier (H. de Vos) **86**
bladmuziekuitg. Reinaert, Amsterdam, z.j.

CORNELIS VREESWIJK (1927-1987)
De nozem en de non (C. Vreeswijk) **380**
Jantjes blues (C. Vreeswijk) **387**
LP Cornelis Vreeswijk, *Cornelis Vreeswijk*, 1972
De bekommerde socialist (C. Vreeswijk) **352**
LP Cornelis Vreeswijk, *Leven en laten leven*, 1973

JELLE DE VRIES (1921)
Voor geen geld (J. de Vries) **185**
bladmuziekuitg. Les Editions Basart, Amsterdam, 1957
Mevrouw, uw dochter (J. de Vries) **586**
LP Diverse artiesten, *Vrij entree 1*, 1968
Mannen te koop (J. de Vries) **701**
LP Diverse artiesten, *Klatergoud*, 1969
O damesblad! (J. de Vries) **550**
LP Diverse artiesten, *Klatergoud*, 1970
De kastanje (J. de Vries) **462**
Moeders portret (J. de Vries) **651**
LP Diverse artiesten, *Tekst en muziek van Jelle de Vries*, 1981

FRISO WIEGERSMA (1925)
Nikkelen Nelis (= Het lied van de losbandigheid) (H. Bannink) **372**

WILLEM WILMINK (1936)
De oude school (P. van Empelen/H. Bannink) **326**
Don Quishocking, *Zolang het maar niet dichterbij komt*. Uitgeverij De Viergang, Aarlanderveen, 1980
Voor een verre prinses (H. van Veen) **674**
Ochtend in de stad (H. van Veen) **452**
Zondag voor de gastarbeiders (= Gastarbeiders) (H. Bannink) **722**
Achterlangs (H. van Veen) **735**
Signalen (H. van Veen) **570**
Rob Chrispijn, Herman van Veen en Willem Wilmink, *Signalen: 32 liedteksten*. Harlekijn, Westbroek, 1983
Kerstliedje (P. van Empelen) **512**
Het meisje spreekt (H. Bannink) **317**
Hun huis is dood (H. Bannink) **653**
Willem Wilmink, *Verzamelde liedjes en gedichten*. Bert Bakker, Amsterdam, 1987
Ben Ali Libi (H. Bannink) **415**
Willem Wilmink, *Ze zeggen dat de aarde draait: 37 nieuwe gedichten*. Bert Bakker, Amsterdam, 1988

DIRK WITTE (1885-1932)
't Portretje (D. Witte) **121**
Aspirine (D. Witte) **168**
De peren (D. Witte) **82**
Het wijnglas (D. Witte) **30**
M'n eerste (D. Witte) **292**
Mens, durf te leven! (D. Witte) **36**
Nocturne (D. Witte) **256**
bladmuziekuitg. G. Alsbach & Co, Amsterdam, z.j.

OTTO ZEEGERS (1879-1938)
Jantjes offer (E. van den Eynde) **202**
Henri Wallig, *Levensliedjes*. uitg. Nieuwe Muziekhandel, Amsterdam, z.j.

OTTO ZEEGERS EN LOUIS DAVIDS
Liedje bij de wieg (L. Davids) **22**
Lies Pelger en Renée Waale, *De mooiste liedjes van Louis Davids*. De Harmonie, Amsterdam, z.j. [1980]

RIKKERT ZUIDERVELD (1947)
De reiziger (R. Zuiderveld) **641**
LP Elly en Rikkert, *Parsifal*, 1971
Anton (R. Zuiderveld) **439**
LP Elly en Rikkert, *Het hart op de tong*, 1986

TITELREGISTER